Deutsch von
Josef Winiger, Nicola Volland
und Una Pfau

ANDRÉ COMTE-SPONVILLE

Ermutigung zum unzeitgemäßen Leben

Ein kleines Brevier der
Tugenden und Werte

ROWOHLT

Die Originalausgabe erschien 1995
unter dem Titel «Petit traité des grandes vertus»
beim Verlag Presses Universitaires de France, Paris

Josef Winiger übersetzte die Seiten 13–227,
Nicola Volland die Seiten 229–312,
Una Pfau die Seiten 313–340

1. Auflage September 1996
Copyright © 1996 by Rowohlt Verlag GmbH,
Reinbek bei Hamburg
«Petit traité des grandes vertus» Copyright © 1995
by Presses Universitaires de France, Paris
Alle deutschen Rechte vorbehalten
Umschlaggestaltung Susanne Heeder
Satz Aldus (Linotronic 500)
Gesamtherstellung Clausen & Bosse, Leck
Printed in Germany
ISBN 3 498 00911 7

Für Vivien, Fabien und Louis

INHALT

Freundschaft bei Aristoteles; daß *philia* und *eros* zusammenkommen können; der Ehemann und der Märchenprinz; glückliche Paare; Leidenschaft und Freundschaft, die Familie; begehrliche und wohlwollende Liebe; das Emporsteigen der Liebe
und durch die Liebe; die Mutter und das Kind.

AGAPE 312

Weder *Eros* noch *Philia* genügen; noch einmal über die Liebe
und die Moral; die elterliche Liebe; daß die Selbstliebe das erste
ist; Grenzen der Freundschaft; die Nächstenliebe: «seine
Feinde lieben»; Liebe, Schöpfung und Entschaffung bei Simone Weil: die Liebe als Rückzug; daß die Nächstenliebe das
Gegenteil der Gewalt und der Selbstbestätigung ist; «die
christliche Agape» (A. Nygren und D. de Rougemont); *Eros*,
Philia und *Agape*; was bleibt von der Nächstenliebe, wenn es
Gott nicht gibt?; die *philanthropia* bei den Griechen, die Liebe
bei Spinoza, die Entschaffung bei Simone Weil; von einem guten Gebrauch des Todestriebes?; Nächstenliebe, Gerechtigkeit
und Selbstliebe: die Nächstenliebe als vom Ego befreite Liebe;
die Nächstenliebe als Wert: die Liebe befiehlt, selbst wenn sie
abwesend ist; die drei Kardinaltugenden (Glaube, Hoffnung
und Nächstenliebe): daß die Nächstenliebe allein einen Sinn in
Gott und im Atheismus hat; daß sie vielleicht nicht existiert
außer insofern, als es uns an ihr fehlt.
Die drei Arten zu lieben oder die drei Stufen der Liebe: der
Mangel, die Freude, die Nächstenliebe; Nächstenliebe, Mitleid
und Freundschaft; die Tugenden und die Liebe.

ANMERKUNGEN 341

Vorwort

Wenn Tugend sich lehren läßt, und ich glaube das, dann wohl eher durch das Beispiel als durch Bücher. Wozu also ein Brevier der Tugenden? Vielleicht dazu: Wir können uns klarer werden, was wir zu tun, wie wir zu sein oder zu leben hätten, und dadurch wenigstens verstandesmäßig ermessen, wie weit wir davon entfernt sind. Eine bescheidene Zielsetzung, unzulänglich, aber notwendig. Die Philosophen sind Schüler (nur die Weisen sind Meister), und Schüler benötigen Bücher. Darum schreiben sie gelegentlich welche, wenn das, was ihnen vorliegt, sie nicht befriedigt oder sie erschlägt. Und was bräuchte jeder von uns dringlicher als ein Moralbrevier? Und was verdiente in der Moral mehr Aufmerksamkeit als die Tugenden? Ebensowenig wie Spinoza halte ich es für nützlich, das Laster, das Böse, die Sünde anzuprangern. Warum immer nur anklagen und anprangern? Das ist die Moral der Trübsinnigen, eine traurige Moral. Das Gute jedoch existiert nur in der unübersehbaren, alle Bücher übersteigenden Vielfalt der guten Handlungen, und in einer unbestimmten, aber sicherlich weniger großen Anzahl von guten Haltungen, die traditionellerweise mit dem Wort Tugend bezeichnet werden, was sich von «Tauglichkeit» herleitet.

Was ist Tauglichkeit? Es ist eine Kraft, die wirkt oder wirken kann. So sind eine Heilpflanze, eine Arznei oder ein Messer zu etwas *tauglich*: die Arznei zum Heilen, das Messer zum Schneiden, der Mensch zum menschlichen Wollen und Handeln. Diese Beispiele, die von den Griechen stammen, besagen schon das Wesentliche: Tauglichkeit ist Vermögen, aber spezifisches Vermögen. Die Nieswurz vermag nicht dasselbe wie der Schierling, das Messer vermag nicht dasselbe wie die Hacke, der Mensch vermag nicht dasselbe wie Tiger oder Schlange. Das, was ein Gegenstand oder Lebewesen vermag, macht seinen Wert

13

aus, mit anderen Worten, es ist sein spezifischer Vorzug: Gut ist das Messer, das vorzüglich schneidet, gut die Arznei, die vorzüglich wirkt, gut das Gift, das vorzüglich tötet . . .

Man wird bemerkt haben, daß in diesem ersten und allgemeinsten Sinn die Tauglichkeit nicht vom Gebrauch abhängt, der von ihr gemacht wird, auch nicht vom verfolgten Zweck. In der Hand eines Mörders ist das Messer nicht weniger tauglich als in der Hand eines Kochs, und die gesund machende Heilpflanze ist nicht weniger tauglich als die tödliche Giftpflanze. Nicht daß dieser erste Sinn ganz ohne normative Ausrichtung wäre: Unabhängig vom Anwender und in den allermeisten Anwendungsfällen ist das beste Messer das, was am besten schneidet. Sein spezifisches Vermögen bezeichnet auch seinen eigentlichen Vorzug. Doch diese Normativität bleibt objektiv und moralisch indifferent. Das Messer soll nur seine Aufgabe erfüllen, ohne sie zu beurteilen, und das unterscheidet seine Tauglichkeit von der unseren. In der Hand eines bösen Menschen wird ein vorzügliches Messer nicht weniger vorzüglich. Tauglichkeit ist Vermögen, und Vermögen genügt für die Tauglichkeit.

Aber nicht für den Menschen. Aber nicht für die Moral. Wenn alles sein spezifisches Vermögen hat, durch das es vorzüglich wird oder werden kann (wie ein vorzügliches Messer, eine vorzügliche Arznei . . .), dann wollen wir uns fragen, was denn die spezifische Vorzüglichkeit des Menschen ausmacht. Aristoteles antwortete, es sei das, was ihn vom Tier unterscheide, anders gesagt, das vernunftgemäße Leben.[1] Aber nur Vernunft ist nicht genug: Es braucht auch den Wunsch danach, die Erziehung, die Gewohnheit, das Gedächtnis . . . Der Wunsch des Menschen ist nicht der des Pferdes, und die Wünsche eines gebildeten Menschen sind nicht die eines Wilden oder eines Analphabeten. Alle Tugend ist also geschichtlich, alle Menschlichkeit ebenso, und beide begegnen sich fortwährend im tugendhaften Menschen: Die Tugend eines Menschen ist das, was ihn menschlich macht, anders gesagt, es ist das spezifische Vermögen, mit dem er die eigene Vorzüglichkeit, das heißt, seine Menschlichkeit (im normativen Sinne des Worts) unter Beweis stellen kann. Menschlich, nie

allzu menschlich ... Die Tugend ist eine Art und Weise zu sein, erklärte Aristoteles, doch eine erworbene und dauerhafte: Es ist das,
was wir sind (also tun können), weil wir es geworden sind. Und wie
sollten wir es geworden sein ohne die anderen Menschen? Tugend
beginnt also da, wo Hominisation (als biologische Tatsache) und Hu-
manisierung (als kulturelle Tatsache) zusammenkommen: Sie ist unsere Art und Weise, menschlich zu sein und zu handeln, das heißt
(weil Menschlichkeit in diesem Sinne ein Wert ist), sie ist unsere
Fähigkeit, *gut* zu handeln. «Nichts ist so schön und ehrenhaft», sagt
Montaigne, «als wahrhaft und wie es sich gehört ein Mensch zu
sein.»[2] Das genau ist die Tugend.

Was uns hier die Griechen gelehrt, was uns Montaigne gelehrt hat,
kann man auch bei Spinoza nachlesen: «Unter Tugend und Kraft verstehe ich das selbe; das heißt Tugend, sofern sie auf den Menschen
bezogen wird, ist die Wesenheit des Menschen oder seine Natur
selbst, sofern es in seiner Gewalt steht, etwas zu bewirken, was durch
die bloßen Gesetze seiner Natur eingesehen werden kann.»[3] Oder
seiner Geschichte, würde ich hinzufügen (aber für Spinoza ist die
Geschichte Teil der Natur). Tugend im allgemeinen Sinn ist Kraft,
und im besonderen Sinne: menschliche Kraft oder Menschlichkeits-
kraft. Man nennt dies auch die moralischen Tugenden, die bewirken,
daß ein Mensch menschlicher oder, wie Montaigne sagt, vortreff-
licher erscheint als ein anderer, und ohne die wir, wie Spinoza sagt,
mit Recht als Unmenschen bezeichnet würden.[4] Das setzt einen
Wunsch nach Menschlichkeit voraus (der natürlich historisch ist,
eine natürliche Tugend gibt es nicht), ohne den jede Moral unmöglich
wäre. Wir sollen dessen nicht unwürdig sein, was die Menschheit aus
sich gemacht hat und aus uns.

Seit Aristoteles bezeichnet man die Tugend gemeinhin als eine erworbene Disposition oder Fähigkeit, das Gute zu tun. Aber sie ist
mehr: Sie ist das Gute selbst, geistig und wirklich. Das absolute Gute,
das Gute an sich, das man nur zu erkennen oder anzuwenden
bräuchte, gibt es nicht. Wir sollen das Gute nicht betrachten; wir
sollen es tun. Tugend ist nichts anderes als das Bemühen, sich gut zu

verhalten, und das definiert das Gute in diesem Bemühen selbst. Das wirft einige theoretische Fragen auf, die ich anderswo behandelt habe.[5] Dieses Buch hier ist ganz der praktischen Moral, das heißt der Moral gewidmet. Die Tugend, oder vielmehr die Tugenden (denn es gibt mehr als eine, man kann nicht alle auf eine zurückführen oder sich mit einer begnügen) sind unsere moralischen Werte, wenn man so will, sofern sie verkörpert sind, soweit es nur irgend geht, sofern sie gelebt, sofern sie in die Tat umgesetzt sind: immer so einzigartig wie jeder von uns, immer so vielfältig wie die Schwächen, die sie bekämpfen oder wettmachen. Mit diesen Tugenden befasse ich mich hier. Es war indessen nicht meine Absicht, sie alle aufzuzählen oder auch nur eine von ihnen erschöpfend zu behandeln. Ich wollte lediglich bei denen, die mir als die Wichtigsten erscheinen, darlegen, was sie sind oder was sie sein müßten, was sie stets nötig und stets schwierig macht. Darum dieses Buch, dessen Anspruch, Gegenstand, Beschränkung und Inhalt schon im Titel angedeutet sind.

Wie bin ich vorgegangen? Ich habe mich gefragt, was die seelischen, geistigen oder charakteristischen Dispositionen sind, die meine moralische Wertschätzung für den, der sie hatte, ansteigen, und für den, der sie nicht hatte, sinken ließ. Ich erhielt eine Liste von etwa dreißig Tugenden. Ich strich jene, bei denen sich Überschneidungen mit anderen ergaben (so bei der Güte und der Großherzigkeit, oder bei der Ehrlichkeit und der Gerechtigkeit), außerdem all jene, deren Darstellung mir nicht unerläßlich schien. Es blieben achtzehn, und das waren mehr, als ich ursprünglich ins Auge gefaßt hatte, doch weiter reduzieren ließ sich die Zahl nicht. Ich mußte mich also entsprechend kürzer fassen, und diese Beschränkung, die ich mir ohnehin auferlegt hatte, begleitete ständig das Werk. Dieses Buch richtet sich an die Allgemeinheit. Die Berufsphilosophen mögen es lesen, doch sie sollen keine Gelehrsamkeit und keine erschöpfende Darstellung erwarten.

Daß das Ganze mit der Höflichkeit beginnt, die noch nicht moralisch ist, und mit der Liebe endet, die es schon nicht mehr ist, sollte natürlich so sein. Die Reihenfolge der übrigen Tugenden ist zwar nicht ganz zufällig, doch ließ ich mich eher von einer Art Intuition oder von pädagogischen, ethischen und ästhetischen Gesichtspunkten leiten, jedenfalls nicht von einem wie immer gearteten deduktiven oder hierarchischen Vorsatz. Ein Buch über die Tugenden, vor allem ein so schmales wie dieses, ist kein System der Moral: Es ist angewandte, nicht theoretische Moral und so weit wie nur möglich lebensnah statt spekulativ. Aber was gibt es Wichtigeres in der Moral als die Anwendung und das Leben?

Wie immer habe ich viel zitiert, zu viel. Doch mir lag mehr am praktischen Nutzen als an der eleganten Form. Aus demselben Grund gebe ich stets die Textquellen an, auch wenn es die Anmerkungen anschwellen läßt. Niemand muß sie lesen, und es ist sogar besser, sie erst einmal nicht zu beachten. Sie sind nicht für die Lektüre da, sondern für die Arbeit: nicht für den Leser, sondern für den Studierenden jeglichen Alters und Berufs. Der tiefere Grund ist der, daß ich nicht den Anschein erwecken wollte, ich hätte erfunden, was mir die Tradition bot, wenn ich sie lediglich wiedergab. Nicht, daß ich in diesem Buch nichts Eigenes sagen würde, im Gegenteil! Doch man besitzt immer nur, was man erhalten und verarbeitet hat, was man durch andere und gegen sie geworden ist. Ein Buch über die Tugenden würde sich lächerlich machen, wollte es Originalität oder Neuheit beanspruchen. Im übrigen bedeutet es mehr Mut und Verdienst, sich mit den Meistern auf ihrem Terrain auseinanderzusetzen, als jedem Vergleich aus dem Weg zu gehen, nur weil man unbedingt Neues bieten will. Schon vor zweieinhalbtausend Jahren oder noch früher haben die besten Köpfe über die Tugenden nachgedacht. Auf meine Weise, mit meinen Möglichkeiten und mich soviel wie nötig auf sie stützend, wollte ich lediglich ihre Suche fortführen.

Manche werden das Vorhaben größenwahnsinnig oder naiv finden. Der zweite Vorwurf ist für mich ein Kompliment. Der erste ist, fürchte ich, ein Widersinn. Über die Tugenden zu schreiben bedeutet im Gegenteil, ständig mit seinem Narzißmus in Konflikt zu geraten, weil es einen fortwährend und sehr drastisch auf die eigene Unzulänglichkeit hinweist. Jede Tugend ist ein Gipfel zwischen zwei Lastern, ein Grat zwischen zwei Abgründen: der Mut zwischen Feigheit und Tollkühnheit, die Würde zwischen Gefälligkeit und Egoismus, die Sanftmut zwischen Zorn und Apathie[6] ... Aber wer kann immer auf dem Gipfel leben? Denken über die Tugenden ist Bewußtmachen der Entfernung von ihnen. Denken über ihre Vorzüge ist Denken über unsere Unzulänglichkeit oder unsere Erbärmlichkeit. Es ist ein erster Schritt, und wohl der einzige, den man von einem Buch erwarten kann. Der Rest ist zu leben, und ein Buch ist niemals ein Ersatz dafür. Das bedeutet nicht, daß es immer wertlos oder moralisch bedeutungslos sei. Das Nachdenken über die Tugenden macht nicht tugendhaft, jedenfalls ist bloßes Nachdenken immer ungenügend. Es fördert allerdings eine Tugend, nämlich die Demut: die intellektuelle Demut durch das überreiche Material der Tradition und die eigentlich moralische Demut durch die Einsicht, daß uns fast alle diese Tugenden fast immer fehlen, und daß man sich gleichwohl mit ihrem Fehlen nicht abfinden und sich von der Verantwortung für ihre Schwäche, die die unsere ist, nicht freisprechen darf.

Dieses Buch über die Tugenden wird nur denen nützen, denen Tugend fehlt, was ihm ein ziemlich breites Publikum beschert und was auch den Verfasser entschuldigen soll, sich – nicht trotz, sondern wegen seiner Unwürdigkeit – daran gewagt zu haben. Das nicht geringe Vergnügen, das ich beim Schreiben fand, schien mir Rechtfertigung genug. Beim Leser kann das Vergnügen, wenn es sich denn einstellt, nur Draufgabe sein: nicht erarbeitet, sondern geschenkt. Solchem Leser also meinen Dank.

1

DIE HÖFLICHKEIT

Die Höflichkeit ist die erste Tugend und vielleicht der Anfang aller Tugenden. Sie ist auch die dürftigste, oberflächlichste, fragwürdigste: Ist sie überhaupt eine Tugend? Ihre moralische Reputation ist jedenfalls zweifelhaft. Aber sie schert sich um die Moral sowenig wie die Moral um sie. Was ändert es am Faschismus, wenn ein Nazi höflich ist? Was ändert es an der Schreckensherrschaft? Natürlich nichts, und dieses *nichts* ist für die Höflichkeit sehr bezeichnend: Formtugend, Etikettentugend, Scheintugend. Anschein einer Tugend und nur Schein.

Unbestreitbar ist die Höflichkeit ein Wert, doch dieser Wert ist ambivalent, er ist kein Selbstwert – er kann das Beste und das Schlimmste beinhalten – und insofern ist er fast suspekt. Dieses Bedachtsein auf Formen muß etwas verbergen, aber was? Es ist Raffinement, und dahinter könnte Raffiniertheit stecken. Es ist äußerer Schein, und der Schein könnte trügen. Diderot spricht irgendwo von der «beleidigenden Höflichkeit» der vornehmen Leute, aber es gibt auch die unterwürfige und kriecherische der kleinen Leute. Ungeschminkte Verachtung und umstandsloses Gehorchen wäre einem lieber.

Doch damit nicht genug: Ein höflicher Schuft ist nicht weniger niederträchtig als ein unhöflicher, vielleicht noch mehr. Weil er heuchelt? Kaum, denn die Höflichkeit erhebt keinen moralischen Anspruch. Am liebsten wäre der höfliche Schuft ja zynisch, ohne es deswegen an Höflichkeit oder Bosheit fehlen zu lassen. Aber warum schockiert er dann? Durch den Kontrast? Wohl auch. Doch zwischen dem Schein einer Tugend und ihrem völligen Fehlen (das wäre die Heuchelei) besteht kein Kontrast, denn der Schuft unseres Beispiels ist tatsächlich höflich – außerdem gilt bei der Höflichkeit Scheinen für Sein. Ein Kontrast besteht eher zwischen dem Schein einer Tugend (der im Falle der Höflichkeit auch ihre Wirklichkeit ist: Das Sein der Höflichkeit erschöpft sich vollständig in ihrem Scheinen) und dem Fehlen sämtlicher anderen Tugenden, zwischen dem Anschein einer Tugend und dem Vorhandensein von Lastern, oder vielmehr eines einzigen Lasters, nämlich der Bosheit. Für sich genommen ist der Kontrast auch eher ästhetischer als moralischer Natur: Er überrascht mehr, als daß er entsetzt, ruft mehr Erstaunen als Mißbilligung hervor. Meines Erachtens kommt freilich etwas hinzu, was die Ethik berührt: Die Höflichkeit macht den Bösewicht um so verabscheuungswürdiger, als sie bei ihm Kultiviertheit verrät, ohne die seine Bosheit zur Not entschuldbar wäre. Der höfliche Schuft ist das Gegenteil des primitiven Menschen, und den Primitiven entschuldigt man. Er ist das Gegenteil des Wilden, und den Wilden entschuldigt man. Er ist das Gegenteil des grobschlächtigen, ungehobelten Rohlings, der zwar ängstigt, dessen dumpf-impulsive Roheit aber durch die Primitivheit erklärbar ist. Der höfliche Unmensch ist kein Primitiver, kein Wilder, kein Rohling: er ist im Gegenteil wohlerzogen, gebildet, und deshalb nicht entschuldbar, möchte man meinen. Wer könnte beim aggressiven Rüpel sagen, ob er böse oder einfach nur unerzogen ist? Bei einem Folterer mit geschliffenen Manieren besteht da kein Zweifel. Blut auf weißen Handschuhen fällt sofort auf, und Grausamkeit wird durch Manieren nur offensichtlicher. Die Nazis, zumindest viele von ihnen, sollen wahre Meister gewesen sein in dieser Hinsicht. Und es leuchtet ein, daß das Ungeheuerliche am deutschen Verhalten nicht zuletzt diese Mischung aus Barbarei und Zivilisation, aus Brutalität und Zivilisiertheit war, diese Grausamkeit, die mal höflich, mal bestialisch, aber immer grausam war, und vielleicht durch das höfliche Äußere um so schuldhafter, durch das Menschliche der Formen um so unmenschlicher, durch die Zivilisiertheit um so barbarischer. Bei einem Grobian kann man das Tierhafte oder mangelnde Bildung und Erziehung verantwortlich machen, die Schuld in einer schlimmen Kindheit oder im gesellschaftlichen Scheitern suchen. Bei einem höflichen Menschen nicht. Die Höflichkeit wird bei ihm zum erschwerenden Umstand, der unmittelbar den Menschen belastet, ob als Volk oder als Individuum, und er belastet die Gesellschaft nicht als gescheiterte, was als Entschuldigung dienen könnte, sondern als erfolgreiche. *Wohlerzogen* – das sagt schon alles. Der Nationalsozialismus als Erfolg der deutschen Gesellschaft (Jankélévitch würde hinzufügen: *und der deutschen Kultur*, doch so etwas durften nur er oder seine Zeitgenossen sagen), das spricht das Urteil über den Nationalsozialismus und Deutschland, will sagen über jenes Deutschland, das in den Konzentrationslagern Beethoven spielte und die Kinder umbrachte!

Ich schweife ab, doch mehr aus Wachsamkeit denn aus Unachtsamkeit. Bei der Höflichkeit heißt es aufpassen, daß man nicht auf sie hereinfällt. Die Höflichkeit ist keine Tugend und wird niemals als eine gelten können.

Aber warum dann sagen, sie sei die erste, und vielleicht der Anfang aller Tugenden? Der Widerspruch ist nur scheinbar. Am Anfang aller Tugenden kann nicht selbst eine Tugend sein (denn sie müßte wiederum einen Ursprung haben, wäre demnach kein Anfang), und vielleicht gehört es zum Wesen der Tugenden, daß die erste nicht tugendhaft ist.

Warum *erste*? Ich rede von der zeitlichen Ordnung, für das Individuum. Das Neugeborene hat keine Moral, kann keine haben. Das gilt auch für den Säugling, und noch lange für das Kleinkind. Was dieses jedoch sehr früh entdeckt, ist das Verbot. «Tu das nicht: das ist schmutzig, das ist schlecht, das ist häßlich, das ist böse ...» Oder: «Das ist gefährlich», und es lernt bald zu unterscheiden zwischen Verfehlung (Böses tun) und Verletzung (sich weh tun). Die Verfehlung ist ein dem Menschen eigentümliches Übel, ein Übel ohne üble Folgen (zumindest nicht bei dem, der die Verfehlung begeht), ein Übel ohne unmittelbar gegebene Gefahr. Aber warum sie sich dann verbieten? Eben darum, weil es schmutzig, häßlich, böse ist ... Für das Kind ist die Gegebenheit früher als das Recht, oder vielmehr ist das Recht nur eine Gegebenheit unter anderen. Es gibt das Erlaubte und das Verbotene, das eine tut man, das andere tut man nicht. Gut?

21

Böse? Die Regel ist genug, sie geht dem Urteil voraus und begründet es. Doch die Regel beruht dann eben nur auf Konvention, sie stützt sich einzig und allein darauf, daß man das, was man allgemein tut, tun soll: Regel des Gegebenen, Regel der puren Form, Regel der Höflichkeit! Keine unflätigen Wörter benützen, die Leute nicht unterbrechen, sich nicht vordrängeln, nicht stehlen, nicht lügen ... Alle diese Verbote stehen für das Kind gleichwertig nebeneinander («das ist aber nicht schön»). Das Unterscheiden zwischen dem, was ethisch, und dem, was ästhetisch ist, kommt erst später und nur allmählich. Die Höflichkeit ist also früher als die Moral, oder vielmehr ist die Moral zunächst nur Höflichkeit: Unterordnung unter die Konvention (die Soziologen haben hier Kant gegenüber eindeutig recht, wenigstens zunächst, was Kant vielleicht gar nicht bestreiten würde), unter die geltende Regel, das geregelte Spiel der Äußerlichkeiten – Unterordnung unter die Welt und die Sitten der Welt.

Man kann das, was man tun muß, nicht von dem ableiten, was *man* tut, sagt Kant. Genau dazu ist aber das Kind in den ersten Jahren gezwungen, und genau dadurch wird es menschlich. «Der Mensch kann nur Mensch werden durch Erziehung», gibt auch Kant zu. «Er ist nichts, als was die Erziehung aus ihm macht»[1], und «Disziplin oder Zucht ändert die Tierheit in die Menschheit um»[2]. Besser kann man es nicht sagen. Die Sitte ist früher als der Wert, der Gehorsam früher als der Respekt und die Nachahmung früher als die Pflicht. Die Höflichkeit («das tut man nicht») ist früher als die Moral («das *darf* man nicht»): Diese bildet sich erst allmählich heraus als eine Art verinnerlichte Höflichkeit, die sich von Äußerlichkeiten und Eigennutz befreit hat und ganz auf die gute Absicht ausgerichtet ist (welche der Höflichkeit nichts gilt). Aber wie könnte diese Moral überhaupt wachsen, wenn nicht auf dem Boden der Höflichkeit? Die guten Manieren kommen von den guten Taten und führen zu ihnen. Die Moral ist gleichsam die Höflichkeit der Seele, eine Lebensart sich selbst gegenüber (auch wenn es vor allem um den anderen geht), eine Etikette des inneren Lebens, ein Kodex unserer Pflichten, ein Zeremoniell des Wesentlichen. Umgekehrt ist die Höflichkeit gleichsam eine Moral des Körpers, eine Ethik des Verhaltens, ein Kodex des gesellschaftlichen Lebens, ein Zeremoniell des Unwesentlichen. «Scheidemünze» (Kleingeld), sagt Kant, das aber besser als nichts ist, und es wäre ebenso unsinnig, es abzuschaffen, als es für bares Gold zu halten[3]; «Beiwerk», sagt er anderswo, das nur Tugend vortäuscht, sie aber liebenswert macht.[4] Und welches Kind würde tugendhaft ohne diese Scheintugend und diese Liebenswürdigkeit?

Die Moral fängt also ganz unten an – bei der Höflichkeit –, irgendwo muß sie ja anfangen. Keine Tugend ist natürlich: tugendhaft muß man *werden*. Nur wie, wenn man es nicht schon ist? «Denn was wir tun müssen, nachdem wir es gelernt haben, das lernen wir, indem wir es tun.»[5] Aber wie es tun, ohne es zuvor gelernt zu haben? Es ist ein *circulus vitiosus*, aus dem wir nur durch ein *a priori* oder durch die Höflichkeit herauskommen. Ein *a priori* steht uns nicht zur Verfügung, nehmen wir also die Höflichkeit. Wir werden «durch gerechtes Handeln gerecht, durch Beobachtung der Mäßigkeit mäßig, durch Werke des Starkmuts starkmütig»[6], sagt Aristoteles weiter. Bloß: Wie gerecht handeln, ohne gerecht zu sein? Und Mäßigkeit üben, ohne mäßig zu sein? Starkmütig handeln, ohne starkmütig zu sein? Wie es überhaupt werden? Durch Gewöhnung, scheint Aristoteles zu antworten, doch die Antwort ist offensichtlich ungenügend: Die Gewohnheit setzt voraus, daß das, woran man sich gewöhnt, schon vorher da ist, sie kann es also nicht erklären. Kant hilft uns weiter, er erklärt diese erste Schein-Tugendhaftigkeit durch die Disziplin, das heißt durch äußeren Zwang: Weil der Mensch nach seiner Geburt mangels Instinktsteuerung sein Verhalten nicht sinnvoll steuern kann, «müssen es andere für ihn tun». Die Folge: «Eine Generation erzieht die andere.»[7] Das stimmt wohl. Nur, was ist in der Familie diese Disziplin anderes als zunächst die Respektierung der Gebräuche und Sitten? Diese Disziplin ist mehr Regel als Zwang, sie sorgt weniger für Ordnung als für eine gewisse Liebenswürdigkeit im Zusammenleben – Disziplin nicht der Härte, sondern der Höflichkeit. Nur durch sie, die tugendhaftes Benehmen mimt, haben wir eine Chance, vielleicht einmal tugendhaft zu werden. Wie La Bruyère

sagt: «Die Höflichkeit erweckt nicht immer Güte, Rechtschaffen-
heit, Liebenswürdigkeit, Dankbarkeit; sie verschafft immerhin den
Anschein davon und läßt den Menschen außen so scheinen, wie er
innen sein sollte.»[8] Darum ist sie beim Erwachsenen ungenügend
und beim Kind notwendig. Sie ist nur ein Anfang, aber auch nicht
weniger. Wer «bitte» oder «Entschuldigung» sagt, tut, als ob er respektvoll wäre; wer «danke» sagt, tut, als ob er dankbar wäre. Respekt und Dankbarkeit fangen hier an. So, wie die Natur die Kunst
nachahmt, so ahmt die Moral die Höflichkeit nach, die sie nachahmt. «Kindern etwas von Pflicht zu sagen, ist vergebliche Arbeit»,
stellte Kant fest[9], und er hatte natürlich recht damit. Aber wer
würde deshalb auch darauf verzichten, sie die Höflichkeit zu lehren?
Und was wüßten wir ohne sie von unseren Pflichten? Wenn wir moralisch werden können – und wir müssen es können, damit Moral
und Unsterblichkeit überhaupt möglich sind –, dann nicht durch Tugend, sondern durch Erziehung, nicht um des Guten, sondern um
der Form willen, nicht durch Moral, sondern durch Höflichkeit –
durch Respektierung nicht der Werte, sondern der Sitten! Die Moral ist zunächst schöner Schein, dann gutes Sein. Indem wir Tugend
imitieren, werden wir tugendhaft: «Denn dadurch, daß Menschen
diese Rollen spielen», schreibt Kant, «werden zuletzt die Tugenden,
deren Schein sie eine geraume Zeit hindurch nur gekünstelt haben,
nach und nach wohl wirklich erweckt, und gehen in die Gesinnung
über.»[10] Die Höflichkeit ist früher als die Moral und macht sie möglich. Eine «Schau», sagt Kant, die sich aber «moralisiert»[11]. Erst
muß der Mensch die «*Manier* des Guten» annehmen, nicht um bei
ihr stehenzubleiben, sondern um weiterzugehen zu dem, was sie
nachahmt – zur Tugend –, und was sich nur durch Nachahmung
einstellt.[12] «Selbst der Schein des Guten an anderen muß uns wert
sein», schreibt Kant auch, «weil aus diesem Spiel mit *Verstellungen*,
welche Achtung erwerben, ohne sie vielleicht zu verdienen, endlich
wohl Ernst werden kann.»[13] Ohne diesen Ernst kann die Moral weder weitergegeben werden, noch sich in jemandem herausbilden.
«Aus gleichen Tätigkeiten erwächst der gleiche Habitus», hat Ari-

24

stoteles gesagt.[14] Die Höflichkeit ist dieses Zur-Schau-Tragen von Tugend, aus dem die Tugenden entstehen.

Die Höflichkeit befreit also die Moral aus dem Circulus vitiosus (ohne die Höflichkeit müßte man tugendhaft sein, um es werden zu können), indem sie die Vorbedingungen für ihr Entstehen und sogar teilweise für ihre Entfaltung schafft. Die Unterschiede zwischen einem perfekt höflichen und einem nur wohlwollenden, anständigen, bescheidenen Menschen sind in vielen Situationen minimal: Man gleicht sich schließlich dem Nachgeahmten an, so daß die Höflichkeit unmerklich zur Moral führt, zumindest potentiell. Alle Eltern wissen das, und das verstehen sie unter Erziehung. Ich betone noch einmal, die Höflichkeit ist nicht alles, sie ist auch nicht das Wesentliche. Doch im landläufigen Verständnis bedeutet *wohlerzogen* nun einmal höflich, und das besagt viel. Seine Kinder tausendmal (was sage ich: abertausendmal) dazu anhalten, daß sie «bitte», «danke» und «Entschuldigung» sagen – nur Pedanten und Snobisten würden so etwas tun, wenn es bloß um Höflichkeit ginge. Aber die Achtung vor dem anderen beginnt hier, bei dieser Dressur. Ein unschönes Wort, ich weiß, aber wer käme an der Sache vorbei? Liebe allein genügt nicht, um die Kinder zu erziehen, auch nicht, um sie zu liebenswerten und liebenden Menschen zu machen. Höflichkeit genügt ebenfalls nicht, und deshalb braucht es beides. Die ganze häusliche Erziehung spielt sich, wie ich meine, zwischen diesen beiden Tugenden ab: der kleinsten, die noch keine Moral ist, und der größten, die schon keine mehr ist. Bleibt das Erlernen der Sprache. Aber wenn die Höflichkeit die Kunst der Zeichen ist, wie Alain meinte[15], so gehört das Sprechenlernen dazu. Es ist immer ein Gebrauch und ein Befolgen des Gebrauchs, der nur gut ist, insofern er befolgt wird. *Le bon usage* – «Der gute Gebrauch»: Das könnte der Titel eines Benimm-Ratgebers sein, so heißt aber die ebenso berühmte wie schöne französische Grammatik von Grevisse. Tun, was *man* tut, sagen, was *man* sagt . . . Tugend und Stil stellen sich irgendwann später ein.

Die Höflichkeit ist also keine Tugend, aber eine Art So-tun-als-ob, die Tugend mimt (bei den Erwachsenen) oder vorbereitet (bei den

Kindern). Mit dem Erwachsenwerden ändert sich zwar nicht ihr Wesen, aber ihr Stellenwert. In der Kindheit ist sie wesentlich, im Erwachsenenalter unwesentlich. Schlimmer als ein ungezogenes Kind ist ein bösartiger Erwachsener. Und wir sind keine Kinder mehr. Wir haben zu lieben, zu urteilen, zu wollen gelernt ... Wir sind also fähig zur Tugend und zur Liebe, und die Höflichkeit ist kein Ersatz dafür. Besser hilfsbereit und tölpelhaft als egoistisch und höflich. Besser ehrlich und unkultiviert als hinterhältig und geschliffen. Die Höflichkeit ist bloß eine Gymnastik des Ausdrucks, sagte Alain[16]; das besagt vor allem, daß sie eine Sache des Körpers ist, und entscheidend sind natürlich Herz und Seele. Manchmal wirkt Höflichkeit sogar störend, weil sie zu perfekt ist und mißtrauisch macht. «Zu höflich, um ehrlich zu sein», heißt es dann, denn die Ehrlichkeit verlangt manchmal, daß man unangenehm wird, anstößt, schockiert. Selbst wenn sie ehrlich sind, bleiben manche Menschen ihr Leben lang Gefangene ihrer guten Manieren und zeigen sich den anderen sozusagen nur durch die – nie ganz durchsichtige – Scheibe der Höflichkeit; für sie ist die Wahrheit endgültig zur Wohlanständigkeit geworden. Was heute als Stil «feiner Leute» gilt, geht stark in diese Richtung. Die Höflichkeit zu sehr beim Wort genommen ist das Gegenteil der Ehrlichkeit. Viele «anständige» Menschen sind wie zu brav geratene große Kinder, Gefangene ihrer Regeln, Geblendete der Konvention und der Schicklichkeit. Ihnen hat die ungestüme Jugend gefehlt, durch die man erwachsen wird, diese Jugend, die der Höflichkeit mit der ihr eigenen Respektlosigkeit begegnet, die auf Schicklichkeit pfeift und nur Liebe, Wahrheit und Tugend liebt, die schöne, herrliche, unbeugsame Jugend! Toleranz und Anpassung kommen zu ihrer Zeit. Wenn unbedingt eines besser sein soll als das andere: Moralisch gesehen ist, Unreife hin oder her, ein ewiger Jugendlicher dem fürs Erwachsenwerden zu braven Kind vorzuziehen. Besser, man ist zu ehrlich, um höflich zu sein, als zu höflich, um ehrlich zu sein!

Die Lebensart ist nicht das Leben; die Höflichkeit ist nicht die Moral. Nichts ist sie gleichwohl nicht. Die Höflichkeit ist etwas Geringes, das zu etwas Großem hinführt. Sie ist ein Ritual ohne Gott, ein Zeremoniell ohne Kult, eine Etikette ohne Monarch. Leere Form, deren Gültigkeit im Leersein liegt. Eine selbstgefällige Höflichkeit, eine, die sich für voll nimmt, die an sich glaubt, fällt auf sich selbst herein und verstößt damit gegen die Regeln, die sie selbst gibt. Die Höflichkeit genügt nicht, und es ist unhöflich, selbstgefällig zu sein.

Die Höflichkeit ist keine Tugend, sondern ein Vorzug, und nur ein Vorzug der Form. Für sich genommen ist sie sekundär, nebensächlich, fast belanglos: Im Vergleich zur Tugend oder zur Intelligenz ist sie so gut wie nichts, und in ihrer Vornehmheit muß die Höflichkeit auch das zum Ausdruck bringen können. Daß intelligente und tugendhafte Menschen sich Höflichkeit nicht sparen können, leuchtet freilich auch ein. Selbst die Liebe kommt nicht ohne Formen aus. Die Kinder müssen das von ihren Eltern lernen, von diesen sie – manchmal zu sehr, manchmal falsch – liebenden Eltern, von denen sie immer wieder getadelt werden, nicht der Sache (wer wagte es, zu seinem Kind zu sagen: «Du liebst mich nicht genug»?), sondern der Form wegen. Die Philosophen mögen sich darüber streiten, ob die erste Form nicht in Wirklichkeit alles und der Unterschied zwischen Höflichkeit und Moral nur eine Illusion ist. Es könnte sein, daß die ganze Moral nur Sitte und Brauch und Respektierung von Sitte und Brauch ist – daß alles nur Höflichkeit ist. Für meinen Teil glaube ich es nicht. Die Liebe hat Bestand, Sanftmut und Mitleid haben es ebenfalls. Die Höflichkeit ist nicht alles, und sie ist fast nichts. Der Mensch ist aber auch fast Tier.

2

DIE TREUE

Das Vergangene ist nicht mehr, das Zukünftige ist noch nicht. Vergessen und Improvisieren sind Naturgegebenheiten. Was ist der Frühling nicht jedesmal improvisiert – und schnell vergessen! Die Wiederholung selbst, sie mag noch so augenfällig sein, ist eine Täuschung. Nur weil die Jahreszeiten vergessen gehen, wiederholen sie sich, und das, was die Natur immer wieder neu aussehen läßt, ist gerade der Grund dafür, daß sie nur selten Neues hervorbringt. Jede wirkliche Erfindung bedingt ein Gedächtnis. Bergson erkannte das, er mußte deshalb ein Gedächtnis der Welt (die Dauer) erfinden, doch dieses Gedächtnis wäre Gott, und deshalb ist es nicht. Die Natur vergißt, Gott zu sein, oder Gott vergißt sich in der Natur. Wenn es eine Geschichte des Universums gibt – es gibt sie –, so ist sie eine Folge von Chaos- oder Zufalls-Improvisationen ohne Absicht (auch das Improvisieren ist keine) und ohne Gedächtnis. Das Gegenteil eines Werkes, ein Wirken durch bloßes Zusammentreffen. Ein unwahrscheinliches und vorübergehendes Zusammenstimmen. Denn dauern oder sich wiederholen kann etwas nur, indem es sich verändert; und nichts beginnt, was nicht enden müßte. Die Unbeständigkeit ist die Regel. Das Vergessen ist die Regel. Das Wirkliche ist von Augenblick zu Augenblick jedesmal neu; und dieses Neusein von allem für alles, diese ewig während Neuheit, das ist die Welt.

Die Natur ist die große Vergesserin, und darin erweist sie sich auch als materiell. Die Materie ist das Vergessen selbst, Gedächtnis gibt es nur vom Geist. Das Vergessen wird also das letzte Wort behalten, so wie es das erste hatte, so wie es immer wieder das Sagen hat. Das Wirkliche ist dieses erste Wort des Seins, dieses ewige erste Wort. Wie wollte es auch etwas sagen? Der Kind-König (die Zeit) ist gleichwohl nicht sprachunbegabt: Er spricht nicht und schweigt nicht, er erfindet nicht und wiederholt nicht. Unbestand, Vergessen, Unschuld: Königtum eines Kindes! Das Werden ist untreu, und selbst die Jahreszeiten sind wetterwendisch.

Es gibt aber den Geist; es gibt aber das Gedächtnis. Von wenig Gewicht, von wenig Bestand: diese Fragilität ist der Geist selbst. Sterblich im Herzen der Sterblichen – doch als Geist lebend von der Erinnerung daran! Der Geist ist Gedächtnis, und vielleicht ist er nur das. Denken heißt sich seiner Gedanken erinnern; wollen heißt sich des Gewollten erinnern. Nicht daß man nur denken könnte, was man gedacht, und nur wollen könnte, was man gewollt hat. Aber was wäre eine Erfindung ohne Erinnern? Und eine Entscheidung ohne Erinnern? So, wie der Körper die *Präsenz* der Gegenwart ist, so ist der Geist die Präsenz der Vergangenheit, er *präsentiert* uns die Vergangenheit, verleiht ihr in uns Bestand. Augustinus sprach von der «Gegenwart des Vergangenen», und das ist das Gedächtnis.[1] Hier fängt der Geist an. Der sorgliche Geist, der treue Geist.

Die Sorge, die das Gedächtnis der Zukunft ist, bringt sich uns genügend in Erinnerung. Es liegt in der Natur, oder vielmehr in der unseren. Wer, außer den Weisen oder den Verrückten, vergäße, daß es eine Zukunft gibt? Und wer, außer den schlechten Menschen, würde nur an die seine denken? Ja, die Menschen sind egoistisch, doch weniger absolut, als es manchmal scheint: Da machen sich Kinderlose Gedanken um die kommenden Generationen, und diese Besorgtheit ist schön. Da raucht einer bedenkenlos Zigaretten, findet aber das Ozonloch bedrohlich. Um sich macht er sich keine Sorgen, um andere schon. Wer möchte es ihm verdenken? Jedenfalls vergißt kaum jemand die Zukunft (die Gegenwart schon eher!), und zwar desto weniger, je weniger man darüber weiß.

Die Vergangenheit hat weniger zu bieten. Die Zukunft ängstigt uns, sie treibt uns um: Ihr Nichtsein ist ihre Stärke. Von der Vergangenheit hingegen haben wir scheinbar nichts mehr zu befürchten, nichts mehr zu erwarten, und das ist wohl auch nicht ganz falsch. Epikur machte es sich zur Devise: In den Stürmen der Zeit der tiefe Hafen der Erinnerung … Ein noch tieferer ist das Vergessen. Wenn, wie Freud sagt, Erinnerungen die Neurotiker krank machen, so muß die psychische Gesundheit irgendwie von Vergessen gespeist sein. «Gott bewahrt den Menschen davor, daß er zu vergessen vergißt!» schreibt der Dichter, und auch Nietzsche sah sehr wohl, auf welcher Seite das Leben und das Glück standen. «[. . .] es ist möglich, fast ohne Erinnerung zu leben, ja glücklich zu leben, wie das Tier zeigt; es ist aber ganz und gar unmöglich, ohne Vergessen überhaupt zu *leben*.»[2] Und war selber der Beweis. Aber ist das Leben das Ziel? Ist das Glück das Ziel? Wenigstens *dieses* Leben und *dieses* Glück? Soll man Tier, Pflanze und Stein beneiden? Und beneidete man sie tatsächlich, müßte man diesem Neid gehorchen? Was bliebe dann vom Geist? Was bliebe von der Menschlichkeit? Sind Gesundheit und Erhaltung der Gesundheit das einzig Erstrebenswerte? Ein *sanitäres* Denken[3] erweist hier seine Stärke und seine Grenze. Selbst wenn der Geist eine Krankheit wäre und die Menschlichkeit ein Unglück, diese Krankheit und dieses Unglück sind unser – weil wir selbst sie sind, weil wir nur durch sie sind. Wir machen nicht Tabula rasa mit der Vergangenheit. Alle Würde des Menschen liegt im Denken; alle Würde des Menschen liegt im Gedächtnis. Vergessendes Denken ist vielleicht auch Denken, aber ein geistloses. Vergessendes Verlangen ist sicherlich auch Verlangen; aber ein willenloses, herzloses, seelenloses. Die Wissenschaft und das Tier geben eine ungefähre Vorstellung davon – wenngleich es nicht für alle Tiere zutrifft (einige gelten als treu), und vielleicht auch nicht für alle Wissenschaften. Wie auch immer, jedenfalls ist der Mensch Geist nur durch das Gedächtnis; menschlich nur durch die Treue. Vergiß nicht, Mensch, dich zu erinnern!

Der treue Geist ist der Geist überhaupt.

Ich greife weit aus, aber das Problem ist eben riesig. Die Treue ist nicht ein Wert unter anderen, eine Tugend unter anderen; sie ist das, wodurch und weswegen es Werte und Tugenden gibt. Was wäre die Gerechtigkeit ohne die Treue der Gerechten? Der Friede ohne die Treue der Friedfertigen? Die Freiheit ohne die Treue der freien Geister? Und was taugte selbst die Wahrheit ohne die Treue der Wahrhaftigen? Zwar wäre sie nicht weniger wahr, doch sie wäre Wahrheit ohne Wert, aus der niemals Tugend entstehen kann. Keine Gesundheit ohne Vergessen, mag sein; aber niemals Tugend ohne Treue. Gesundheit oder Moral. Gesundheit *und* Moral. Denn wir sollen nicht nichts vergessen, auch nicht allem und jedem treu sein. Weder ist Gesundheit hinreichend, noch ist Heiligkeit Gebot. «Wir sollen nicht erhaben sein, es genügt, wenn wir treu und ernsthaft sind.»[4] Wir sind am Punkt. Die Treue ist Erinnerungstugend, und die Erinnerung schlechthin ist Tugend.

Aber welche Erinnerung? Oder Erinnerung woran? Und zu welchen Bedingungen? Und in welchen Grenzen? Nochmals: Wir sollen nicht allem und jedem treu sein, es wäre sonst keine Treue mehr, sondern Festhalten an Vergangenem, Borniertheit, Unbeweglichkeit, Routine, Fanatismus ... Jede Tugend ist ein Nein zu zwei Exzessen würde ein Aristoteliker sagen: einer ist die Unbeständigkeit, ein anderer die Unbeweglichkeit, und die Treue sagt zu beiden gleichermaßen nein. Goldene Mitte? Wenn man so will, aber keinesfalls im Sinne der Lauen und der Leichtfertigen (wir sollen nicht ein wenig unbeständig und ein wenig unbeweglich sein!). Das Schwarze der Scheibe könnte diese Mitte eher bezeichnen, jedenfalls besser als der Sumpf unserer Ratsversammlungen. Grat zwischen zwei Abgründen, habe ich weiter oben gesagt.[5] Die Treue ist weder unbeständig noch unbeweglich, und eben darin ist sie treu.

Ist sie also ein Selbstwert? Ein Wert für sich? An sich? Nein, das nicht, oder nicht nur. Ihr Wert wird von ihrem Objekt bestimmt. Einen Freund wechselt man nicht wie ein Hemd, sagt Aristoteles sinngemäß[6], und es wäre ebenso lächerlich, seinen Kleidern treu zu sein, wie es schuldhaft wäre, seinen Freunden gegenüber nicht treu zu sein – außer, wie der Philosoph an anderer Stelle sagt, «bei gar zu großer Schlechtigkeit»[7] ihrerseits. Treue entschuldigt nicht alles: Dem Schlimmsten treu zu sein, ist schlimmer, als es zu verleugnen. Die SS schwor Hitler die Treue; diese Treue im Verbrechen war verbrecherisch. Treue zum Bösen ist schlechte Treue. Und «die Treue in der Dummheit doppelte Dummheit»[8], wie Jankélévitch anmerkt.

32

Hier ist der Ort – Treue des nicht immer folgsamen Schülers –, den Meister ausführlicher zu zitieren:

«Ist die Treue zu loben oder nicht? Je nachdem, anders gesagt: Es hängt von den Werten ab, denen man treu bleibt. Treu *wem oder was?* [...] Niemand wird behaupten, daß das Ressentiment eine Tugend sei, obwohl es seinem Haß oder seiner Wut treu bleibt; ein gutes Gedächtnis für Beleidigungen ist schlechte Treue. Bei der Treue ist das Qualifikativ entscheidend. Außerdem gibt es eine Treue zu Kleinigkeiten, die engstirnig und kleinkrämerisch ist, ein starrköpfiges Wiederkäuen [...] Die Tugend, die wir wollen, ist also nicht die Treue schlechthin, sondern die gute Treue und die große Treue.»[9]

Das heißt: liebende Treue, tugendhafte Treue, willentliche Treue.[10] Sich erinnern genügt nicht. Man kann übrigens vergessen, ohne untreu zu sein, und untreu sein, ohne zu vergessen. Ja, Untreue setzt Erinnern geradezu voraus: Treu oder untreu kann man nur dem gegenüber sein, dessen man sich erinnert (nach einem Gedächtnisverlust kann niemand Wort halten oder wortbrüchig werden), und darum sind Treue und Untreue zwei entgegengesetzte Formen des Erinnerns, die eine tugendhaft, die andere nicht. Die Treue ist die «Tugend des Selben», sagte Jankélévitch auch[11]; doch in einer Welt, in der sich alles verändert – und das ist die Welt –, gibt es ein Selbes nur durch Erinnern und Wollen. Niemand badet zweimal im selben Fluß, und niemand liebt zweimal dieselbe Frau. Pascal: «Er liebt nicht mehr die Person, die er vor zehn Jahren liebte. Ich meine wirklich: Sie ist nicht mehr dieselbe, und er auch nicht. Er war jung, und sie auch; sie ist ganz anders. Er würde sie vielleicht noch so lieben, wie sie damals war.»[12] Die Treue ist die Tugend des Selben, wodurch das Selbe existiert oder überlebt.

Warum sollte ich das Versprechen von gestern halten, wenn ich heute nicht mehr derselbe bin? Warum? Aus Treue. Darin besteht nach Montaigne die wahre Grundlage der persönlichen Identität: «Die Grundlage meines Wesens und meiner Identität ist rein moralisch: sie liegt in der Treue zum Eid, den ich mir selbst geleistet habe. Ich bin nicht wirklich derselbe wie gestern; ich bin nur derselbe, weil ich mir dasselbe *schwöre*, weil ich eine bestimmte Vergangenheit als *die meine* anerkenne, und weil ich vorhabe, auch künftig meine gegenwärtige Verpflichtung als die meine anzuerkennen.»[13] Kein moralisches Subjekt ohne Treue zu sich selbst, und insofern wird die Treue geschuldet: Weil es sonst keine Pflichten gäbe! Nur insofern ist auch Untreue möglich: So, wie die Treue Erinnerungstugend ist, so ist die Untreue Erinnerungsverfehlung (und nicht ein Mangel oder Fehlen). Das Sich-Erinnern ist nicht alles: Das gute Gedächtnis ist nicht immer gut, die genaue Erinnerung ist nicht immer liebend oder respektvoll. Erinnerungstugend ist mehr als Erinnerung; Treue ist mehr als Genauigkeit. Die Treue ist das Gegenteil nicht des Vergessens, sondern der leichtfertigen oder selbstsüchtigen Wankelmütigkeit, des Wortbruchs, der Perfidie, der Unbeständigkeit. Wenngleich auch gilt, daß sie – alle Tugend arbeitet gegen ein Gefälle an – gegenläufig ist zum Vergessen, wohingegen die Untreue unweigerlich Vergessen nach sich zieht: Zunächst verrät man das, woran man sich erinnert, dann vergißt man, was man verraten hat ... So entzieht sich die Untreue in ihrem Triumph den eigenen Boden, während die Treue nur – und immer provisorisch – triumphiert, indem sie standhaft an sich festhält (also keinen anderen Triumph kennt als den unaufhörlichen Kampf gegen das Vergessen und das Verleugnen). Jankélévitch spricht von *verzweifelter Treue*[14], und ich werde der letzte sein, der ihm hierbei widerspricht. Es ist eben «ein ungleicher Kampf zwischen dem unwiderstehlichen Sog des Vergessens, der irgendwann alles verschluckt hat, und dem verzweifelten, aber nie kontinuierlichen Aufbegehren des Gedächtnisses; wenn uns also die Vergebungsprediger das Vergessen nahelegen, empfehlen sie uns etwas, was keiner Empfehlung bedarf: wer vergessen will, tut es aus eigenem Antrieb, er wünscht sich nichts anderes. Unser Erbarmen und unsere Dankbarkeit müssen der Vergangenheit gelten, denn sie kann sich nicht so wehren, wie es die

Gegenwart und die Zukunft können ...»[15] Das ist die Aufgabe der Erinnerung: Erbarmen und Dankbarkeit für die Vergangenheit. Die harte, schwer zu erfüllende, nie endende Pflicht zur Treue!

Bei dieser Pflicht gibt es selbstredend Abstufungen. Im eben zitierten Text redet Jankélévitch von den Konzentrationslagern der Nazis und dem Martyrium des jüdischen Volkes. Absolutes Martyrium – absolute Pflicht. Unserer ersten Liebe oder den Radrennfahrern, für die wir in unserer Kindheit schwärmten, schulden wir gewiß nicht diese unbedingte und umfassende Treue ... Nur was wert ist, erheischt Treue, und auch nur – wenn man bei naturgemäß nicht quantifizierbaren Größen überhaupt von Proportion reden kann – proportional zu seiner Werthaftigkeit. Treue vor allem dem Leid, dem selbstlosen Mut, der Liebe gegenüber ... Da kommt mir ein Zweifel: Ist Leid denn ein Wert? Nein, an sich natürlich nicht, oder nur ein negativer: Das Leid ist ein Übel, und man ginge fehl, würde man Erlösung in ihm sehen. Das Leid ist zwar kein Wert, doch jedes leidvolle Leben ist einer, und zwar durch die Liebe, die es verlangt oder verdient: Den Leidenden zu lieben (Nächstenliebe der Christen, Mitleiden der Buddhisten, *commiseratio* der Spinozisten ...) ist wichtiger, als das Schöne oder Große zu lieben, und wert ist das, was geliebt zu werden verdient. Insofern ist jede Treue – sei sie nun Treue einem Wert oder einem Menschen gegenüber – Treue zur Liebe, und durch die Liebe. Treue ist treue Liebe, das landläufige Verständnis ist hier zutreffend, oder nur falsch bezüglich der Liebe (wenn es sie auf die Paarbeziehung einengt). Nicht, daß jede Liebe treu ist (deshalb ist die Treue auch nicht nur Liebe); aber jede Treue ist liebend, immer (Treue im Haß ist keine Treue, sondern Verbitterung oder Verbissenheit), und deswegen gut, und deswegen liebenswert. Treue also zur Treue – und zu den verschiedenen Graden der Treue!

Die verschiedenen Geltungsbereiche aufzuzählen wäre endlos. Es sei mir gestattet, nur drei von ihnen darzustellen, und auch die nur flüchtig: das Denken, die Moral, die Paarbeziehung.

Daß es eine Treue des Denkens gibt, ist ziemlich klar. Man denkt nicht wahllos irgend etwas, denn wahllos irgend etwas denken hieße gar nicht denken. Die Dialektik selbst, die den Sophisten so behagte, ist nur Denken durch die Treue zu ihren Gesetzen und Kriterien, zum Widerspruch, den sie bejaht und überschreitet. Man darf die Dialektik nicht mit einem Herumgaukeln der Gedanken verwechseln, hat Sartre gesagt. Die Treue ist grosso modo das, was sie unterscheidet, wie man bei Hegels großer, ihrem Anfang und ihrer unglaublichen Gedankenstrenge bis zum Schluß treuen *Logik* sehen kann. Allgemeiner kann man sagen, daß ein Denken nur dem Nichts oder dem Geschwätz entgeht, insofern es – wie es sein Wesen will – bestrebt ist, dem Vergessen, den kurzlebigen Moden und Interessen, den Verführungen des Augenblicks und der Macht zu widerstehen. Alles Denken «läuft ständig Gefahr, sich zu verlieren, wenn wir uns nicht um seine Erhaltung bemühen», sagt Marcel Conche. «Es gibt kein Denken ohne Gedächtnis, ohne Kampf gegen das Vergessen und gegen die Gefahr des Vergessens.»[16] Das besagt, daß es kein Denken ohne Treue gibt: Um zu denken, muß man sich nicht nur erinnern (was allein schon das Bewußtsein ermöglichte, und nicht jedes Bewußtsein ist Denken), man muß sich auch erinnern *wollen*. Die Treue ist dieses Wollen, oder vielmehr ist sie der Akt und die Tugend dieses Wollens.

Bedingt sie nicht auch den Willen, daß man immer das denkt, wovon man sich erinnert, daß man es gedacht hat? Also nicht nur den Willen zur Erinnerung, sondern auch den Willen zum Festhalten? Ja und nein. Ja insofern, als es belanglos wäre, sich eines Gedankens erinnern zu wollen, wenn dieser nur eine Erinnerung in der Art eines geistigen oder begrifflichen Souvenirs wäre: Seinen Gedanken treu sein heißt nicht nur, daß man sich erinnert, sie gehabt zu haben, sondern auch, daß man sie lebendig erhalten will (daß man sich nicht nur erinnern will, sie gehabt zu haben, sondern *sie zu haben*). Nein insofern, als man, wollte man um jeden Preis an ihnen festhalten, sich gegebenenfalls einer Überprüfung durch Diskussion, Erfahrung oder Reflexion widersetzen würde. Seinen Gedanken treuer zu sein als der Wahrheit, wäre Untreue dem Denken selbst gegenüber; es führte bei bester Absicht unweigerlich zur Sophistik. Treue zur Wahrheit zuerst! Darin unterscheidet sich die Treue vom Glauben und *a fortiori* vom Fanatismus. Für das Denken bedeutet Treue, sich weder Veränderungen in seinem Denken zu verschließen (Dogmatismus), noch es etwas anderem als sich selbst zu unterwerfen (Glaube), noch es für absolut zu halten (Fanatismus); Treue bedeutet Weigerung, sein Denken ohne gute und stichhaltige Gründe zu ändern, und – weil permanentes Überprüfen unmöglich ist – für wahr zu halten, was einmal klar und eindeutig befunden worden ist, bis eine Überprüfung etwas anderes ergibt. Also weder Dogmatismus noch Unbeständigkeit. Man hat das Recht, seine Ansichten zu ändern, doch nur dann, wenn es Pflicht ist. Erst die Treue zum Wahren, dann zur erinnerten Wahrheit (zur *bewahrten* Wahrheit): So ist das treue Denken, das heißt, das Denken.

Man verstehe mich richtig, wenn ich sage, für die Wissenschaft sei Treue kein Thema: Das gilt natürlich nicht für den Wissenschaftler, also auch nicht für die im Werden begriffene Wissenschaft. Doch die Wissenschaft als fertiges Resultat lebt in der Gegenwart und vergißt fortwährend ihre ersten Schritte. Wogegen die Philosophie den ihren fortwährend nachspürt. Welcher Physiker liest schon Newton? Welcher Philosoph läse nicht immer wieder Aristoteles? Die Wissenschaft schreitet fort und vergißt; die Philosophie meditiert und erinnert sich. Was ist die Philosophie anderes als äußerste Treue zum Denken?

Doch kehren wir zur Moral zurück. Daß sie mit der Treue zu tun hat, liegt in ihrem Wesen. Kant hätte dem allerdings widersprochen: Die Treue sei eine Pflicht, hätte er gesagt (zum Beispiel zwischen Freunden oder Ehegatten), doch die Pflicht lasse sich nicht auf die Treue zurückführen. Indem das Moralgesetz zeitlos sei, stehe es immer vor uns: Wir hätten nicht treu zu sein, sondern zu gehorchen. Und überhaupt, Treue wozu? Wenn sie dem gelten solle, was die

Pflicht vorschreibe, so sei sie überflüssig (weil, Treue hin oder her, die Pflicht sich selbst gebiete); und wenn sie etwas anderem gelte, so sei sie nebensächlich (weil nur die Pflicht etwas absolut gebiete). Und jene Treue, die die Pflicht gebiete (Treue zum gegebenen Wort, eheliche Treue), sei ein bloßer Sonderfall der Pflicht, eine Spielart davon. Die Treue sei dem Moralgesetz untergeordnet, nicht das Moralgesetz der Treue.

Ja, wenn es ein Moralgesetz in Kants Sinne gibt: ein universelles, absolutes, zeitloses, unbedingtes ... Wenn es also eine praktische Vernunft gibt, die absolut gebietet, ganz ohne Rücksicht auf Zeit und Raum. Aber was wissen wir von einer solchen Vernunft? Welche Erfahrung haben wir mit ihr? Und wer kann heute daran glauben? Kant hätte recht gehabt, gäbe es ein universelles und absolutes Moralgesetz und folglich eine objektive Begründung der Moral. Ich wenigstens kenne keine, und das scheint mir das Los zu sein, das uns unsere Zeit zugedacht hat: Wir sollen moralisch sein, obwohl wir nicht mehr an die (absolute) Wahrheit der Moral glauben. In wessen Namen sollen wir also tugendhaft sein? Im Namen der Treue: aus Treue zur Treue! Es ist, wenn man so will, der jüdische Geist gegen die deutsche Vernunft, er allein kann sie vor Barbarei bewahren. Bergson hielt denn auch Kant vor, es sei höchst naiv, die Moral auf den Kult der Vernunft gründen zu wollen, faktisch also auf die Einhaltung des Prinzips des zu vermeidenden Widerspruches.[17] Cavaillès, als der große Logiker, der er war, sagte später dasselbe. Natürlich müsse eine Moral vernünftig sein, weil sie ja universell sein soll (jedenfalls universalisierbar); doch ausreichend dazu sei keine Vernunft: «Gegen eine einigermaßen starke Tendenz vermag der Satz des zu vermeidenden Widerspruchs nichts, und die klarsten Einsichten sind auf einmal getrübt. Die Geometrie hat noch nie jemanden gerettet.»[18] Eine Tugend *more geometrico* gibt es nicht. Ist etwa Barbarei weniger kohärent als Zivilisiertheit? Ist Geiz weniger logisch als Freigebigkeit? Und selbst wenn dem so wäre, inwiefern wäre es ein Argument gegen die Barbarei oder den Geiz? Nein, natürlich sollen wir nicht auf Vernunft verzichten, der Geist würde es nicht überleben. Wir sollen nur nicht die Vernunft, welche die Treue zum Wahren ist, mit der Moral gleichsetzen, welche Treue zum Gesetz und zur Liebe ist. Die eine kann natürlich mit der anderen einhergehen, und genau das nenne ich Geist. Gleichwohl sind Vernunft und Moral zweierlei, die eine ist nicht auf die andere reduzierbar. Anders gesagt, die Moral ist nicht wahr, sondern gilt: Sie ist keine Sache des Wissens (zumindest vermag Wissen über sie nicht ihre Gültigkeit zu erweisen), sondern des Willens. Nicht überzeitlich, sondern historisch. Nicht vor uns, sondern hinter uns. Indem es keine Begründung der Moral gibt, auch keine geben kann, nimmt die Treue ihre Stelle ein. Durch sie unterwerfen wir uns nicht der Zeitlosigkeit eines universellen Moralgesetzes, sondern der Historizität eines Wertes, dem stets besonderen Fortleben der Vergangenheit in uns, handle es sich nun um die Vergangenheit der Menschheit im allgemeinen (die Kultur, die Zivilisation: was uns von der Barbarei trennt), oder um unsere Vergangenheit im besonderen, um unsere eigene oder um die unserer Eltern (Freuds Über-Ich, die Erziehung: die unsere Moral von der anderer Menschen unterscheidet). Treue zum Gesetz nicht als einem göttlichen, sondern als einem menschlichen, nicht als einem universellen, sondern als einem besonderen (auch wenn es universalisierbar ist und sein muß), nicht als einem außerzeitlichen, sondern als einem geschichtlichen: Treue zur Geschichte, Treue zur Zivilisation und zur Aufklärung, Treue zur Menschlichkeit des Menschen! Wir sollen nicht verraten, was die Menschheit, die uns gemacht hat, aus sich gemacht hat.

Die Moral beginnt mit der Höflichkeit, habe ich gesagt [19]; sie setzt sich – wobei sie ihr Wesen ändert – fort mit der Treue. Erst tut man, was «man tut», dann gebietet man sich, was man tun *muß*. Erst achtet man auf gute Manieren, dann auf gutes Tun. Erst gute Sitten, dann das Gute selbst. Treue zur empfangenen Liebe, zum bewunderten Beispiel, zum bezeugten Vertrauen, zum Gebot der Stunde, zur Geduld, zur Ungeduld, zum Gesetz ... Die Liebe der Mutter, das Gesetz des Vaters. Ich erfinde nichts, und ich schematisiere stark. Doch jeder weiß selber Bescheid. Die Pflicht, das Verbot, die Gewissensbisse, die Befriedigung nach guter Tat, der Wille zu gutem Handeln, die Achtung für den andern ... All dies hängt «hauptsächlich von der Erziehung ab», wie Spinoza sagte[20], und das ist noch lange kein Grund, sich davon zu dispensieren! Es ist nur Moral, und die Moral ist nicht alles, die Moral ist nicht das Wesentliche (die Liebe und die Wahrheit sind wichtiger). Aber wer, außer dem Weisen und dem Heiligen, käme ohne sie aus? Und wie käme Moral ohne Treue aus? Die Treue steht am Anfang jeder Moral: Sie ist das Gegenteil der «Umwertung aller Werte», die auch die Treue einbeziehen müßte, es nicht kann und sich dadurch selbst widerlegt. «Wir wollen die *Erben* aller früheren Moral sein», hat Nietzsche gesagt. «All unser Handeln ist nur Moral in der Auflehnung gegen ihre frühere Form.»[21] Selbst dieses Auflehnen und dieses Erbenwollen sind noch Treue. Soll man sich überhaupt auflehnen? Und gegen wen? Gegen Sokrates? Gegen Epiktet? Gegen den Christus der Evangelien? Gegen Montaigne? Gegen Spinoza? Wer vermöchte es? Wer möchte es? Es ist doch unverkennbar, daß sie im Endeffekt alle denselben Werten treu sind, auf die zu verzichten einem Verzicht auf die Menschlichkeit gleichkäme! «Ich bin nicht gekommen aufzulösen, sondern zu erfüllen ...» Wort des Glaubens und der Treue – und noch schöner ohne den Glauben, noch bitterer nötig ohne den Glauben. Treue nicht zu Gott, sondern zum Menschen, und zum Geist des Menschen (zur Menschheit nicht als biologischer Realität, sondern als kulturellem Wert). Alle Greueltaten dieses Jahrhunderts wurden im Namen der Zukunft begangen (das Tausendjährige Reich, die glorreiche Zukunft des Stalinismus ...). Man wird mir nicht ausreden können, daß der Widerstand dagegen, moralisch gesehen, Treue zu einer bestimmten Vergangenheit war. Der Unmensch ist der Untreue. Selbst die glorreiche Zukunft ist moralisch nur wünschenswert im Namen sehr alter Werte; Marx hatte das sehr wohl gesehen, und die Marxisten sehen es allmählich auch. Es gibt keine Moral der Zukunft. Alle Moral kommt, wie alle Kultur, von der Vergangenheit. Ohne Treue keine Moral.

Die Paarbeziehung ist ein Fall für sich. Daß manche Paare treu sind und andere nicht, ist eine Tatsachenfeststellung, die nicht oder nicht mehr den Kern der Sache zu berühren scheint. Zumindest wenn man Treue im engen Sinne auffaßt als ausschließliches, und beiderseitig ausschließliches, Anrecht auf den Körper des anderen. Weshalb sollte man nur einen Menschen lieben? Weshalb nur einen Menschen begehren? Seinen Gedanken treu zu sein, bedeutet (zum Glück!) ja auch nicht, nur einen zu haben; und in der Freundschaft verlangt Treue ebenfalls nicht, daß man nur einen Freund hat. In diesen Bereichen ist die Treue nicht ausschließlich. Warum sollte es in der Liebe anders sein? Worauf sollte sich ein ausschließlicher Anspruch auf jemand anderen stützen? Daß es bequemer oder sicherer ist, daß es sich so leichter und letztendlich vielleicht auch glücklicher lebt, mag sein, und ich mag es gerne glauben, solange Liebe da ist. Doch weder die Moral noch die Liebe scheinen mir prinzipiell daran gebunden zu sein. Jeder muß seinen Kräften und Schwächen entsprechend selbst entscheiden. Jeder, oder vielmehr jedes Paar: Die Wahrheit ist ein höherer Wert als die Ausschließlichkeit, und mir scheint, die Liebe wird weniger durch Liebe (die *andere* Liebe) verraten als durch Lüge. Manch einer wird gegenteiliger Meinung sein, ich vielleicht selbst auch zu einem anderen Zeitpunkt. Ich meine, es ist nicht das, worauf es ankommt. Es gibt freie Paare, die sich auf ihre Weise die Treue halten (zu ihrer Liebe, ihrem Wort, ihrer beiderseitigen Freiheit . . .). Und viele sind sich streng treu, und traurig treu, weil beide es lieber nicht wären . . . Das Problem ist hier weniger die Treue als vielmehr die Eifersucht, weniger die Liebe als das Wehtun. Das ist nicht mehr mein Thema. Treue ist nicht Mitleid. Beides Tugenden? Zweifelsohne, aber das ist es gerade: es sind zweierlei Tugenden. Nicht weh tun ist das eine, nicht Verrat üben das andere, das man Treue heißt.

Was macht denn ein Paar zum Paar? Die sexuelle Begegnung allein, selbst die mehrfache, reicht eindeutig nicht. Aber auch das bloße Zusammenleben reicht nicht, selbst wenn es dauert. Die Paarbeziehung, wie ich sie verstehe, bedingt Liebe und Dauer. Sie bedingt also Treue, weil die Liebe nur dauert, wenn Erinnerung und Wille die Leidenschaft (die zu kurz anhält für eine Paarbeziehung, gerade lang genug, um eine zu sprengen) fortdauern lassen. Ehe bedeutet wohl dies, und Scheidung das Ende dieses Fortdauerns. Und selbst wenn. Eine Freundin von mir, die geschieden und wieder verheiratet ist, sagte mir, in gewisser Weise bleibe sie ihrem ersten Mann treu. «Ich meine damit, daß ich dem, was wir zusammen erlebt haben, unserer Geschichte, unserer Liebe, treu bleibe ... Ich will nicht das alles verleugnen.» Um so weniger könnte eine Partnerschaft auf Dauer bestehen ohne diese Treue zur gemeinsamen Geschichte, ohne diese Mischung aus Vertrauen und Dankbarkeit, welche glückliche Paare, die es auch gibt, im Alter so anrührend macht, anrührender als frisch Verliebte, die zumeist von ihrer Liebe nur träumen. Diese Treue scheint mir kostbar, kostbarer als die andere, und wesentlicher für die Partnerschaft. Daß die Liebe ruhiger wird oder abnimmt, ist wohl immer das Wahrscheinlichste, und sich daran zu stoßen wäre müßig. Doch ob das Paar auseinandergeht oder zusammenbleibt, es bleibt immer nur ein Paar durch diese Treue zur gegebenen und empfangenen Liebe, zur miteinander geteilten Liebe, und zur bewußten und dankbaren Erinnerung an diese Liebe. Treue ist treue Liebe, habe ich gesagt, und so ist auch die Partnerschaft, auch die «moderne», auch die «freie». Treue ist bewahrte Liebe zu dem, was gewesen ist, Liebe zur Liebe, so sie noch da ist, oder gegenwärtige (bewußte und bewußt unterhaltene) Liebe zur vergangenen Liebe. Treue ist treue Liebe, treu vor allem der Liebe.

Wie kann ich schwören, dich immer zu lieben und immer nur dich? Wer kann auf seine Gefühle schwören? Und wozu die Fiktion aufrechterhalten, wenn keine Liebe mehr da ist, samt allen Lasten und Verpflichtungen? Aber das ist kein Grund, das Gewesene zu verleugnen oder schlechtzumachen. Was müssen wir immer dem Vergangenen untreu werden, um das Gegenwärtige zu lieben? Ich schwöre dir nicht, daß ich dich immer lieben werde, aber ich schwöre, daß ich dieser Liebe, die wir erleben, immer treu bleiben werde.

Untreue Liebe ist nicht *freie* Liebe, sondern vergessende, verleugnende Liebe, eine Liebe, die das, was sie geliebt hat, vergißt und haßt, und die sich dadurch selbst vergißt und haßt. Aber ist das noch Liebe?

Liebe mich, soviel du willst, mein Schatz; aber *vergiß uns nicht*.

3

Die Klugheit

Die Höflichkeit ist der Ursprung der Tugenden; die Treue ihr Prinzip; die Klugheit ihre Bedingung. Ist sie selbst eine Tugend? Die Tradition meint ja, und das soll zuerst erklärt werden.

Die Klugheit ist eine der vier Kardinaltugenden des Altertums und des Mittelalters.[1] Vielleicht ist sie die am meisten in Vergessenheit geratene. Für die Neuzeit hat sie weniger mit Moral als mit Psychologie, weniger mit Pflicht als mit Berechnung zu tun. Kant sah in ihr schon keine Tugend mehr: Sie sei nur aufgeklärte oder geschickte Eigenliebe, erklärte er, die zwar nicht verwerflich, aber ohne moralischen Wert sei und nur hypothetische Vorschriften beinhalte.[2] Es ist klug, auf seine Gesundheit zu achten; aber wer sähe ein Verdienst darin? Die Klugheit ist zu gewinnbringend, um moralisch zu sein; die Pflicht ist zu absolut, um klug zu sein. Kants Ansicht ist hier aber nicht unbedingt der Weisheit letzter Schluß. Er befand schließlich auch, daß Wahrhaftigkeit absolute Pflicht sei, unter allen Umständen (auch wenn – und das ist sein Fallbeispiel – Mörder Ihren Freund verfolgen und Sie fragen, ob er sich in Ihrem Haus versteckt halte) und ohne Rücksicht auf die Folgen: Es sei besser, unklug als pflichtwidrig zu handeln, selbst wenn das Leben eines Unschuldigen oder das eigene Leben auf dem Spiel stehe![3] So etwas, scheint mir, können wir nicht mehr akzeptieren, weil wir nicht mehr genug an dieses Absolute glauben, um ihm unser Leben, unsere Freunde und unsere Mitmenschen zu opfern. Diese Ethik der Überzeugung könnte uns, wie Max Weber sagen wird, eher entsetzen: Absolutheit der Prinzipien wider alle Menschlichkeit und Vernunft, gegen jegliches Gefühl und Mitleid – nein, danke! Wir haben gelernt, auch der Moral zu mißtrauen, und dies um so mehr, je absoluter sie daherkommt. Der Überzeugungsethik ziehen wir die «Verantwortungsethik» Max Webers vor, eine Moral, die zwar nicht ihre Prinzipien aufgibt (wie könnte sie auch?), aber auch nach den voraussehbaren Folgen des Handelns fragt.[4] Eine gute Absicht kann katastrophale Folgen zeitigen, und die offensichtlichste Lauterkeit der Beweggründe hat noch nie das Schlimmste auszuschließen vermocht. Es wäre also schuldhaft, sich auf sie zu beschränken: Die Verantwortungsethik erheischt, daß wir uns nicht nur über unsere Absichten oder Prinzipien Rechenschaft geben, sondern auch über die absehbaren Folgen unseres Handelns. Es ist eine Ethik der Klugheit, und die einzige Ethik, die taugt. Es ist besser, die Gestapo anzulügen, als ihr einen Juden oder einen Widerstandskämpfer auszuliefern. Im Namen wovon? Im Namen der Klugheit, die dieses *Besser* zutreffend bestimmt (für den Menschen, durch den Menschen). Es ist angewandte Moral, und was wäre eine Moral, die nicht angewandt würde? Ohne die Klugheit könnten die anderen Tugenden mit ihren guten Absichten bloß den Weg zur Hölle pflastern.

Doch ich sprach von der Tradition. Das Wort ist zu sehr mit Geschichte belastet, um nicht zu Mißverständnissen Anlaß zu geben, auch ist es fast völlig aus dem modernen Moralwortschatz verschwunden. Was noch lange nicht heißt, daß wir der Sache nicht mehr bedürften.

Sehen wir genauer hin. Die *phronesis* der Griechen, speziell des Aristoteles und der Stoiker, übersetzten die Römer bekanntlich mit *prudentia*. Was ist sie? Aristoteles sagte, sie sei eine *intellektuelle* Tugend, insofern sie mit dem Wahren, der Einsicht und der Vernunft zu tun habe: Die Klugheit ist die Disposition, die uns befähigt, richtig zu beurteilen, was gut oder schlecht ist für den Menschen (nicht an sich, sondern in der konkreten Welt, nicht im allgemeinen, sondern in einer gegebenen Situation), und dementsprechend richtig zu handeln.[5] Man könnte sie als gesunden Menschenverstand bezeichnen, der aber einem guten Wollen diente. Oder als Intelligenz, die aber tugendhaft wäre. Insofern ist die Klugheit Voraussetzung für alle anderen Tugenden, die ohne sie weder wüßten, was zu tun ist, noch wie das erstrebte Ziel (das Gute) zu erreichen ist. Thomas von Aquin stellte fest, daß unter den vier Kardinaltugenden der Klugheit eine Leitungsfunktion zukomme[6]: Mäßigung, Tapferkeit und Gerechtigkeit wüßten ohne sie nicht, was zu tun ist und wie es zu tun ist; sie wären blinde oder ziellose Tugenden (der Gerechte liebte die Gerechtigkeit, ohne zu wissen, wie er sie praktisch anwenden soll, der Tapfere wüßte mit seiner Tapferkeit nichts anzufangen usw.), andersherum wäre die Klugheit ohne die drei anderen leer, oder bloße Gewandtheit. Die Klugheit hat etwas Bescheidenes, Instrumentales: Sie dient Zielen, die nicht die ihren sind, und denkt selbst nur an die geeigneten Mittel.[7] Was sie aber unersetzlich macht: Keine Handlung, keine Tugend – jedenfalls keine *handelnde* Tugend – käme ohne sie aus.[8] Die Klugheit herrscht nicht (dazu eignen sich Gerechtigkeit und Liebe besser), aber sie regiert. Was wäre ein Reich ohne Regierung? Gerechtigkeitsliebe genügt nicht, um gerecht zu sein, so wenig wie Friedensliebe genügt, um friedfertig zu sein: Es braucht dazu die richtige Entscheidung, den richtigen Beschluß, die richtige Handlung. Die Klugheit beschließt, die Tapferkeit führt aus.

Die Stoiker betrachteten sie als Wissenschaft («die Wissenschaft vom Tun und Unterlassen», sagten sie)[9], was Aristoteles mit Recht ablehnte, weil Wissenschaft nur das Notwendige betreffen kann und Klugheit nur das Kontingente.[10] Die Klugheit setzt Ungewißheit, Risiko, Zufall, Nichtwissen voraus. Ein Gott bräuchte sie so wenig wie ein Mensch ohne sie auskäme. Die Klugheit ist nicht Wissenschaft; sie ist der Ersatz dafür in Situationen, in denen es kein gesichertes Wissen gibt. Man beratschlagt nur da, wo man wählen muß, nur da also, wo eine Beweisführung nicht möglich und nicht ausreichend ist: Nur da muß man wollen, und zwar nicht nur den guten Endzweck, sondern auch die geeigneten Maßnahmen! Wer seine Kinder liebt oder ihr Bestes will, ist nicht auch schon ein guter Vater. Oder, wie der Komiker Coluche sagen würde: Liebe ist kein Freischein für Intelligenzverzicht. Die Griechen wußten das, und vielleicht besser als wir. Die *phronesis* ist gleichsam die praktische Weisheit: Weisheit des Handelns, für das Handeln, beim Handeln. Sie ist kein Ersatz für die Weisheit (die wirkliche: *sophia*), weil der gut Handelnde nicht auch schon gut lebt, oder der Tugendhafte nicht automatisch auch glücklich ist. Aristoteles behält hierin gegen fast alle Autoren der Antike recht[11]: Die Tugend genügt so wenig für das Glück, wie das Glück für die Tugend genügt. Beide aber brauchen die Klugheit, und selbst die Weisheit braucht sie. Weisheit ohne Klugheit wäre verrückte Weisheit, und das wäre keine Weisheit.

Epikur trifft vielleicht den Kern: Die Klugheit, die (durch «Abwägen und Unterscheiden des Zuträglichen und Abträglichen»[12]) entscheidet, welche Wünsche befriedigt werden sollen, und mit welchen Mitteln, ist «sogar wertvoller als das Philosophieren», und aus ihr «ergeben sich alle übrigen Tugenden von selbst».[13] Was hilft das Wahre, wenn man nicht zu leben versteht? Was hilft die Gerechtigkeit, wenn man nicht gerecht zu handeln versteht? Und wozu wollte man sie, wenn sie nichts brächte? Die Klugheit ist so etwas wie eine wirkliche Lebenskunst (und nicht nur eine scheinbare, wie die Höflichkeit), die zugleich auch eine Kunst des Genießens wäre: Wir entscheiden uns oftmals gegen ein Vergnügen, wenn es ein größeres Mißbehagen nach sich zieht, erläutert Epikur, und wir führen einen gewissen Schmerz herbei, wenn er uns schlimmere erspart oder uns ein lebhafteres oder dauerhafteres Vergnügen verschafft.[14] So gehen wir zum Zahnarzt oder zur Arbeit um des Vergnügens willen, eines Vergnügens freilich, das meist zeitversetzt oder indirekt ist (der Schmerz wird vermieden oder beseitigt) und das die Klugheit vorausschauend einkalkuliert. Tugend in der Zeit, immer, und manchmal die Zeit abwartend. Die Klugheit bedenkt eben die Zukunft, so weit ihre Bewältigung in unserer Macht steht (insofern ist sie nicht eine Sache der Hoffnung, sondern des Willens). Tugend in der Gegenwart, wie alle Tugend, doch vorausschauend und vorsehend. Der kluge Mensch ist nicht nur dem gegenüber aufmerksam, was geschieht, er achtet auch auf das, was geschehen kann. Er ist achtsam und gibt acht. *Prudentia* kommt von *providere*[15], und das heißt vorausschauen und sich vorsehen, bemerkt Cicero. Tugend der Dauer, der ungewissen Zukunft, des günstigen Zeitpunkts (des *kairos* der Griechen), Tugend der Geduld und der Vorwegnahme. Man kann nicht im Augenblick leben. Man kann nicht immer auf dem kürzesten Weg zum Vergnügen gelangen. Die Wirklichkeit kennt ihre Gesetze, Hindernisse und Umwege. Die Klugheit ist die Kunst, dies mitzubedenken: Sie ist sehendes, vernünftiges Wünschen. Romantiker mögen das unfein finden und lieber ihren Träumen nachhängen. Tatmenschen hingegen wissen, daß es keinen anderen Weg gibt, auch wenn Unwahrscheinliches und Außerordentliches geleistet werden soll. Durch die Klugheit hebt sich die Tat vom Tatendrang, der Held vom Hitzkopf ab. Im Grunde ist es das, was Freud das Realitätsprinzip nennen wird, oder zumindest die ihm entsprechende Tugend: Es geht um größtmöglichen Lustgewinn und größtmögliche Leidvermeidung, doch unter Berücksichtigung der Zwänge und Unberechenbarkeiten der Realität, anders gesagt, auf *intelligente* Weise (womit wir bei Aristoteles' Verstandestugend wären). So ersetzt die Klugheit beim Menschen das, was bei den Tieren der Instinkt leistet – und, wie Cicero sagte, bei den Göttern die Vorsehung.[16]

Die *prudentia* der Antike (*phronesis*) ist also sehr viel mehr als das Vermeiden von Gefahr, worauf sich das französische *prudence* verengt, das nur noch «Vorsicht, Umsicht» bedeutet. Beide Aspekte sind indessen verknüpft, und für Aristoteles oder Epikur gehört das eine zum anderen. Die Klugheit gebietet, was zu tun und was zu lassen ist. Bei Gefahr ist meist das zweite angesagt: Klugheit im Sinne von Vorsicht. Freilich muß man auch bestimmte Risiken eingehen, sich gewissen Gefahren aussetzen können: Hier bewährt sich die *prudentia* als «Tugend des Risikos und der Entscheidung».[17] Klugheit schließt Risikobereitschaft keineswegs aus, sondern bedingt sie. Die Klugheit ist weder Angst noch Feigheit. Ohne Mut wäre sie bloße Zaghaftigkeit, ebenso wie der Mut ohne sie nur Tollkühnheit wäre.

Selbst wenn Klugheit nur Vorsicht bedeutete, wäre sie immer noch Vorbedingung für jegliche Tugend. Nur Lebende sind tugendhaft, nur sie können es sein (Tote können bestenfalls tugendhaft gewesen sein); nur die Vorsichtigen sind oder bleiben am Leben. Ein Fehlen jeglicher Vorsicht würde sich zwangsläufig und in kürzester Zeit tödlich auswirken. Was bliebe dann von der Tugend? Und wie könnte sie überhaupt werden? Im Kapitel über die Höflichkeit sagte ich, das Kind unterscheide zunächst nicht zwischen falschem Verhalten (böse sein) und schädlichem Verhalten (Gefahr, sich weh zu tun). Genausowenig unterscheidet es zwischen Moral und Vorsicht, beides ist ohnehin hauptsächlich und für lange Zeit an das Wort und die Macht der Eltern gebunden. Aber wir sind erwachsen geworden (dank der Vorsicht unserer Eltern, später auch unserer eigenen): Wir mußten unterscheiden lernen, und durch dieses Unterscheiden bilden sich Moral und Klugheit heraus. In beiden nur eines zu sehen, wäre falsch; ebenso falsch wäre es, in beiden immer einen Gegensatz zu sehen. Die Klugheit «rät [...] an; das Gesetz der Sittlichkeit gebietet», stellte Kant fest.[18] Wir brauchen also beide, und beide gleichzeitig. Die Klugheit ist nur Tugend, wenn sie einem achtbaren Zweck dient (sonst wäre sie nur Gewandtheit), ein Zweck ist nur völlig tugendhaft, wenn er mit geeigneten Mitteln herbeigeführt wird (sonst bestünde er nur aus guten Gefühlen). Aristoteles folgert daraus, «daß man nicht im eigentlichen Sinne tugendhaft sein kann ohne Klugheit, noch klug ohne die sittliche Tugend»[19]. Die Klugheit ist nicht ausreichend für die Tugend (weil sie nur über die Mittel nachdenkt, während die Tugend auch den Zweck einbezieht), doch keine Tugend käme ohne sie aus. Der unvorsichtige Autofahrer ist nicht nur gefährlich; er handelt auch – weil er das Leben des anderen geringachtet – moralisch verwerflich. Andersherum, wer möchte bestreiten, daß *safer sex*, eigentlich nur eine Vorsichtsmaßnahme, auch (dadurch, daß man auf die Gesundheit des anderen achtet, und wäre man selbst krank) zum moralischen Habitus werden kann? Zwischen Erwachsenen, die dazu bereit sind, ist freieste Sexualität nicht schuldhaft. Mangelnde Vorsicht ist es hingegen. In unserer Zeit der Aidsseuche können Verhaltensweisen, die an und für sich nicht verurteilenswert sind, verwerflich werden, nicht, weil sie Genüsse bescheren – das wäre nicht unmoralisch –, sondern weil sie den anderen gefährden. Sexualität ohne Vorsicht ist Sexualität ohne Tugend, zumindest von unvollständiger Tugend. Dasselbe gilt auf allen anderen Gebieten. Der Vater, der es den Kindern gegenüber an Vorsicht mangeln läßt, kann sie zwar lieben und ihr Bestes wollen. Dennoch fehlt seiner Vatertugend etwas, und wohl auch seiner Vaterliebe. Geschieht ein Unglück, das er hätte vermeiden können, so weiß er, daß er vielleicht nicht die ganze Verantwortung dafür trägt, sich aber auch nicht ganz davon freisprechen kann. Schaden abwenden zuerst. Beschützen zuerst. Das ist Klugheit schlechthin, ohne die alle Tugend machtlos oder verderblich wäre.

Die Klugheit, sagte ich, schließt nicht jedes Risiko aus, sie geht auch nicht jeder Gefahr aus dem Wege. Beispiel Kletterer oder Seefahrer: Umsicht und Vorsicht gehören zu ihrem Metier. Wie hoch ist das Risiko? Wie groß die Gefahr? Wo liegen die Grenzen? Was ist der Zweck? Das Lustprinzip wünscht, und man spricht dann von Leidenschaft oder Liebe. Wie? Mit welchen Mitteln? Das Realitätsprinzip entscheidet, und sofern es das nach bestem Ermessen tut, nennt man es Klugheit.

«Die Klugheit ist hellsichtig wählende Liebe», sagt Augustinus.[20] Doch was wählt sie? Nicht den Gegenstand, den bestimmt der Wunsch, sondern die Mittel zu seiner Erlangung oder Bewahrung. Hellsichtigkeit von Müttern oder liebenden Frauen: Hellsichtigkeit der leidenschaftlichen Liebe. Sie tun das Nötige, und das Richtige, oder zumindest das, was sie dafür halten (wer von Verstandestugend spricht, sagt Irrtumsrisiko), und aus dieser Besorgtheit ist die Menschlichkeit – die ihre und die unsere – hervorgegangen. Die Liebe leitet sie, die Klugheit gibt ihnen Verstand.

Könnte sie die Menschheit selbst Verstand annehmen lassen! Wir haben gesehen, daß die Klugheit auch die Zukunft mitbedenkt, und es wäre gefährlich und unmoralisch, sie zu vergessen. Die Klugheit ist diese paradoxe *Erinnerung an die Zukunft* oder, besser gesagt (weil die Erinnerung als solche keine Tugend ist), diese paradoxe und notwendige *Treue zur Zukunft*. Die Eltern wissen es, sie wollen ihren Kindern eine Zukunft sichern – nicht um sie an ihrer Stelle zu schreiben, sondern um ihnen das Recht und möglichst auch die Mittel zu verschaffen, sie selbst zu schreiben. Die Menschheit insgesamt muß dies begreifen, wenn sie die Rechte und Chancen einer künftigen

Menschheit bewahren will.[21] Größere Macht, größere Verantwortung: Die unsere ist noch nie so schwer gewesen, es steht nicht nur die eigene Existenz und die unserer Kinder auf dem Spiel, sondern auch (aufgrund des technischen Fortschritts und der schrecklichen Gefahren, die er birgt) die der gesamten Menschheit, und das für viele Jahrhunderte ... Umweltschutz zum Beispiel ist Klugheit, und insofern berührt er die Moral. Es wäre grundfalsch zu glauben, die Klugheit sei überholt. Sie ist die modernste unserer Tugenden, ja, gerade die Moderne hat sie zur notwendigsten gemacht.

Angewandte Moral, sagte ich, und im doppelten Sinne des Wortes: das Gegenteil einer abstrakten oder theoretischen Moral, doch auch das Gegenteil einer nachlässig gehandhabten Moral. Daß letzteres ein Widerspruch in sich ist, sagt schon genug über die Notwendigkeit der Klugheit aus, auch als Schutz der Moral vor Fanatismus (der durch seinen Übereifer immer unklug ist) und vor sich selbst. Wie viele Greuel wurden im Namen des Guten verübt! Wie viele Verbrechen im Namen der Tugend! Es waren fast immer Sünden gegen die Toleranz, meist aber auch gegen die Klugheit. Mißtrauen wir den Savonarolas, die das Gute blind gemacht hat. Sie sehen nur noch die Prinzipien, keine Individuen mehr, sie sehen nur noch ihre Sache und kümmern sich nicht mehr um die Folgen ...

Moral ohne Klugheit ist sinnlose oder gefährliche Moral. «*Caute*», sagte Spinoza: «Sei auf der Hut.»[22] Es ist die Maxime der Klugheit und Vorsicht, und man muß auch der Moral mißtrauen, wenn sie über ihre Grenzen und Ungewißheiten hinweggeht. Der gute Wille ist keine Garantie, und das gute Gewissen keine Entschuldigung. Mit einem Wort, Moral ist nicht genug für die Tugend: Es braucht auch Verstand und Hellsichtigkeit. Der Humor erinnert uns daran, und die Klugheit gebietet es uns.

Es ist unklug, nur auf die Moral zu hören, und es ist unmoralisch, unklug zu sein.

4

Die Mässigung

Es geht nicht darum, nicht zu genießen oder möglichst wenig zu genießen. Das wäre nicht Tugend, sondern Tristesse, nicht Mäßigung, sondern Kasteiung, nicht Maßhalten, sondern Verklemmtheit. Nie wird man den schönen Text von Spinoza dem genug entgegenhalten können, den epikureischsten Text, den er vielleicht je geschrieben hat, und in dem er den Kern trifft: «Fürwahr nur ein finsterer und trauriger Aberglaube verbietet, sich zu erheitern. Denn warum sollte es sich mehr ziemen, Hunger und Durst zu stillen, als den Trübsinn zu verscheuchen? Ich meinerseits denke so, und habe folgende Ansicht gewonnen: Keine Gottheit, noch sonst jemand, es sei denn ein Mißgünstiger, freut sich über meine Untüchtigkeit und mein Unbehagen, oder rechnet uns Tränen, Schluchzen, Furcht und andere Merkmale seelischer Schwäche als Tugend an; im Gegenteil vielmehr, in je größere Freude wir versetzt werden, zu desto höherer Vollkommenheit gehen wir über, d. h. desto mehr nehmen wir notwendigerweise teil an der göttlichen Natur. Die Dinge also zu genießen und sich an ihnen soviel als möglich zu ergötzen – nicht freilich bis zum Überdruß, denn das heißt nicht: sich ergötzen – ist eines weisen Mannes wohl würdig.»[1] Hier ist fast alles über die Mäßigung gesagt. Sie ist das Gegenteil des Überdrusses oder dessen, was zu ihm führt: Wir sollen nicht weniger, sondern besser genießen. Die Mäßigung, die Maßhalten im sinnlichen Begehren bedeutet, ist auch die Gewähr für reineres oder volleres Genießen. Sie ist gebildeter, beherrschter, kultivierter Geschmack. In derselben Passage schreibt Spinoza weiter: «Des weisen Mannes, so behaupte ich, ist es würdig, sich mit Maß an wohlschmeckenden Speisen und Getränken zu erquicken und zu stärken, wie nicht minder an Wohlgerüchen, an der Schönheit der Pflanzenwelt, an Schmuck, Musik, gymnastischen

Spielen, theatralischen Aufführungen und anderen Dingen dieser Art, die jeder ohne des anderen Nachteil genießen kann.»[2] Die Mäßigung ist dieses Maßhalten, durch das wir Herr über unsere Genüsse bleiben, anstatt zu ihren Sklaven zu werden. Sie ist freier Genuß, der um so lustvoller ist, als er auch seine Freiheit genießt. Wie genußvoll, zu rauchen oder auch darauf verzichten zu können! Zu trinken und nicht vom Alkohol abhängig zu sein! Die Sexualität auszuleben und nicht seinen Trieben hörig zu sein! Reinere Genüsse, weil freiere Genüsse. Fröhlicher, weil beherrschter. Geläuterter, weil weniger abhängig. Ist das leicht? Sicher nicht. Ist es möglich? Nicht immer, davon kann ich ein Lied singen, und auch nicht für jeden. Und insofern ist die Mäßigung eine Tugend, das heißt, ein Vorzug und Verdienst: Sie ist, wie Aristoteles sagen würde, jene Gratwanderung zwischen den beiden Abgründen Unmäßigkeit und Sprödheit[3], zwischen der Freudlosigkeit der Ausschweifung und der des Nicht-genießen-Könnens, zwischen dem Ekel der Völlerei und dem der Magersucht. Welches Unglück, seinem Körper unterworfen zu sein! Welches Glück, ihn zu genießen und zu beherrschen!

Der Unmäßige ist ein Sklave, dessen Knechtschaft um so schlimmer ist, als er seinen Herrn immer mit sich herumschleppt. Er ist der Gefangene seines Körpers, der Gefangene seiner Begierden oder Gewohnheiten, der Gefangene ihrer Stärke und seiner Schwäche. Epikur hatte recht, wenn er, statt wie Aristoteles oder Platon von Mäßigung oder Zurückhaltung (*sophrosyne*) zu reden, lieber von Selbstgenügsamkeit (*autarkeia*) sprach. Doch das eine geht nicht ohne das andere: «Die Selbstgenügsamkeit halten wir für ein großes Gut, doch nicht, damit wir uns unter allen Umständen am wenigen genügen lassen, sondern damit wir mit wenigem zufrieden sind, wenn wir nicht viel haben. Dabei leitet uns die Überzeugung, daß der einen reichen Aufwand am stärksten genießt, der seiner am wenigsten bedarf, daß alles Natürliche leicht zu beschaffen ist, das Sinnlose aber schwer.»[4] In einer Gesellschaft, in der nicht gerade Elend herrscht, fehlen Wasser und Brot fast nie. In der reichsten Gesellschaft fehlt fast immer noch etwas Gold oder Luxus. Wie werden wir je glücklich sein, wenn wir so unersättlich sind? Und wie werden wir je satt sein, wenn unsere Wünsche ins Grenzenlose gehen? Anders Epikur: Er machte ein Stück Käse oder getrockneten Fisch zum Festmahl. Welches Glück, zu essen, wenn man hungrig ist! Welches Glück, nicht mehr hungrig zu sein, wenn man gegessen hat! Und welche Freiheit, nur von der Natur abhängig zu sein! Die Mäßigung ist ein Mittel zur Unabhängigkeit, so wie diese ein Mittel zum Glück ist. Maßvoll sein heißt, mit wenig zufrieden sein können; doch entscheidend ist nicht das *Wenig*, sondern das *Können*: die Genügsamkeit.

Die Mäßigung ist also – wie die Klugheit, und wie vielleicht alle Tugenden – eine Kunst des Genießens: Sie ist Arbeit des Wunsches an sich selbst, des Lebenden an sich selbst. Sie will nicht, daß wir unsere Grenzen überschreiten, sondern daß wir sie respektieren. Sie ist eine Manifestation dessen, was Foucault die «Sorge um sich» nannte: eine mehr ethische als moralische Tugend[5], und weniger Pflicht als Sache des gesunden Menschenverstandes. Sie ist Klugheit auf das Vergnügen angewandt: so viel und so gut wie möglich genießen, aber durch intensiveres oder bewußteres Spüren, und nicht durch endloses Vermehren der Lustobjekte. Armer Don Juan, der so viele Frauen braucht! Armer Alkoholiker, der so viel trinken muß! Armer Vielfraß, der so viel in sich hineinschlingen muß! Epikur lehrte, möglichst die sich selbst darbietenden Genüsse zu nehmen, die, wenn sie natürlich sind, sich leicht befriedigen lassen und den Körper bald sättigen. Was ist einfacher, als den Durst zu löschen? Was ist – außer bei extremer Armut – leichter, als einen Bauch satt zu bekommen oder einen Geschlechtstrieb zu befriedigen? Unsere natürlichen und notwendigen Wünsche sind so schnell, so erfreulich schnell befriedigt.[6] Der Körper selbst ist keineswegs unersättlich. Die Grenzenlosigkeit der Wünsche, die uns ständig gierig, unzufrieden und unglücklich sein läßt, ist eine Krankheit der Phantasie. Unsere Träume sind größer als unser Bauch, und wir werfen unserem Bauch auch noch vor, daß er zu klein sei! Der Weise hingegen «setzt den Gelüsten ebenso wie der Furcht eine Grenze»[7]: Es ist die Grenze des Körpers, und die Grenze der Mäßigung. Die Unmäßigen mißachten sie oder wollen sie sprengen. Keinen Hunger mehr? Man geht sich erbrechen. Keinen Durst mehr? Ein paar gesalzene Erdnüsse – oder der Alkohol selbst – richten das schon. Keine Lust mehr auf Sex? Es gibt schließlich Porno-Hefte, die den Apparat wieder ankurbeln ... Meinetwegen, aber wozu? Und zu welchem Preis? Die Leute sind Gefangene der Lust, statt von ihr (durch Lust!) befreit zu werden! So sehr Gefangene des Hungers nach mehr, daß er ihnen in der Übersättigung richtig fehlt! Wie traurig, sagen sie dann, keinerlei Hunger und Durst mehr zu haben. Weil sie nur immer mehr wollen und sich nicht einmal mit *zuviel* zufriedengeben können! Darum macht Ausschweifung traurig; darum sind Alkoholiker so unglücklich; und es gibt nichts Tristeres als den übersättigten Vielfraß. «Ich habe mich überfressen», sagt er und sinkt mit schwerem Bauch erschöpft in den Sessel ... «Die Unmäßigkeit ist die Pest der Sinneslust», sagte Montaigne, «und die Mäßigung ist nicht ihre Geißel: Sie ist ihre Würze», durch welche die Lust «in ihrer anmutigsten Köstlichkeit» genossen werden kann.[8] So denkt auch der Feinschmecker, der im Gegensatz zum Vielfraß die Qualität der Quantität vorzieht. Das ist schon ein Fortschritt. Doch der Weise will noch weiter, näher an sich oder ans Wesentliche heran: Die Qualität seines Genusses ist ihm wichtiger als die Qualität des Essens, das ihm den Genuß verschafft. Er ist, wenn man so will, ein Feinschmecker zweiten Grades, wobei der zweite Grad der bedeutendere wäre: ein Genießer seiner selbst, oder vielmehr (weil das Ich auch nur ein Gericht unter vielen ist) ein Genießer des Lebens, der anonymen und unpersönlichen Lust des Essens, Trinkens, Fühlens, Liebens ... Er ist kein Ästhet, sondern ein Kenner. Er weiß, daß Genießen Schmecken voraussetzt und Schmecken Verlangen. Er sagt sich, «daß die schlichten Genüsse ebenso viel Freude bereiten wie der größte Luxus, wenn nur das Schmerzgefühl des Entbehrens nicht aufkommt»[9]. In einer entwickelten Gesellschaft, wie die Epikurs eine war, wie die unsere eine ist, hat man das Lebensnotwendige schnell beschafft; schwer zu erlangen, oder gelassen zu bewahren, ist das nicht Lebensnotwendige. Aber wer kann sich mit dem Lebensnotwendigen begnügen? Wer versteht es, das Überflüssige nur zu lieben, wenn es sich darbietet? Nur der Weise vielleicht. Die Mäßigung intensiviert seinen Genuß, wenn Genuß da ist, und sie ersetzt ihn, wenn er nicht da ist. Er ist also immer da, oder fast immer: Was für ein Genuß zu leben! Was für ein Genuß, keine Not zu leiden! Was für ein Genuß, Herr seiner Genüsse zu sein! Der epikureische Weise will seine Lüste intensiv – statt extensiv – kultivieren. Nicht das Mehr, sondern das Bessere verlockt ihn, und es genügt ihm zu seinem Glück. «Sparsam mit Gleichmut zu leben», sagt Lukrez, und der Weise ist sich seines Wohlergehens um so sicherer, als er weiß, «an Geringem gibt es niemals Mangel»[10], oder daß dieser, sollte er sich einmal einstellen, ihn rasch von sich und allem heilen würde. Wem das Leben genügt, kennt keine Not. Franz von Assisi hat diese glückliche Armut, die vielleicht ein Geheimnis ist, neu entdeckt. Eine Lehre ist sie vor allem für unsere Überflußgesellschaft, wo häufiger an Unmäßigkeit als an Hunger oder Enthaltsamkeit gestorben wird. Die Mäßigung ist eine Tugend für alle Zeiten, doch am nötigsten ist sie für die fetten. Sie ist nicht, wie der Mut (der gerade in schweren Zeiten gefordert ist), eine Tugend der Ausnahmesituation, sondern eine alltägliche und bescheidene Tugend: Keine Tugend der Ausnahme, sondern der Regel, keine Tugend des Heldentums, sondern der Besonnenheit. Sie ist das Gegenteil des Rimbaudschen «Verwirrens aller Sinne». Das ist vielleicht der Grund, weshalb unsere Zeit, welche die Dichter den Philosophen und die Kinder den Weisen vorzieht, die Mäßigung kaum noch als Tugend auffaßt und sie nur noch – «ich passe auf» – als Gesundheitsvorsorge betrachtet. Bedauernswerte Zeit, die die Ärzte über die Dichter stellt!

Thomas von Aquin weist darauf hin, daß diese Kardinaltugend die anderen drei, obwohl sie über ihr stehen (die Klugheit ist notwendiger, der Mut und die Gerechtigkeit bewundernswerter), an Schwierigkeit oft übersteigt.[11] Die Mäßigung betrifft nämlich die lebensnotwendigsten Wünsche des Individuums (Essen und Trinken) und der Gattung (Sexualität), die auch die mächtigsten[12] und deshalb am schwersten zu beherrschen sind. Sie zu unterdrücken kommt also überhaupt nicht in Frage – Sprödheit ist ein Negativum[13] –, es kann sich allenfalls darum handeln, sie in einem bestimmten Ausmaß zu beherrschen (im Sinne der Selbstbeherrschung), sie zu regulieren (wie man einen Wasserhaushalt reguliert), sie in ein Harmonie und Frieden schaffendes Gleichgewicht zu bringen. Die Mäßigung ist eine bewußte Regulierung des Lebenstriebs, eine gesunde Behauptung unserer Herrschaft über das Leben, wie Spinoza sagen würde, und insbesondere der Herrschaft unserer Seele über die vernunftwidrigen Regungen unserer Affekte und Gelüste.[14] Die Mäßigung ist kein Gefühl: Sie ist Herrschaft, Beherrschung, das heißt, eine Tugend.[15] Sie ist «die Tugend, die alle Arten von Rausch überwindet», sagt Alain[16], sie muß also auch – hier rührt sie an die Demut – das Berauschtsein von Tugend[17], und von sich selbst, überwinden.

5

DER MUT

So allgemein bewundert wie der Mut wird wohl keine andere Tugend. Was selten ist: Das hohe Ansehen, in dem er steht, scheint weder an bestimmte Gesellschaften noch an bestimmte Zeiten und nur wenig an Personen gebunden zu sein. Feigheit wird überall verachtet; Kühnheit wird überall gelobt. Form und Inhalt können verschieden sein: Jede Zivilisation hat ihre Formen von Angst, jede Zivilisation hat ihre Formen von Mut. Doch beinahe unterschiedslos gilt überall, daß Mut als Fähigkeit, die Angst zu überwinden, besser ist als Feigheit oder Verzagtheit, die sich ihr beugen. Der Mut ist die Tugend der Helden; und wer würde Helden nicht bewundern?

Diese ungeteilte Bewunderung beweist allerdings nichts, sie könnte sogar zu Zweifeln berechtigen. Was von allen bewundert wird, wird auch von schlechten und dummen Menschen bewundert. Sind das gute Richter? Außerdem bewundert man auch die Schönheit, die keine Tugend ist; und viele verachten die Sanftmut, die eine ist. Daß die Moral im Prinzip universalisierbar ist, beweist noch nicht, daß sie in ihrem Erfolg universell ist. Die Tugend ist kein Schauspiel, und mit Beifall hat sie nichts zu schaffen.

Und: Mut kann zu allem dienen, zum Guten wie zum Schlechten, und er kann eine moralische Qualität nicht ändern. Eine mutige Missetat ist eine Missetat. Mutiger Fanatismus ist Fanatismus. Ist solcher Mut – Mut zum Bösen, im Bösen – noch eine Tugend? Wohl kaum. Wenn man den Mut eines Mörders oder SS-Mannes irgendwie bewundern kann, macht ihn das tugendhaft? Wäre er ein wenig feiger gewesen, hätte er weniger Unheil angerichtet. Was ist das für eine Tugend, die dem Schlimmsten dienen kann? Was ist das für ein Wert, der scheinbar den Werten gegenüber indifferent ist?

Mut ist keine Tugend, hat Voltaire gesagt, sondern ein dem Ruchlosen und dem großen Mann gemeinsamer Vorzug.[1] Eine herausragende Eigenschaft also, die aber an sich weder moralisch noch unmoralisch ist. Dasselbe gilt für die Intelligenz und die Kraft: Auch sie werden bewundert, auch sie sind ambivalent (man kann sie im Guten wie im Bösen anwenden) und deshalb moralisch indifferent. Ich bin mir gleichwohl nicht sicher, ob Mut nicht mehr besagt. Sehen wir uns einen beliebigen Übeltäter an: Ob er intelligent oder dumm, kräftig oder schwächlich ist, ändert nichts an seiner moralischen Qualität. In gewissem Grade könnte ihn mangelnde Intelligenz sogar entlasten, ebenso wie ein körperlicher Mangel, der seinen Charakter vielleicht negativ beeinflußt hat. Man spricht dann von mildernden Umständen: Wäre er ohne die geistige oder körperliche Beschränktheit ebenso böse gewesen? Intelligenz oder Körperkraft hingegen vermindern die Verwerflichkeit eines Menschen nicht, sie potenzieren sie sogar, weil sie sich schlimmer auswirkt und desto schuldhafter ist. Beim Mut ist es nicht dasselbe: Wenn Feigheit mitunter entschuldigen kann, so ist Mut an und für sich immer ethisch aufwertend (was, wie wir noch sehen werden, nicht beweist, daß er immer eine Tugend ist), und das, wie mir scheint, sogar beim Übeltäter. Von zwei völlig vergleichbaren SS-Männern kann der eine feige, der andere mutig handeln: der zweite wird vielleicht gefährlicher sein, aber wer möchte sagen, er sei schuldiger, verachtenswerter, hassenswerter? Wenn ich von jemandem sage: «Er ist grausam und feige», so summieren sich die beiden Attribute. Sage ich hingegen: «Er ist grausam und mutig», so schwächen sie sich eher gegenseitig ab. Kann man einen Kamikaze-Flieger nur hassen und verachten?

Aber lassen wir den Krieg, der uns zu weit führen würde. Stellen wir uns statt dessen zwei Terroristen vor, die beide in Friedenszeiten ein mit Urlaubern vollbesetztes Flugzeug in die Luft jagen ... Unwillkürlich verachten wir den, der es vom Boden aus tut und dabei selbst kein Risiko eingeht, mehr als den anderen, der im Flugzeug bleibt und bewußt mit den übrigen Passagieren in den Tod geht. Bleiben wir bei diesem Beispiel. Nehmen wir an, beide Täter hätten ähnliche Motive, zum Beispiel ideologische, und beide Taten, was die Opfer betrifft, dieselben Folgen. Wir sind uns einig, daß die Folgen zu schwerwiegend und die Motive zu fragwürdig sind, als daß letztere die ersteren rechtfertigen könnten, mit anderen Worten: Beide Attentate sind moralisch verwerflich. Aber bei einem der beiden Terroristen kommt die Feigheit hinzu, mit der er selbst jedes Risiko vermeidet, beim anderen der Mut, da er weiß, daß er selbst stirbt. Was ändert das? Für die Opfer, wie gesagt, gar nichts. Und für die Bombenleger? Mut statt Feigheit? Gewiß, aber ist das Moral oder Psychologie? Ist es Tugend oder Charakter? Daß Psychologie und Charakter hineinspielen können, sogar mit Sicherheit hineinspielen, ist gewiß. Doch meines Erachtens kommt noch etwas hinzu, was die Moral berührt: Durch seinen Tod bezeugt der heldenmütige Terrorist die Lauterkeit und vielleicht Selbstlosigkeit seiner Beweggründe. Dafür spricht die Tatsache, daß eine gewisse Achtung, die wir für ihn empfinden mögen, sinken oder ganz verschwinden würde, wenn wir beispielsweise aus seinem Tagebuch erführen, er habe seine Tat nur begangen, weil er – man denke an bestimmte religiöse Fanatismen – überzeugt gewesen sei, weit mehr zu bekommen, als er hingab, zum Beispiel ewige Seligkeit. In diesem Fall läge wieder, beziehungsweise nach wie vor, Egoismus vor, und die moralische Qualität der Tat sänke entsprechend. Wir hätten es nur noch mit jemandem zu tun, der unschuldige Menschen für sein eigenes Glück opferte, mit einem ganz normalen Verbrecher also, der zwar in Beziehung auf das diesseitige Leben Mut bewiese, doch sein Mut wäre, trotz der Ausrichtung aufs Jenseits, eigennütziger Mut ohne jeden moralischen Wert. Egoistischer Mut ist Egoismus. Stellen wir uns statt dessen einen atheistischen Terroristen vor. Wenn er sein Leben opfert, wie könnte man ihm niedrige Beweggründe unterstellen? Uneigennütziger Mut ist Heldentum; und wenn dies auch nichts beweist, was den Wert der Handlung betrifft, so besagt es immerhin etwas über den Wert der Person.

Dieses Beispiel hilft mir weiter. Was wir beim Mut, der bis zur Selbstopferung gehen kann, schätzen, wäre demnach die Risikobereitschaft ohne eigennützige Motive, was vielleicht nicht immer Altruismus, doch zumindest eine Form von Uneigennützigkeit, ein Schritt weg von sich selbst ist. Jedenfalls ist es das, was beim Mut *moralisch* wertvoll zu sein scheint. Jemand bedroht Sie auf der Straße, und es bleibt Ihnen keine Fluchtmöglichkeit. Werden Sie sich wütend wehren oder eher um Gnade flehen? Das ist vor allem eine Frage der Strategie, oder sagen wir des Temperaments. Man mag die erste der beiden Haltungen ehrenhafter und männlicher finden. Doch Ehre ist nicht Moral, und Männlichkeit ist keine Tugend. Wenn Sie hingegen auf der Straße eine Frau um Hilfe rufen hören, weil ein Mann sie zu vergewaltigen versucht, so ist ebenso klar, daß der Mut, den Sie dabei beweisen, neben einer gewissen Frage des Charakters auch Ihre eigentlich moralische Verantwortlichkeit berührt, anders gesagt, Ihre Tugend oder Ihre Nichtswürdigkeit. Mit einem Wort: Vom psychologischen oder gesellschaftlichen Standpunkt aus wird Mut zwar immer positiv gewertet, doch *moralisch* wertvoll wird er erst, wenn er zumindest teilweise im Dienst des anderen aufgebracht wird, wenn er also mehr oder minder nicht von unmittelbarem Eigennutz bestimmt wird. Deshalb ist wohl, vor allem für einen Nichtgläubigen, Todesmut der Mut schlechthin[2]: Das Ich kann dabei keinerlei konkrete oder positive Belohnung erwarten. Ich sage «unmittelbar», «konkret» und «positiv», denn jedermann weiß, daß man dem Ego nicht so leicht entkommt: Auch der Held steht noch im Verdacht, den Ruhm gesucht oder die Gewissensbisse gescheut, in der Tugend also, und sei es nur indirekt und postum, seine eigene Glückseligkeit gesucht zu haben. Dem Ego kommt man nicht aus; dem Lustprinzip kommt man nicht aus. Doch daß die Lust im Dienste des anderen, die Glückseligkeit in der uneigennützigen Tat gefunden wird, das widerlegt nicht den Altruismus, es definiert ihn geradezu, und es ist das Prinzip der Tugend.

Nach Kant ist die Eigenliebe, auch wenn sie nicht immer schuldhaft ist, die Quelle alles Bösen.[3] Ich möchte am liebsten hinzusetzen: Und die Nächstenliebe die Quelle alles Guten. Doch ich würde die Gegensätzlichkeit über Gebühr betonen. Man liebt wohl den anderen nur, wenn man sich selbst liebt (deshalb sagt uns die Bibel, wir sollen den Nächsten lieben wie uns selbst), und sich selbst liebt man vielleicht nur in dem Maße, wie man zunächst Liebe empfangen und verinnerlicht hat. Gleichwohl wirkt es anders, oder wirkt sich anders aus, ob jemand nur sich selbst liebt oder ob er, manchmal sogar in selbstloser Weise, auch andere liebt, ob jemand nur nehmen will oder ob er auch gern gibt, mit einem Wort, ob jemand engstirnig egoistisches Verhalten zeigt oder ob er zu einem sublimierten, geläuterten, befreiten Egoismus (ja: vom Ego befreiter Egoismus!) gefunden hat ... was man Altruismus oder Selbstlosigkeit nennt.

Doch kommen wir zum Mut zurück. Aus meinen Beispielen, die sich beliebig vermehren ließen, ziehe ich die Lehre, daß der Mut, der zunächst ein psychologischer Charakterzug ist, erst zur Tugend wird, wenn er dem Nächsten oder dem Gemeinwohl dient. Als Charaktereigenschaft ist der Mut vor allem eine geringe Anfälligkeit für Angst, sei es, daß man sie nur schwach empfindet, sei es, daß man sie gut oder sogar gerne erträgt. Es ist der Mut der Draufgänger, Schlägertypen und Haudegen: der Mut der «harten Männer», wie es in unseren Kriminalfilmen heißt, und da kann von Tugend bekanntlich nicht die Rede sein. Heißt das, daß, moralisch gesehen, der Mut völlig indifferent ist? So einfach ist es nicht. Selbst in einer Situation, in der ich nur egoistisch handeln würde, kann man der Meinung sein, daß die mutige Handlung (zum Beispiel gegen den Angreifer zu kämpfen, statt ihn um Schonung zu bitten) von einem Mehr an Beherrschung, Würde und Freiheit zeugt, von Qualitäten also, die moralisch relevant sind und gewissermaßen dem Mut rückwirkend etwas von ihrem Wert mitteilen: Ohne vom Wesen her immer moralisch zu sein, ist der Mut dieses gewisse Etwas, ohne das wohl jegliche Moral unmöglich und wirkungslos wäre. Wenn jemand sich ganz und gar der Angst überließe, welchen Raum könnte er noch seinen Pflichten einräumen? Von daher diese Art menschlicher – ich möchte fast sagen, prämoralischer oder quasimoralischer – Respekt, den der Mut einflößt, selbst wenn er rein physisch und eigennützig ist. Der Mut fordert Respekt. Eine Faszination, die zwar gefährlich ist (da der Mut moralisch nichts beweist), vielleicht aber dadurch verständlich wird, daß er die Bereitschaft bezeugt, vom bloßen Spiel von Instinkt und Angstreflex loszukommen, mit anderen Worten, sich selbst und die Angst zu überwinden; Bereitschaft und Selbstüberwindung also, die, ohne immer moralisch zu sein, zumindest die – nicht hinreichende, aber notwendige – Voraussetzung jeglicher Moralität sind. Angst ist egoistisch. Feigheit ist egoistisch. Gleichwohl ist dieser erste, physische oder psychologische Mut noch keine Tugend, oder andersherum, diese Tugend (dieser Vorzug) ist noch nicht Moral. Die Philosophen der Antike sahen in ihm ein Zeichen der Männlichkeit (*andreia*, das griechische Wort für Männlichkeit, leitet sich wie das lateinische *virtus* von einer Wurzel ab, die Mann, *aner* beziehungsweise *vir*, bedeutet), und auch heute noch mögen manche dieser Ansicht sein. «Entweder man hat ihn, oder man hat ihn nicht», heißt es etwas salopp, was zumindest andeutet, daß wirkliche oder eingebildete Physiologie hier wichtiger ist als die Moral. Lassen wir uns von diesem Mut (dem physischen, dem kriegerischen) nicht blenden. Frauen können ihn eindeutig ebenso unter Beweis stellen. Doch er beweist moralisch gar nichts. Einen solchen Mut kann ein Schuft genauso zeigen wie ein ehrlicher Mensch. Er ist lediglich eine günstige und wirksame Aggressionssteuerung: pathologischer Mut, wie Kant, oder leidenschaftlicher Mut, wie Descartes sagen würde[4], der zwar meist nützlich ist, vor allem für den, der ihn hat, und deshalb an sich ohne jeden moralischen Wert. Ein Banküberfall ist gefährlich, also braucht man Mut dazu. Moralisch ist er gleichwohl nicht, zumindest müßten besondere Umstände hinzukommen (vor allem, was das Tatmotiv betrifft), damit er moralisch werden kann. Als Tugend hingegen setzt der Mut immer eine Form von Uneigennützigkeit, Altruismus oder Selbstlosigkeit voraus. Dabei darf eine relative Unempfindlichkeit oder sogar Verachtung für die Angst durchaus mitspielen. Muß aber nicht. Dieser Mut bedeutet nicht Freiheit von Angst, er ist vielmehr die Fähigkeit, sie, wenn sie da ist, mit einem Willen zu überwinden, der stärker und selbstloser ist. Er ist nicht mehr (oder nicht mehr ausschließlich) körperlich, sondern Seelenstärke im Angesicht der Gefahr. Er ist nicht mehr Leidenschaft, sondern Tugend, und Voraussetzung für jegliche Tugend. Er ist nicht mehr der Mut der «harten Männer», sondern der Mut der Sanften, der Mut der Helden.

Der Mut sei die Vorbedingung für jegliche Tugend, sage ich; dasselbe sagte ich, wie man sich vielleicht erinnert, von der Klugheit. Warum sollte das nicht so sein? Warum sollen die Tugenden nur von einer einzigen abhängen? Ohne die Klugheit wären die anderen Tugenden blind oder sinnlos; doch ohne den Mut wären sie nutzlos oder ohne Tatkraft. Ohne Klugheit könnte der Gerechte nicht die Ungerechtigkeit bekämpfen; doch ohne Mut würde er es nicht wagen. Der eine wüßte nicht, welche Mittel er anwenden soll; der andere würde vor den Gefahren zurückschrecken. Der Unkluge und der Feige wären also beide nicht wirklich gerecht (gerecht handelnd, und nur das ist gerecht). Alle Tugend ist Mut; alle Tugend ist Klugheit. Angst anstelle von Mut und Klugheit – wie sollte die Tugend da noch bestehen?

Thomas von Aquin erklärt das sehr gut: Im selben Grade wie die Klugheit, nur auf andere Weise, ist die *fortitudo* (die Seelenstärke, der Mut) die Vorbedingung für jegliche Tugend, und im Angesicht der Gefahr gleichzeitig eine von ihnen.[5] Der Mut ist also eine allgemeine und im eigentlichen Sinne kardinale Tugend, weil er Dreh- und Angelpunkt (*cardo*) für die anderen ist, weil jede Tugend erfordert, daß man, wie Aristoteles sagt, «fest und ohne Schwanken handelt» (man kann das Seelenstärke nennen); er ist aber auch eine besondere Tugend (wir nennen sie *Mut* im engeren Sinne), dank welcher wir, wie Cicero sagt, den Gefahren begegnen und die Mühen bestehen können.[6] Denn der Mut ist zwar, nebenbei gesagt, das Gegenteil von Feigheit, aber auch von Faulheit und Weichlichkeit. Ist es derselbe Mut in beiden Fällen? Sicherlich nicht. Gefahr ist nicht Arbeit; Angst ist nicht Müdigkeit. Aber in beiden Fällen muß man den unmittelbaren oder instinkthaften Drang zum Faulsein, zum Genießen oder zum Fliehen überwinden. Indem die Tugend mühselig ist – sie ist es immer, außer im Falle von Gnade oder Liebe –, ist jede Tugend auch

Mut, und deshalb ist das Wort Feigling, wie Alain bemerkte, die schlimmste Beleidigung[7]; nicht daß die Feigheit das Schlimmste im Menschen wäre, doch ohne Mut kann man eben bei sich und bei anderen dem Schlimmsten nicht wehren.

Bleibt zu fragen, welcher Zusammenhang zwischen dem Mut und der Wahrheit besteht. Platon hat sich darüber viele Gedanken gemacht und versucht, freilich ohne befriedigendes Resultat, den Mut auf das Erkennen (im *Laches* oder im *Protagoras*), oder auf die geltende Meinung (im *Staat*) zurückzuführen. Der Mut sei das Wissen «um das Furchtbare, was und welcherlei es ist», erklärt er, oder zumindest die «durchgängige Aufrechterhaltung der richtigen und gesetzlichen Vorstellung von dem, was furchtbar ist und was nicht»[8]. Er vergaß dabei, daß der Mut Angst voraussetzt und sich mit deren Überwindung selbst genügt. Man kann sich gegenüber einer vermeintlichen Gefahr mutig zeigen; und es bei einer wirklichen Gefahr an Mut fehlen lassen. Die Angst hat das Sagen. Die Angst genügt. Ist die Angst berechtigt oder nicht, begründet oder nicht, vernünftig oder nicht? Das ist nicht die Frage. Don Quichotte zeigt Mut vor den Windmühlen, die Wissenschaft hingegen, so hilfreich sie oft ist, hat noch niemandem Mut verliehen. Keine Tugend erweist sich als so resistent gegen Kopflastigkeit. Wie viele Ungebildete sind heldenhaft, wie viele Wissenschaftler feige! Die Weisen? Wenn sie es ganz wären, hätten sie Angst vor gar nichts (wie man bei Epikur oder Spinoza sehen kann), und sie bräuchten überhaupt keinen Mut. Die Philosophen? Daß sie Mut brauchen, um zu denken, ist unbestritten; aber das Denken hat noch nie genügt, um ihnen Mut zu verleihen. Wissenschaft und Philosophie können manche Angst vertuschen, indem sie den Grund vernebeln; aber Mut ist eben nicht Abwesenheit von Angst: Er ist die Fähigkeit, der Angst zu begegnen, sie zu meistern, sie zu überwinden, und das setzt voraus, daß Angst da ist oder da sein sollte. Daß uns beim heutigen Stand des Wissens eine Sonnenfinsternis keine Angst einflößt, macht uns nicht mutig ihr gegenüber; es nimmt uns allenfalls die Gelegenheit, uns als mutig zu erweisen ... oder es an Mut fehlen zu lassen. Und wenn wir uns wie Epikur überzeugen könnten, daß der Tod für uns ein Nichts ist (oder wie Platon, daß er wünschenswert sei!), so bräuchten wir keinen Mut mehr, um den Gedanken an ihn ertragen zu können. Wissen genügt im ersten Fall, im zweiten würden Weisheit und Glaube genügen. Aber Mut brauchen wir nur da, wo beide nicht genügen: entweder weil sie nicht vorhanden sind, oder aber weil sie gegen unsere Angst nicht ankommen. Wissen, Weisheit oder Meinen geben oder nehmen der Angst ihren Gegenstand. Sie geben keinen Mut: Sie geben Gelegenheit, Mut aufzubringen oder ihn vermissen zu lassen.

Jankélévitch sah das sehr klar: Mut ist nicht Wissen, sondern Entscheidung, nicht Meinen, sondern Handeln.[9] Darum genügt die Vernunft nicht: «Das Nachdenken sagt uns, *was* zu tun ist, wenn etwas zu tun ist, aber es sagt uns nicht, *daß* es zu tun ist; und noch weniger tut es selbst, was es sagt.»[10] Wenn es einen Mut der Vernunft gibt, dann nur in dem Sinne, daß die Vernunft nie Angst hat, anders gesagt, es ist nie die Vernunft, was in uns Todesangst aussteht. Cavaillès wußte das, und ebenso wußte er, daß die Vernunft nicht ausreicht zum Handeln oder Wollen[11]: Einen Mut *more geometrico* gibt es nicht, eine mutige Wissenschaft genausowenig. Oder führen Sie mal unter der Folter den logischen Beweis, daß *man nicht reden darf!* Und wäre ein solcher Beweis möglich, wer glaubte, daß er genügt? Die Vernunft ist dieselbe, bei Cavaillès (der nicht redete . . .) wie bei jedem anderen. Nicht so der Wille; nicht so der Mut, der lediglich der entschiedenere und, angesichts drohender Qualen, der wichtigere Wille ist.

Alle Vernunft ist universell; aller Mut ist individuell. Alle Vernunft ist anonym; aller Mut ist persönlich. Darum braucht man bisweilen auch Mut für das Denken, so wie es Mut für das Leiden und das Kämpfen braucht: Weil niemand an unserer Stelle denken kann – genausowenig wie leiden oder kämpfen –, und weil die Vernunft dazu nicht genügt, weil die Wahrheit dazu nicht genügt, weil man zusätzlich all das überwinden muß, was in uns zittert oder sich sträubt, was lieber eine gemütliche Illusion oder eine bequeme Lüge hätte. Man spricht deshalb vom geistigen Mut, der die Weigerung ist, beim Denken der Angst nachzugeben: Die Weigerung, sich etwas anderem zu beugen als der Wahrheit, die nichts erschreckt, und sei sie noch so schrecklich.

Das ist es auch, was man geistige Klarheit nennt, die der Mut zum Wahren ist, wozu aber keine Wahrheit genügt. Alle Wahrheit ist ewig; der Mut hat Sinn nur in der Endlichkeit und Zeitlichkeit – in der Dauer. Ein Gott bräuchte ihn nicht. Auch der Weise vielleicht nicht, wenn er nur in den unsterblichen und ewigen Gütern lebte, von denen Epikur und Spinoza reden.[12] Aber das ist uns verwehrt, und deshalb brauchen wir Mut. Mut, um dauernd und ausdauernd zu sein, Mut, um zu leben und um zu sterben, Mut, um zu ertragen, zu kämpfen, zu widerstehen, durchzuhalten ... Spinoza bezeichnet als *Willensstärke (animositas)* «die Begierde, mit der jeder bestrebt ist, sein eigenes Sein nach dem bloßen Gebot der Vernunft zu erhalten»[13]. Doch der Mut liegt im Begehren, nicht in der Vernunft; im Streben, nicht im Gebot. Es ist das Streben des Geistes, «in seinem Sein auf unbegrenzter Dauer zu beharren» (was Eluard *«le dur désir de durer»*, das «schwierige Verlangen nach Dauer», nennt), und aller Mut ist Willenskraft.[14]

Ich bin mir nicht sicher, ob der Mut die Tugend des Anfangs ist[15], zumindest nicht, ob er nur das oder wesentlich das ist: Man braucht ihn ebenso, und mitunter noch mehr, um weiterzumachen oder bei etwas zu bleiben. Freilich heißt weitermachen auch immer neu anfangen, und da Mut «weder gehortet noch kapitalisiert»[16] werden kann, bleibt er nur unter dieser Bedingung bestehen, als eine immer neu ansetzende Dauer des Bemühens, als ein ständiges Neuanfangen, trotz der Müdigkeit, trotz der Angst, und eben deshalb ist er immer notwendig und immer schwierig ... «Man muß also die Angst durch den Mut überwinden», sagte Alain, «und dieses Überwinden, das jede unserer Handlungen beginnen läßt, steht auch, wenn es beibehalten wird, am Beginn eines jeden Gedankens.»[17] Die Angst lähmt, und jedes Handeln, selbst die Flucht, reißt uns ein wenig von ihr los. Der

Mut siegt, zumindest versucht er zu siegen, und es ist mutig, es zu versuchen. Anders keine Tugend. Anders kein Leben. Anders kein Glück. Ein Mensch mit Seelenstärke, heißt es bei Spinoza, strebt danach, «soviel er kann, gut zu handeln und frohen Muts zu sein»[18]: Dieses Ankämpfen gegen Hindernisse ohne Zahl ist der Mut schlechthin.

Wie jede Tugend existiert auch der Mut nur in der Gegenwart. Daß man Mut gehabt hat, beweist nicht, daß man Mut haben wird, nicht einmal, daß man Mut hat. Immerhin ist es ein positives und – buchstäblich – ermutigendes Anzeichen. Die Vergangenheit ist Gegenstand des Wissens, insofern ist sie moralisch relevanter als die Zukunft, die nur Gegenstand des Glaubens und des Hoffens ist – also nur der Vorstellung. Morgen oder irgendwann etwas geben wollen, ist keine Großherzigkeit. Nächste Woche oder in zehn Jahren mutig sein wollen, ist kein Mut. Das ist nur geplantes Wollen, erträumter Entschluß, vorgestellte Tugend. Aristoteles (oder der Schüler, der in seinem Namen spricht) mokiert sich in den *Magna moralia* über die Leute, die «die Mutigen spielen, weil die Gefahr in zwei Jahren kommt, und vor Angst sterben, wenn sie der Gefahr gegenüberstehen»[19]. Eingebildete Helden – wirkliche Hasenfüße. Jankélévitch, der diese Passage zitiert, fügt ganz richtig hinzu, daß «der Mut die Absicht des anhängigen Augenblicks» sei, daß der mutige Augenblick insofern «unseren Berührungspunkt mit der nahen Zukunft» bezeichne, kurzum, daß es gelte, nicht morgen oder demnächst mutig zu sein, sondern «*auf der Stelle*»[20]. So weit, so gut. Aber dieser *anhängige* Augenblick, der die nahe oder unmittelbare Zukunft berührt, was ist er anderes als die fortdauernde Gegenwart? Für das nicht mehr Seiende braucht man keinen Mut, das versteht sich; aber man braucht auch keinen, um das noch nicht Seiende zu bewältigen. Weder die Naziherrschaft noch das Ende der Welt, weder meine Geburt noch mein Tod sind für mich Gegenstand des Mutes (der Gedanke an den Tod vielleicht schon, da er gegenwärtig ist, ebenso wie in gewisser Hinsicht die Vorstellung von der Naziherrschaft oder vom Ende der Welt; aber auf diesen Gebieten verlangt ein Gedanke unendlich viel weniger Mut als die Sache selbst!). Diese Helden *in Abwesenheit*, die, natürlich immer in Gedanken, nur *verjährten* Gefahren begegnen, sind einfach lächerlich. Andererseits, so Jankélévitch weiter, «hat der Mut auch keine Luft mehr zum Atmen, wenn das Drohende schon ganz Wirklichkeit geworden und wenn, den Hoffnungsschimmern des Möglichen und den Todesängsten der Ungewißheit ein Ende bereitend, die Gefahr zum Unglück geworden ist und aufgehört hat, eine Gefahr zu sein»[21]. Ist das so sicher? Wäre dem so, dann wäre der Mut nicht nötig, er wäre sogar nutzlos gegen den körperlichen oder seelischen Schmerz, gegen die Trauer. Und in welcher Situation bräuchten wir ihn mehr? Wer wie Cavaillès oder Jean Moulin die Folter aushält, kann der glauben, erst die Zukunft, erst die Gefahr mobilisiere seinen Mut so richtig (welche Zukunft wäre schlimmer als die Gegenwart? welche Gefahr schlimmer als die Folter?), und nicht schon die grauenhafte Gegenwärtigkeit der Folterqualen? Man wird sagen, die Wahl, sofern eine bestehe, sei dann, ob man die Tortur enden oder andauern lassen wolle, was, wie jede Wahl, nur auf die Zukunft bezogen einen Sinn habe. Kein Zweifel: Die Gegenwart ist Dauer, und wesentlich mehr als der Augenblick, sie ist eine *distentio*, eine Ausdehnung, wie Augustinus sagte, immer von der Vergangenheit her in die Zukunft hinein. Und ich sagte schon, es braucht Mut, um dauernd und ausdauernd zu sein, um andauernd dieses Gespanntsein zu ertragen, das wir sind, oder dieses Zerrissensein zwischen Vergangenheit und Zukunft, zwischen Erinnern und Wollen. Das ist das Leben, und die Anstrengung des Lebens (Spinoza spricht von *conatus*). Aber diese Anstrengung ist immer gegenwärtig und zumeist mühselig. Zwar fürchtet man die Zukunft, aber ertragen muß man die Gegenwart (einschließlich der gegenwärtigen Angst vor der Zukunft), und die in der «gedehnten» Gegenwart bestehende Realität des Unglücks, des Leids oder der Angst erheischt nicht weniger Mut als eine zukünftige Gefahr oder die Todesängste der Ungewißheit, wie Jankélévitch sagt. Das gilt für die Folter, und es gilt für jegliche Qual. Soll der Krebskranke in der Endphase nur im Hinblick auf die Zukunft, auf den Tod, Mut aufbringen müssen? Und die

Mutter, die ihr Kind verloren hat? Man spricht ihr Mut zu. Obwohl das wie jeder Wunsch auf die Zukunft bezogen ist, wünscht man ihr nicht Mut für etwas, was in der Zukunft droht, sondern für ein leider gegenwärtiges, entsetzlich gegenwärtiges Unglück, das nicht länger in unbestimmter Zukunft liegt, sondern definitiv gegenwärtig ist und dies – da Vergangenheit und Tod unwiderruflich sind – fortan auch sein wird. Man braucht Mut, um eine Behinderung zu ertragen, um einen Mißerfolg oder einen Fehler einzugestehen, und diese Arten von Mut beziehen sich ebenfalls zunächst auf die andauernde Gegenwart, und auf die Zukunft nur insofern, als sie deren unweigerliche Fortsetzung ist. Der Blinde braucht mehr Mut als der Sehende, und das nicht nur, weil das Leben für ihn gefährlicher ist. Ich behaupte noch mehr. Indem das Leid schlimmer ist als die Angst, zumindest dann, wenn es das tatsächlich ist, braucht man mehr Mut für das Leid. Es gibt natürlich Unterschiede beim Leid wie bei den Ängsten. Nehmen wir als extremen Fall von Leid die Folter und als extremen Fall von Angst die Angst vor dem Tod oder der Folter, Tod oder Folter als unmittelbar bevorstehend vorausgesetzt. Wer sähe nicht, daß es mehr Mut braucht, um die Folter auszuhalten, als ihre Möglichkeit zu akzeptieren, selbst wenn diese sehr hoch und sehr konkret wäre? Und wer würde nicht trotz der Angst sich lieber umbringen, statt die Qualen zu erdulden? Wie viele haben es getan? Wie viele hätten es gerne getan, hätten sie nur die Möglichkeit gehabt? Selbstmord erfordert wohl immer Mut. Aber weniger als die Folter. Wenn der Mut im Angesicht des Todes der Mut schlechthin, gewissermaßen der Archetypus aller Formen von Mut ist, so ist nicht gesagt, daß er auch der größte Mut ist. Er ist der einfachste, weil der Tod das Einfachste ist. Er ist der absoluteste, wenn man so will, weil der Tod absolut ist. Aber er ist nicht der größte, weil der Tod nicht das Schlimmste ist. Das Schlimmste ist die anhaltende Qual, die langandauernde Peinigung, die gegenwärtige, entsetzlich gegenwärtige Hölle. Und selbst was die Angst betrifft: Wer sähe nicht, daß es Mut braucht, um die Gegenwart der Angst zu ertragen, und zwar ebensoviel, wenn nicht mehr, als um einem nur möglichen Unheil ins Auge zu sehen?

71

Kurz, der Mut hat nicht nur mit Zukunft zu tun, nicht nur mit Angst, nicht nur mit Drohendem: Er hat auch mit der Gegenwart zu tun, und immer bedeutend mehr mit Willen als mit Hoffnung. Die Stoiker wußten das, und sie machten eine Philosophie daraus. Man erhofft nur, was nicht in unserer Macht liegt; man will nur, was erreichbar ist. Darum ist die Hoffnung nur für die Gläubigen eine Tugend, während der Mut es für jeden Menschen ist. Aber wie ist man mutig? Es genügt zu wollen[22], anders gesagt, es wirklich zu sein. Hoffen hingegen genügt nicht, und nur die Feigen belassen es beim Hoffen.

Ein eigenes, berühmtes Thema ist der Mut der Verzweiflung.

«Die größte Kühnheit und den größten Mut bringt man in den gefährlichsten und aussichtslosesten Angelegenheiten auf», schreibt Descartes[23], und wenn das, wie er ebenfalls sagt, die Hoffnung nicht ausschließt, so schließt es aus, daß Hoffnung und Mut dasselbe Ziel haben oder ein und dasselbe sind.[24] In seinem Todesmut mag der Held den Ruhm und den postumen Sieg seiner Ideen erhoffen. Doch diese Hoffnung ist nicht der Gegenstand seines Mutes, und sie kann den Mut nicht ersetzen. Feige erhoffen den Sieg nicht minder als Helden; und man flieht wohl immer nur, weil man zu überleben hofft. Solche Hoffnungen sind nicht Mut, und sie können leider auch keinen Mut verleihen.

Nicht daß die Hoffnung immer eine untergeordnete Rolle spielte, beileibe nicht! Daß sie helfen kann, den Mut zu stärken oder zu bewahren, ist unbestritten, und schon Aristoteles bemerkte, es sei leichter, im Kampfe tapfer zu sein, wenn man auf den Sieg hoffe.[25] Aber ist es mutiger? Man kann vom Gegenteil überzeugt sein: Daß man nämlich vor allem dann Mut braucht, wenn keine Hoffnung besteht, und nicht dann, wenn Hoffnung den Mut stärkt; und daß der wahre Held der ist, der sich nicht nur einer Gefahr aussetzt – Gefahren gibt es ja immer –, sondern gegebenenfalls dem sicheren Tod oder gar der endgültigen Niederlage. Es ist der Mut der Besiegten, und wenn er aufgebracht wird, ist er nicht weniger groß, geschweige denn weniger verdienstvoll als der der Sieger. Was konnten sich die Aufständischen des Warschauer Ghettos erhoffen? Für sich jedenfalls nichts, und ihr Mut war dadurch nur offenkundiger und heldenhafter. Warum in solcher Lage kämpfen? Weil man kämpfen muß. Weil alles andere unwürdig wäre. Oder um der schönen Tat willen, wie man im Französischen sagt, wobei natürlich «schön» ethisch und nicht ästhetisch zu verstehen ist. «Der mutige Mann handelt [...] aus dem Beweggrund der Sittlichkeit», schreibt Aristoteles, «aus Liebe zum Guten» könnte man die Stelle auch übersetzen, oder mit: «um der Schönheit der Tat willen»[26]. Verschiedene Leidenschaften wie Zorn, Haß oder Hoffnung können hinzukommen und den Mut steigern.[27] Aber auch ohne sie ist Mut möglich, sogar wichtiger, und tugendhafter.

Man hat Aristoteles sogar schon so verstanden, daß der Mut in seiner höchsten Form «ohne Hoffnung»[28] sei, sogar «gegen jegliche Hoffnung: Weil für ihn keinerlei Aussicht mehr besteht, ist der todkranke Mensch mutiger als der Matrose im Sturm; darum sind ‹diejenigen, die von der Hoffnung getragen werden, nicht auch die wirklich Tapferen›, ebensowenig wie jene, die sich überlegen fühlen und sich des Sieges im Kampfe gewiß sind»[29]. Ich bin mir nicht sicher, ob man so weit gehen kann, ob man Aristoteles damit nicht durch eine etwas einseitige Interpretation dahin rückt, wohin ich selbst, wenigstens abstrakt, tendiere. Ich fürchte, daß man damit weiter ginge als er selbst und daß er uns nicht folgen würde.[30] Doch überlassen wir die Frage den Philosophiehistorikern. Daß es Mut braucht, um Verzweiflung zu ertragen, und daß die Verzweiflung manchmal Mut verleiht, lehrt uns das Leben. Wenn nichts mehr zu hoffen ist, gibt es auch nichts mehr zu fürchten: Wo die Lage hoffnungslos ist, bremst nichts mehr den Mut für den Kampf hier und jetzt, das Unglück hier und jetzt, die Tat hier und jetzt! Rabelais zieht daraus die Lehre: «Es ist eine gute Kriegsregel, daß man den Feind nicht zur Verzweiflung treiben soll; denn die Not richtet seine Kraft und seinen Mut, die bereits wankend und hinfällig wurden, wieder auf und verdoppelt sie.»[31] Fürchte den, der nichts mehr zu fürchten hat. Denn was hat er zu fürchten, wenn er nichts mehr zu hoffen hat? Die Militärs kennen und scheuen das, die Diplomaten und die Politiker ebenso. Jede Hoffnung ist eine Angriffsfläche für den anderen; jede Verzweiflung eine für sich selbst. Um Selbstmord zu begehen? Oft gibt es Besseres: Der Tod ist eine Hoffnung wie jede andere. Alain, der Soldat war, und ein mutiger Soldat, traf im Krieg auf wirkliche Helden. Er sagte über sie: «Man darf wohl nichts mehr erhoffen, um ganz und gar tapfer zu sein; und ich habe Offiziere und Unteroffiziere der Infanterie erlebt, die offenbar ihrem Leben einen Schlußpunkt gesetzt hatten; ihre Fröhlichkeit machte mir Angst. Da hing ich zurück; man hängt immer hinter jemandem zurück.»[32] Ja, und nicht nur im Krieg. Anderswo, nicht mehr auf dem Schlachtfeld, sondern vor einer Schulklasse, sprach Alain von Lagneau und seinem Mut, seiner «absoluten Verzweiflung», durch die er «freudig, ohne jede Furcht und ohne jede Hoffnung»[33] zu denken vermochte. Alle diese Formen von Mut gleichen sich und machen uns angst. Aber was beweist unsere Angst anderes, als daß wir Mut bräuchten? Es gibt ja auch den berühmten Ausspruch von Wilhelm I. von Oranien: «Tatkraft braucht keine Hoffnung und Beharrlichkeit keine Erfolge.» Man nannte ihn den Schweiger, tatkräftig und wagemutig war er gleichwohl. Wer möchte behaupten, daß nur die Optimisten etwas von Mut verstünden? Natürlich ist es leichter, tatkräftig und beharrlich zu sein, wenn Hoffnung und Erfolge da sind. Aber wenn es leichter ist, braucht man auch weniger Mut.

Aristoteles hat sehr klar dargelegt, und damit wollen wir schließen, daß Mut nicht ohne Maß sein darf. Nicht so, daß es ein Zuviel an Mut gäbe, oder daß bei übergroßer Gefahr Mut unangebracht wäre. Doch so, daß man die eingegangenen Risiken ins Verhältnis zum Ziel setzen muß: Es ist zwar schön, sein Leben für eine hehre Sache zu riskieren, doch unsinnig, es für Lappalien oder aus purem Spaß an der Gefahr aufs Spiel zu setzen. Es ist das, was den Mutigen vom Tollkühnen unterscheidet, und worin der Mut – wie jede Tugend bei Aristoteles – eine Wanderung zwischen den zwei Abgründen Feigheit und Tollkühnheit darstellt (oder einen Mittelweg zwischen diesen beiden Exzessen): Der Feige läßt sich zu sehr von seiner Angst leiten, der Tollkühne geht zu sorglos mit seinem Leben oder mit der Gefahr um, und so kann keiner von beiden wirklich (das heißt tugendhaft) mutig sein.[34] Kühnheit, selbst höchste, ist somit nur tugendhaft, wenn sie von der Klugheit gemäßigt wird: Angst kann, Verstand muß helfen. «Die Tüchtigkeit des freien Menschen zeigt sich gleich groß in der Vermeidung wie in der Überwindung von Gefahren», schreibt Spinoza. «Der freie Mensch erwählt mit derselben Willenskraft oder Geistesgegenwart wie den Kampf so die Flucht.»[35]

Im übrigen ist daran zu erinnern, daß nicht der Mut das Stärkste ist, sondern das Schicksal oder – und es ist dasselbe – der Zufall. Der Mut ist selbst Schicksal (es genügt zu wollen, aber wer sucht sich seinen Willen aus?), und er bleibt immer schicksalhaft. Für jeden Menschen gibt es Dinge, die er ertragen, und andere, die er nicht ertragen kann: Ob er auf den tödlichen Umstand trifft oder nicht, ist mindestens ebenso eine Frage des Glücks als des Verdienstes. Helden wissen das, wenn sie einsichtig sind: das macht sie demütig sich selbst und barmherzig den anderen gegenüber. Alle Tugenden hängen zusammen, und alle hängen vom Mut ab.

6
Die Gerechtigkeit

Mit der Gerechtigkeit kommen wir zur letzten der vier Kardinaltugenden. Wir werden die drei anderen brauchen, weil das Thema so
riesig ist. Und sie selbst, weil sie so vielen Interessenskonflikten,
überhaupt Konflikten ausgesetzt ist.

Welche Tugend man immer betrachtet, die Gerechtigkeit darf
man nie außer acht lassen. Ungerecht über eine oder über mehrere von ihnen zu reden, hieße, sie zu verraten, und deshalb schließt
sie wohl alle anderen ein, auch wenn sie keine von ihnen ersetzen
kann. *A fortiori* ist sie vonnöten, wenn es um sie selbst geht. Doch
wer kann sich rühmen, sie ganz zu kennen oder zu besitzen?

«Die Gerechtigkeit gibt es gar nicht», sagt Alain; «die Gerechtigkeit gehört zu der Sorte von Dingen, die man tun soll, gerade weil es
sie nicht gibt.»[1] Er fügte hinzu: «Die Gerechtigkeit wird es geben,
wenn man sie übt. Das ist das menschliche Problem.» Sehr schön –
nur: welche Gerechtigkeit? Und wie sie üben, ohne zu wissen, was sie
ist oder sein soll?

Die Gerechtigkeit ist wohl die einzige der vier Kardinaltugenden, die
absolut gut ist. Klugheit, Mäßigung und Mut sind nur Tugenden,
sofern sie dem Guten dienen, oder nur in bezug auf Werte – wie zum
Beispiel die Gerechtigkeit –, die über ihnen stehen oder sie veranlassen. Im Dienste des Bösen oder der Ungerechtigkeit wären Klugheit,
Mäßigung oder Mut keine Tugenden mehr, sondern, wie Kant sagt,
nur noch Talente oder Eigenschaften des Geistes oder des Temperaments. Es ist vielleicht angebracht, den berühmten Text zu zitieren:

> «Es ist überall nichts in der Welt, ja überhaupt auch außer der-
> selben zu denken möglich, was ohne Einschränkung für gut

könnte gehalten werden als allein ein guter Wille. Verstand, Witz, Urteilskraft und wie die Talente des Geistes sonst heißen mögen, oder Mut, Entschlossenheit, Beharrlichkeit im Vorsatze als Eigenschaften des Temperaments sind ohne Zweifel in mancher Absicht gut und wünschenswert; aber sie können auch äußerst böse und schädlich werden, wenn der Wille, der von diesen Naturgaben Gebrauch machen soll und dessen eigentümliche Beschaffenheit darum Charakter heißt, nicht gut ist.»[2]

Kant nennt hier nur den Mut, aber ganz offensichtlich könnte man Klugheit oder Mäßigung ebenso hinzusetzen. Es gibt tausend Beispiele dafür, daß der Mörder oder der Tyrann beides beweisen kann, ohne deswegen auch nur im geringsten tugendhaft zu sein. Ist er hingegen gerecht, erhält seine Handlung unmittelbar einen anderen Sinn oder Wert. Man wird fragen, was das wohl sein soll, ein gerechter Mord oder gerechte Tyrannei ... Immerhin wird damit die Einzigartigkeit der Gerechtigkeit anerkannt. Denn ein kluger Mörder oder ein nüchterner Tyrann war noch nie etwas Besonderes.

Mit einem Wort, die Gerechtigkeit ist an sich gut, wie Kants guter Wille[3], und deshalb darf dieser nicht ohne jene sein. Die Pflicht tun, natürlich; aber nicht um den Preis der Gerechtigkeit, und nicht gegen sie! Wie wäre das übrigens möglich, wenn die Pflicht die Gerechtigkeit voraussetzt, was sage ich? wenn sie, als Verbindlichkeit und als Zwang, die Gerechtigkeit selbst ist?[4] Die Gerechtigkeit ist nicht eine Tugend unter vielen. Sie ist ihrer aller Horizont und das Gesetz ihrer Koexistenz. «Die vollkommene Tugend» nannte Aristoteles sie.[5] Jeglicher Wert setzt sie voraus; jegliche Menschlichkeit bedingt sie. Nicht, daß sie (durch welches Wunder auch?) das Glück ersetzen könnte; aber kein Glück dispensiert von ihr.

Das Problem findet sich bei Kant, aber auch, mit Verlaub, bei Dostojewski, Bergson, Camus oder Jankélévitch: Müßte man akzeptieren, daß zur Rettung der Menschheit ein Unschuldiger geopfert (bei Dostojewski ein Kind gefoltert) wird? Unbedingt nein, antworten sie. Es wäre nutzlos und vertan, denn es wäre kein Opfer, sondern eine Ungeheuerlichkeit. «Denn wenn die Gerechtigkeit untergeht», so Kant, «so hat es keinen Wert mehr, daß Menschen auf Erden leben.»[6] Der Utilitarismus stößt hier an seine Grenze. Wäre die Gerechtigkeit ein bloßer Vertrag zum gegenseitigen Nutzen, wie beispielsweise Epikur meinte[7], eine bloße Maximierung des kollektiven Wohlergehens, wie Bentham oder Mill sagten[8], so könnte es gerecht sein, für das Glück fast aller einige Menschen zu opfern, auch gegen ihren Willen, auch bei erwiesener Unschuld und Wehrlosigkeit. Das ist aber etwas, was die Gerechtigkeit verbietet oder verbieten muß. Rawls hat hier recht, wie zuvor schon Kant: Gerechtigkeit ist wertvoller und wichtiger als Wohlstand oder Effizienz, sie darf nicht dafür geopfert werden, auch nicht, wenn es der Mehrheit zum Wohle gereicht.[9] Wofür könnte man im übrigen die Gerechtigkeit opfern, wenn es ohne sie weder Legitimität noch Illegitimität gäbe? Und in wessen Namen, wenn ohne Gerechtigkeit selbst die Menschlichkeit, selbst das Glück, selbst die Liebe keine absolute Geltung haben? Aus Liebe ungerecht sein, ist ungerecht – und die Liebe dann nur noch Begünstigung oder Parteilichkeit. Ungerecht sein seines eigenen Glücks oder des Glücks der Menschheit wegen ist ungerecht – und das Glück nur noch Egoismus oder Bequemlichkeit. Die Gerechtigkeit ist das, womit der Wert der anderen Werte steht und fällt (ohne sie sind sie nur noch Interessen oder Beweggründe). Aber was ist sie? Und was ist sie wert?

Gerechtigkeit meint zwei Dinge: einerseits Rechtlichkeit (dem Recht entsprechend), andererseits Gleichheit (gerechtes Aufteilen). «Das ist nicht gerecht», sagt ein Kind, wenn es nicht dasselbe bekommt wie die anderen, oder nicht das, was ihm seiner Meinung nach zusteht; dasselbe wird es zu einem anderen Kind sagen, das beim Spiel betrügt (und sei es nur, um wieder Gleichheit herzustellen), also gegen die geschriebenen oder ungeschriebenen Regeln des gemeinsamen Spiels verstößt. Ebenso finden es Erwachsene ungerecht, wenn die Besitzverhältnisse weit auseinanderklaffen (in diesem Sinn vor allem spricht man von sozialer Gerechtigkeit), und wenn Recht und Gesetz mißachtet werden (worüber die *Gerichte* zu befinden haben). Andererseits wird derjenige gerecht genannt, der weder gegen das Gesetz noch gegen die legitimen Interessen des anderen handelt, also sowohl das Recht (im allgemeinen) als auch die Rechte (des einzelnen) beachtet; oder, wie Aristoteles es ausdrückt, derjenige, der vom Begehrenswerten nur den ihm zustehenden Teil nimmt, vom Unerwünschten aber seinen ganzen Anteil.[10] Alle Gerechtigkeit bewegt sich zwischen dieser doppelten Respektierung der *Legalität* im Gemeinwesen und der *Egalität* zwischen Einzelpersonen: «Mithin ist das Recht das Gesetzliche und das der Gleichheit Entsprechende, das Unrecht das Ungesetzliche und das der Gleichheit Zuwiderlaufende.»[11]

Obwohl diese beiden Bedeutungen miteinander zu tun haben (es ist gerecht, daß vor dem Gesetz alle gleich sind), sind sie doch unterschiedlich. Die Legalität ist eine *De-facto*-Gerechtigkeit, die sich selbst im Kreisschluß begründet: «Jede gesetzliche Vorschrift bezeichnen wir als gerecht oder Recht», schreibt Aristoteles[12]; aber was beweist das, wenn die gesetzliche Vorschrift nicht gerecht ist? Sarkastisch bemerkt Pascal zum Wesen des Gesetzes: «Es ruht ganz auf sich selbst, es ist Gesetz, und nichts sonst.»[13] Aber wie wäre anders ein Gemeinwesen möglich? Und wie eine Gerichtsbarkeit, wenn der Richter sich nicht an die Gesetze – an ihren Buchstaben – zu halten hätte, sondern an seine eigenen moralischen oder politischen Überzeugungen? Das Bestehen des Gesetzes (das *Recht*) zählt mehr als sein Wert (die *Berechtigung*), es ist sein Wert. Anders kein Staat, anders kein Recht – also auch kein Rechtsstaat. «*Auctoritas, non veritas, facit legem*»: Die Staatsgewalt, nicht die Wahrheit macht das Recht. Das steht schon bei Hobbes[14], und es ist ein Prinzip unserer Demokratien. Nicht die Gerechtesten oder die Intelligentesten, sondern die Mehrheit bestimmt, was Gesetz ist. Juristischen Positivismus nennt man das heute, im Hinblick auf die Rechtlichkeit ist er unüberbietbar, im Hinblick auf den Wert ungenügend. Was ist Gerechtigkeit? Der Souverän entscheidet, und das nennt man im engeren Sinne *Gesetz*.[15] Doch der Souverän – und sei er das Volk – ist nicht immer gerecht. Noch einmal Pascal: «Ohne Zweifel ist die Gleichheit der Güter gerecht; da man es aber nicht erzwingen konnte...»[16] Der Souverän hat anders entschieden: Das Gesetz schützt den Privatbesitz, in unseren Demokratien ebenso wie zur Zeit Pascals, es garantiert die Ungleichheit der Güter. Wenn Gleichheit und Gesetz gegeneinander stehen, wo ist dann die Gerechtigkeit?

Nach Platon ist die Gerechtigkeit das, was dafür sorgt, daß jeder seinen Anteil, seinen Platz, seine Aufgabe bekommt, und so die hierarchische Harmonie des Ganzen bewahrt.[17] Wäre es gerecht, allen dasselbe zu geben, obwohl nicht alle dieselben Bedürfnisse und auch nicht dieselben Verdienste haben? Von allen dasselbe zu verlangen, obwohl nicht alle dieselben Fähigkeiten und dieselben Aufgaben haben? Aber wie dann Gleichheit unter ungleichen Menschen herstellen? Oder Freiheit unter Ungleichen? In Griechenland wurde darüber diskutiert, und man diskutiert heute noch darüber. Der Stärkste obsiegt, man nennt das auch Politik: «[...] da man es aber nicht erzwingen konnte, daß man der Gerechtigkeit gehorcht, hat man es als das Gerechte aufgestellt, daß man der Macht gehorcht; da man die Gerechtigkeit nicht stark machen konnte, hat man die Macht gerechtfertigt, damit das Gerechte und das Starke vereint seien.»[18] Es ist ein Abgrund, den auch die Demokratie nicht überbrücken kann: «Warum folgt man der Mehrheit? Etwa weil sie mehr Vernunft hat? Nein, sondern weil sie mehr Macht hat.»[19] Rousseau ist zur Frage sehr nützlich, aber ungenau. Daß der Gesamtwille immer gerecht wäre, ist durch nichts garantiert (es sei denn, man definiere die Gerechtigkeit durch den Gesamtwillen, was ein Zirkelschluß wäre, der die Garantie völlig wertlos, ja inhaltslos werden ließe und dadurch seine Geltung nicht zu begründen vermöchte). Alle Demokratien wissen darum. Gesetz ist Gesetz, ob gerecht oder nicht. Und das verweist uns auf den zweiten Wortsinn. Also nicht Gerechtigkeit als Gegebenheit (als Legalität), sondern als Wert (als Gleichheit, Billigkeit) oder, womit wir beim Thema sind, als Tugend.

Dieser zweite Gesichtspunkt hat eher mit der Moral zu tun als mit dem Recht. Wenn das Gesetz ungerecht ist, so ist es gerecht, es zu bekämpfen – und es kann manchmal gerecht sein, es zu brechen. Antigones Gerechtigkeit gegen die Kreons. Gerechtigkeit des Widerstands gegen die des Nazi-Regimes. Gerechtigkeit der Gerechten gegen die der Juristen. Der ungerecht verurteilte Sokrates weigerte sich, sein Heil in der Flucht zu suchen, er wollte, wie er sagte, lieber gesetzestreu sterben als in der Gesetzesübertretung leben.[20] Er übertrieb damit etwas die Gerechtigkeitsliebe, wie ich meine, oder vermengte sie zumindest in unzulässiger Weise mit der Legalität. Ist es gerecht, das Leben eines Unschuldigen einem extrem ungerechten oder extrem ungerecht angewandten Gesetz zu opfern? Eines ist klar: Eine solche Haltung ist nur auf sich selbst angewandt vertretbar, selbst wenn sie ehrlich ist. Sokrates' vom Prinzip her schon fragwürdiges Heldentum wäre schlicht verbrecherisch, würde es einen anderen Unschuldigen als sich selbst dem Gesetz opfern. Gesetzestreue, ja, in dem Sinne, daß man den Gesetzen gehorcht und sie verteidigt. Doch nicht um den Preis der Gerechtigkeit, um den Preis des Lebens eines Unschuldigen! Für jemanden, der, selbst auf illegale Weise, Sokrates hätte retten können, wäre der Versuch gerecht gewesen – und Sokrates allein durfte sich ihm legitimerweise widersetzen. Die Moral kommt zuerst, die Gerechtigkeit kommt zuerst, zumindest wenn es um das Wesentliche geht, und vielleicht offenbart sich gerade darin das Wesentliche. Das Wesentliche? Die Freiheit aller Menschen, die Würde der Person, und die Rechte des anderen zuerst.

Gesetz ist Gesetz, sagte ich, ob gerecht oder nicht: Keine Demokratie und keine Republik könnte bestehen, würde man nur den Gesetzen gehorchen, die man auch billigt. Ja. Aber es wäre auch keine akzeptabel, wenn man aus Gehorsam auf Gerechtigkeit verzichten oder nicht Hinnehmbares hinnehmen müßte. Oft ist es eine Ermessensfrage, die man nicht ein für allemal entscheiden kann. Die Kasuistik im positiven Sinne behält ihre Aufgabe. Manchmal muß man in den Untergrund gehen, manchmal ganz einfach gehorchen oder auch nicht ... Der Wunschzustand ist natürlich, daß Gesetze und Gerechtigkeit in dieselbe Richtung gehen, und jeder ist als Bürger moralisch verpflichtet, sich dafür einzusetzen. Die Gerechtigkeit gehört niemandem, keinem Lager und keiner Partei: Alle sind moralisch verpflichtet, sie zu verteidigen. Ich drücke mich ungenau aus: Die Parteien haben keine Moral. Die Gerechtigkeit liegt nicht in den Händen der Parteien, sondern in denen der Personen, die die Parteien bilden oder ihnen Widerstand leisten. Die Gerechtigkeit gibt es nicht, ja, sie ist sogar nur insofern ein Wert, als es Gerechte gibt, die sie verteidigen.

Aber was ist das, ein Gerechter? Vielleicht ist das am schwersten zu beantworten. Ein Mensch, der sich an die Legalität hält? Gewiß nicht, denn sie kann ungerecht sein. Ein Mensch, der sich an das Moralgesetz hält? So steht es bei Kant, aber es verschiebt nur das Problem: Was ist das Moralgesetz? Ich habe mehrere Gerechte gekannt, die behaupteten, es nicht zu kennen, oder gar seine Existenz bestritten. In der Literatur haben wir das Beispiel Montaigne. Gäbe es übrigens das Moralgesetz, oder kennten wir es, bräuchte man die Gerechten weniger: Die Gerechtigkeit würde genügen. Kant etwa behauptete, von seiner Gerechtigkeit, beziehungsweise von der Vorstellung, die er sich davon mache, könne er die absolute Notwendigkeit der Todesstrafe für jeden Mörder ableiten[21] – was von anderen Gerechten bekanntlich abgelehnt wurde und noch abgelehnt wird. Diese Meinungsverschiedenheiten zwischen Gerechten sind bezeichnend für Gerechtigkeit, ein deutlicher Hinweis, daß es sie nicht gibt. Die Gerechtigkeit ist nicht von dieser Welt, auch von keiner anderen. Aristoteles behält gegen Platon und Kant recht, zumindest fasse ich es so auf: Nicht die Gerechtigkeit macht den Gerechten, sondern der Gerechte macht die Gerechtigkeit. Und wie das, wenn er sie gar nicht kennt? Weil er sich an Recht und Gleichheit hält, wie wir gesehen haben. Aber das Recht, die Legalität, ist nicht die Gerechtigkeit; und wie könnte die Gleichheit genügen? Oft verweist man auf das salomonische Urteil, doch das ist Psychologie, nicht Gerechtigkeit – beziehungsweise nur das zweite Urteil, das der wirklichen Mutter das Kind zurückgibt und dadurch die Gleichheit aufgibt, ist gerecht. Das erste hingegen, nach dem das Kind in zwei Hälften geteilt werden sollte, wäre nicht Gerechtigkeit, sondern Barbarei gewesen. Gleichheit ist nicht alles. Oder wäre ein Richter gerecht, der alle Angeklagten zur selben Strafe verurteilte? Oder ein Lehrer, der allen Schülern dieselbe Note gäbe? Strafen und Noten dürfen nicht gleich sein, heißt es, sie müssen im Verhältnis zum Delikt oder zur Leistung stehen. Zweifelsohne, aber wer urteilt? Und nach welchen Maßstäben? Wieviel für Diebstahl? Für Vergewaltigung? Für Mord? Und unter diesen Umständen? Unter jenen Umständen? Das Gesetz gibt eine Antwort, die Geschworenen, die Richter geben eine. Die Gerechtigkeit gibt keine. Dasselbe in der Schule. Soll der Fleiß oder die Begabung honoriert werden? Das Ergebnis oder das Verdienst? Oder beides? Aber wenn es sich um eine Prüfung mit Wettbewerbscharakter handelt, wo die einen nur bestehen können, weil andere durchfallen? Und nach welchen Kriterien, die ihrerseits zu bewerten wären? Nach welchen Normen, die ihrerseits zu beurteilen wären? Die Lehrkräfte antworten, so gut sie es können, sie müssen es; nur die Gerechtigkeit tut es nicht. Die Gerechtigkeit gibt keine Antwort, sie gibt nie eine. Darum brauchen wir Richter für die Gerichte, und Lehrer, die die Prüfungen korrigieren ... Eingebildete Tröpfe tun es in der unerschütterlichen Überzeugung zu *wissen*, was Gerechtigkeit ist. Doch mir scheint, die Gerechten sind eher jene, die es nicht wissen, die das auch zugeben und ihre Aufgabe erfüllen, so gut es eben geht, nicht gerade blind, das wäre zuviel gesagt, aber mit dem Risiko des Irrtums (die Hauptleidtragenden sind ja nicht sie) und der Unsicherheit. Hierher paßt wieder ein Pascal-Zitat: «Es gibt nur zwei Arten von Menschen: die Gerechten, die sich für Sünder halten, und die Sünder, die sich für gerecht halten.»[22] Aber man weiß nie, zu welcher der beiden Kategorien man selbst gehört: Wüßte man es, wäre man schon in der anderen!

Dennoch braucht es einen Maßstab, und sei es ein ungefährer, und ein Prinzip, und sei es ein unsicheres. Ohne sich darauf zu reduzieren, muß sich dieses Prinzip um eine bestimmte Gleichheit oder Gegenseitigkeit oder Gleichwertigkeit der Personen drehen. Oder, wie es

das Symbol der Waage andeutet, deren zwei Schalen im Gleichgewicht sind und sein müssen: um die Ausgewogenheit der Interessen.
Die Gerechtigkeit ist die Tugend der Ordnung, aber einer ausgewoge-
nen, und des Tausches, aber eines redlichen. Zu beiderseitigem Vorteil? Das ist natürlich der günstigste Fall, vielleicht auch der häufigste
(wenn ich beim Bäcker ein Brot kaufe, ist das für beide vorteilhaft);
aber wie garantieren, daß es immer so ist? Man kann es nicht garantieren; man kann nur feststellen, daß die Ordnung und der Tausch
anders nicht *gerecht* wären. Ich muß unzurechnungsfähig, unkundig
oder unfrei sein, um einen für mich unvorteilhaften Tausch einzugehen (zum Beispiel mein Haus gegen ein Brot einzutauschen), und in
allen drei Fällen wäre mein Handel zwar nicht unbedingt juristisch
gegenstandslos (der Souverän muß darüber entscheiden), er ent-
behrte aber eindeutig jeder Gerechtigkeit. Damit ein Tausch gerecht
ist, muß er zwischen Gleichen abgeschlossen werden, zumindest darf
nicht ein Unterschied (hinsichtlich der Geldmittel, der Macht oder
der Informationen ...) den Partnern einen Handel aufzwingen, der
gegen ihre Interessen wäre, oder gegen ihren freien und wohlin-
formierten Willen, so, wie er sich von gleich zu gleich artikulie-
ren würde. Jedermann weiß das bestens – was nicht heißt, daß jedermann danach handelte! Wer die Unerfahrenheit eines Kindes, die
Unzurechnungsfähigkeit eines Verrückten, die Unerfahrenheit eines
Neulings oder die Notlage eines Bedürftigen ausnützt, um etwas zu
erzwingen oder zu erschleichen, was gegen deren Interessen oder Absichten ist, handelt ungerecht, selbst wenn die Gesetzeslage in einem
gegebenen Land oder in einer gegebenen Situation es nicht formell
verbietet. Betrug, Erpressung und Wucher sind nicht minder ungerecht als Diebstahl. Und ein schlichter Handel ist nur dann gerecht,
wenn er zwischen Käufer und Verkäufer eine gewisse Parität respek-
tiert, sowohl was die Menge der verfügbaren Kenntnisse über das
Tauschobjekt als auch was die beiderseitigen Rechte und Pflichten
betrifft. Sagen wir noch mehr: Selbst Diebstahl kann möglicherweise
gerecht werden, wenn das Eigentum unrecht erworben ist. Aber
wann ist es dies? Doch nur dann, wenn es selbst zu sehr gegen die

Anforderungen einer gewissen, zumindest relativen Gleichheit zwischen den Menschen verstößt. Der Satz von Proudhon, «Eigentum ist Diebstahl», ist zweifellos übertrieben, sogar widersinnig (er leugnet das Eigentum, das der Diebstahl voraussetzt). Aber wer kann in aller Gerechtigkeit den Überfluß genießen, wenn andere sterben, weil ihnen das Nötigste fehlt? «Die Gleichheit der Güter wäre gerecht», sagt Pascal. Ihre Ungleichheit kann jedenfalls nicht absolut gerecht sein, da sie die einen in Elend und Tod stürzt, während andere Reichtümer anhäufen und sich vergnügen bis zum Überdruß.

Die für die Gerechtigkeit maßgebliche Gleichheit ist also weniger die Gleichheit der Tausch*objekte*, die nie ganz eindeutig und fast immer zulässig ist (sonst wäre kein Austausch möglich), als die Gleichheit der Tausch*subjekte* – und das ist natürlich keine tatsächliche, sondern eine rechtliche Gleichheit, die allerdings voraussetzt, daß alle Beteiligten den gleichen Informationsstand haben und frei sind, zumindest was ihre Interessen und die Bedingungen des Tauschens betrifft. Man wird einwenden, eine solche Gleichheit werde nie ganz erreicht. Sicher, aber gerecht ist, wer sie anstrebt; ungerecht, wer sie hintertreibt. Nehmen wir an, Sie verkaufen ein Haus, in dem Sie jahrelang gewohnt haben: Sie kennen es notgedrungen besser als jeder mögliche Käufer. Die Gerechtigkeit verlangt von Ihnen, daß Sie dem Kaufinteressenten alle eventuell bestehenden Mängel anzeigen, ob sichtbar oder nicht, bis hin zu Unannehmlichkeiten mit Nachbarn, obwohl Sie gesetzlich dazu nicht verpflichtet sind. Wir tun das wohl nicht alle, und wir tun es nicht immer und nicht vollständig. Aber wer sähe nicht, daß es gerechtes Handeln wäre, und daß wir ungerecht handeln, wenn wir es nicht tun? Es kommt ein Käufer, dem Sie Ihr Haus zeigen. Muß man ihm sagen, daß der Nachbar Alkoholiker ist und mitten in der Nacht herumbrüllt? Daß im Winter die Wände feucht sind? Daß der Dachstuhl vom Hausbock befallen ist? Das Gesetz mag es vorschreiben oder nicht; die Gerechtigkeit befiehlt es immer.

Mit solchen Ansprüchen würde es schwierig oder ziemlich unrentabel, Häuser zu verkaufen, wird man mir sagen ... Vielleicht. Aber

denkt jemand im Ernst, Gerechtigkeit sei ein Kinderspiel und renta-
bel? Sie ist es für den Empfänger oder Nutznießer, um so besser für
ihn; aber eine Tugend ist sie nur bei dem, der sie übt oder nach ihr
handelt.

Soll man also auf das Eigeninteresse verzichten? Sicher nicht. Aber
man muß es der Gerechtigkeit unterordnen, nicht umgekehrt. Und
ansonsten? Ansonsten sei zufrieden, daß du reich bist, antwortet
Alain, aber versuche nicht, damit auch noch gerecht zu sein.[23]

Das Prinzip ist also sehr wohl, wie auch Aristoteles feststellt, die
Gleichheit, doch zuerst und vor allem die Gleichheit der Menschen
untereinander, wie sie vom Gesetz gewollt oder wie sie moralisch
verlangt wird, zumindest dem Anspruch nach und gegen alle fakti-
schen Ungleichheiten, mögen diese noch so offensichtlich, etabliert
(sogar juristisch) und gesellschaftsfähig sein. Reichtum verleiht keinerlei Sonderrechte (er verleiht besondere Macht, aber Macht ist nun
einmal nicht Gerechtigkeit). Genie oder Heiligkeit verleihen keinerlei Sonderrechte, Mozart muß sein Brot bezahlen wie jeder andere.
Und der heilige Franz von Assisi hätte vor einem wirklich gerechten
Gericht nicht mehr Rechte gehabt als irgendwer. Gerechtigkeit ist
Gleichheit, aber eine Gleichheit *der Rechte*, seien diese nun juristisch
festgelegt oder moralisch verlangt. Alain drückt auf seine Weise aus,
was schon Aristoteles sagte: «Gerechtigkeit ist Gleichheit. Ich meine
damit keine Chimäre, die vielleicht irgendwann Wirklichkeit wird;
ich meine diese Beziehung, die jeder gerechte Tausch sofort herstellt
zwischen dem Starken und dem Schwachen, zwischen dem Wissen-
den und dem Unwissenden, und die darin besteht, daß in einem tiefe-
ren und gänzlich selbstlosen Tausch der Starke und Wissende beim
Gegenüber dieselbe Kraft und dasselbe Wissen wie bei sich selbst vorauszusetzen gewillt ist, wodurch er zum Berater, Richter und Beschützer wird.»[24] Der Verkäufer eines Gebrauchtwagens weiß das genauso wie der Käufer, und insofern sind sich beide fast immer einig
darin, was Gerechtigkeit ist, auch wenn keiner sich ganz exakt an sie
hält. Wie könnte man ungerecht sein, wenn man nicht wüßte, was
Gerechtigkeit heißt? Wenn beide nur ein wenig nachdenken, wissen

sie, daß ihr Handel dann – und nur dann – gerecht ist, wenn er dem entspricht, was zwei Partner mit exakt gleich viel Macht, Wissen und Rechten vereinbart *hätten*. Dieser Bedingungssatz verdient den Namen: Gerechtigkeit ist eine Gleichheitsbedingung, der sich unsere Handelsbeziehungen unterwerfen müssen.

Das ergibt vielleicht auch das Kriterium, oder, wie Alain sagt, die goldene Regel der Gerechtigkeit: «Bei jedem Vertrag und bei jedem Handel sollst du dich an die Stelle des anderen setzen, aber mit allem, was du weißt, und indem du dich so frei von allen Zwängen denkst, wie ein Mensch nur sein kann, schau, ob du an seiner Stelle diesen Handel oder diesen Vertrag abschließen würdest.»[25] Goldene Regel, eherne Regel: Gibt es ein strengeres, schwerer zu erfüllendes Gebot? Es verlangt, daß Tausch nur zwischen gleichen und freien Partnern stattfindet, und insofern betrifft die Gerechtigkeit, sogar als Wert, die Politik ebenso wie die Moral. «Eine jede Handlung ist recht», sagt Kant, «die oder nach deren Maxime die Freiheit der Willkür eines jeden mit jedermanns Freiheit nach einem allgemeinen Gesetze zusammen bestehen kann.»[26] Diese Koexistenz der Freiheiten unter ein und demselben Gesetz bedingt ihre Gleichheit, zumindest dem Recht nach, besser gesagt, sie verwirklicht sie, und nur sie: Es ist die Gerechtigkeit selbst, die immer wieder neu zu schaffen ist[27], denn sie ist stets gefährdet.

Es geht die Politik an, sagte ich: Freie und gleiche (freie, also gleiche) Individuen zu postulieren, ist das Prinzip jeder wahren Demokratie, und die Feuerprobe für die Menschenrechte. Insofern hat auch die Theorie des Gesellschaftsvertrags wesentlich mehr Bedeutung für unsere heutige Zeit als die Naturrechts-Theorie. Beide sind natürlich Fiktionen, aber die eine geht von einer Realität aus, was immer unsinnig ist (gäbe es ein Naturrecht, bräuchten wir die Gerechtigkeit nicht zu *schaffen*: wir bräuchten sie nur anzuwenden), während die andere ein Prinzip und ein Wollen bekundet: Die Idee eines ursprünglichen Vertrags bei Spinoza und Locke oder bei Rousseau und Kant meint weniger ein tatsächliches Existieren eines freien Vertrags zwischen Gleichen (einen solchen Vertrag hat es nie gegeben, das wissen auch unsere Autoren), als die Postulierung *de jure* einer für alle Mitglieder eines politischen Gemeinwesens gleichen Freiheit, durch welche Verträge möglich und notwendig sind, durch die dann, womit wir wieder bei Aristoteles sind, *Egalität* (es wird alle Freiheit als gleich jeder anderen postuliert) und *Legalität* zusammentreffen (die Verträge können unter bestimmten Bedingungen Gesetzeskraft erhalten). Klarer als Rousseau, Locke oder Spinoza hat wohl Kant gezeigt, daß ein solcher ursprünglicher Vertrag zwar nur hypothetisch ist, daß diese Hypothese aber für jede nichttheologische Vorstellung des Rechts und der Gerechtigkeit erforderlich ist:

«Hier ist nun ein *ursprünglicher Kontrakt*, auf den allein eine bürgerliche, mithin durchgängig rechtliche Verfassung unter Menschen gegründet und ein gemeines Wesen errichtet werden kann. – Allein dieser Vertrag [...] ist keineswegs als ein *Faktum* vorauszusetzen nötig (ja als ein solches gar nicht möglich); [...] Sondern es ist eine *bloße Idee* der Vernunft, die aber ihre unbezweifelte (praktische) Realität hat: nämlich jeden Gesetzgeber zu verbinden, daß er seine Gesetze so gebe, als sie aus dem vereinigten Willen eines ganzen Volks haben entspringen *können*, und jeden Untertan, so fern er Bürger sein will, so anzusehen, als ob er zu einem solchen Willen mit zusammen gestimmet habe. Denn das ist der Probierstein der Rechtmäßigkeit eines jeden öffentlichen Gesetzes. Ist nämlich dieses so beschaffen, daß ein ganzes Volk *unmöglich* dazu seine Einstimmung geben *könnte* (wie z. B. daß eine gewisse Klasse von *Untertanen* erblich den Vorzug des *Herrenstandes* haben sollten), so ist es nicht gerecht; ist es aber *nur möglich*, daß ein Volk dazu zusammen stimme, so ist es Pflicht, das Gesetz für gerecht zu halten: gesetzt auch, daß das Volk itzt in einer solchen Lage, oder Stimmung seiner Denkungsart wäre, daß es, wenn es darum befragt würde, wahrscheinlicherweise seine Beistimmung verweigern würde.»[28]

Anders gesagt, der Gesellschaftsvertrag ist die Regel, nicht der Ursprung der Staatsverfassung: er ist nicht das Prinzip seiner Gründung, sondern seiner Verwaltung; er erklärt nicht einen Werdegang, er beleuchtet vielmehr ein Ideal – nämlich das Ideal der Gesetzgebung, der Regierung und der öffentlichen Rechtsprechung.[29] Also eine rein regulierende, doch notwendige Hypothese: Der ursprüngliche Vertrag klärt uns nicht über den Ursprung des Staates auf, er sagt uns auch nicht, was der Staat ist, sondern, was er sein muß.[30] Die Idee der Gerechtigkeit als Koexistenz der Freiheiten unter einem zumindest möglichen Gesetz entspringt nicht dem Wissen, sondern dem Wollen (der lediglich praktischen Vernunft, wie Kant sagen würde). Sie ist kein Theorie- oder Erklärungsmodell für eine gegebene Gesellschaft, sondern Richtschnur für das Urteil und Ideal für die Handlung.

Rawls sagt ungefähr dasselbe. Wir sollen uns die Menschen in einer «ursprünglichen Situation» oder einem «Urzustand» vorstellen, «wo niemand seine Stellung in der Gesellschaft kennt» (Rawls spricht von einem «Schleier des Nichtwissens»), allerdings nur, um die Gerechtigkeit als Gleichheit (statt als bloße Legalität oder Nützlichkeit) denken zu können, was eben nur möglich ist, wenn man die individuellen Unterschiede und die Ausrichtung des einzelnen auf seine egoistischen oder zufälligen Interessen ausklammert.[31] Eine rein hypothetische, ja fiktive Position, doch insofern ergiebig, als man mit ihr die Gerechtigkeit als Forderung zumindest teilweise loslösen kann von den zu eigennützigen Interessen, die sie uns erstrebenswert erscheinen lassen und mit denen wir sie fast unweigerlich immer wieder verwechseln. Der Urzustand, möchte ich sagen, ist eine Art vorgestellter Zusammenschluß von *Egos ohne Ego* (in der Fiktion «kennt keiner seinen Platz in der Gesellschaft, seine Klasse oder seinen Status»; er kennt nicht einmal seine Intelligenz, Körperkraft oder «die Besonderheiten seiner Psyche»[32]), und insofern ist die Vorstellung hilfreich. Das Ich ist immer ungerecht[33], und aus diesem Grund kann man die Gerechtigkeit nur denken, wenn man das Ich ausblendet oder jedenfalls verhindert, daß es das Urteil bestimmt.

Das ist gemeint mit dem Urzustande, in dem nie jemand gelebt hat oder jemals leben kann, in den man sich aber, zumindest provisorisch und fiktiv, hineinversetzen kann, um zu denken und zu urteilen. Ein solches Denkmodell vermag den Egoismus kurzzuschließen («keiner kennt seine Stellung in der Gesellschaft und seine natürlichen Gaben, daher kann niemand Grundsätze auf seinen Vorteil zuschneiden»[34]), ohne gleichzeitig einen unwahrscheinlichen Altruismus zu postulieren (weil keiner seine eigenen Interessen, auch nicht die unbestimmten, denen des anderen opfert).[35] Das sagt schon viel darüber aus, was die Gerechtigkeit ist: weder Egoismus noch Altruismus, sondern die reine, sich in der Austauschbarkeit der Individuen bewährende oder erweisende Gleichwertigkeit der Rechte. Alle sollen gleich viel gelten, aber das ist nur möglich – weil alle wirklichen Individuen verschieden und eigennützig sind, was sie zu Konkurrenten macht –, wenn sich jeder in die Lage jedes anderen versetzen kann, und darauf läuft der *Schleier des Nichtwissens* hinaus, der nach Rawls den Urzustand kennzeichnet: Da keiner weiß, wer er sein wird, kann er seinen Nutzen nur im Nutzen aller suchen, und diesen unterschiedslosen Nutzen (der gegenseitig und durch das Hilfskonstrukt des Schleiers des Nichtwissens zugleich individuell desinteressiert ist!) kann man als Gerechtigkeit bezeichnen, zumindest kommen wir ihr damit näher. Man müßte sich im übrigen fragen, ob nicht schon bei Rousseau die vollkommene Überäußerung eines jeden (im Urvertrag) und die doppelte Allgemeinheit des Gesetzes (in der Republik) nicht wenigstens tendenziell zu einem ähnlichen Ergebnis führt.[36] Aber das würde zu weit führen – nämlich zu Fragen der politischen Theorie –, und wir sollten doch zur Moral zurückkehren, das heißt zur Gerechtigkeit nicht im Sinne eines gesellschaftlichen Erfordernisses, sondern einer Tugend.

Beide Aspekte hängen natürlich zusammen: Das Ego erweist sich als das Band, wenn man den Knoten löst. Gerecht sein im moralischen Sinne heißt, sich bewußt weder über die Gesetze (insofern hat die Gerechtigkeit selbst als Tugend mit Legalität zu tun) noch über die anderen (insofern hat sie mit Gleichheit zu tun) stellen zu wollen.

91

Was bedeutet das anderes, als daß die Gerechtigkeit die Tugend ist, durch die jeder bestrebt ist, die gegenteilige Versuchung zu überwinden, nämlich sich über alles stellen zu wollen und folglich alles seinen Wünschen und Interessen zu opfern? Das Ich ist «ungerecht», schreibt Pascal, «weil es sich zum Mittelpunkt von allem macht»; und «unbequem darin, daß es diese (die anderen) sich unterwerfen will; denn jedes *Ich* ist der Feind aller anderen und möchte ihr Tyrann sein»[37]. Die Gerechtigkeit ist das Gegenteil dieser Tyrannei, also das Gegenteil (aber das ist wohl alle Tugend) des Egoismus und Egozentrismus, oder, sagen wir, der Widerstand gegen den Hang dazu. Sie kommt auch sehr nahe an den Altruismus oder – es ist der einzige wahrhaftige Altruismus – an die Liebe heran. Doch nur nahe heran: Lieben, das ist zu schwer, zumal unseren Nächsten (wenn, dann gelingt es uns noch am ehesten bei unseren Allernächsten), zumal die Menschen, wie sie sind oder wie sie uns erscheinen (grausamer als Levinas, meint Dostojewski, «um einen Menschen lieben zu können, muß er sich verborgen halten, denn kaum zeigt er sein Gesicht, so ist die Liebe auch schon entschwunden»[38]), lieben ist zu anspruchsvoll, lieben ist zu gefährlich, kurz, lieben ist zuviel verlangt! Im Gegensatz zur Maßlosigkeit der Nächstenliebe, wo der andere alles ist, im Gegensatz zur Maßlosigkeit des Egoismus, wo das Ich alles ist, hält sich die Gerechtigkeit an das Maß, das die Waage symbolisiert, anders gesagt, an das Gleichgewicht oder die Verhältnismäßigkeit: Jedem sein Teil, nicht zu viel und nicht zu wenig, wie Aristoteles sagt[39], und mir selbst – wodurch die Gerechtigkeit trotz oder vielmehr wegen ihres Maßes für jeden zum fast unerreichbaren Horizont wird –, *als wäre ich irgendwer.*

Was ich tatsächlich bin, denn das ist die Wahrheit der Gerechtigkeit, und die anderen, Gerechte und Ungerechte, werden sie mir gegebenenfalls in Erinnerung rufen ...

«Gerechtigkeit», heißt es bei Spinoza, «ist die beharrliche Gesinnung, jedem das zukommen zu lassen, was ihm nach dem bürgerlichen Rechte zukommt.»[40] Anders gesagt, gerecht ist der, «der den beständigen Willen hat, jedem das Seine zukommen zu lassen»[41]. Es ist die traditionelle Definition, wie sie schon bei Simonides oder Augustinus steht.[42] Aber was ist das Meine? Von Natur aus nichts, weswegen die Gerechtigkeit ein politisch und rechtlich organisiertes Gesellschaftsleben voraussetzt: «[...] es gibt in der Natur nichts, wovon man sagen könnte, es gehöre diesem Menschen und nicht jenem, sondern alles gehört allen; und daher ist auch im Naturzustande der Wille, jedem das Seine zu geben oder jemand etwas, was ihm gehört, zu entreißen, nicht denkbar, d. h. im Naturzustande geschieht nichts, was g e r e c h t oder u n g e r e c h t heißen könnte.»[43] Ebenso wie für Hobbes sind für Spinoza das Gerechte und das Ungerechte «Begriffe äußerlicher Art»[44], sie bezeichnen nur «Eigenschaften, die sich auf den in der Gesellschaft, nicht in der Einsamkeit befindlichen Menschen beziehen»[45]. Das schließt zwar nicht aus, daß die Gerechtigkeit auch eine Tugend ist[46], doch diese Tugend selbst ist nur da möglich, wo es Recht und Eigentum gibt. Und wie, wenn nicht durch die freie oder erzwungene Zustimmung der Individuen? Die Gerechtigkeit gibt es nur, insoweit die Menschen sie in gegenseitigem Einvernehmen wollen und üben. Keine Gerechtigkeit im Naturzustand also, auch keine natürliche Gerechtigkeit. Alle Gerechtigkeit ist menschlich, alle Gerechtigkeit ist historisch: Keine Gerechtigkeit (im juristischen Sinne) ohne Gesetz oder (im moralischen Sinne) ohne Kultur – keine Gerechtigkeit ohne Gesellschaft.

Aber kann man sich umgekehrt eine Gesellschaft ohne Gerechtigkeit vorstellen? Hobbes oder Spinoza würden es verneinen, ich neige ebenfalls zu dieser Ansicht. Was wäre eine Gesellschaft ohne Gesetze und ohne ein Minimum von Gleichheit oder Verhältnismäßigkeit? Selbst Räuber können sich bekanntlich nur, und sei's zum Bösen, zusammenfinden, wenn unter ihnen eine gewisse, zumindest distributive (na ja ...) Gerechtigkeit herrscht.[47] Wie könnte es sich für eine ganze Gesellschaft anders verhalten? Bei Hume findet sich allerdings eine abweichende Antwort, die zu denken gibt. Sie basiert auf fünf hypothetischen Annahmen, die, wie ich meine, nicht alle gleich plausibel, aber insgesamt interessant sind und eine Untersuchung verdienen.

Natürlich bestreitet Hume keineswegs, daß Gerechtigkeit für jede bestehende Gesellschaft nützlich, ja notwendig ist. Es ist sogar die Grundlage seiner Theorie, die utilitaristisch war, bevor es die Bezeichnung gab: «Die Notwendigkeit von Gerechtigkeit für den Bestand der Gesellschaft ist die alleinige Grundlage dieser Tugend», schreibt er[48], und wenn man über das Wort «alleinig», wie wir schon gesehen haben und noch sehen werden, geteilter Meinung sein kann, so ist die Notwendigkeit wohl kaum anzuzweifeln. Welche von unseren Gesellschaften könnte ohne juristische und moralische Gesetze bestehen? Die Notwendigkeit besteht für jede existierende menschliche Gesellschaft. Doch diese Gesellschaften sind komplex: Wie kann man wissen, ob diese Notwendigkeit der Gerechtigkeit wirklich ihre *alleinige* Grundlage ist, wie Hume meint? Indem man, antwortet Hume, versucht, sich Gesellschaften vorzustellen, die existieren können, ohne daß diese Notwendigkeit besteht: Falls es bei ihnen immer noch Gerechtigkeit gibt, zumindest dem Anspruch nach, heißt das, daß die Notwendigkeit zur Erklärung nicht genügt; falls sie verschwindet, ist es ein sehr gewichtiges Argument dafür, daß in einer gegebenen Gesellschaft nur die Notwendigkeit genügt, um ihr Auftreten zu erklären und ihre Gültigkeit zu begründen. In diesem Sinne trägt Hume die besagten fünf hypothetischen Annahmen vor, die nacheinander alle die *Notwendigkeit* der Gerechtigkeit verneinen und dadurch auch – darauf will er hinaus – ihre *Geltung*. Sollten sich diese Hypothesen als legitim und die Schlußfolgerung als korrekt erweisen, wäre daraus zu schließen, daß «der öffentliche Nutzen» tatsächlich «der *alleinige* Ursprung von Gerechtigkeit» und die «alleinige Grundlage ihres Wertes»[49] wären.

Die fünf Hypothesen, stichwortartig dargestellt, sind die folgenden: absoluter Überfluß, universelle Liebe, äußerste und allgemeine Not oder Gewalt (wie im Krieg oder im Hobbesschen Naturzustand), Konfrontation mit vernunftbegabten, aber für eine Verteidigung zu schwachen Wesen, schließlich völlige Trennung der Individuen, die für jeden radikale Vereinzelung zur Folge hat.[50] Hume will aufzeigen, daß bei diesen fünf Denkmodellen die Gerechtigkeit ihre Geltung verlöre, da sie aufhörte, notwendig oder nützlich zu sein. Was hat es damit auf sich?

Die fünfte dieser Annahmen ist sicherlich die stärkste. Da die Gerechtigkeit unsere Beziehung zum anderen regelt, wäre sie in der Einsamkeit gegenstandslos, inhaltlos, sinnlos. Wozu könnte sie noch taugen, und welchen Sinn hätte es, eine Haltung, die nie zur Anwendung kommt, als Tugend zu betrachten? Nicht, daß man nicht auch sich selbst gegenüber gerecht oder ungerecht sein könnte. Aber man kann es wohl nur durch einen zumindest impliziten Bezug auf andere. Urteilen heißt immer mehr oder weniger vergleichen, und insofern ist jegliche Gerechtigkeit gesellschaftlich, selbst wenn sie nur in Gedanken geübt wird. Keine Gerechtigkeit ohne Gesellschaft, das haben wir schon festgestellt, und das gibt Hume recht: keine Gerechtigkeit bei absoluter Vereinzelung.

Zur Not kann man auch die zweite Hypothese akzeptieren. Empfände jeder für seine Mitmenschen nur Freundschaft, Hilfsbereitschaft und Wohlwollen, bräuchte es weder Gesetze, noch gäbe es eine Pflicht zur Gleichbehandlung: Die Liebe würde, wie man bei funktionierenden Familien sehen kann, weiter gehen als die Respektierung der Rechte, sie würde die Gerechtigkeit ersetzen. Ich sage «zur Not», denn man müßte sich fragen, ob diese Liebe die Gerechtigkeit *abschaffen* würde, wie Hume meint, oder ob sie uns, wie ich annehmen möchte, gerecht machen und gleichzeitig darüber erheben würde. Erinnern wir uns an den schönen Satz von Aristoteles: «Auch bedarf es unter Freunden der Gerechtigkeit nicht, wohl aber unter Gerechten der Freundschaft.»[51] Das bedeutet nicht, daß man seinen Freunden gegenüber ungerecht ist, sondern daß die Gerechtigkeit – das Geringere ist im Höheren inbegriffen – selbstverständlich wird, denn Freundschaft fordert auf sehr sanfte Weise mehr. Es ändert allerdings nicht viel an der Sache: Natürlich hätte die Liebe, vor allem wenn sie universell und grenzenlos wäre, sich kaum um Verpflichtungen zu kümmern, die sie zwar nebenbei auch erfüllen würde, aber ohne sich dabei aufzuhalten und sogar (weil nichts sie zur Mißach-

tung treibt) ohne sich daran gebunden zu fühlen. Mit der Liebe und
der Einsamkeit mag es also funktionieren.

Die drei anderen Annahmen sind schon problematischer.
Zunächst zum Überfluß. Nehmen wir an, es stehe alles für jeder-
mann in unbeschränkter Menge zur Verfügung. In einer solchen
Situation, so Hume, wäre

> «von der vorsichtigen, argwöhnischen Tugend der Gerechtig-
> keit [...] nicht einmal geträumt worden. Weshalb eine Auftei-
> lung der Güter, wenn jeder schon mehr als genug hat? Warum
> das Eigentum einführen, wenn ein Zuwiderhandeln ohnedies
> nicht möglich ist?»[52]

Ist das so sicher? Sicherlich bräuchte man weder den Diebstahl zu
verbieten noch das Eigentum zu schützen. Aber ist dieses, wie Hume
anzunehmen scheint[53], einziger Gegenstand der Gerechtigkeit? Ist es
das einzige Menschenrecht, das bedroht werden kann, das einzige,
das es zu schützen gilt? In einer Gesellschaft des Überflusses, wie der
des goldenen Zeitalters der Dichter oder des marxschen Kommunis-
mus, wäre es immer noch möglich, den Nächsten zu beleidigen oder
einen Unschuldigen zu verurteilen (Diebstahl wäre vielleicht gegenstandslos, aber Mord?), und das wäre genauso ungerecht wie in unseren Gesellschaften des Mangels oder (wie Rawls sagt, der hier mit
Hume einig geht) der «mäßigen Knappheit» der Güter.[54] Wenn die
Gerechtigkeit nach allgemeiner Auffassung die Tugend ist, die die
Gleichheit der Rechte achtet und jedem das ihm Gebührende gibt, wie
kann man da annehmen, daß sie nur das Eigentum betreffen kann ...
oder nur die Eigentümer? Ist Besitzen mein einziges Recht? Liegt
meine einzige Würde in meinem Besitzer-Sein? Und glauben wir, der
Gerechtigkeit Genüge getan zu haben, wenn wir nie stehlen?

Dasselbe oder etwas Ähnliches möchte ich anmerken zur äußersten
Not oder verallgemeinerten Gewalt. «Angenommen», schreibt
Hume, «eine Gesellschaft gerät in einen solchen Mangel an allem
Lebensnotwendigen, daß selbst äußerste Sparsamkeit und Fleiß nicht

verhindern können, daß eine größere Zahl zugrunde ginge und alle im extremen Elend lebten; man wird, glaube ich, bereitwillig zugeben, daß in einer so bedrückenden Notlage die strengen Gesetze der Gerechtigkeit aufgegeben werden und den stärkeren Motiven der Notwendigkeit und Selbsterhaltung weichen.»[55] Die Erfahrung aus den Konzentrationslagern Hitlers und Stalins scheint mir das allerdings zu widerlegen. Aus Zeugenaussagen von Überlebenden schließt Tzvetan Todorov, daß «selbst in den Lagern, in diesem Extrem der Extreme, die Entscheidung zwischen Gut und Böse noch möglich war», und daß die «Seltenheit der Gerechten» nicht dazu berechtigt, daß man sie vergißt (genau das wollten nämlich ihre Mörder).[56] In den Lagern verhielt es sich nicht anders als sonstwo, die individuellen Unterschiede waren auch ethische Unterschiede.[57] Es gab welche, die ihren Mithäftlingen die Essensration stahlen, die Unbotmäßige bei den Aufsehern denunzierten, Schwächere unterdrückten, sich bei den Stärkeren einschmeichelten ... Ungerechtigkeit. Es gab andere, die Widerstand und Solidarität organisierten, die Gemeinsames teilten, Schwächere schützten, kurz, in einer Umgebung des Grauens so etwas wie Recht und Billigkeit einzuführen versuchten ... Gerechtigkeit. Natürlich mußte sie andere Formen annehmen, aber sie hörte deswegen nicht auf zu existieren, weder als Gebot, noch als Wert, noch als Möglichkeit: Auch in den Lagern gab es Gerechte und Schweinehunde, oder, besser gesagt (hüten wir uns vor übertreibenden und schematisierenden Verallgemeinerungen), es war möglich, *mehr oder minder gerecht* zu sein, und einige waren es, vielfach unter heldenhaftem Einsatz ihres Lebens. Sacha Petcherski, Milena Jesenska, Etty Hillesum, Rudi Massarek, Maximilian Kolbe, Else Krug, Mala Zimetbaum, Hiasl Neumeier ... Soll man so tun, als hätte es sie nicht gegeben? Und wie viele andere, die weniger heldenhaft waren, waren dennoch gerechter, als es auch möglich gewesen wäre, vielleicht sogar mehr, als es – wäre es nur um das eigene Überleben gegangen – in ihrem Interesse lag? Wenn immer wieder behauptet wird, in den Lagern habe es überhaupt keine Moral mehr gegeben, spricht man denen das Wort, die die Moral tatsächlich vernichten wollten, und man vergißt dabei jene, die – auf ihrem Niveau, mit ihren Mitteln – dieser Vernichtung Widerstand geleistet haben. Täglicher und fortwährender Kampf gegen die Aufseher, gegen andere Insassen, gegen sich selbst. Wie viele unbekannte Helden? Wie viele vergessene Gerechte? Wer wüßte noch etwas vom Medizinstudenten Jacques, hätte nicht Robert Antelme über ihn geschrieben?

«Wenn man zu einem SS-Mann ginge und ihm Jacques zeigen würde, könnte man zu ihm sagen: ‹Sehen Sie ihn sich an, diesen verfaulten Menschen mit der gelblichen Haut, den haben Sie gemacht, offenbar gleicht er jetzt am besten dem, was er nach Ihrer Vorstellung seinem Wesen nach ist: Abfall, Ausschuß, und das ist Ihnen wirklich gelungen. Aber wir werden Ihnen nun folgendes sagen, wovon Sie tot umfallen müßten, wenn der ‚Irrtum‘ töten könnte: Sie haben ihm erlaubt, zum vollendetsten Menschen zu werden, zum Menschen, der sich seiner Macht und der Möglichkeiten seines Gewissens, der Tragweite seiner Handlungen voll bewußt ist, zu einem Menschen, der stärker ist als die andern. Nicht, weil die Unglücklichsten die Stärksten sind, auch nicht, weil die Zeit für uns arbeitet. Sondern weil die Gefahren, denen Sie Jacques aussetzen, eines Tages nichts mehr für ihn bedeuten werden und weil Sie dann keine Macht mehr über ihn ausüben und weil es uns bereits möglich ist, eine Antwort auf die Frage zu geben, ob man zu irgendeinem Zeitpunkt einmal sagen kann, daß Sie gewonnen haben. Bei Jacques haben Sie nie gewonnen. Sie wollten, daß er stiehlt, er hat nicht gestohlen. Sie wollten, daß er den Kapos den Arsch leckt, um was zu fressen zu bekommen, er hat es nicht getan. Sie wollten, daß er, um gut angesehen zu sein, lacht, wenn ein Meister einem Kameraden Schläge gibt, er hat nicht gelacht.›»[58]

Jacques sei, was man in der Religion einen Heiligen nennt, sagt Robert Antelme.[59] Und was man überall einen Gerechten nennt.

Warum sollte es im Krieg anders sein? Daß die Gerechtigkeit völlig andere Bedingungen vorfindet und das Gerechtsein unendlich viel schwieriger und komplizierter wird, liegt auf der Hand: Den gerechten Krieg gibt es nicht, sofern man darunter einen Krieg versteht, der die Gesetze und Rechte der Menschlichkeit achtete, als wäre nichts gewesen. Gleichwohl kann dieser Soldat oder jener Offizier in einer gegebenen Situation gerechter sein als ein anderer, oder weniger ungerecht, was bereits beweist, daß das Gebot der Gerechtigkeit und ihr Wert durch den Krieg nicht einfach entfallen. Hume gibt das übrigens an anderer Stelle zu, indem er meint, das sei deshalb so, weil in Kriegen sogar zwischen Feinden noch ein gemeinsames Interesse oder ein beiderseitiger Nutzen bestehe.[60] Doch das kann das Gebot der Gerechtigkeit nicht völlig erfüllen, denn diese kann den Interessen und dem beiderseitigen Nutzen entgegenlaufen! Der Fall ist durchaus denkbar, daß jemand die Meinung vertritt, Folter und Gefangenenerschießung könnten in einem Krieg von beiderseitigem Vorteil sein (jede Armee hätte einen Vorteil davon); wäre es deshalb auch schon gerecht? Daß der gemeinsame Nutzen der Forderung nach Gerechtigkeit Nachdruck verleiht und oft unser wichtigstes Motiv ist, sie zu achten, läßt sich kaum bestreiten. Aber wenn dieser Nutzen schon die ganze Gerechtigkeit wäre, gäbe es keine Gerechtigkeit und keine Ungerechtigkeit mehr. Es gäbe nur Nutzen und Schaden, Interesse und Kalkül: Die Intelligenz würde genügen für die Gerechtigkeit, oder vielmehr: Sie würde sie ersetzen. Aber das ist nicht der Fall, und die mit dem Schlimmsten konfrontierten Gerechten erinnern uns daran.

Humes vierte und letzte Annahme jagt einem den kalten Schauer über den Rücken, und es ist betrüblich zu sehen, daß ein so großes und faszinierendes Genie so etwas schreiben kann:

«Gäbe es verstreut unter den Menschen eine Art von Wesen, zwar mit Verstand begabt, uns aber sowohl an körperlichen als auch an geistigen Fähigkeiten dermaßen unterlegen, daß sie überhaupt zu keinem Widerstand fähig wären und uns nie-

mals, selbst bei äußerster Herausforderung, die Auswirkungen
ihres Zorns fühlen lassen könnten, dann scheint mir die notwendige Konsequenz die zu sein, daß wir durch die Gesetze der
Menschlichkeit verpflichtet sind, diese Wesen gütig zu behandeln; aber strenggenommen wären uns von der Gerechtigkeit
her keine Schranken ihnen gegenüber auferlegt, und sie könnten unabhängig von so eigenmächtigen Herren auch kein Recht
oder Eigentum besitzen. Unser Umgang mit ihnen wäre nicht
‹gesellschaftlich› zu nennen, da ein solcher einen Grad von
Gleichheit voraussetzt; sondern es bestünde absolute Herrschaft auf der einen und sklavischer Gehorsam auf der anderen
Seite. Was immer wir wünschen, darauf müssen sie sofort verzichten; unser Einverständnis ist die einzige Garantie, durch
welche sie ihren Besitz innehaben; unser Mitleid und unsere
Güte das einzige Hindernis, womit sie unseren zügellosen Willen bändigen können; und da aus der Ausübung von Macht, die
so fest in der Natur verankert ist, niemals ein Nachteil erwachsen kann, hätten in einer so ungleichen Gesellschaft die
Schranken von Gerechtigkeit und Eigentum, da sie vollkommen *nutzlos* sind, niemals einen Platz.»[61]

Ich wollte diesen Absatz vollständig zitieren, um nicht das Risiko
einer Verfälschung einzugehen. Man sieht, daß Humes persönliche
Qualitäten, insbesondere seine Menschlichkeit, davon nicht berührt
sind. Inhaltlich und philosophisch ist die Aussage jedoch untragbar.
Daß Sanftmut und Mitleid den Schwachen gegenüber geübt werden
müssen, ist natürlich auch meine Ansicht; beide Tugenden finden
übrigens in diesem Buch den ihnen gebührenden Raum. Aber daß sie
die Gerechtigkeit ersetzen oder von ihr dispensieren sollen, ist inak-
zeptabel. Ohne «einen bestimmten Grad von Gleichheit» gibt es
keine Gerechtigkeit, schreibt Hume, nicht einmal eine Gesellschaft.
Sehr richtig, aber nur, wenn dazu gesagt wird, daß diese Gleichheit
keine Gleichheit der Tatsachen oder der Möglichkeiten, sondern eine
Gleichheit *der Rechte* ist! Für den Besitz von Rechten genügt es aber,

daß Bewußtsein und Vernunft da sind, wenn auch nur virtuell und ohne jede Verteidigungs- oder Angriffsfähigkeit. Sonst hätten Kinder keine Rechte, Behinderte ebenfalls nicht, und am Ende (weil kein Individuum immer stark genug ist, um sich wirksam zu verteidigen) hätte überhaupt niemand welche.

Stellen wir uns einmal diese von Hume angeführten verstandesbegabten und wehrlosen Individuen vor: Hätte ich zum Beispiel das *Recht* (Sanftmut und Mitleid sind ein anderes Thema), sie auszunützen und zu bestehlen, wie es mir beliebt? «Das ist ganz offensichtlich die Situation der Menschen den Tieren gegenüber», schreibt Hume.[62] Eben gerade nicht, denn die Tiere sind nicht «mit Verstand begabt» im üblichen Wortsinn![63] Hume spürt das, und er bringt deshalb zwei andere Beispiele, und was für welche! «Die große Überlegenheit der zivilisierten Europäer über die barbarischen Indianer», schreibt er, «verleitet uns zur Annahme, wir seien ihnen gegenüber in derselben Lage; und sie veranlaßten uns, in unserem Kontakt mit ihnen alle Schranken der Gerechtigkeit und selbst der Menschlichkeit fallenzulassen.»[64] Stimmt, aber war das gerecht? Sie waren den Europäern eindeutig unterlegen, und die Gerechtigkeit ihnen gegenüber war, wie die Ereignisse gezeigt haben, in der Tat nicht mehr gesellschaftlich notwendig. Soll das heißen, daß ihnen keine Gerechtigkeit geschuldet wurde? Kann man gelten lassen, daß Güte und Mitleid wirklich alles waren, was wir ihnen schuldeten, oder vielmehr (da ihnen ihrer Schwachheit wegen angeblich keinerlei Recht zustand), was wir ihnen *nicht schuldeten*? Ich meine, man kann es nicht, wenn man nicht den Gerechtigkeitsgedanken überhaupt aufgeben will.

Montaigne, der mit Hume sonst vieles gemeinsam hat, erkannte dies. Anstatt uns von ihr zu dispensieren, mußte die Schwachheit der Indianer sie unserer Gerechtigkeit (und nicht nur unserem Mitleid!) anempfehlen, und wir haben uns schuldig, schwer schuldig gemacht, indem wir unsere Rechte überschritten und die ihren verletzten.[65] Die Gerechtigkeit, die jedem zuteilt, was ihm gehört, wie Montaigne sagt[66], kann niemals Massaker und Verwüstungen erlauben. Und auch wenn feststeht, daß sie «für die Gesellschaft und Gemeinschaft

der Menschen geschaffen» wurde[67], so berechtigt nichts zur Annahme, daß sie nur auf ihrem eigenen und ausschließlichen Nutzen
gründet. Dieser Gedankengang findet sich nicht bei Montaigne, doch
deutet alles darauf hin, daß er ihm beigepflichtet hätte: Stellen wir
uns vor, wir hätten auf einem anderen Planeten ein neues Amerika
entdeckt und es werde von verstandesbegabten, aber sanften und
wehrlosen Wesen bewohnt; würden wir es den Konquistadoren
nachmachen und neue Massaker und Verwüstungen anrichten? Es
könnte sein, aber gerecht wäre es nicht.

Das zweite von Hume angeführte Beispiel entbehrt nicht des Humors, ist aber nicht weniger fragwürdig: «Bei vielen Völkern», fährt
er fort, «sind die Frauen einer ähnlichen Sklaverei unterworfen und
wurden, im Unterschied zu ihren herrischen Gebietern, für unfähig
erklärt, irgendein Eigentum zu besitzen. Aber wenn auch die Männer, falls sie sich zusammentun, in allen Ländern über genügend körperliche Kräfte verfügen, um diese Willkürherrschaft zu behaupten,
so ist doch das einschmeichelnde, gewandte und bezaubernde Wesen
ihrer hübschen Gefährtinnen so wirksam, daß es den Frauen gewöhnlich gelingt, jenes Komplott zu durchbrechen und mit dem anderen
Geschlecht alle gesellschaftlichen Rechte und Privilegien zu teilen.»[68]
Sklaverei, Geschick und Liebreiz sind unbezweifelbar Realitäten.
Aber ist diese Sklaverei gerecht? Und wäre sie es in einem Land, in
dem das Gesetz sie nicht verbietet oder sie gar einer Frau gegenüber
gebietet, die über keinerlei Überzeugungsgabe, Geschick oder Liebreiz verfügt? Das ist schwerlich denkbar, und es ist auch nicht denkbar, daß Güte und Mitleid die einzigen Grenzen wären, die wir –
würde nicht die Gesetzgebung positive Vorschriften machen – zu
achten hätten!

Bei Lukrez (der doch, wie Epikur, in Sachen Gerechtigkeit eher
dem Utilitarismus zuneigt) findet sich ein Gedanke, der auf das diametrale Gegenteil hinausläuft: Die Schwachheit der Frauen und der
Kinder hat in vorgeschichtlichen Zeiten die Gerechtigkeit nicht ausgeschlossen, sie war sogar das, was sie notwendig (und zwar *moralisch* notwendig) und wünschenswert machte:

«Nachdem sie dann Hütten und Felle und Feuer bereitet hatten und das Weib dem Manne vereint zu einem Bunde sich hingab [...] und sie sahen, daß Nachwuchs aus ihnen geschaffen wurde, da fing das Menschengeschlecht zuerst an, weichlicher zu werden. [...] Venus minderte ihre Kraft, und die Kinder brachen mit Schmeichelei leicht den stolzen Sinn der Eltern. Damals begannen die Nachbarn auch, untereinander Freundschaft zu schließen im Wunsche, sich gegenseitig nicht zu verletzen noch selber Schaden zu leiden, und empfahlen sich zu gegenseitigem Schutze die Kinder und das Geschlecht der Frauen, indem sie mit Lauten und Gesten stammelnd sich Zeichen gaben, billig sei es, daß alle mit den Schwachen Mitleid hätten.»[69]

Sanftmut und Mitleid können nicht an die Stelle der Gerechtigkeit treten, sie bezeichnen auch nicht ihr Ende: Sie sind vielmehr ihr Ursprung, und insofern kann die Gerechtigkeit, die zuerst gegenüber den Schwachen gilt, diese keinesfalls aus ihrem Geltungsbereich ausschließen oder uns der Pflicht zur Gerechtigkeit ihnen gegenüber entbinden. Daß die Gerechtigkeit gesellschaftlich nützlich und sogar unabdingbar ist, leuchtet unmittelbar ein; aber dieser gesellschaftliche Nutzen oder diese gesellschaftliche Notwendigkeit können ihre Geltung nicht vollständig umreißen. Eine Gerechtigkeit nur für die Starken wäre ungerecht, und das bezeichnet das Wesen der Gerechtigkeit als Tugend: sie bedeutet Achtung der Gleichheit der Rechte, nicht der Kräfte oder der Personen, nicht der Mächte.

Im Vergleich zu Hume ist Pascal oft zynischer. Beim Wesentlichen ist er freilich kompromißlos: «Die Gerechtigkeit ist ohnmächtig ohne die Macht; die Macht ist tyrannisch ohne die Gerechtigkeit.»[70] Nicht die Gerechteren setzen sich durch, sondern die Stärkeren, immer. Deswegen sollen wir nicht träumen, aber wir dürfen kämpfen. Für Gerechtigkeit? Warum nicht, wenn wir sie lieben? Ohnmacht ist fatal; Tyrannei ist grauenhaft. Man muß also «die Gerechtigkeit und die Macht vereinigen»[71]: Dazu dient die Politik, und dafür brauchen wir sie.

Wunschzustand ist, sagte ich, daß Gesetze und Gerechtigkeit in dieselbe Richtung gehen. Das bedeutet schwere Verantwortung für den Souverän, und in unseren Demokratien besonders für die gesetzgebende Gewalt! Aber man kann auch nicht alles auf die Parlamentarier abladen: Jede Macht muß erobert oder verteidigt werden, und niemand gehorcht einfach so. Aber es wäre ebenso verkehrt, von einem absolut gerechten Gesetzeswerk zu träumen, das man nur noch anzuwenden hätte. Schon Aristoteles hat darauf hingewiesen, daß die Gerechtigkeit nicht vollständig in den notwendigerweise allgemein gehaltenen Bestimmungen eines Gesetzeswerks enthalten sein kann. Darum ist sie in ihrer höchsten Form Billigkeit: Denn die Gleichheit, die sie anstrebt oder schafft, ist eine Gleichheit der Rechte, ungeachtet der Ungleichheiten, die schon bestehen, und oftmals sogar ungeachtet jener, die sich aus einer zu starren oder zu strengen Anwendung des Gesetzes erst ergeben. Aristoteles schreibt, daß «das Billige zwar ein Recht ist, aber nicht im Sinne des gesetzlichen Rechts, sondern als eine Korrektur desselben», welche die allgemeine Form des Gesetzes an die sich wandelnde Komplexität der Umstände und an die nicht verallgemeinerbare Einzigartigkeit der konkreten Situationen anpaßt.[72] So daß der billig handelnde Mensch gerecht ist, sogar höchst gerecht, doch in dem Sinne, in dem die Gerechtigkeit weit mehr ist als einfache Gesetzeskonformität, nämlich Wert und Gebot. «Der billig Handelnde», sagte Aristoteles, «ist derjenige, der unabhängig vom geschriebenen Gesetz gerecht ist.»[73] Dem billig Handelnden bedeutet Legalität weniger als Egalität, oder zumindest versteht er es, die Härten und Abstraktheiten der Legalität durch die weit anpassungsfähigeren und komplexeren Anforderungen der Egalität zu korrigieren (es geht ja, noch einmal gesagt, um Gleichheit von Individuen, von denen jedes anders ist). Das kann weit führen und den eigenen Interessen zuwiderlaufen: «Wer solches Recht will, wählt und übt, und wer nicht das Recht zuungunsten anderer auf die Spitze treibt, sondern vom Rechte, auch wo er es auf seiner Seite hätte, nachzulassen weiß, der ist billig und sein Habitus die Billigkeit, die eine Art Gerechtigkeit und kein von ihr verschiede-

ner Habitus ist.»[74] Nennen wir es angewandte Gerechtigkeit, lebendige Gerechtigkeit, konkrete Gerechtigkeit – wahre Gerechtigkeit.

Sie muß auch barmherzig sein können («Billigkeit», sagt Aristoteles, «heißt, dem Menschengeschlecht zu verzeihen»[75]), nicht daß
man immer von Bestrafung absehen soll, sondern in dem Sinne, daß
man, damit das Urteil billig ist, Haß und Zorn überwunden haben
muß.

Sie ist auch nicht möglich ohne Intelligenz, ohne Klugheit, ohne
Mut, ohne Treue, ohne Großherzigkeit, ohne Toleranz ... Hier wird
sie eins mit der Gerechtigkeit, die nicht mehr die Einzeltugend ist, als
die wir sie hier betrachtet haben, sondern die allgemeine und vollkommene Tugend[76], die Tugend, die alle anderen einschließt oder
voraussetzt[77], die, von der Aristoteles so schön sagt, daß sie «als die
vorzüglichste unter den Tugenden [gelte], für eine Tugend so wunderbar schön, daß *nicht der Abend- und nicht der Morgenstern* gleich
ihr erglänzt»[78].

Was ist das, ein Gerechter? Jemand, der seine Kraft in den Dienst des
Rechts und der Rechte stellt und der, indem er in sich die Gleichheit
jedes Menschen mit jedem anderen erklärt, ungeachtet der zahllosen
Ungleichheiten in Besitz und in Talenten eine Ordnung begründet.
die nicht existiert, ohne die aber keine Ordnung uns jemals befriedigen wird. Die Welt leistet Widerstand, der Mensch auch. Man muß
ihnen widerstehen – und zuerst der Ungerechtigkeit, die jeder in sich
trägt, die jeder ist. Darum wird der Kampf um die Gerechtigkeit nie
enden. *Jenes* Reich zumindest ist uns verwehrt, oder vielmehr, wir
befinden uns schon in ihm in dem Maße, als wir nach ihm streben:
Selig, die da hungert und dürstet nach Gerechtigkeit, denn sie werden
nie satt sein!

7
DIE GROSSHERZIGKEIT

Die Großherzigkeit ist die Tugend des Schenkens. Es geht nicht mehr darum, jedem das Seine zu geben, wie Spinoza in bezug auf die Gerechtigkeit sagte[1], sondern darum, ihm etwas zu geben, was ihm nicht gehört, was einem selbst gehört und ihm fehlt. Gerechtigkeit kann durchaus ein Wort mitreden (wenn man jemandem etwas gibt, was ihm zwar noch nicht gehört und nach dem Gesetz auch nicht zusteht, was ihm aber gleichwohl auf eine Art geschuldet wird: zum Beispiel, wenn man einem Hungernden zu essen gibt), aber das ist weder nötig noch wesentlich für die Großherzigkeit. Es entsteht deshalb mitunter das Gefühl, daß die Gerechtigkeit wichtiger, dringlicher, notwendiger ist, wogegen die Großherzigkeit gleichsam ein Luxus oder eine Ergänzung des Gemüts wäre. «Bevor man großherzig ist, muß man gerecht sein», sagte Chamfort, «so wie man Hemden hat, bevor man Spitzen trägt.»[2] Zweifellos. Da die beiden Tugenden von unterschiedlicher Färbung sind, ist allerdings nicht gewiß, daß sich das Problem immer oder auch nur häufig so stellt. Sicher, Gerechtigkeit und Großherzigkeit betreffen beide unser Verhältnis zum anderen (wenigstens hauptsächlich, man kann sie aber auch für sich selbst brauchen); doch die Großherzigkeit ist subjektiver, individueller, emotionaler, spontaner, während die Gerechtigkeit, auch die angewandte, etwas Objektiveres, Universelleres, Intellektuelleres, Reflektierteres an sich hat. Die Großherzigkeit scheint eher eine Sache des Gemüts oder des Temperaments zu sein, die Gerechtigkeit eine Sache des Geistes oder der Vernunft. Die Menschenrechte zum Beispiel kann man in einer Deklaration festlegen. Bei der Großherzigkeit geht das nicht: Da soll gehandelt werden, und zwar nicht diesem oder jenem Text, diesem oder jenem Gesetz gemäß, sondern unabhängig von allen Texten, unabhängig von allen Gesetzen, zumindest den menschlichen: nur dem Gebot der Liebe, der Moral und der Solidarität gemäß.

Apropos Solidarität: Ursprünglich sollte sie in diesem Buch ein Kapitel haben, und es ist vielleicht sinnvoll, wenn ich kurz begründe, warum ich davon abgesehen habe, als ich wählen mußte (ich wollte ein *kleines* Brevier schreiben), und warum ich glaubte, daß Gerechtigkeit und Großherzigkeit sie sehr gut vertreten.

Was ist Solidarität? Sie ist ein Tatbestand, bevor sie zur Pflicht wird; dann eine Empfindung (die man hat oder nicht hat), bevor sie zur Tugend oder vielmehr zum Wert wird. Der Tatbestand wird schon durch die Etymologie angedeutet: solidarisch sein bedeutet, einem Ganzen *in solido* anzugehören, wie man lateinisch sagte, das heißt, «für das Ganze»[3]. So spricht man in der juristischen Fachsprache von Solidarhaftung, wenn mehrere Schuldner gemeinsam einen Kredit aufnehmen und jeder von ihnen für die gesamte Summe haftet. Das französische Wort *solide*, von dem sich «solidarisch» ableitet, bedeutet «fest», «massiv», *un corps solide* ist ein fester Körper, bei dem alle Teile fest zusammenhängen (in dem die Moleküle gleichsam *solidarisch* sind, im Gegensatz zum flüssigen oder gasförmigen Zustand), so daß alles, was einem Teil zustößt, auch den anderen Teilen zustößt oder sich auf sie auswirkt. Kurz, die Solidarität ist zunächst die Tatsache des Zusammenhängens, eine gegenseitige Abhängigkeit, eine Interessen- oder Schicksalsgemeinschaft. Solidarisch sein in diesem Sinne heißt, ein und demselben Ganzen anzugehören und – freiwillig oder nicht, bewußt oder nicht – an einer gemeinsamen Geschichte teilzuhaben. Eine objektive Solidarität, kann man sagen: Es ist der Unterschied zwischen einem Kiesel und einer Handvoll Sandkörner, zwischen einer Gesellschaft und einer Vielheit.

Solidarität als Gestimmtheit ist nur das Empfinden oder Bekräftigen dieser gegenseitigen Abhängigkeit. Subjektive Solidarität: «Studenten und Arbeiter in einer Front» hieß es 1968 in Frankreich, oder «Wir alle sind deutsche Juden», anders gesagt, der Sieg der einen wird der Sieg der anderen sein und umgekehrt, und was man dem einen von uns antut (weil er Jude ist, weil er Deutscher ist), tut man allen an. Es versteht sich von selbst, daß ich nichts gegen solche Gefühle habe, sie sind edel. Aber sind sie auch Tugenden? Oder wenn eine Tugend mitspielt, ist es wirklich die Solidarität? Die Unternehmer oder die Bereitschaftspolizei übten im Mai 1968 nicht weniger Solidarität untereinander (wahrscheinlich sogar mehr), als Arbeiter und Studenten es je vermochten, was zwar weder den einen noch den anderen zur Schande gereicht, aber die Moralität des Ganzen doch mit einigen Fragezeichen versieht. Tugend tritt selten massenhaft auf ... Im übrigen ist die Solidarität Interessengemeinschaft (objektive Solidarität) und Bewußtmachung dieser Interessengemeinschaft (subjektive Solidarität), ihr moralischer Wert entspricht dem der Interessen, die wohl kaum Werte sind. Entweder – oder: Entweder ist es eine wirkliche, tatsächliche Gemeinschaft, dann aber verteidige ich nur mich selbst, wenn ich andere verteidige (was zwar nicht tadelnswert ist, aber zu sehr mit Egoismus zu tun hat, um in die Moral zu gehören); oder es ist eine illusorische, formale oder ideale Gemeinschaft, dann aber ist es keine Solidarität, wenn ich für den anderen kämpfe (meine Interessen werden nicht berührt), sondern (wenn der andere unterdrückt, benachteiligt oder beraubt wird) Gerechtigkeit oder (wenn er lediglich unglücklich oder schwach ist) Großherzigkeit. Kurz, die Solidarität ist entweder zu eigennützig oder zu illusorisch, um eine Tugend zu sein. Sie ist nur wohlverstandener Egoismus oder verkannte Großherzigkeit. Das besagt nicht, daß sie nicht ein Wert wäre, aber dieser besteht vor allem in der Überwindung der Selbstbezogenheit, des engen oder bornierten Egoismus, oder sagen wir, des ethischen Solipsismus. Es ist eher die Freiheit von einem Fehler als eine Qualität. Die Sprache beweist es: trotz des Mißbrauchs durch die Politiker widersteht sie allen Versuchen, die Solidarität zu moralisieren oder zu verabsolutieren. Wenn ich von jemandem sagte: «Er ist gerecht, er ist großherzig, er ist mutig, er ist tolerant, er ist ehrlich und sanftmütig ...», begreift jedermann, daß ich die Tugenden nenne, die ihn zum moralisch schätzenswerten oder gar bewundernswerten Menschen machen. Füge ich aber hinzu: «Er ist solidarisch», so wird man sich über diesen intransitiven Gebrauch wundern und wahrscheinlich nachfragen: «Solidarisch ... mit wem?»

Der Mißbrauch, den man mit dem Wort heute treibt, scheint mir vor allem ein Hinweis auf unsere Unfähigkeit zu sein, die richtigen Worte zu verwenden – denn sie machen uns angst. *Solidarität*, bemerken die Lexikographen, ist «im gesellschaftspolitischen Sprachgebrauch ein zurückhaltender Ersatz für *Gleichheit*»[4], und für *Gerechtigkeit* oder *Großherzigkeit*, möchte ich hinzufügen. Aber was soll diese Zurückhaltung, die nur Furchtsamkeit und Unaufrichtigkeit ist? Glaubt man, wenn man die Wörter abschafft, werde es leichter, gegen das zu fehlen, was sie bezeichnen, sprich die Tugenden? Bildet man sich ein, daß eine Interessengemeinschaft sie ersetzen könne? Eine traurige Zeit, die die großen Wörter abschafft, um nur noch ihre eigene Schäbigkeit zu sehen!

Da dies ein Buch über die Tugenden ist und kein Wörterbuch der Gemeinplätze, habe ich also die Solidarität dem Milieu überlassen, dem sie angehört: den konvergierenden oder konkurrierenden Interessen, den lokal oder weltweit operierenden Verbänden, den Lobbys aller, auch der lobenswerten Art. Daß wir alle solidarisch, das heißt aufeinander angewiesen sein sollen, glaube ich schlicht nicht. Inwiefern macht mich Ihr Tod weniger lebendig? Ihre Armut weniger reich? Das Elend der Dritten Welt ist nicht nur dem Reichtum des Westens nicht abträglich, dieser Reichtum wird, direkt oder indirekt, erst durch das Elend ermöglicht, das er ausbeutet oder zur Folge hat. Und daß wir alle dieselbe Erde bewohnen, daß wir also, wie nicht zu leugnen ist, ökologisch solidarisch sind, verhindert nicht, daß wir auch, und sogar noch mehr, wirtschaftliche Konkurrenten sind. Machen wir uns doch nichts vor. Afrika und Südamerika brauchen nicht Solidarität, sie brauchen Gerechtigkeit und Großherzigkeit! Und wer meint, daß diejenigen, die in unserem Land Arbeit haben, solidarisch wären mit den Arbeitslosen, braucht nur anzuschauen, was die Gewerkschaften in den einzelnen Branchen konkret tun: Er wird feststellen, daß die Verteidigung der Interessen in Wirklichkeit die *gemeinsamen* Interessen meint und daß objektive Solidarität (auch subjektive, denn diese unterscheidet sich von der Großherzigkeit nur durch die objektive) nie und nimmer ausreichen wird, um das Problem der Arbeitslosigkeit zu lösen, ja nicht einmal, um ernsthaft eine Lösung zu suchen. Auch hier gilt: Nicht Solidarität ist gefragt (Arbeitslose und Stelleninhaber könnten ja unterschiedliche, sogar gegensätzliche Interessen haben), sondern Gerechtigkeit und Großherzigkeit. Wenigstens wenn man, wie es sich in diesem Büchlein gehört, das Problem vom moralischen oder ethischen Standpunkt her angeht. Was auch andeutet, daß dieser Standpunkt nicht alles ist: Weder die Politik noch die Wirtschaft lassen sich auf ihn einengen, sie lassen sich ihm nicht einmal absolut unterordnen. Aber daß er nicht alles ist, heißt nicht, daß er nichts ist. Die Moral zählt so viel, wie wir es wollen. Deshalb zählt sie wenig, aber ein wenig zählt sie.

Doch kommen wir zur Großherzigkeit zurück. Daß die Solidarität sie erwecken, anregen, verstärken kann, ist unzweifelhaft. Aber sie ist nur wirklich großherzig, sofern sie das Interesse, selbst das wohlverstandene und sogar das geteilte, übersteigt – sofern sie also über die Solidarität hinausgeht! Wenn es wirklich in meinem Interesse läge, beispielsweise den Kindern in der Dritten Welt zu helfen, müßte ich nicht großherzig sein, um es zu tun. Nachdenken und Klugheit genügten. «Den Hunger bekämpfen, um den Frieden zu erhalten», sagte eine katholische Aktion der sechziger Jahre. Das beleidigte unsere Jugendlichkeit und unsere Großherzigkeit, die einen solchen Handel schändlich fanden. War das falsch? Ich weiß es nicht. Jedenfalls würden wir es tun, wenn es tatsächlich in unserem Interesse läge und wir nicht völlig dumm wären, wir bräuchten also keine Großherzigkeit, wir würden es auch so *tun*! Wenn wir es nicht oder fast nicht tun, dann beweist das zur Genüge, daß es in unseren Augen eben nicht unser Interesse ist, daß wir also heucheln, wenn wir anders reden, wobei es nicht das Problem ist, daß unsere Augen schlecht wären oder wir nicht klar denken könnten. Das Herz ist eben schlecht, da es egoistisch ist; was fehlt, ist nicht Klarsicht, sondern Großherzigkeit.

Ohne alles aufs Geld reduzieren zu wollen, da man auch anderes geben kann, sollte man doch die Tatsache nicht vergessen, daß das Geld den Vorteil hat – dazu ist es ja da –, zählbar zu sein. So gestattet es beispielsweise die Frage: Wieviel Prozent deiner Einkünfte verwendest du darauf, den Ärmsten zu helfen, oder denen, die es weniger gut haben als du? Die Steuern sind wegzurechnen, da sie nicht freiwillig sind; und die Familie oder die engsten Freunde auch, da die Liebe, weit besser als die Großherzigkeit, das rechtfertigt, was wir für sie, allerdings immer auch (da ihr Glück das unsere ist) für uns tun . . . Ich vereinfache ein wenig. Bei den Steuern kann es beispielsweise ein Akt der Großherzigkeit sein, wenn man zu den Besserverdienenden zählt und für eine Partei stimmt, die mit der erklärten Absicht antritt, sie zu erhöhen. Doch der Fall ist so selten, daß solche Großherzigkeit kaum je zum Zuge kommt; und die Parteien, die bekanntlich nur Steuersenkungen versprechen, beweisen damit, wieviel sie unserer Großherzigkeit zutrauen! Womit ich als Pessimist dastehe; aber die Politiker sind es offensichtlich noch mehr, was immer sie sagen, und sie haben beste Gründe dafür. Bei der Familie und den engsten Freunden verhält es sich ziemlich ähnlich. Es wäre eine extreme Vereinfachung zu behaupten, hier könne und solle es keine Großherzigkeit geben. Zwar ist das Glück meiner Kinder auch mein Glück, oder die Bedingung dafür, gleichwohl kommt es vor, daß ihre Wünsche meinen Wünschen entgegenstehen: ihr Spiel meiner Arbeit, ihre Begeisterung meiner Müdigkeit . . . Lauter Möglichkeiten, Großherzigkeit zu beweisen oder eben nicht! Aber das ist hier nicht mein Thema. Ich wollte nur in größtmöglicher Deutlichkeit die Geldfrage stellen, und zu diesem Zweck mußte ich das Familienbudget allgemein bestimmen. Also: Welchen Prozentsatz Ihres Familieneinkommens machen bei Ihnen Spenden aus, also Aufwendungen für ein Glück, das nicht das Ihrer Familie oder Ihrer nächsten Freunde ist? Ich vermute, daß wir alle unter 10% liegen, oft sogar unter 1%, rechnen Sie einmal nach . . . Noch einmal, Geld ist nicht alles. Aber durch welches Wunder sollten wir in nichtfinanziellen, also nicht quantifizierbaren Bereichen großherziger sein? Warum sollte unser Herz offener sein als

112

unser Geldbeutel? Das Gegenteil ist wahrscheinlicher. Wie sollen wir wissen, ob das wenige, das wir geben, wirklich Großherzigkeit ist, oder ob wir uns nicht damit ein gutes Gewissen, das berühmte Ruhe- kissen erkaufen? Kurz, die Großherzigkeit ist nur deshalb eine so große und vielgerühmte Tugend, weil sie in jedem sehr schwach ist, weil der Egoismus immer stärker ist, weil die Großherzigkeit meist durch Abwesenheit glänzt ... Was ist doch das Herz des Menschen hohl und voller Unrat, sagte Pascal.[5] Weil eben fast immer nur einer darin Platz hat, nämlich das Ich.

Aber soll man, wie ich es tue, einen Unterschied oder gar einen Gegensatz zwischen Liebe und Großherzigkeit sehen? «Sicher, Groß- herzigkeit kann auch *nicht* liebend sein», sagt Jankélévitch, «die Liebe hingegen ist fast notwendigerweise großherzig, zumindest dem Ge- liebten gegenüber und solange man liebt.»[6] Ohne dasselbe zu sein wie die Liebe, würde also Großherzigkeit dazu tendieren, «auf dem aller- höchsten Gipfel» dasselbe zu werden: «Denn man kann zwar schen- ken, ohne zu lieben, aber es ist so gut wie unmöglich zu lieben, ohne zu schenken.»[7] Gut. Aber ist es dann Liebe oder Großherzigkeit? Es ist eine Frage der Definition, und um Wörter werde ich nicht streiten. Dennoch ist mir noch nie eingefallen, mich meinen Kindern gegen- über großherzig zu fühlen oder es sogar sein zu müssen. Zuviel Liebe und zuviel Angst, um sich da etwas vorzumachen. Was du für sie tust, tust du ebenso für dich selbst. Wozu brauchst du Tugend dafür? Die Liebe genügt, und was für eine Liebe! Wie kommt es, daß ich meine Kinder so liebe, und die der anderen so wenig? Weil es eben *meine* Kinder sind und ich mich in ihnen liebe ... Großherzigkeit? Ach wo! Egoismus, nur geweitet, transitiv, familienbezogen. Und was die andere Liebe angeht, jene, die frei vom Ego wäre, die der Heiligen und Seligen, so bin ich mir auch nicht sicher, ob wir durch die Großherzigkeit viel über sie erfahren, oder durch sie über die Großherzigkeit. Ist es bei der Großherzigkeit nicht ähnlich wie bei der Gerechtigkeit? Übersteigt nicht die Liebe beide, in weit höherem Maße, als sie ihnen unterworfen ist? Ist, wenn man liebt, Schenken das Zeichen für Liebe oder für Großherzigkeit? Selbst Verliebte machen sich da nichts vor. Eine ausgehaltene Frau mag in bezug auf die Freier oder Beschützer von Großherzigkeit oder Großzügigkeit reden. Aber eine geliebte Frau? Aber eine liebende Frau? Und was die Heiligen betrifft ... War Christus großherzig? Ist es wirklich das richtige Wort? Ich bezweifle es sehr, außerdem stelle ich fest, daß diese Tugend in der christlichen Tradition, zum Beispiel bei Augustinus oder Thomas von Aquin, kaum vorkommt, bei den Griechen und den Römern, nebenbei gesagt, ebenfalls nicht. Ist es möglicherweise nur eine Frage des Vokabulars? Es gab zwar das lateinische Wort *generositas*, doch es bedeutete eher Adel der Abkunft (*gens*) oder des Charakters. Es konnte allerdings, wie manchmal bei Cicero, den Sinn des griechischen Wortes *megalopsychia* (Seelengröße) annehmen, das damit auf schlichtere Weise wiedergegeben wurde als durch das pompöse *magnanimitas*, das nur gelehrte Wortwörtlichkeit war. Das gilt dann noch mehr für das Französische: *magnanimité* ist über die Schulen kaum hinausgekommen, erst *générosité* bezeichnet wohl wirklich, was an dieser Seelengröße eigentlich moralisch ist und worin sie in der Tat zur Tugend wird. So bei Corneille oder, wie wir noch sehen werden, bei Descartes. Im modernen Sprachgebrauch meint *générosité* allerdings weniger Großherzigkeit als Großzügigkeit, nicht die Größe steht im Vordergrund, sondern das Geben, das Schenken. Die Großherzigkeit steht damit zwischen den zwei griechischen Tugenden Seelengröße oder «Hochsinn» und Freigebigkeit: Der Hochsinnige ist weder großtuerisch noch kleinlich, der Freigebige ist weder geizig noch verschwenderisch[8], beide sind immer großherzig, wenn sie nicht überhaupt ein und dieselbe Person sind.

Aber es ist noch nicht die Liebe, und es ersetzt sie nicht.

Die Großherzigkeit ist die Tugend des Schenkens, sagte ich. Geld schenken (worin sie sich der Freigebigkeit nähert), sich selbst schenken (worin sie sich der Seelengröße oder gar der Selbstaufopferung nähert). Aber man kann nur geben, was man besitzt, und nur unter der Bedingung, daß man nicht selbst davon besessen ist. Insofern ist die Großherzigkeit untrennbar verbunden mit einer Art Freiheit oder

Selbstbeherrschung, die bei Descartes inhaltlich zum Wesentlichen wird. Worum geht es? Um eine Leidenschaft und zugleich um eine Tugend. Die Definition findet sich in einem bemerkenswerten Abschnitt des *Traité des passions*, den man ganz zitieren muß:

«So glaube ich, daß die wahre Großherzigkeit, die bewirkt, daß sich ein Mensch in so hohem Maße hochachtet, als er sich legitimerweise nur hochachten kann, lediglich darin besteht, daß er einerseits weiß, daß es nichts gibt, was ihm wirklich gehörte als diese freie Bestimmung seiner Willensentschlüsse, und auch nichts für ihn lobens- oder tadelnswert sein darf, außer daß er sie zum Guten oder zum Schlechten benutzt; daß er andererseits in sich die feste und beständige Entschlossenheit fühlt, sie zum Guten zu nutzen, das heißt, es nie am Willen fehlen zu lassen, alle Dinge, die sich ihm als die besten darstellen, anzugehen und auszuführen. Was bedeutet, vollkommen die Tugend zu befolgen.»[9]

Die Formulierung ist etwas umständlich, doch der Sinn ist klar. Die Großherzigkeit ist zugleich Bewußtsein der eigenen Freiheit (oder seiner selbst als freier und verantwortlicher Person) und Entschlossenheit, sie zum Guten zu nutzen. Bewußtsein und Zuversicht also: Das Bewußtsein, frei zu sein, die Zuversicht, den richtigen Gebrauch davon zu machen. Deshalb führt die Großherzigkeit zur Selbstachtung, die (das unterscheidet die cartesianische Großherzigkeit von der aristotelischen Seelengröße) eher eine Konsequenz als der Ursprung ist. Ursache ist der Wille, und nur er: Großherzig sein heißt, sich frei zu wissen, gut handeln zu können, und diese Freiheit zu wollen. Dieser Wille ist für Descartes immer notwendig, und immer ausreichend, wenn er wirksam ist. Der großherzige Mensch ist weder seinen Affekten noch sich selbst unterworfen: Er ist vielmehr Herr seiner selbst, und deshalb kennt und sucht er keine Entschuldigungen. Der Wille genügt ihm. Die Tugend genügt ihm. Das führt wieder zum geläufigeren Sinn des Wortes, wie Artikel 156 erläutert:

115

«Jene, die auf diese Weise großherzig sind, verspüren die natürliche Neigung, Großes zu tun und jedenfalls nichts zu unternehmen, dessen sie sich nicht fähig fühlen. Und weil sie nichts für so hoch halten, als den anderen Menschen Gutes zu tun und den Eigennutz zu verachten, sind sie infolgedessen vollkommen höflich, freundlich und hilfsbereit gegen jedermann. Und gleichzeitig sind sie ganz und gar Herr ihrer Leidenschaften, insonderheit der Begierden, der Eifersucht, des Neids ...»[10] Großherzigkeit ist das Gegenteil von Egoismus, so wie Seelengröße das Gegenteil von Kleinlichkeit ist. Beide Tugenden sind ein und dasselbe[11], genau wie die beiden Fehler. Was ist kleinlicher als das Ich? Was ist schändlicher als der Egoismus? Großherzig sein bedeutet, frei von sich selbst zu sein, frei von seinen kleinen Feigheiten, seinen kleinen Besessenheiten, seinen kleinen Zornanfällen, seinen kleinen Eifersüchteleien ... Descartes sieht darin nicht nur das Prinzip jeglicher Tugend, sondern das höchste Gut für jedermann, und es besteht, wie er sagt, nur «in einem festen Willen, gut zu handeln, und in der Befriedigung, die daraus erwächst»[12]. Großherzigkeit als Glück, was, wie er bemerkt, «die beiden gegensätzlichsten und berühmtesten Meinungen der Alten» miteinander versöhnt, nämlich die der Epikureer (bei denen das Vergnügen das höchste Gut ist) und die der Stoiker (bei denen es die Tugend ist).[13]

Dank der Großherzigkeit kommen der «Garten» und die «Säulenhalle» endlich zusammen. Welche Tugend wäre angenehmer, welches Vergnügen tugendhafter, als sich seines eigenen und ausgezeichneten Willens zu erfreuen? Womit wir wieder bei der Seelengröße wären: Großherzig sein heißt frei sein, und das ist die einzige wahrhaftige Größe.

Was es mit dieser Freiheit genau auf sich hat, ist eine andere, eher metaphysische als moralische Frage, von der die Großherzigkeit wenig berührt wird. Wie viele Geizhälse haben an den freien Willen geglaubt? Wie viele Helden haben nicht daran geglaubt? Großherzig sein heißt wollen können, erklärt Descartes, also auch geben können, während viele andere nur wünschen, fordern, nehmen können ...

Freier Wille? Zweifelsohne, denn er will, was er will! Ob er auch etwas anderes hätte wollen können, ist eine andere Frage, und noch eine andere Frage ist, ob diese Frage überhaupt einen Sinn hat (wie könnte man etwas anderes wollen als das, was man will?), aber das ist ein Problem, auf das ich anderswo ausführlich eingegangen bin[14] und das nicht in ein Brevier der Tugenden gehört. Ein Wille mag determiniert sein oder nicht, notwendig sein oder kontingent (frei sein im Sinne Epiktets oder im Sinne Descartes'), er hat sich immer mit der Kleinlichkeit des Ichs auseinanderzusetzen, und abgesehen von der Gnade und der Liebe ist nur er imstande, über sie zu siegen. Die Großherzigkeit ist dieser Sieg, sofern der Wille beteiligt ist.

Schöner wäre natürlich, wenn die Liebe genügte. Aber wenn sie genügte, bräuchten wir dann noch großherzig zu sein? Zu lieben steht kaum in unserer Macht, oder gar nicht. Wer kann beschließen, daß er liebt? Was vermag der Wille über ein Gefühl? Liebe läßt sich nicht gebieten[15], Großherzigkeit schon: Man braucht nur zu wollen. Die Liebe hängt nicht von uns ab, sie ist das größte Geheimnis, wodurch sie außerhalb der Tugenden steht, wodurch sie eine Gnade ist, und die einzige. Die Großherzigkeit hängt von uns ab, wodurch sie eine Tugend ist, wodurch sie sich von der Liebe unterscheidet, auch in der Geste des Schenkens, durch die sie der Liebe gleicht.

Bedeutet also Großherzigkeit schenken ohne zu lieben? Ja, wenn es zutrifft, daß die Liebe schenkt, ohne dazu Großherzigkeit zu brauchen! Welche Mutter würde sich großherzig vorkommen, wenn sie ihren Kindern zu essen gibt? Welcher Vater, wenn er sie mit Geschenken überhäuft? Eher noch würden sie sich egoistisch vorkommen, weil sie so viel für ihre eigenen Kinder tun (aus Liebe? ja, aber die Liebe entschuldigt nicht alles) und so wenig für die der anderen, selbst wenn diese unendlich viel unglücklicher oder ärmer sein sollten als die eigenen ... Wenn Liebe da ist, kann jeder schenken. Das ist keine Tugend, sondern ausstrahlende Gnade, es ist überfließende Lebenslust, es ist Überschwenglichkeit, überströmende Leichtigkeit. Ist das überhaupt schenken, da man ja nichts verliert? Durch die

Gemeinschaft der Liebe wird alles gemeinsam, wie könnte man da Großzügigkeit beweisen? Wirkliche Freunde, bemerkt Montaigne, «können einander weder leihen noch geben», da «zwischen ihnen alles gemeinsam ist»[16], ebenso wie die Gesetze, wie er sagt, die Schenkungen zwischen Ehemann und Ehefrau schützen, indem sie feststellen, daß alles jedem von ihnen gehört und daß sie nichts zu trennen oder gemeinsam aufzuteilen hätten. Wie sollen sie sich gegenseitig Großzügigkeit beweisen? Ich weiß und ich bin froh, daß sich die Gesetze geändert haben, weil viele Paare ihre Liebe überleben müssen, und viele Partner die Ehe. Aber haben sich auch Liebe und Freundschaft so verändert, daß wir immerzu Geschenke machen müßten?

«Ebenso läßt die Verbindung solcher Freunde, wenn sie wirklich vollkommen ist», schreibt Montaigne weiter, «sie das Bewußtsein solcher Pflichten verlieren, und zwischen ihnen diese Worte der Trennung und Unterscheidung verabscheuen und verscheuchen, die heißen: Wohltat, Schuldigkeit, Erkenntlichkeit, Bitte, Dank und dergleichen ...»[17] Großzügigkeit gehört eindeutig ebenfalls dazu, und wirkliche Freundschaft benötigt sie nicht. Was könnte ich ihm denn schenken, wenn alles, was mir gehört, auch ihm gehört? Man wird einwenden, und zu Recht, daß das für vollkommene Freundschaften gelte, wie Montaigne sie offenbar erfahren hat, und daß so etwas sehr selten sei ... Aber man gibt mir recht damit, zumindest beim Wesentlichen: Wir brauchen Großzügigkeit und Großherzigkeit nur mangels Liebe, und darum brauchen wir sie fast immer.

Wie die meisten Tugenden gehorcht die Großherzigkeit auf ihre Weise dem biblischen Gebot. Den Nächsten lieben wie sich selbst? Wenn wir das könnten, wozu dann noch Großherzigkeit? Wir bräuchten sie nur noch uns gegenüber (manchmal, wenn wir nicht einmal mehr uns selbst lieben können). Und wozu sie uns befehlen, wenn wir es nicht können? Befehlen kann man nur Handlungen. Wir sollen also nicht lieben, sondern so tun, *als ob* wir liebten[18]: beim Nächsten ebenso wie bei unseren Angehörigen, bei einem Unbekannten ebenso wie bei uns selbst. Das gilt zwar nicht für die Leidenschaften oder die Emotionalität zwischen einzelnen Personen, die nicht

übertragbar sind. Aber es gilt für die Handlungen, die übertragbar
sind. Wenn du beispielsweise diesen Fremden, der leidet und hungrig
ist, liebtest, würdest du dann untätig bleiben und ihm nicht helfen?
Wenn du diesen Notleidenden liebtest, würdest du ihm dann die Hilfe
verweigern, um die er dich bittet? Wenn du ihn liebtest *wie dich
selbst*, was tätest du? Die grausame, zum Verrücktwerden einfache
Antwort ist die moralische Antwort: das, was die Tugend verlangt –
oder verlangen würde. Die Liebe braucht keine Großherzigkeit, aber
leider kommt nur sie auf unegoistische Weise und unfehlbar ohne sie
aus.

Wir lieben die Liebe, und wir können nicht lieben: Aus dieser Liebe
und aus diesem Unvermögen erwächst die Moral. Es ist eine Nachahmung von Affekten, wie Spinoza sagen könnte[19], wobei aber jeder
vor allem die nachahmt, die ihm fehlen ... So, wie die Höflichkeit
eine Scheintugend ist (höflich sein heißt, sich zu verhalten, als wäre
man tugendhaft)[20], so ist wohl jede Tugend Scheinliebe: Tugendhaft
sein heißt, so zu handeln, als würde man lieben. Da wir nicht tugendhaft sind, erwecken wir eben den Anschein von Tugend, und das
nennt man Höflichkeit. Da wir nicht lieben können, tun wir eben so
als ob, und das nennt man Moral. Und die Kinder ahmen ihre Eltern
nach, die wiederum die ihren nachahmen ... Die Welt ist ein Theater,
das Leben ist eine Komödie, allerdings mit ungleichen Rollen und
ungleichen Darstellern. Shakespearesche Weisheit: Vielleicht ist die
Moral eine Komödie, aber es gibt keine gute Komödie ohne Moral.
Kann etwas ernster, wirklicher sein als Lachen oder Weinen? Wir tun
zwar so, aber es ist kein Spiel: Die Regeln, an die wir uns halten, sind
kein bloßes Vergnügen, wir selber sind sie, im positivsten wie im
negativsten Sinne. Wir spielen eine Rolle, mag sein, aber es ist die
unsere: Es ist unser Leben, unsere Geschichte. Es gibt darin nichts
Zufälliges oder Nebensächliches. Unser Körper dirigiert uns dahin
durch das Begehren, unsere Kindheit lenkt uns dahin durch die Liebe
und das Gesetz. Denn das Begehren will vor allem nehmen. Und die
Liebe vor allem genießen, verschlingen, besitzen. Doch das Gesetz
verbietet. Die schenkende und schützende Liebe verbietet. Freud war

vielleicht weniger von einer gewissen biblischen Inspiration entfernt, als er selbst glaubte. Wir haben die Liebe mit der Muttermilch einge-sogen, und allemal soviel, um zu wissen, daß nur sie uns Erfüllung bringen kann (daß «man ohne Liebe nichts und wieder nichts ist», wie das Chanson sagt), und daß wir nie genug von ihr haben können ... Darum bisweilen diese Tugenden, mit denen wir, oft nur andeu-tungsweise, oft nur schwach, die Liebe hochhalten, wenn sie nicht da ist, und die uns bedeuten, daß sie weiterhin gilt, daß sie weiterhin gefordert ist, auch wenn sie fehlt, daß sie gleichsam da herrscht, wo sie nicht herrscht – daß sie auch noch (das heißt man einen Wert) während ihrer Abwesenheit gebietet!

Die Liebe fehlt uns, sagte ich, und oft ist dies unsere gewisseste Erfahrung der Liebe.

Wir haben aus dieser Not eine Tauglichkeit, eine Tugend gemacht, oder vielmehr die Tugenden.

Das gilt beispielsweise, und vor allem, für die Großherzigkeit. Sie entsteht als Erfordernis da, wo Liebe zwar fehlt, aber nicht ganz, weil wir wenigstens die Liebe lieben («*nondum amabam et amare ama-bam*»[21]: weiter sind wir auch nicht), wenigstens soviel, daß sie immer noch als Vorbild und Gebot gilt, wo sie als Gefühl scheitert, wo sie sich nicht verströmen und nicht triumphieren kann. Und weil man gäbe, wenn man liebte, bewegt uns in Ermangelung der Liebe die Großher-zigkeit dazu, jenen, die wir nicht lieben, zu geben, und desto mehr, je bedürftiger sie sind oder je besser wir in der Lage sind, ihnen zu helfen. Ja: Da, wo die Liebe uns nicht leiten kann, weil sie fehlt, sollen es Not und Nähe tun! Man nennt das zu Unrecht Nächstenliebe (weil die wahre Nächstenliebe Liebe ist und die falsche nur Gönnerhaftigkeit oder Mitleid), man muß es Großherzigkeit nennen, weil diese wirk-lich von uns und nur von uns abhängt, weil sie in diesem Sinne frei ist, weil sie – als Gegensatz zur Triebabhängigkeit, zu den Besessen-heiten und den Ängsten – die Freiheit im Denken und Handeln selbst ist!

Liebe wäre besser, gewiß, und darum ist die Moral nicht alles, nicht einmal das Wesentliche. Aber Großherzigkeit ist besser als Egoismus, und Moral besser als Willenlosigkeit.

Die Großherzigkeit ist indessen nicht das Gegenteil des Egoismus, wenn man darunter verstünde, daß sie völlig frei wäre von ihm. Wie wäre das möglich? Warum wäre es nötig? «Da die Vernunft nichts wider die Natur fordert», schreibt Spinoza, «so verlangt sie demnach selbst, daß ein jeglicher sich selber liebe, seinen Nutzen – nämlich was ihm wahrhaft nützlich sei – aufsuche und alles das erstrebe, was den Menschen wahrhaft zu größerer Vollkommenheit führt, und überhaupt, daß jedermann, so viel an ihm liegt, sein Sein zu erhalten bestrebt sei.»[22] Man bleibt innerhalb des Lustprinzips, da man innerhalb der Wirklichkeit bleibt. Aber das heißt nicht, daß jedes Vergnügen gleich viel wert ist. Die Freude entscheidet. Die Liebe entscheidet.[23] Was ist dann also die Großherzigkeit? Spinoza sagt, es sei «die Begierde, mit der jeder bestrebt ist, nach dem bloßen Gebot der Vernunft die übrigen Menschen zu unterstützen und sich dieselben in Freundschaft zu verbinden»[24]. Neben der Willenskraft und dem Mut (*animositas*) ist die Großherzigkeit (der «Edelsinn») insofern eine der Erscheinungsformen der Seelenstärke: «Die Handlungen also, die nur den Nutzen des Handelnden bezwecken, rechne ich zur Willensstärke, und diejenigen, welche auch den Nutzen eines anderen zum Zwecke haben, zum Edelsinn.»[25] Ein Nutzen besteht in beiden Fällen, und in beiden Fällen ist es der Nutzen des Handelnden. Man verbleibt im Ego, oder man verläßt es nur, wenn zunächst die eigene Forderung erfüllt ist, die da lautet, das eigene Sein zu erhalten, so weit und so gut es geht, anders gesagt, «gut zu handeln und gut zu leben»[26]. Daß das nicht immer realisierbar ist, daß man manchmal sterben muß, daß man es sogar notwendigerweise muß, weil das Universum stärker ist, weiß jedermann, und Spinoza leugnet es nicht. Aber wer lieber stirbt, als Verrat zu üben, lieber stirbt, als zu verzichten, lieber stirbt, als aufzugeben, der verteidigt immer noch das eigene Sein, seine Lebenskraft – seinen *conatus* –, mit der er dem Tode oder der Schmach trotzt, siegreich, so lange er lebt, und nützlich, so lange er kämpft oder widersteht. Daß die Tugend Selbstbehauptung und Streben nach dem Selbstnutzen sei, betont Spinoza an zahllosen Stellen[27], aber auch daß Christus, sogar am Kreuz, das beste Beispiel dafür sei.[28] Der Selbstnutzen ist nicht größte Bequemlichkeit oder das längste Leben: Es ist das freieste Leben, das wahrste Leben. Es geht nicht darum, immer zu leben – das ist unmöglich –, sondern gut zu leben. Und wie könnte man das ohne Mut und ohne Großherzigkeit?

Man wird bemerkt haben, daß die Großherzigkeit als Wunsch, nicht als Freude definiert wird, was sie schon ausreichend von der Liebe oder, wie Spinoza auch sagt, von der Nächstenliebe unterscheidet. Daß sich zusätzlich auch Freude ergeben kann, daß sie sogar bewußt angestrebt wird, ist ziemlich klar, weil die Freundschaft (zu der die Großherzigkeit tendiert) nichts anderes ist als geteilte Freude. Aber eben: Freude oder Liebe können aus der Großherzigkeit *entstehen*, auf sie reduzieren oder mit ihr identifizieren lassen sie sich nicht. Um dem, den man liebt, Gutes zu tun, braucht man kein «Gebot der Vernunft» und darum auch keine Großherzigkeit: Die Liebe genügt, die Freude genügt.[29] Aber wenn die Liebe fehlt, wenn die Freude fehlt oder zu schwach ist (und kein Mitleid uns wohlwollend stimmt)[30], ist immer noch die Vernunft da – sie hat kein Ego und macht uns vom Egoismus frei –, die uns lehrt, daß «für den Menschen [...] nichts nützlicher als der Mensch» ist[31], daß jeglicher Haß schlecht ist[32], schließlich daß «Menschen, die nach Anleitung der Vernunft ihren Nutzen suchen, nichts für sich verlangen, was sie nicht auch für die übrigen Menschen fordern»[33]. Hier trifft der Nutzen des Handelnden mit dem Nutzen des anderen zusammen, und der Wunsch wird großherzig: Haß, Zorn, Geringschätzung und Mißgunst – die nur Traurigkeit oder Ursachen von Traurigkeit sind – sollen durch die Liebe bekämpft werden, sofern welche da ist, oder durch die Großherzigkeit, sofern keine da ist.[34] Es kann sein, daß ich hier (bei der Unterscheidung zwischen Liebe und Großherzigkeit) den Text, der nicht eindeutig ist[35], etwas überinterpretiere. Nicht jedoch seinen Geist, der klar ist: «der Haß [ist] durch Liebe zu besiegen»[36], die Traurigkeit durch Freude, und Aufgabe der Großherzigkeit – als Wunsch, als Tu-

gend – ist es, dieses Ziel anzusteuern, danach zu streben. Die Großherzigkeit ist der Wunsch nach Liebe, nach Freude und nach Teilen,
und sie ist selbst Freude, weil sich der Großherzige über diesen
Wunsch freut und zumindest diese Liebe der Liebe in seinem Inneren
liebt. Man erinnere sich an die bemerkenswerte Definition von Spinoza: «Liebe ist Freude, begleitet von der Idee einer äußeren Ursache.»[37] Die Liebe lieben bedeutet folglich, sich darüber zu freuen, daß
es die Liebe gibt oder geben wird[38]; aber es bedeutet auch, sie herbei-
zuführen[39], und das genau ist die Großherzigkeit: Großherzig sein,
möchte ich sagen, ist Bestrebtsein zu lieben und entsprechend zu handeln. Die Großherzigkeit widerstrebt also dem Haß (auch der Geringschätzung, auch der Mißgunst, auch dem Zorn, und zweifellos auch
der Gleichgültigkeit), so wie Mut und Furcht, oder, allgemein ausgedrückt, Seelenstärke und Unvermögen, Freiheit und Knechtschaft
einander widerstreben.[40] Das ist noch nicht das Heil, weil es uns weder die Seligkeit noch die Ewigkeit gibt; aber diese Tugenden sind
dennoch für uns das, was wir «für das Wichtigste halten»[41]. Sie sind
Teil dessen, was Spinoza «eine richtige Lebensweise»[42], «Lebensre-
geln»[43], «Vorschrift der Vernunft»[44] oder ganz einfach «*pietas*»[45]
nennt. Denn es ist nicht wahr, daß man jenseits von Gut und Böse
leben soll, weil man es nicht kann.[46] Auch nicht, daß die Moral der
Trübsinnigen oder der Zensoren für uns die richtige wäre.[47] Es geht
hier um eine Moral der Großherzigkeit[48], die zu einer Ethik der Liebe
führt. «Gut zu handeln und frohen Muts zu sein», sagte Spinoza[49]:
Die Liebe ist das Ziel, die Großherzigkeit der Weg.

Wäre die Großherzigkeit absolut und universell, sagt Hume, so würde
sie uns von der Pflicht zur Gerechtigkeit entbinden[50]; und wir haben
gesehen, daß das tatsächlich denkbar ist. Fest steht indessen, daß die
Gerechtigkeit, selbst die vollkommene, uns nicht von der Großherzigkeit dispensieren kann: Großherzigkeit mag gesellschaftlich weniger
notwendig sein, menschlich, meine ich, ist sie wertvoller.

Wozu diese Vergleiche, wird man fragen, wenn wir beides so wenig
vermögen? Weil dieses *Wenig* eben nicht nichts ist, weil es uns das

Ungenügen spüren und uns manchmal wünschen läßt, daß es mehr werde ... Welche Tugend wäre nicht zuerst ein zaghafter Wunsch nach Tugend?

Ob nun die Großherzigkeit aus einem natürlichen und ursprünglichen Gefühl entsteht, wie Hume meinte, oder ob sie aus einem Prozeß der Wunschbildung und der Selbstliebe hervorgeht (vor allem durch die Nachahmung der Affekte und die Sublimierung der Triebe), wie Spinoza oder Freud annahmen[51], diese Frage können wir den Anthropologen überlassen, moralisch ist sie kaum von Belang. Wer den Wert der Tugenden mit ihrem Ursprung begründen will, geht ebenso fehl wie der, der sie im Namen dieses Ursprungs entwerten will. Daß sie alle im Animalischen beginnen, also ganz unten (oder was uns als ganz unten vorkommt: In Wirklichkeit kennen weder die Materie noch die Leere, aus der alles, einschließlich der Animalität, kommt, ein Oben und Unten), davon bin ich persönlich überzeugt. Aber das bedeutet auch, daß sie uns höher heben, und deshalb ist wohl das Gegenteil aller Tugend die Niedrigkeit.

Die Großherzigkeit hebt uns *zu den anderen empor*, könnte man sagen, und sie hebt uns zu uns selbst empor, da sie uns von unserem kleinen Ich frei macht. Die Sprache sagt uns, daß jemand, der überhaupt nicht großherzig ist, gemein, feige, engherzig, nichtswürdig, geizig, raffgierig, egoistisch, widerlich ist ... Und wir sind das alles, aber jedenfalls nicht immer und nicht ganz: Die Großherzigkeit ist das, was uns davon trennt und manchmal davon befreit.

Abschließend sei noch bemerkt, daß die Großherzigkeit, wie alle Tugenden, vielgestaltig ist, sowohl dem Inhalt wie den Namen nach, die man ihr gibt. Vereint mit Mut, kann sie Heldenhaftigkeit sein. Vereint mit Gerechtigkeit wird sie Billigkeit. Vereint mit Mitleid wird sie Wohlwollen. Vereint mit Erbarmen ist sie Nachsicht. Doch ihr schönster Name ist ein Geheimnis, das jeder kennt: Vereint mit Sanftmut heißt sie Güte.

8

DAS MITLEID

Das Mitleid steht nicht eben hoch im Kurs: Man läßt sich nicht gern bemitleiden, und Mitleid empfinden mag man auch nicht. Das unterscheidet diese Tugend überdeutlich von der Großherzigkeit. Mitleid empfinden heißt mit jemandem leiden, und Leiden ist immer schlecht. Wie könnte Mitleid etwas Gutes sein? Auch hier warnt uns die Sprache vor leichtfertiger Ablehnung. Als Antonyme zu Mitleid geben uns die Wörterbücher an: Härte, Grausamkeit, Kälte, Gleichgültigkeit, Gefühllosigkeit, Herzlosigkeit ... Das macht das Mitleid zumindest als Unterschied wieder liebenswert. Außerdem heißt Mitleid griechisch *sympatheia*, und das müßte uns doch aufmerken lassen: Wie kommt es, daß in einem Jahrhundert, in dem die Sympathie eine so große Rolle spielt, das Mitleid so wenig gilt? Es mag daran liegen, daß man lieber Gefühle als Tugenden hat. Aber was soll man vom Mitleid denken, wenn zutrifft, was ich im folgenden aufzuzeigen versuche, daß es nämlich beiden Ordnungen angehört? Liegt nicht seine Schwäche teilweise und seine Stärke hauptsächlich in dieser Ambiguität?

Doch zunächst ein Wort zur Sympathie: Kann eine Eigenschaft anziehender sein? Kann ein Gefühl angenehmer sein? Was ihren Reiz ausmacht, ist diese einzigartige Mischung: Die Sympathie ist zugleich eine Eigenschaft (wenn man sie erweckt, wenn man sympathisch *ist*) und ein Gefühl (wenn man sie empfindet, wenn man Sympathie *hat*). Und da sich diese Eigenschaft und dieses Gefühl fast *per definitionem* entsprechen, ist die Sympathie zwischen zwei Personen eine Art glückliche Fügung. Ein Lächeln des Lebens, gleichsam ein Geschenk des Zufalls. Daß die Sympathie nichts beweist, weiß jeder, aber das beweist selbst auch nicht mehr. Kann ein

125

niederträchtiger Mensch sympathisch sein? Auf den ersten Blick schon, auch noch auf den zweiten. Aber ein solcher Mensch kann auch, wie wir gesehen haben, höflich, treu, klug, maßvoll, mutig sein ... warum nicht auch mal großherzig oder bei Gelegenheit gerecht? Das zeigt, daß es zwei Arten von Tugenden gibt: einerseits die vollständigen, wie Aristoteles sagen würde, jene, die für sich allein schon den Wert eines Menschen beweisen, wie die Gerechtigkeit oder die Großherzigkeit (der niederträchtige Mensch kann nur punktuell gerecht oder großherzig sein, er hört dann, zumindest aus dieser Sicht, auch auf, ein solcher zu sein), andererseits die partiellen Tugenden, jene, die einzeln genommen sich mit den meisten Lastern und Schändlichkeiten vertragen. Ein niederträchtiger Mensch kann treu und mutig sein; wäre er aber immer gerecht und großherzig, dann wäre er nicht mehr niederträchtig. Die Hypothese vom sympathischen Fiesling, die mehr als nur eine Hypothese ist, beweist also nur, daß die Sympathie keine vollständige Tugend ist, was einleuchtet, aber nicht, daß sie überhaupt keine Tugend sei, was zu untersuchen bleibt.

Was ist Sympathie? Sie ist Mitfühlen, emotionale Anteilnahme an den Gefühlen des anderen (in Sympathie sein heißt, gemeinsam zu fühlen oder zu empfinden, entweder auf gleiche Weise, oder der eine durch den anderen), außerdem die angenehme Empfindung oder die Anziehung, die daraus entstehen. Sympathie ist demnach, wie Max Scheler aufgezeigt hat, nur das wert, was diese Gefühle wert sind, sofern sie etwas wert sind; jedenfalls kann sie deren Wert nicht ins Positive wenden. «Es ist sicher *nicht* sittlich wertvoll, z. B. mit der Freude, die einer am Schlechten hat, oder [...] mit seinem Hasse, seiner Bosheit, seiner Schadenfreude zu sympathisieren.»[1] Sympathie als bloßes Mitfühlen kann deshalb keine Tugend sein: «[...] das bloße Mitfühlen [...] ist als solches ganz blind für den Wert seines Erlebens [...] in jeder seiner möglichen Formen prinzipiell *wertblind*.»[2] Es kann zwar zur Moral hinführen, denn es führt zumindest ein Stück aus dem Ich-Gefängnis heraus. Aber es kommt darauf an, *mit wem* man mitfühlt oder sympathisiert. Wer mit je-

126

mandem den Haß teilt, ist haßerfüllt. Wer mit jemandem die Grausamkeit teilt, ist grausam. Wer mit dem Folterknecht sympathisiert, seine sadistische Lust mitempfindet, seine Erregung mitfühlt, der teilt auch seine Schuld, zumindest seine Boshaftigkeit. Sympathie im Grauen: eine grauenhafte Sympathie!

Man begreift sofort, daß es sich beim Mitleid anders verhält. Zwar ist es eine Form von Mitgefühl: Mitleid ist Mitfühlen im Schmerz oder in der Trauer[3], anders gesagt, es ist Anteilnahme am Leid des anderen. Aber: Auch wenn nicht jedes Leid gleich zu werten ist und es sogar schlechtes Leid gibt (das des Mißgünstigen, der unter dem Glück des anderen leidet), so ist es doch immer Leid, und jedes Leid verdient Mitleid. Es gibt da eine bemerkenswerte Asymmetrie. Jede Lustempfindung ist ein Gut, aber längst nicht immer moralisch gut (die meisten unserer Lustempfindungen sind moralisch indifferent), sie kann sogar moralisch untragbar sein, man denke nur an den Folterknecht. Das Mitfühlen in der Lust ist also nur soviel wert wie die Lust selbst, oder wenn es manchmal mehr wert ist (es kann lobenswert sein, an der Lust des anderen teilzuhaben, selbst wenn sie moralisch indifferent ist: es ist das Gegenteil des Neids), dann nur soweit, als die Lust nicht moralisch pervertiert, das heißt, nicht von Haß oder Grausamkeit beherrscht ist. Hingegen ist jedes Leid ein Übel, auch moralisch, nicht in dem Sinne, daß es moralisch immer verwerflich wäre (es wird viel unschuldig gelitten, und es gibt tugendhaftes und heldenhaftes Leiden), sondern in dem Sinne, daß es moralisch immer bedauernswert ist: Das Mitleid ist dieses Bedauern beziehungsweise dieses Bedauern ist die Minimalform des Mitleids.

Ist, fragt Max Scheler, «[...] das Mitgefühl, – hier Mitfreude – mit der Freude, die A an dem Schaden des B hat, ein sittlich wertvolles Verhalten?»[4] Natürlich nicht. Aber das Leid von B mitzufühlen, ist mit Bestimmtheit eines!

Ist das auch dann der Fall, wenn das Leid von B ein schlechtes Leid ist, weil er beispielsweise unter dem Glück von C leidet? Das Mitleid sagt ja, und das macht es so barmherzig. Wenn ich eines anderen Leid teile, heißt das nicht, daß ich es richtig finde, auch nicht, daß ich die guten oder schlechten Gründe billige, deretwegen er leidet. Es bedeutet, daß ich ein Leid, welcher Art auch immer, nicht als indifferente Tatsache hinnehmen, und einen Lebenden, wer immer er sei, nicht als Ding betrachten will. Das Mitleid ist deshalb vom Prinzip her universell, und um so moralischer, als es, und da führt es zur Barmherzigkeit, über die Moralität des Empfangenden hinwegsieht. Es ist wieder diese Asymmetrie zwischen Lust und Leid. Wer mit der Lust und der Schadenfreude des Folterers fühlt, macht sich mitschuldig. Wer aber Mitleid fühlt für sein Leiden oder seinen Wahn, für das Übermaß an Haß, an Traurigkeit, an Elend in ihm, der bleibt unschuldig am Bösen, das jenen zerfrißt, der will zumindest nicht, daß zum Haß noch mehr Haß hinzukommt. Christi Mitleid für seine Peiniger; Buddhas Mitleid für die Bösen. Überwältigen uns diese Beispiele? Sie sind uns vielleicht zu hoch, aber immerhin nehmen wir sie dadurch wahr. Mitleid ist das Gegenteil der Grausamkeit, die sich über das Leid des anderen freut, und des Egoismus, der einfach wegsieht. So gewiß dies zwei Fehler sind, so gewiß ist das Mitleid ein Vorzug. Eine Tugend? Asien (vor allem das buddhistische) antwortet ja, vielleicht sei es die größte von allen.[5] Der Westen ist nuancierter, und das soll kurz untersucht werden.

Von den Stoikern bis zu Hannah Arendt (über Spinoza und Nietzsche) gibt es zahllose Gegenstimmen zum Mitleid oder – manche Kritiker bevorzugen dieses Wort – zum Erbarmen. Es sind meist ehrliche, oft auch berechtigte Gegenargumente. Mitleid ist Betrübtheit, die man angesichts der Betrübtheit des anderen empfindet: Es behebt diese nicht – sie besteht weiter – und rechtfertigt jene nicht, die nur hinzukommt. Das Mitleid vermehrt die Menge des Leids in der Welt, deshalb ist es abzulehnen. Wozu Traurigkeit auf Traurigkeit, Unglück auf Unglück häufen? Der Weise ist ohne Mitleid, sagten die Stoiker, weil er ohne Kummer ist.[6] Nicht, daß er dem Nächsten nicht helfen wollte; aber dazu braucht er kein Mitleid: «Warum nicht den Leuten helfen, wenn man kann, anstatt sie zu beklagen? Können wir nicht hilfsbereit sein ohne Mitleid? Wir sind nicht verpflichtet, die

Sorgen der anderen zu den unseren zu machen; sondern, wenn wir es können, die anderen von ihren Sorgen zu befreien.»[7] Also Tat statt Mitleid, und diese sei großherzig statt erbarmend. Ja, wenn Großherzigkeit da ist, und wenn sie genügt. Aber wenn nicht?

Spinoza steht in dieser Hinsicht den Stoikern ziemlich nahe. Seine Verurteilung der *commiseratio* wird häufig zitiert, teils, um ihr Beifall zu spenden, teils, um Anstoß daran zu nehmen: «Mitleid ist bei einem Menschen, der nach Anleitung der Vernunft lebt, an und für sich schlecht und unnütz.»[8] Weshalb der Weise «soviel als möglich zu erreichen sucht, von Mitleid nicht berührt zu werden»[9]. Hier wird etwas Wesentliches gesagt. Das Mitleid ist Betrübtheit (sie wird durch Nachahmung oder Identifizierung mit der Betrübtheit des anderen hervorgerufen).[10] Gut ist indessen die Freude, richtig ist indessen die Vernunft: Nicht Erbarmen, sondern Liebe und Großherzigkeit sollen uns veranlassen, den Mitmenschen zu helfen, und sie genügen dafür.[11] Sie genügen zumindest beim Weisen, der ausschließlich «nach Anleitung der Vernunft lebt», wie Spinoza oft sagt. Vielleicht ist es das Erkennungszeichen der Weisheit: reines Hinnehmen der Wahrheit, Liebe ohne Traurigkeit, Leichtigkeit, lautere und fröhliche Großherzigkeit ... Aber wer ist weise? Für alle anderen, und das vergißt man zu oft, das heißt für uns alle (weil niemand ganz und gar weise ist), ist Mitleid besser als sein Gegenteil, sogar besser als Freisein von Mitleid. Spinoza betont: «Ich spreche hier jedoch ausdrücklich von einem Menschen, der nach Anleitung der Vernunft lebt. Denn wer weder durch Vernunft noch durch Mitleid bewegt wird, anderen Hilfe zu leisten, den nennt man mit Recht einen Unmenschen, da er einem Menschen unähnlich zu sein scheint.»[12] So ist das Mitleid zwar keine Tugend, aber dennoch gut[13], ähnlich wie die Scham oder die Reue[14]: Weil es zu Wohlwollen und Menschlichkeit führt.[15] Spinoza steht hier, was man auch immer behauptet haben mag, im Gegensatz zu Nietzsche: Es geht ihm nicht um eine Umwertung aller Werte oder Hierarchien[16], sondern nur darum, das in der Freude – das heißt aus Liebe und aus Großherzigkeit – zu tun, was der redliche Normalmensch meist in der Traurigkeit, das heißt aus

Pflichtgefühl oder Erbarmen, zu vollbringen versucht. «Es gibt eine Güte, die das Leben verdüstert», schreibt Alain in einem sehr spinozistischen *Propos* aus dem Jahre 1909, «eine Güte, die Betrübtheit ist, die man gemeinhin Erbarmen nennt, und die eine der Geißeln des Menschen ist.»[17] Einverstanden. Aber es ist immer noch besser als Grausamkeit und Egoismus, wie Montaigne und Spinoza bemerkten und wie auch Alain bestätigt: «Natürlich ist Erbarmen bei einem ungerechten oder völlig gedankenlosen Menschen besser als rohe Herzlosigkeit.»[18] Zu einer Tugend reicht es aber nicht, es ist nur Traurigkeit und Leidenschaft. «Erbarmen führt nicht weit», sagt nochmals Alain.[19] Und trotzdem ist es besser als nichts: Es ist nur ein Anfang, aber immerhin das. Hier ist Spinoza wohl am überzeugendsten. Zwischen der Moral des Weisen und der Jedermann-Moral[20] besteht zwar ein wichtiger Unterschied, was die beteiligten Affekte betrifft (Pflichtgefühl und Mitleid beim einen, Liebe und Großherzigkeit beim anderen – Traurigkeit oder Freude); aber praktisch keiner, was das Handeln betrifft: Die Liebe macht frei vom Gesetz, sie hebt es aber nicht auf, sondern schreibt es «tief in ihre Herzen ein»[21]. Gesetz? Welches Gesetz? Das einzige, das Spinoza sich zu eigen gemacht hat, besteht aus Gerechtigkeit und Nächstenliebe.[22] Vernunft und Liebe genügen – beim Weisen; bei den anderen führt Mitleid zum Ziel. Es muß einer schon eingebildet sein, um zu behaupten, er komme ohne aus!

Im übrigen bin ich nicht sicher, ob Erbarmen und Betrübtheit erschöpfend beschreiben, was ich unter Mitleid verstehe. Kann es nicht auch eine Art von Mitleid geben, das nicht gerade fröhlich, aber doch positiv wäre: mehr aufmerksame Präsenz als Mit-Leiden, mehr Fürsorge als Betrübtheit, mehr Geduld und Zuhören als Leidenschaft? Spinoza meinte vielleicht dies mit dem Wort *misericordia*, das üblicherweise mit Barmherzigkeit übersetzt wird, weil das am einfachsten ist, das mir aber (weil die für die Barmherzigkeit wesentlichen Begriffe von Schuld und Vergebung darin nicht vorkommen) näher an das heranzukommen scheint, was ich unter Mitleid verstehe, dessen Definition ich so übersetzen würde: «Mitleid [*misericordia*] ist

130

Liebe, sofern sie den Menschen bestimmt, über das Glück eines anderen sich zu freuen und dagegen über das Unglück eines anderen sich zu betrüben.»[23] Im üblichen Sinne gilt das Mitleid zwar eher oder gar ausschließlich dem Unglück des anderen, nicht seinem Glück. Doch Spinoza scheint zu zögern, denn er sagt eigenartigerweise auch, daß zwischen der *commiseratio* und der *misericordia*, das heißt zwischen Mitleid und Barmherzigkeit, «kein Unterschied vorhanden zu sein [scheint], außer vielleicht der, daß Mitleid den einzelnen Affekt bezeichnen soll, Barmherzigkeit hingegen die entsprechende Gemütsanlage»[24] – eigenartigerweise, sagte ich, denn das heißt doch, daß auch das Mitleid nicht nur Betrübtheit über das Unglück des anderen wäre, sondern auch, so wie die *misericordia*, Freude über sein Glück, was über den normalen – selbst spinozistischen – Gebrauch des Wortes hinausgeht. Aber der Gebrauch ist unwichtig, solange man sich über die Definition einig ist. Aufschlußreich in den beiden parallelen Definitionen des Mitleids und der Barmherzigkeit ist für mich, daß das Mitleid (*commiseratio*) als Trauer, die Barmherzigkeit (*misericordia*) hingegen als Liebe, das heißt vor allem als Freude definiert wird.[25] Das nimmt zwar dem Mitleid nicht die Betrübtheit, die jeder erfahren kann (wenn man sich über die Existenz eines Menschen freut, ihn also liebt, ist man traurig, wenn er leidet)[26], aber ich meine, es verändert seine Ausrichtung und seinen Wert. Denn die Liebe ist Freude[27], und selbst wenn bei der Barmherzigkeit und beim Mitleid die Traurigkeit überwiegen würde, so wäre es immer Traurigkeit ohne Haß[28], oder der Haß würde sich immer nur auf das Unglück und nicht auf den Unglücklichen richten, er würde ihm helfen wollen, statt ihn zu verstoßen.[29] Das Leben ist zu schwer, und die Menschen sind zu unglücklich, als daß ein solches Gefühl nicht notwendig und gerechtfertigt wäre. Besser Betrübtheit, habe ich nun schon oft gesagt, als eine falsche Freude. Man muß hinzufügen: Besser betrübte Liebe – das genau ist das Mitleid – als fröhlicher Haß.

Noch besser fröhliche Liebe? Aber ja doch: Noch besser wäre Weisheit oder Heiligkeit, noch besser wäre die reine Liebe, noch besser wäre die Nächstenliebe! «Das Mitleid», schreibt Jankélévitch, «ist reaktive oder sekundäre Nächstenliebe, die, um zu lieben, das Leid des anderen braucht, die von den Lumpen des Krüppels, vom Schauspiel des Elends abhängig ist. Das Erbarmen ist im Schlepptau des Unglücks: Das Erbarmen liebt den Nächsten nur, wenn er erbarmungswürdig ist, das Mitleid leidet mit dem anderen nur mit, wenn er leidvoll ist! Spontan ist dagegen die Nächstenliebe [...]: Die Nächstenliebe wartet nicht, bis sie den Nächsten in Lumpen antrifft, um sein Elend zu entdecken; der Nächste darf und muß schließlich auch geliebt werden, wenn er nicht unglücklich ist ...»[30] Ja, richtig, aber das ist so schwer! Das Unglück schaltet den Neid aus, zwangsläufig, und das Mitleid schaltet den Haß aus: immerhin einige Hindernisse weniger für die Liebe, für die erschütternde Nähe des Nächsten! Vielleicht ist das Mitleid, da es reaktiv, projektiv, identifizierend ist, die niedrigste Liebe, aber es ist auch die leichteste. Nietzsche ist nicht ganz seriös, wenn er es uns abspenstig machen will.[31] Als wäre uns so am Mitleid gelegen! Als wäre es nicht unser lebhaftester, natürlichster, spontanster Wunsch, davon loszukommen! Wer hätte nicht genug am eigenen Leid? Vauvenargues sieht die Dinge klarer als Nietzsche: «Der Geizige spricht zu sich im Stillen: Bin ich verantwortlich für das Geschick der Elenden? Und er schiebt das Mitleid weg, das ihm lästig ist.»[32] Ohne Mitleid lebte es sich bequemer, zumindest für den, der ein gutes Leben hat. Aber ist diese Bequemlichkeit das Ziel? Ist dieses Leben die Norm? Wozu mit dem Hammer philosophieren, um uns wie ein dahergelaufener Demagoge nur nach dem Mund zu reden? Schopenhauer ist ungleich tiefer, er sieht im Mitleid die wichtigste Triebfeder für das moralische Verhalten und das – nicht übersteigbare, nicht umwertbare – Grundprinzip ihres Werts.[33] Das Mitleid ist das direkte Gegenteil der Grausamkeit als dem größten aller Übel, des Egoismus als der Wurzel aller Übel, und es leitet uns sicherer als irgendein religiöses Gebot oder irgendeine Maxime der Philosophen. Kann man, wie Schopenhauer es tat, vom Mitleid selbst die Tugenden der Gerechtigkeit und der Nächstenliebe ableiten? Nicht ganz, scheint mir. Doch es sind letzte Tugenden, die einen hohen Entwicklungsstand der Menschheit und der Zivilisation verlangen. Wer weiß, ob es ohne das Mitleid je so weit gekommen wäre?

Im Vorübergehen sei angemerkt, im Einklang ebenfalls mit Schopenhauer, daß das Mitleid auch gegenüber den Tieren gilt. Die meisten unserer Tugenden beziehen sich nur auf die Menschheit, das ist ihre Größe und ihre Grenze. Das Mitleid hingegen sympathisiert universell mit allem, was leidet: Wenn wir gegenüber den Tieren Pflichten haben, wie ich glaube[34], dann vor allem durch das Mitleid und im Mitleid, wodurch es die wohl universellste unserer Tugenden ist. Man wird sagen, daß man die Tiere auch lieben, ihnen gegenüber auch Treue und Achtung beweisen kann. Ja: Franz von Assisi ist das abendländische Beispiel dafür, im Orient gibt es zahlreiche andere. Es wäre allerdings ungebührlich, unsere Gefühle den Tieren gegenüber auf eine Ebene zu stellen mit den eindeutig weit höheren und anspruchsvolleren Gefühlen, die wir den Menschen schulden. Seinen Freunden ist man auf andere Weise treu als einem Hund, und einem Menschen, selbst einem unbekannten, schuldet man eine andere Art von Achtung als einem Hirsch oder einem Vogel. Beim Mitleid ist die Sache nicht mehr so eindeutig. Was ist schlimmer: ein Kind ohrfeigen oder eine Katze quälen? Wenn das zweite schwerer zu bewerten ist, wozu ich neige, dann muß man auch daraus schließen, daß das arme Tier in unserem Beispiel unser Mitleid mehr verdient. Der Schmerz zählt hier mehr als die Spezies, und das Mitleid mehr als der Humanismus. Es zeichnet das Mitleid als Tugend aus, daß es uns nicht nur gegenüber der Menschheit offen macht, sondern auch gegenüber der Gesamtheit der Lebewesen, zumindest der Schmerz empfindenden. Eine Weisheit, die auf diese Tugend aufbauen oder von ihr gespeist würde, wäre, wie Lévi-Strauss festgestellt hat[35], die universellste Form von Weisheit, und die notwendigste dazu. Es ist Buddhas Weisheit, aber auch die Montaignes[36], und es ist die wahre Weisheit der Lebewesen, ohne die jede menschliche Weisheit allzu menschlich wäre, oder vielmehr zu wenig menschlich. Die Menschlichkeit im Sinne einer Tugend ist beinahe ein Synonym des Mitleids, und das allein sagt schon viel über beides aus. Daß man auch zu den

Tieren menschlich sein kann und soll, ist die klarste Überlegenheit, die sich die Menschheit anmaßen darf, solange sie ihrer würdig bleibt. Völlig mitleidslos sein heißt unmenschlich sein, und das kann nur ein Mensch. Hier ist Raum für einen neuen Humanismus, der nicht ausschließliche Nutznießung einer Spezies oder der an sie gebundenen Rechte wäre, sondern ausschließliches Wahrnehmen von Geboten und Pflichten, die uns das Leid des anderen auferlegt. Kosmischer Humanismus: Humanismus des Mitleids.

Schopenhauer zitiert ausgiebig Rousseau [37], auch Lévi-Strauss beruft sich bekanntlich ausdrücklich auf ihn. [38] Man kommt in der Tat schwerlich an ihm vorbei, so wie er, und als einer der ersten, das Wesentliche auszudrücken vermochte – das sich übrigens, wenigstens heute, mit der allgemeinen Erfahrung oder Sensibilität deckt. Man muß die schöne Stelle im *Diskurs über die Ungleichheit* wiederlesen, wo Rousseau aufzeigt, daß das Mitleid die erste von allen Tugenden und die einzig natürliche ist. [39] Denn bevor es zur Tugend wird, ist es ein Gefühl, ein «natürliches», wie Rousseau sagt, und ein um so stärkeres, als es wohl aus Selbstliebe entsteht (indem man sich mit dem anderen identifiziert): Es mäßigt in jedem Menschen «den Eifer, den er für sein Wohlbefinden hegt, durch einen angeborenen Widerwillen [...], seinen Mitmenschen leiden zu sehen» [40]. Mitleid, das kein Ufer kennt, denn einziges Ufer ist der Schmerz, weil alles, was leidet, etwas mit mir gemeinsam hat. Mitleiden heißt im Leid miteinander verbunden sein, und diese Verbundenheit mit unzähligen Leidenden erlegt uns ihr Gesetz auf, oder bietet es uns vielmehr an, da es reine Sanftheit ist: «*Sorge für dein Wohl mit dem geringstmöglichen Schaden für andere.*» [41]

Das Mitleid ist somit das, was uns von der Barbarei trennt, wie schon Mandeville bemerkte; für Rousseau ist es die Mutter aller anderen Tugenden:

> «Mandeville hat gut erfaßt, daß die Menschen mit all ihrer Moral nie etwas anderes als Ungeheuer gewesen wären, wenn die Natur ihnen nicht das Mitleid zur Stütze der Vernunft gegeben

hätte; aber er hat nicht gesehen, daß aus dieser Eigenschaft allein sich alle gesellschaftlichen Tugenden ergeben, die er den Menschen streitig machen will. In der Tat, was ist die Großmut, die Milde, die Menschlichkeit, wenn nicht das auf die Schwachen, die Schuldigen oder die menschliche Art im allgemeinen angewandte Mitleid? Das Wohlwollen und selbst die Freundschaft sind, recht verstanden, Erzeugnisse eines konstanten, auf einen besonderen Gegenstand fixierten Mitleids: denn zu wünschen, daß einer nicht leide, was heißt das anderes als zu wünschen, daß er glücklich sei?»[42]

Ich weiß nicht, ob man so weit gehen kann, ich würde auch nicht alle Tugenden auf eine einzige zurückführen wollen. Wozu dieses Privileg der Einheit? Hingegen bin ich davon überzeugt, daß das Mitleid dem Schlimmsten, das ist die Grausamkeit, und dem Bösen, das ist der Egoismus, entgegengesetzt ist. Wie bei der Großherzigkeit beweist das noch nicht, daß es völlig unegoistisch wäre. Seit Aristoteles ist es sogar ein Gemeinplatz, im Mitleid so etwas zu sehen wie «ein Unglück, dessen Zeugen wir sind [...], wenn wir uns vorstellen, daß es uns selbst oder einen unserer Angehörigen treffen kann»[43]. Das Mitleid, heißt es, sei lediglich projizierter oder übertragener Egoismus: In Wirklichkeit sei es so, «daß das, was man für sich befürchtet, uns Mitleid für die anderen, die es erleiden, einflößt», wenn wir begriffen haben, daß «dieselbe Prüfung uns selbst ereilen könnte»[44]. Warum sollte es nicht so sein? Aber auch: Was ändert es? Das empfundene Mitleid ist dadurch nicht weniger wirklich, und nebenbei sei bemerkt, daß es auch durch Leid erweckt wird, das uns selbst nicht zustoßen kann. Der Tod eines Kindes und der entsetzliche Schmerz der Eltern können auch den kinderlosen Greis bewegen. Ein absolut uneigennütziges Gefühl? Ich weiß es nicht, ich brauche es auch nicht zu wissen. Aber ein wirkliches Gefühl, und ein wirklich mitleidendes. Der Rest sind die kleinen Mogeleien des Ego, die soviel zählen wie alle Mogeleien. Da könnte man ebensogut die Liebe verdammen oder ihre Existenz leugnen, weil sie ja immer irgendwo mit dem

Sexualtrieb zu tun hat. Freud besaß im Hinblick auf die Liebe diese Dummheit nicht, warum sollten wir sie im Hinblick auf das Mitleid haben?

Etwas paradoxer ist schon, daß ein Zusammenhang zwischen dem Mitleid und der Grausamkeit nicht undenkbar ist: Erstens, weil es überall Ambivalenz gibt, auch bei unseren Tugenden, zweitens, weil das Mitleid, zumindest als bedauerndes Erbarmen, selbst Grausamkeit hervorrufen oder zulassen kann. Hannah Arendt hat im Zusammenhang mit der Französischen Revolution darauf aufmerksam gemacht («Wo immer man die Tugend aus dem Mitleid abgeleitet hat, haben sich Grausamkeiten ergeben, die es unschwer mit den grausamsten Gewaltherrschaften der Geschichte aufnehmen können»[45]), und auch wenn das weder das Mitleid noch die Revolution als absolut verwerflich erscheinen läßt, so rechtfertigt es doch eine gewisse Wachsamkeit beiden gegenüber: Obwohl das Mitleid uns vom Schlimmsten fernhält oder ihm entgegengesetzt ist, kann es manchmal zu ihm führen. Es ist weder eine Garantie noch ein Allheilmittel. Hannah Arendt weist allerdings darauf hin, daß das Mitleid unter der Schreckensherrschaft die Gewalt nur dadurch rechtfertigen konnte, daß es ein abstraktes Mitleid war: Da man abstrakt Mitleid hatte mit den Notleidenden im allgemeinen, das heißt mit dem Volk (im Sinne des 18. Jahrhunderts), schreckte man nicht davor zurück, einige Personen konkret ins Verderben zu stürzen ... Für Hannah Arendt unterscheidet dies Mitleid und *Mit-Leiden*: Im Gegensatz zum Mitleid kann Mit-Leiden «nicht weiter reichen als bis zu dem konkreten augenfälligen Leiden des Einzelnen». Es «hat also keinen Begriff vom Allgemeinen», und noch weniger kann es «sich [...] auf das Leiden einer Klasse oder eines Volkes beziehen»[46]. Das Mitleid ist abstrakt, verallgemeinernd, wortreich. Das Mit-Leiden ist konkret, auf den einzelnen bezogen (selbst wenn wir, wie Jesus, «es fertigbrächten, mit allen Menschen als Einzelnen mitzuleiden, und [...] diese, obwohl es buchstäblich alle wären, doch nicht in irgendein Kollektiv, in die eine leidende Menschheit zusammenflössen»[47], wie es beim Mitleid der Fall wäre), am liebsten wortlos.[48] Deshalb kann das Mitleid gewalttätig, ja grausam werden, im Gegensatz zum Mit-Leiden, das unendlich sanft ist. Akzeptiert man diese Unterscheidung, könnte man sagen, daß Robespierre und Saint-Just im Namen des Mitleids (für die Armen im allgemeinen) es an Mit-Leiden (für die Gegner der Revolution oder die, die sie dafür hielten, als einzelne Individuen) fehlen ließen. Dann aber ist ein solches Mitleid ein rein abstraktes Gefühl (oder ein nur vorgestelltes, wie Spinoza sagen würde), und eine Tugend ist nur das Mit-Leiden.

Ich möchte eine andere Unterscheidung vorschlagen, die Hannah Arendts Unterscheidung eher ergänzt als ersetzt: die zwischen Mitleid und (bedauerndem) Erbarmen. Erbarmen, scheint mir, ist immer mit einer gewissen Verachtung verbunden, zumindest mit einem Gefühl der Überlegenheit bei dem, der es empfindet. *Suave mari magno*[49] ... Im Erbarmen liegt Selbstgefälligkeit, die ein Mißfallen betont. Man denke nur an den Doppelsinn des Adjektivs *erbärmlich*, das einerseits *erbarmenswert* (ein Mensch in erbärmlichem Zustand), andererseits auch *unzureichend, jämmerlich, miserabel* bedeutet. Beim Mitleid schwingt nichts dergleichen mit, *mitleiderregend* ist nicht abwertend. Vielleicht deshalb, weil Mitleid keinerlei Werturteil über das Objekt enthält: Für etwas, was man bewundert, kann man ebenso Mitleid empfinden wie für etwas, was man verurteilt. Hingegen scheint mir, daß man es immer nur für etwas empfindet, was man zumindest ein wenig achtet: Es wäre sonst, wenigstens nach der von mir vorgeschlagenen Unterscheidung, nicht mehr Mitleid, sondern Erbarmen. Diese Unterscheidung entspricht dem Geist der Sprache. Wenn jemand leidet, weil er vielleicht schwer krank ist, können wir ihm unser Mitleid oder Mitgefühl bezeugen. Erbarmen hingegen könnte als Verachtung oder Beleidigung gewertet werden. Das Erbarmen geht von oben nach unten.[50] Das Mitleid dagegen ist horizontal: Es hat nur zwischen Gleichen einen Sinn, anders gesagt, es *realisiert* eine Gleichheit zwischen dem, der leidet, und dem, der neben ihm, also auf derselben Ebene steht und das Leid mit ihm teilt. Kein Erbarmen, wenn man es so sieht, ohne einen Beiklang von Verachtung; kein Mitleid ohne Achtung.

137

Vielleicht ist es das, was Alain sagen wollte, als er schrieb: «Der Geist erbarmt sich nicht, kann sich nicht erbarmen; es ist die Achtung, die ihn davon abhält.»[51] Nicht daß der Geist erbarmungslos wäre, wenn man darunter versteht, daß er nie nachgeben würde oder sich nie erweichen ließe. Aber wie könnte er das, was er achtet oder verehrt, zum Erbarmen finden? Deshalb, sagt Alain, «gehört das Erbarmen dem Körper, nicht dem Geist an»[52]: Der Geist (der achtende, treue Geist) kann nur Mitleid empfinden. Aber verfallen wir deshalb nicht gleich ins Religiöse oder Spiritualistische. Strenggenommen ist es nicht der Geist, der Mitleid oder Achtung hat, Achtung und Mitleid *machen* vielmehr den Geist *aus*. So entsteht der Geist auch im Leid: ist es das eigene, so ist es Mut; ist es das anderer, ist es Mitleid.

Wir werden uns also hüten, Mitleid mit Gönnerhaftigkeit oder, im heutigen, karikierenden Sinn dieser Worte, mit Wohltätigkeit, Mildtätigkeit oder Almosen-Geben zu verwechseln. Man kann zum Beispiel mit Spinoza der Meinung sein, daß nicht der einzelne, sondern der Staat sich um Notleidende zu kümmern habe[53], daß es also besser sei, gegen das Elend *politisch* statt *mildtätig* anzugehen. Ich würde diese Meinung teilen. Selbst wenn ich alles, was ich habe, hergeben würde und am Ende selbst zu den Ärmsten gehörte: Was würde das am Elend ändern? Ein soziales Problem verlangt eine soziale Antwort. Wie die Großherzigkeit, so kann auch das Mitleid zum Beispiel rechtfertigen, daß man sich für eine *Erhöhung* und eine bessere Verwendung der Steuern einsetzt, was zweifellos effektiver wäre (und für viele von uns teurer, also großherziger!) als die vielen Brosamen, die man rechts und links verteilt. Das entbindet freilich nicht von der Pflicht, den Armen und Ausgestoßenen gegenüber eine Haltung der brüderlichen Nähe, der Achtung, der Hilfsbereitschaft, der Sympathie einzunehmen – mit einem Wort, Mitleid zu beweisen, das sich übrigens, weil Politik nicht alles vermag, in konkreten Beweisen des Wohlwollens im Sinne Spinozas[54] oder der Solidarität umsetzen kann. Jeder tut hier, was er kann, oder vielmehr, was er will, je nach seinen Mitteln und nach dem geringen

Maß an Großherzigkeit, das er aufzubringen vermag. Das Ego befiehlt und entscheidet. Aber nicht allein, und Mitleid bedeutet genau das.

Mitleid ist ein Gefühl: Man hat es oder hat es nicht, herbeizitieren läßt es sich nicht. Es kann deshalb, wie Kant bemerkt, keine Pflicht sein.[55] Gefühle sind allerdings auch nicht schicksalhaft, nicht rein passiv. Liebe kann man nicht beschließen, aber man kann sie kultivieren. Mit dem Mitleid verhält es sich ebenso: Es ist keine Pflicht, es zu empfinden, sagt Kant, aber es ist Pflicht, in sich die Fähigkeit dazu zu entwickeln.[56] Insofern ist das Mitleid auch eine Tugend: Bemühen, Vermögen und Vorzug zugleich. Daß es das eine wie das andere ist – Gefühl und Tugend, Betrübtheit und Vermögen[57] –, erklärt den Primat, den ihm Rousseau und Schopenhauer zu Recht oder zu Unrecht (wohl zu Recht *und* zu Unrecht) zugesprochen haben: Es ermöglicht den Übergang vom einen zum anderen, von der Gefühlsordnung zur ethischen Ordnung, von dem, was man empfindet, zu dem, was man will, von dem, was man ist, zu dem, was man muß. Man wird sagen, auch die Liebe ermögliche diesen Übergang. Sicherlich. Aber die Liebe ist für uns fast nicht erreichbar; Mitleid schon.

Das Mitleid sei die große Tugend des buddhistischen Orients, sagte ich. Die Nächstenliebe ist bekanntlich, zumindest dem Anspruch nach, die große Tugend des christlichen Abendlandes. Muß man sich für das eine oder das andere entscheiden? Wozu auch, wenn das eine das andere nicht ausschließt? Müßte man sich entscheiden, könnte man vielleicht folgendes sagen: Die Nächstenliebe wäre zweifellos besser, wenn wir dazu fähig wären; leichter erreichbar ist das Mitleid, das ihr ähnlich ist (durch die Sanftheit) und uns zu ihr führen kann. Wer kann mit Bestimmtheit sagen, er habe je eine wirkliche Regung der Nächstenliebe erfahren? Aber wer bezweifelte, schon Mitleid empfunden zu haben? Man muß mit dem Leichteren beginnen, und wir sind so viel begabter für die Traurigkeit als für die Freude – leider! Mut für alle, und Mitleid auch für sich.

Oder, um es anders zu sagen: Die Botschaft Christi, die der Liebe, ist erhabener; doch die Botschaft Buddhas, die des Mitleids, ist realistischer.

«Liebe, und tue, was du willst»[58] – oder aber: Habe Mitleid, und tue, was du sollst.

9

Die Barmherzigkeit

Die Barmherzigkeit, so wie ich das Wort verwende, ist die Tugend der Vergebung – oder vielmehr deren Wahrheit. Was heißt denn vergeben? Wenn man, wie es uns eine bestimmte Tradition nahelegt, darunter versteht, daß die Verfehlung getilgt und ungeschehen gemacht wird, so maßen wir uns eine Macht an, die wir nicht haben, oder begehen eine Dummheit, die man besser nicht begehen sollte. Die Vergangenheit ist unwiderruflich, und alle Wahrheit ewig: Wie Descartes bemerkte, kann selbst Gott nicht bewirken, daß nicht gewesen ist, was einmal war.[1] Wir können es ebenfalls nicht, und zu Unmöglichem ist niemand verpflichtet. Wir sollen die Missetat auch nicht vergessen, denn zum einen wäre das oft ein Verstoß gegen die Treue, nämlich den Opfern gegenüber (soll man die Verbrechen des Naziregimes vergessen? soll man Auschwitz oder Oradour vergessen?), zum anderen wäre es eine Dummheit und insofern ein Verstoß gegen die Klugheit. Einer Ihrer Freunde hat sie hintergangen: Wäre es klug, ihm weiterhin Vertrauen zu schenken? Ein Händler hat Sie betrogen: Ist es unmoralisch, fortan bei einem anderen einzukaufen? Wer so etwas behauptete, würde sich selbst betrügen und eine blinde oder sehr naive Tugend zur Schau tragen. *Caute*, sagte Spinoza, *sei auf der Hut!*[2], und damit hat er nicht gegen die Barmherzigkeit gepredigt. Seine Biographen berichten, daß er, nachdem ihn ein Fanatiker niedergestochen hatte, das Leben lang sein durchlöchertes Unterkleid anbehielt, um das Erlebnis und wohl auch die Lektion nicht zu vergessen.[3] Das heißt nicht, daß er nicht vergeben hätte (wir werden noch sehen, daß in einem gewissen Sinne Vergebung eine Forderung seiner Lehre ist), es heißt nur, daß vergeben nicht ungeschehen machen, verzeihen nicht vergessen bedeutet. Was heißt es dann? Es heißt, aufhören zu hassen, und das ist auch die Definition

der Barmherzigkeit: Sie ist die Tugend, die den Groll und den berech-
tigten Haß überwindet (wodurch sie weiter geht als die Gerechtigkeit), die die Rachsucht und den Vergeltungsdrang besiegt. Die
Tugend also, die vergibt, nicht indem sie die Verfehlung oder Beleidigung ungeschehen macht, was nicht möglich ist, sondern indem sie
aufhört, dem Menschen, der uns beleidigt oder geschädigt hat, böse
zu sein. Es ist nicht Nachsicht, die nur auf Strafe verzichtet (man
kann hassen, ohne zu strafen, und strafen, ohne zu hassen), auch
nicht Mitleid, das nur im Leid sympathisiert (man kann schuldig sein,
ohne zu leiden, und leiden, ohne schuldig zu sein), schließlich auch
keine Absolution, wenn man darunter die Macht versteht – die schon
übernatürlich sein müßte –, Sünden und Fehler zu tilgen. Eine besondere und begrenzte Tugend also, ziemlich schwierig, und lobenswert
genug, um eine zu sein. Wir alle begehen zu viele Fehler, wir alle sind
zu schlecht, zu schwach, zu nichtswürdig, um sie nicht nötig zu haben.

Kommen wir kurz auf den Unterschied zum Mitleid zurück. Dieses
bezieht sich, wie wir gesehen haben, auf ein Leid, und das meiste Leid
ist schuldlos. Die Barmherzigkeit bezieht sich auf Missetaten, und die
meisten sind schmerzlos. Barmherzigkeit und Mitleid sind also zwei
verschiedene Tugenden, die sich im Hinblick auf ihre Objekte selten
überschneiden. Freilich vergibt man leichter jemandem, der leidet,
selbst wenn sein Leiden nicht mit seiner Verfehlung im Zusammenhang steht (und auch nicht Reue ist). Die Barmherzigkeit ist das Gegenteil des Grolls, und Groll ist Haß. Wir haben aber beim Mitleid
gesehen, daß es fast unmöglich ist, jemanden zu hassen, der entsetzlich leidet: Das Mitleid schaltet den Haß aus, sagte ich, und insofern
kann das Mitleid tatsächlich zur Barmherzigkeit führen, ohne mit ihr
eins zu werden. Auch das Umgekehrte ist manchmal möglich (man
fühlt leichter Mitleid, wenn man aufgehört hat zu hassen); doch das
Mitleid, das emotionaler, natürlicher, spontaner ist, stellt sich fast
immer zuerst ein. Barmherzigkeit ist schwerer, und seltener.
    Man muß nämlich nachdenken, was sich beim Mitleid erübrigt.

Worüber denkt der Barmherzige nach? Über sich, über seine vielen Sünden? Das kann sein, es wird ihn davon abhalten, den ersten Stein zu werfen, wie es in der Bibel heißt.[4] Aber diese Barmherzigkeit durch Identifikation taugt nur da, wo Identifizieren möglich ist; nur bei gemeinsamen Fehlern, oder bei solchen, die es werden können. So kann ich dem Dieb vergeben, weil ich auch schon gestohlen habe (Bücher, in meiner Jugend). Dem Lügner, weil ich manchmal auch lüge. Dem Egoisten, weil ich auch einer bin. Dem Feigling, weil ich einer sein könnte. Aber dem Kinderschänder? Dem Folterknecht? Sobald die Verfehlung das allgemeine Maß übersteigt, verliert die Identifikation ihre Kraft, sogar ihre Plausibilität. Es sind aber gerade diese Verbrechen, und die schlimmsten von ihnen, die unsere Barmherzigkeit verlangen. Wozu Vergebung, wenn sie sich nur auf Lappalien bezieht? Wozu Barmherzigkeit, wenn sie nur verzeiht, was auch ohne sie verzeihlich wäre?

Es braucht mehr als Identifikation, aber was? Liebe? Wenn sie da ist, und wenn sie nach der Entdeckung der Verfehlung immer noch da ist, zieht sie natürlich Barmherzigkeit nach sich, die sich freilich nun auf nichts mehr bezieht. Verzeihen heißt, aufhören zu hassen, heißt, auf Rache zu verzichten, und deshalb braucht die Liebe gar nicht mehr zu verzeihen, sie hat es schon immer getan und wird es immer tun, sie besteht ja nur unter dieser Bedingung. Wie soll man aufhören zu hassen, wenn man gar nicht haßt? Wie verzeihen, wenn man keinerlei Groll zu besiegen hat? Die Liebe ist barmherzig, aber ganz selbstverständlich und ohne daß für sie besondere Tugend darin läge. «Man verzeiht soviel, wie man liebt», sagte La Rochefoucauld.[5] Aber solange man liebt, ist es keine Barmherzigkeit, sondern Liebe. Eltern wissen das, und Kinder manchmal auch. Grenzenlose Liebe? Nein, weil man das nicht kann. Aber bedingungslose und, wie es aussieht, über allen eventuellen Verfehlungen, über allen Beleidigungen stehend. «Was würdest du mir nicht verzeihen?» fragt der kleine Junge seinen Vater. Und der Vater weiß nichts. Nein, auch das Schlimmste. Eltern haben den Kindern nicht zu verzeihen: Die Liebe tritt an die Stelle der Barmherzigkeit. Schon eher haben die Kinder den Eltern zu verzeihen, wenn sie es können, oder wenn sie es später einmal können. Was verzeihen? Zu viel Liebe und Egoismus, zu viel Liebe und Dummheit, zu viel Angst und Unglück ... Oder zu wenig Liebe, und Vergebung wird nicht weniger nötig sein. Was bedeutet Erwachsenwerden anderes? Oscar Wilde sagt es in *Das Bildnis des Dorian Gray* sehr schön: «Am Anfang lieben die Kinder ihre Eltern; wenn sie groß geworden sind, sprechen sie ihr Urteil über sie; manchmal verzeihen sie ihnen.» Glücklich die Kinder, die ihren Eltern verzeihen können: Selig sind die Barmherzigen!

Für den Rest, ich meine die Zeit nach der Kindheit, sind wir so wenig fähig zur Liebe, vor allem den Bösen gegenüber, daß höchstwahrscheinlich keine Barmherzigkeit daraus entstehen kann. Wie könnten wir unsere Feinde lieben oder auch nur ertragen, ohne daß wir ihnen zuerst verzeihen? Wie könnte die Liebe ein Problem lösen, das nur besteht, weil sie fehlt? Denn zu lieben verstehen wir nicht, und die Bösen schon gar nicht. Darum brauchen wir die Barmherzigkeit so sehr! Nicht, weil Liebe da ist, sondern weil keine da ist, weil nur Haß und Zorn da sind! Wie einen niederträchtigen Menschen lieben? Und die Guten brauchen ja unsere Barmherzigkeit nicht, und wir die ihre nicht. Bewunderung ist genug, sogar besser.

Es muß also noch etwas anderes sein. Jedenfalls kein Gefühl, und das macht die Barmherzigkeit schwieriger als das Mitleid. Der Körper projiziert sich in das Leid des anderen und will nicht, daß dieser leidet: Mitleid. Aber der Körper will bestrafen, er will vergelten: Zorn, Rachedurst, Haß. Er könnte vielleicht davon ablassen, wenn der Gegner leiden würde und Mitleid der Barmherzigkeit zu Hilfe käme. Aber wenn nicht? Es braucht etwas, was mehr und weniger ist als eine Empfindung, mehr und weniger als ein Gefühl: einen Gedanken. Wie die Klugheit, so ist auch die Barmherzigkeit eine geistige Tugend, zumindest am Anfang, und noch lange. Es geht darum, etwas zu verstehen. Was? Daß der andere böse ist, sofern er das ist, oder daß er sich täuscht, sofern er sich täuscht, oder daß er fanatisch oder von seinen Leidenschaften beherrscht ist, sofern ihn Leidenschaften und Ideen beherrschen, kurz, daß es für ihn auf jeden Fall sehr schwierig wäre, dem entgegen zu handeln, was er ist (erwartet man Wunder?) und plötzlich gut, sanft, vernünftig und tolerant zu werden ... Verzeihen: akzeptieren. Natürlich nicht, um aufzuhören zu kämpfen, sondern um aufzuhören zu hassen. «Ich sterbe ohne Haß gegen das deutsche Volk ...»[6] Ohne Haß gegen seine eigenen Henker? Das ist schwieriger, und die Geschichte sagt es nicht. Aber wer möchte leugnen, daß er freier ist als sie? Ja: Selbst gefesselt ist er freier als seine Mörder, die Sklaven sind! Das alles liegt in der Vergebung oder kommt durch sie zum Ausdruck, und dadurch wird sie auch zur Großherzigkeit (*Vergebung* enthält *geben*): Es ist wie eine Überfülle an Freiheit, die bei den Schuldigen die fehlende Freiheit zu gut sieht, um ihnen absolut böse zu sein, und die ihnen die Gnade erweist, sie zu verstehen, sie zu entschuldigen, ihnen zu verzeihen, daß sie da sind und daß sie so sind ... Welcher niederträchtige Mensch hat sich frei dafür entschieden, niederträchtig zu sein? Unschuldig? Sagen wir lieber, daß er nicht schuld ist, wenn er schuldig ist, daß er gefangen ist in seinem Haß, in seiner Dummheit, in seiner Verblendung, daß er es sich nicht ausgesucht hat, dieser Mensch zu sein, dieser Körper, diese Geschichte, daß niemand freiwillig mit ihm tauschen würde und so schlecht, so böse sein wollte wie er, daß das alles Ursachen hat, daß man diesem Hundesohn zuviel Ehre antun würde, wenn man ihn für frei oder nicht verstehbar halten würde (warum nicht gleich für überirdisch?), daß man sich selbst schaden würde, wenn man ihn haßt, daß es genug ist, wenn man gegen ihn kämpft oder ihm ruhig, klar, sogar fröhlich Widerstand leistet und ihm verzeiht, ja, oder, falls man das nicht schafft, daß es darum geht, den Haß in sich zu besiegen, wo man schon den Haß in ihm nicht besiegen kann, daß man wenigstens sich selbst beherrscht, wo man ihn nicht beherrschen kann, daß man wenigstens diesen Sieg verbuchen kann über das Böse, über den Haß, statt den Haß noch zu vermehren, daß man nicht auch noch zum Mittäter wird, wo man schon Opfer ist, daß man sich so nahe wie möglich ans Gute hält, welches Liebe ist, so nahe wie möglich an die Liebe, welche Barmherzigkeit ist, so nahe wie möglich an die Barmherzigkeit, welche Mitleid ist. Das mag richtig sein, und schon Epik-

145

tet riet den Menschen, wenn das Böse bei ihnen unbedingt ein der Natur zuwiderlaufendes Gefühl hervorrufen solle, möge es eher Mitleid als Haß sein.[7] Auch Mark Aurelis meinte, man solle sie belehren oder ertragen.[8] Oder, wie Christus sagte: «Vater, vergib ihnen, denn sie wissen nicht, was sie tun.»[9]

Jankélévitch, der diesen letzten Satz zitiert, findet ihn ein wenig zu «sokratisch» für seinen Geschmack. Wenn sie nicht wissen, was sie tun, ist ihre Tat ein Irrtum und kein Verbrechen: Besteht dann überhaupt ein Anlaß zu vergeben?[10] Irrtum ist immer unfreiwillig: Er gehört nicht bestraft, sondern aufgeklärt, und ist nicht zu verzeihen, sondern zu entschuldigen. Aber wozu dann die Barmherzigkeit? Niemand ist willentlich böse, sagte Sokrates[11]: Man nennt das den sokratischen Intellektualismus, für den das Böse lediglich ein Irrtum ist. Aber das ist wohl ein Irrtum über das Böse. Das Böse ist im Wollen, nicht in der Unkenntnis. Im Herzen, nicht in der Intelligenz oder im Geist. Im Haß, nicht in der Dummheit. Das Böse ist kein belangloser Irrtum, es ist Egoismus, Schlechtigkeit, Grausamkeit ... Genau deshalb erfordert es Vergebung, die für den Irrtum gegenstandslos ist. «Den Unwissenden *entschuldigt* man, aber dem Bösen *verzeiht* man.»[12] Nur das Wollen ist schuldhaft, nur es kann schuldhaft sein: Das Wollen ist alleiniges Objekt des Vergeltungsdrangs, und deshalb auch der Barmherzigkeit. Dem Regen kann man nicht übelnehmen, daß er fällt, und dem Blitz nicht, daß er einschlägt, darum gibt es hier nichts zu vergeben. Niemand ist unwillentlich böse, und Vergebung kann sich nur auf Böses beziehen. Vergebung richtet sich nur an die Freiheit, ebenso wie sie nur aus Freiheit entstehen kann: freie Gnade für eine freie Verfehlung.

Ja, aber was für eine Freiheit? Freiheit des Handelns natürlich: Schuldhaft ist der Wille, und eine Handlung ist es nur, soweit sie willentlich ist. Tritt Ihnen jemand beim Tanzen versehentlich auf die Füße, so ist das nicht Bosheit, sondern Ungeschick. Man bittet Sie um Verzeihung, und Sie verzeihen natürlich: Es ist nicht Vergebung, sondern Höflichkeit. Vergeben kann man nur dem, der etwas mit Absicht und Bedacht getan hat, also nur dem, der tat, was er wollte, anders ausgedrückt, dem, der *frei* gehandelt hat. Handlungsfreiheit: Frei sein in diesem Sinne heißt tun, was man will. Ob allerdings der Täter nicht nur frei war zu tun, was er tat, sondern es auch zu wollen, ob er also etwas anderes hätte wollen können, das ist eine unentscheidbare Frage, die sich nicht mehr auf die von jedermann erfahrbare Handlungsfreiheit bezieht, sondern auf die Willensfreiheit, die sich dem Beweis und der Erfahrung entzieht (man könnte sie nur erfahren, wenn man etwas anderes wollen könnte als das, was man will). Über diese Freiheit haben sich die Philosophen des Altertums, außer Platon gelegentlich, wenig die Köpfe zerbrochen. Weil sie keinen absolut Schuldigen für eine ewige Strafe suchten. Gleichwohl konnten sie, wie ich eben anmerkte, Mitleid und Zorn, Gerechtigkeit und Rache, schließlich auch Barmherzigkeit und Vergeltungsdrang einander entgegensetzen. Muß das sein, daß wir, indem wir angeblich mehr über unsere Schuldhaftigkeit nachdenken, nicht mehr vergeben können? Wie kann man eine Entscheidung von einer unentscheidbaren Frage abhängig machen?

Wie schon beim Thema Großherzigkeit, so will ich mich auch hier nicht mit dem Problem der Willensfreiheit beschäftigen. Tugend kann nicht von dieser oder jener metaphysischen These abhängen. Ich möchte nur folgendes sagen: Ob sich der Böse nun frei entschieden hat, böse zu werden, oder ob er es zwangsläufig geworden ist (durch seinen Körper, seine Kindheit, seine Erziehung, seine Biographie ...), er ist und bleibt böse und, da er willentlich gehandelt hat, zumindest für seine Handlungen verantwortlich. Darum kann man ihn notfalls bestrafen und, so man will, sogar hassen. Freilich sind das zwei verschiedene Dinge. Die Bestrafung kann durch den gesellschaftlichen oder individuellen Nutzen gerechtfertigt sein, sogar durch eine bestimmte Auffassung von Gerechtigkeit («Hat er aber gemordet, so muß er sterben ...»). Aber Haß? Haß ist nur zusätzliche Traurigkeit, und zwar nicht beim Schuldigen, sondern beim Hassenden.[13] Wozu? Vor allem, wo der Böse nun einmal böse ist, und ob er sich nun seine Bosheit ausgesucht hat oder nicht, sie ist selbst eine Art Entschuldigung: sei es durch die Ursachen, die zu ihr führten, wenn es determinierte Bosheit ist, sei es durch diesen Mangel an Liebe, durch diese eingefleischte Böswilligkeit, kurz, durch sich selbst, wenn es freie Bosheit ist. Ist er schuld, daß er böse ist? Ja, wird man sagen, denn er hat es gewollt! Aber hätte er es gewollt, wenn er es nicht schon gewesen wäre? Denn anzunehmen, er habe das Böse gewollt, obwohl er lieber das Gute gehabt hätte, bedeutete doch, ihn für verrückt zu halten und dadurch wieder für unschuldig zu erklären. Kurz, jeder trägt die Schuld für seine Handlungen, und sollte er auch für sich selbst die Schuld tragen (indem er sein Bösesein frei gewählt hätte), so bestätigt das lediglich seine Boshaftigkeit, sofern er das Böse um des Bösen willen tut, oder sein böses Herz, wie Kant sagt, wenn er das Böse nur aus Egoismus (für den Selbstnutzen) tut.[14] Die Barmherzigkeit annulliert diese Böswilligkeit nicht, sie verzichtet auch nicht auf den Kampf gegen sie. Sie weigert sich aber, selbst böse zu werden und Haß gegen Haß, Egoismus gegen Egoismus, Gewalt gegen Zorn zu setzen. Die Barmherzigkeit überläßt den Haß den Hassenden, die Bosheit den Bösen, die Rachsucht den Schlechten. Nicht, weil diese nicht wirklich haßerfüllt, böse oder schlecht wären (selbst wenn Determinismen am Werk wären, wie ich glaube, so kann kein Determinismus ungeschehen machen, was er hervorbringt), sondern gerade *weil sie es sind.* Jankélévitch hat das sehr klar gesehen: «Sie sind böse, aber aus genau diesem Grund muß man ihnen vergeben – denn sie sind sehr viel mehr unglücklich als böse. Oder besser, gerade ihre Bosheit ist das eigentliche Unglück; das unendliche Unglück, böse zu sein!»[15]

Immerhin wird man leichter vergeben können, wenn man weiß, was zu einer Handlung oder vor allem zu einer Persönlichkeit geführt hat. Was ist scheußlicher und unverzeihlicher, als ein Kind zu mißhandeln. Gleichwohl, wenn man erfährt, daß ein gewalttätiger Vater (wie es oft der Fall ist) selbst ein gemartertes Kind war, so ändert das etwas am Urteil, das wir uns über ihn bilden: Es mindert nicht die Entsetzlichkeit seiner Tat, hilft aber, sie zu verstehen und dadurch auch zu verzeihen. Wie können wir wissen, ob wir, wären wir in derselben Hölle von Angst und Gewalt groß geworden, uns nicht entwickelt hätten wie er? Und selbst wenn nicht, so hieße das (gleiche Bedingungen vorausgesetzt) lediglich, daß wir anders beschaffen sind als er: Aber hat er sich seine Eigenart ausgesucht? Und wir die unsere? Wie könnte man sich übrigens für eine Eigenart entscheiden, wenn jede Entscheidung sie voraussetzt und von ihr abhängt? Wie sollte die Existenz dem Wesen vorausgehen, das die Existenz von nichts wäre – also eine Nicht-Existenz? Eine solche Freiheit wäre ein Nichts, was Sartre recht gibt, der sie verwirft.

Aber jetzt lasse ich mich doch verleiten, über die Willensfreiheit zu reden, die ich doch ausklammern wollte. Sagen wir lieber folgendes: Es kann sein, daß es zwei Arten der Vergebung gibt, je nachdem, ob man an die Willensfreiheit beim Schuldigen glaubt oder nicht: Reine Gnade, wie Jankélévitch sagen würde, wenn man an sie glaubt, oder wahre Erkenntnis, wie Spinoza sagen würde, wenn man nicht an sie glaubt. Beide stimmen aber darin – und das gerade ist die Barmherzigkeit – überein, daß der Haß verschwindet und die Missetat weder vergessen noch gerechtfertigt, sondern als das genommen wird, was sie ist: ein zu bekämpfendes Übel, ein zu beklagendes Unglück, eine zu ertragende Realität, ein, so man kann, zu liebender Mensch. Wer meine bisherigen Bücher gelesen hat, weiß, daß ich selbst nie an die Willensfreiheit glauben konnte, aber hier ist nicht der Ort, mich darüber zu verbreiten.[16] Ich begnüge mich damit, Spinozas großen Gedanken in Erinnerung zu bringen, den jeder nehmen kann, wie er mag: Die Menschen verabscheuen sich gegenseitig um so mehr, je freier sie sich glauben, und um so weniger, je vorgeprägter und determinierter sie sich wissen.[17] Vernunft wird dadurch beschwichtigend, und Wissen barmherzig. «Verurteilen heißt offensichtlich, nicht zu verstehen», sagte Malraux, «denn würde man verstehen, könnte man nicht mehr verurteilen.» Sagen wir vielleicht, man könnte nicht mehr hassen, und das ist schon alles, was die Barmherzigkeit will – oder vielmehr anbietet.

So ist auch einer der berühmtesten Sätze von Spinoza zu verstehen: «Nicht verlachen, nicht beklagen, nicht verdammen, sondern begreifen.»[18] Das ist die Barmherzigkeit schlechthin[19], die hier nur

noch die Wahrheit als Gnade kennt. Ist es noch Vergebung? Nicht
mehr ganz, denn da, wo man versteht, ist eigentlich nichts mehr zu
vergeben (die Erkenntnis macht, wie die Liebe, Vergebung notwendig
und überflüssig zugleich). Ist es Entschuldigung? Ich will nicht um
Worte streiten. Alles ist entschuldbar, wenn man so will, da alles
seine Ursachen hat. Aber es genügt nicht, dies zu wissen: Erst die
Vergebung *realisiert* dieses Wissen, das sonst nur abstrakt wäre.
Dem Regen und dem Blitz kann man nichts übelnehmen, sagte ich,
darum habe man ihnen nichts zu vergeben. Ist es nicht letztendlich
dasselbe beim bösen Menschen, und ist dies nicht das wahre Wunder
– das keines ist – der Barmherzigkeit? Daß sich in ihr die Vergebung
aufhebt im selben Augenblick, in dem sie sich gibt? Daß der Haß sich
in der Wahrheit auflöst? Der Mensch ist kein Reich im Reiche: Alles
ist wirklich, alles ist wahr, das Böse wie das Gute, und deshalb gibt es
weder Gut noch Böse, außer der Liebe oder dem Haß, die wir hinein-
bringen. Insofern ist Gottes Barmherzigkeit, wie Spinoza sagen
würde[20], wirklich unendlich: da sie die Wahrheit selbst ist, die nicht
urteilt. In diesen Gefilden, denen sich Weise, Mystiker und Heilige
annähern, kann sich niemand ständig aufhalten. Aber die Barmherzigkeit weist dorthin; die Barmherzigkeit lenkt dorthin. Es ist der
Standpunkt Gottes im Herzen des Menschen, wenn man so will: großer Friede der Wahrheit, große Sanftmut der Liebe und der Vergebung! Doch die Liebe übertrifft die Vergebung, oder die Vergebung
übertrifft sich selbst in diesem Geschenk der Liebe. Vergeben heißt
aufhören zu hassen, es heißt also auch nicht mehr vergeben können:
Wenn die Vergebung vollbracht ist, wenn sie vollkommen ist, wenn
nur noch Wahrheit und Liebe da sind, dann gibt es auch keinen Haß
mehr zu überwinden, und die Vergebung hebt sich in der Barmherzigkeit selbst auf. Deshalb sagte ich am Anfang, die Barmherzigkeit
sei nicht so sehr die Tugend der Vergebung als vielmehr deren Wahrheit. Sie verwirklicht die Vergebung, aber indem sie ihr den Gegenstand nimmt (nicht den Anlaß, sondern den Haß), sie vollendet sie,
aber indem sie sie aufhebt. Der spinozistische Weise hat einerseits gar
nichts zu vergeben: nicht weil er keinerlei Ungerechtigkeit oder Miß-

handlung erleiden könnte, sondern weil er sich weder von einer Idee des Bösen leiten noch von der Illusion der Willensfreiheit täuschen läßt.[21] Seine Weisheit ist darum nicht weniger barmherzig, sie ist es sogar noch mehr: indem der Haß völlig verschwindet und mit ihm auch jede Vorstellung einer absoluten Schuld (sie wäre Verantwortlichkeit nicht für das Handeln, sondern für das Sein); indem selbst die Liebe wieder möglich wird. Darum vergibt er andererseits auch alles. Also allesamt unschuldig? Allesamt liebenswürdig? Nein, natürlich nicht im selben Zuge! Obzwar die Werke der Guten und die Werke der Bösen gleichermaßen der Natur angehören und von ihren Gesetzen herrühren, unterscheiden sie sich nach Spinoza «nicht nach Graden, sondern dem Wesen nach voneinander. [...] Denn wenn auch eine Maus gerade so wie ein Engel, und Trauer gerade so wie Freude von Gott abhängig sind, so kann doch eine Maus nicht eine Art Engel und Trauer nicht eine Art Freude sein.»[22] Die Barmherzigkeit macht weder die Verfehlung ungeschehen, noch hebt sie die Wertunterschiede auf, die sie voraussetzt und offenbart, noch enthebt sie uns, man muß es betonen, der Notwendigkeit zu kämpfen.[23] Indem sie aber den Haß abschafft, enthebt sie uns des Zwangs, diesen zu rechtfertigen. Indem sie Zorn und Rachedurst besänftigt, macht sie Gerechtigkeit und notfalls eine leidenschaftslose Bestrafung möglich.[24] Schließlich macht sie es vorstellbar, daß die Bösen, da sie Teil der Wirklichkeit sind, unserem Wissen und unserem Verstehen und – das ist zumindest der Horizont, den die Barmherzigkeit auftut – unserer Liebe zugänglich werden. Nicht alles ist gleich viel wert, aber alles ist wahr, der Niederträchtige ebenso wie der Redliche. Erbarmen für alle: Friede für alle, selbst im Kampf!

Die Vorstellung sträubt sich, der Haß auch. Man würde sich gegen Geringeres sträuben. «Wäre Spinoza ein Zeitzeuge der Massenvernichtung gewesen», so der gewichtige Einwand von Robert Misrahi, «hätte es keinen Spinozismus gegeben. Als Überlebender von Auschwitz hätte Spinoza nicht sagen können: ‹Humanas actiones non ridere, non lugere, neque detestari, sed intelligere.› Ab jetzt heißt verstehen nicht mehr vergeben. Besser gesagt, man kann nicht mehr verstehen, es gibt nichts mehr zu verstehen. Denn die Abgründe der reinen Bosheit sind nicht verstehbar.»[25] Ist das wirklich sicher? Wertet man diese Unmenschen nicht regelrecht auf, wenn man sie für unerklärlich und unverstehbar hält? Wie? Einstein, Mozart oder Jean Moulin sollen verstehbar sein, die SS-Schergen nicht? Das Leben soll rational sein, der Haß nicht? Die Liebe soll man verstehen können, die Grausamkeit aber nicht? Wenn man in den Konzentrationslagern etwas absolut Irrationales sieht, gibt man (natürlich nur in dem Punkt, aber ist das nicht schon zuviel) den Irrationalisten recht, die sie gebaut oder geplant haben. Was taugte noch die Vernunft, wenn sie nur die verstehen könnte, die ihr folgen oder sich an sie halten? Daß der Nationalsozialismus nicht *vernünftig* ist (was natürlich stimmt), besagt noch nicht, daß er nicht *rational verstehbar* wäre wie alles Wirkliche: Daß die Vernunft ihn nicht billigen kann, besagt noch nicht, daß sie ihn nicht erkennen und erklären kann. Was tun unsere Historiker anderes? Und wie soll man ihn sonst bekämpfen?

Hier ist vor allem wichtig, daß man zwischen Vergessen und Barmherzigkeit unterscheidet. Daß man *alles* vergeben kann, wird von der Tradition bejaht und von den Modernen, selbst den treuesten, zugegeben:

«Die Vergebung fragt nicht, ob das Verbrechen der Vergebung würdig ist, ob die Sühne ausreichend war, ob die Verbitterung lange genug gewährt hat [...] Keine Verfehlung ist so schwer, daß man nicht am Ende vergeben kann. Für die allmächtige Lossprechung ist nichts unmöglich! So betrachtet, vermag die Vergebung alles. Wo viel Sünde ist, sagt der Apostel Paulus, ist noch mehr Gnade [...] Wenn es so ungeheuerliche Verbrechen gibt, daß der Verbrecher dieser Verbrechen sie gar nicht sühnen kann, so bleibt immer die Möglichkeit, sie zu vergeben, gerade für diese verzweifelten oder unheilbaren Fälle ist die Vergebung da.»[26]

Das heißt natürlich nicht, daß wir *vergessen* dürften: weder das Verbrechen selbst, noch unsere Treuepflicht gegenüber den Opfern, noch die Notwendigkeit des Kampfes gegen die Verbrecher von heute oder gegen die Verherrlicher der Verbrechen von gestern. Jankélévitch hat sich dazu ziemlich deutlich geäußert, oder vielmehr zu deutlich, so daß wir uns einen Kommentar sparen können.[27] Ein Problem bleibt allerdings, es ist eine offene Wunde[28]: Soll und muß man denen vergeben, die selbst nie um Vergebung gebeten haben. Jankélévitch sagt nein:

> «Die Reue des Verbrechers, und vor allem seine Gewissensbisse, verleihen allein der Vergebung einen Sinn, ebenso wie nur die Verzweiflung der Gnade einen Sinn verleiht [...] Die Vergebung ist weder für die selbstzufriedenen guten Gewissen noch für die reuelosen Übeltäter bestimmt [...] Die Vergebung gehört nicht vor die Säue. Bevor von Vergebung die Rede sein kann, müßte der Schuldige seine Schuld eingestehen statt sie abzustreiten, und zwar ohne Verteidigungsrede oder mildernde Umstände, und vor allem, ohne seine eigenen Opfer anzuklagen: Das ist schon das Mindeste! Wenn wir vergeben sollen, sollte man zuerst, nicht wahr? uns um Vergebung bitten [...] Warum sollten wir denen vergeben, die ihre ungeheuerlichen Schandtaten so wenig und so selten bedauern? [...] Denn wenn es gerade die ungesühnten Verbrechen sind, die der Vergebung bedürfen, so sind es gerade die reuelosen Verbrecher, die ihrer nicht bedürfen.»[29]

Sie vielleicht nicht. Und wir? Der Haß ist Traurigkeit, und gut ist die Freude. Nicht daß man sich mit Unmenschen zu versöhnen oder ihre Übergriffe zu tolerieren hätte. Aber müssen wir sie hassen, um sie zu bekämpfen? Wir sollen auch nicht die Vergangenheit vergessen. Aber brauchen wir Haß, um uns zu erinnern? Es geht nicht darum, die Sünden zu tilgen, das ist, wie gesagt, nicht möglich, und man soll es auch gar nicht tun (allein die Opfer könnten sich dazu berechtigt fühlen, aber die Opfer fehlen hier: sie wurden getötet). Wir sollen vom Haß loskommen, so weit wir es können, und mit Freude im Herzen kämpfen[30], wenn das möglich ist, oder mit Mitleid in der Seele, wenn Freude unmöglich ist oder deplaziert wäre: Man soll seine Feinde lieben, wenn man es kann, oder ihnen vergeben, wenn man es nicht kann.[31]

Christus oder der heilige Stephan, so will es die Tradition, haben uns diese beispiellose und bedingungslose Vergebung vorgelebt[32]: diese Vergebung, die nicht wartet, bis der Böse weniger böse ist (und bereut, es gewesen zu sein), bevor sie ihm vergibt, diese Vergebung, die wirklich ein Geschenk ist und kein Tauschhandel (meine Vergebung gegen deine Reue), diese bedingungslose Vergebung, diese sozusagen völlig gratis gewährte Vergebung, die aber im Gegensatz zum Haß der größte, ja vielleicht der einzige Sieg ist, diese Vergebung, die nicht vergißt, sondern versteht, die nicht ungeschehen macht, sondern annimmt, diese Vergebung, die weder den Kampf noch den Frieden, weder sich selbst noch den anderen, weder den klaren Verstand noch die Barmherzigkeit aufgibt! Daß diese Beispiele für uns zu hoch sind, gebe ich jederzeit gerne zu. Aber können sie nicht gleichwohl lehrreich sein?

Die Heilige Schrift kann sicherlich nicht die Weisheit ersetzen, sie bietet auch nicht eine Antwort auf alles, und persönlich kann ich ihr nicht in allem zustimmen (selbst wenn man die Religion wegläßt). Ich bin wahrscheinlich nicht bereit, die andere Wange hinzuhalten, und angesichts der Gewalt plädiere ich eher für das Schwert als für die Schwachheit.[33] Seine Feinde lieben, das setzt voraus, daß man welche hat (Nicht-Existentes kann man nicht lieben). Aber daß man welche hat, heißt nicht notwendigerweise, daß man sie haßt. Die Liebe ist Freude, nicht Ohnmacht oder Untätigkeit: Seine Feinde lieben heißt nicht aufhören, sie zu bekämpfen; es heißt, sie fröhlich zu bekämpfen. Die Barmherzigkeit ist die Tugend der Vergebung, ihr Geheimnis und ihre Wahrheit. Sie beseitigt nicht die Verfehlung, sondern die Rachsucht, nicht die Erinnerung, sondern den Zorn, nicht den Kampf, sondern den Haß. Sie ist noch nicht die Liebe, sondern das, was sie ersetzt, wenn sie unmöglich ist, oder was sie vorbereitet, wenn sie verfrüht wäre. Eine zweitrangige Tugend, wenn man so will, aber von erstrangiger Dringlichkeit, und deswegen so bitter nötig! Maxime der Barmherzigkeit: Wo du nicht lieben kannst, höre wenigstens auf zu hassen.

Man wird bemerken, daß sich die Barmherzigkeit sowohl auf Verfehlungen als auch auf Beleidigungen beziehen kann. Diese Unentschiedenheit ist sehr bezeichnend für unsere Kleinlichkeit, die immer verurteilen muß, was uns verurteilt, die jede Brüskierung als Missetat und jede Beleidigung als schuldhaft ansieht. So ist es, und man muß das wissen. Barmherzigkeit für alle, und für sich selbst.

Da Haß Traurigkeit ist, befindet sich die Barmherzigkeit (wie die Trauerarbeit, der sie gleicht und von der sie vielleicht abhängt: vergeben heißt seinen Haß betrauern) auf der Seite der Freude: Ist sie noch nicht fröhlich, so ist sie Vergebung, ist sie es bereits, so ist sie Liebe. Vermittelnde Tugend, Übergangstugend. Am Ende jedoch gibt es für den, der dahin gelangen kann, nichts mehr zu vergeben: Die Barmherzigkeit triumphiert in diesem Frieden (adieu Haß! adieu Zorn!), in dem die Vergebung gipfelt und sich auflöst. Barmherzigkeit, die so unendlich wie das Böse ist, oder so unendlich sein sollte, und deshalb wohl für uns unerreichbar. Aber es ist schon Tugend, danach zu streben: Die Barmherzigkeit ist dieser Weg, der auch die einschließt, die scheitern. Vergib dir dein Hassen und dein Zürnen, meine Seele.

Kann man sich selbst vergeben? Aber sicher: Man kann sich ja auch hassen, und man kann aufhören, sich zu hassen. Wie gäbe es sonst Weisheit? Wie gäbe es sonst Glück? Man soll sich vergeben, nur sich selbst zu sein ... Und sich, wenn es ohne Ungerechtigkeit möglich ist, auch vergeben, daß Haß, Schmerz oder Zorn manchmal zu stark sind, als daß man diesem oder jenem Feind vergeben könnte ... Selig sind die Barmherzigen, die ohne Haß kämpfen oder ohne Bedauern hassen!

10
DIE DANKBARKEIT

Die Dankbarkeit ist die angenehmste aller Tugenden; allerdings nicht die leichteste. Warum sollte sie leicht sein? Es gibt schwierige oder seltene Genüsse, die deswegen nicht weniger angenehm sind. Vielleicht sind sie es noch mehr. Im Falle der Dankbarkeit überrascht allerdings die angenehme Seite weniger als die schwierige. Wer erhielte nicht lieber ein Geschenk als Schläge? Wer würde nicht lieber danken als vergeben? Die Dankbarkeit ist ein sekundärer Genuß, der einen primären verlängert: gleichsam ein Echo der Freude auf die empfundene Freude, ein Glück mehr für ein Mehr an Glück. Was gäbe es Einfacheres? Freude des Empfangens, Freude des Sich-Freuens: Dankbarkeit. Daß sie eine Tugend ist, besagt allerdings schon, daß sie nicht selbstverständlich ist, daß sie fehlen kann, daß es folglich – obwohl sie Vergnügen bereitet, oder vielleicht deswegen – ein Verdienst ist, sie zu empfinden. Aber warum? Die Dankbarkeit ist ein Geheimnis, nicht durch das Vergnügen, das sie beschert, sondern durch das Hindernis, das man durch sie überwindet. Sie ist die angenehmste aller Tugenden und das tugendhafteste aller Vergnügen.

Man wird mich an die Großherzigkeit erinnern: Freude am Schenken, heißt es ... Daß das ein Werbespruch ist, muß uns freilich argwöhnisch machen. Wäre das Schenken so angenehm, bräuchten wir dann die Werbung, um daran zu denken? Wäre die Großherzigkeit ein Vergnügen, oder besser, wäre sie nur und vor allem ein Vergnügen, warum fehlt sie uns dann so? Geben ist immer auch ein Verlust, wodurch die Großherzigkeit dem Egoismus entgegenläuft und ihn überwindet. Aber empfangen? Die Dankbarkeit nimmt uns nichts weg: Sie ist ein Gegengeschenk, doch ohne Verlust und fast ohne Gegenstand. Außer der Freude über das empfangene Geschenk hat die Dankbarkeit nichts zu geben. Welche Tugend wäre so leicht, so lichtvoll, so mozartisch, möchte man fast sagen, und das nicht nur, weil Mozart sie in uns erweckt, sondern weil er sie singt, weil er sie verkörpert, weil in ihm diese Freude ist, diese überschwengliche Dankbarkeit für etwas, das sich nicht näher bezeichnen läßt, für alles, diese Hochherzigkeit der Dankbarkeit, ja, welche Tugend wäre glücklicher und demütiger, welches Geschenk leichter und notwendiger als ein Dankeschön, ausgedrückt mit einem Lächeln oder einem Tanzschritt, einem Lied oder einfach mit Glücklichsein? Hochherzigkeit der Dankbarkeit ... Dieser Ausdruck, den ich Mozart verdanke, ist erhellend: Liegt es, wenn wir es so oft an Dankbarkeit fehlen lassen, nicht daran, daß für uns Geben eben nicht seliger ist als Nehmen, das heißt mehr am Egoismus als an Fühllosigkeit? Danken heißt geben; sich bedanken heißt, mit jemandem teilen. Dieses Vergnügen, das ich dir schulde, ist nicht für mich allein. Diese Freude gehört uns. Dieses Glück gehört uns. Der Egoist kann sich freuen über ein Geschenk. Doch sein Sich-Freuen ist sein Besitz, er behält es für sich. Oder wenn er es zeigt, dann um Neid zu erwecken, nicht Glück. Er stellt sein Vergnügen zur Schau, aber es ist *sein* Vergnügen. Daß andere daran beteiligt waren, hat er schon vergessen. Was bedeuten ihm die anderen? Darum ist der Egoist undankbar: Nicht weil er nicht gerne empfängt, sondern weil er nicht gerne anerkennt, daß er etwas von anderen erhalten hat, und weil die Dankbarkeit dieses Anerkennen ist, weil er nicht gerne Dank schuldet und die Dankbarkeit die Anerkennung dieser Schuld wäre, weil er nicht gerne teilt, weil er nicht gerne gibt. Was gibt die Dankbarkeit? Sie gibt sich selbst: gleichsam als Echo der Freude, sagte ich, wodurch sie Liebe ist, wodurch sie Teilnahme ist, wodurch sie ein Geschenk ist. Sie ist Vergnügen für Vergnügen, Glück für Glück, Dankbarkeit für Großherzigkeit ... Der Egoist ist unfähig dazu, er kennt nur seine eigene Befriedigung, nur sein eigenes Glück, das er eifersüchtig bewacht wie der Geizhals seine Geldkassette. Undankbarkeit ist nicht die Unfähigkeit zu empfangen, sondern die Unfähigkeit, etwas von der empfangenen oder empfundenen Freude zurückzugeben, sei es als Freude oder als Liebe. Undankbarkeit ist

158

darum so häufig. Wir verschlucken die Freude wie andere das Licht: schwarzes Loch des Egoismus.

Dankbarkeit ist Schenken, Dankbarkeit ist Teilen, Dankbarkeit ist Liebe: eine Freude, die, wie Spinoza sagen würde[1], von der Vorstellung ihrer Ursache begleitet ist, wenn diese Ursache die Großherzigkeit des anderen, sein Mut oder seine Liebe ist. Erwiderte Freude: erwiderte Liebe. Im eigentlichen Sinne kann sie sich deshalb nur auf Lebende beziehen. Man kann sich allerdings fragen, ob nicht jede empfangene Freude, unabhängig von der Ursache, Gegenstand dieser erwiderten Freude, also der Dankbarkeit sein kann. Kann man der Sonne anders als dankbar sein, daß es sie gibt? Oder dem Leben, den Blumen, den Vögeln? Ohne den Rest des Universums könnte ich keine Freude empfinden (weil es mich ohne den Rest des Universums nicht gäbe). Insofern hat jede Freude, selbst die rein innerliche oder geistige (Spinozas *acquiescentia in se ipso*[2]), eine äußere Ursache, nämlich das Universum, Gott oder die Natur: alles. Niemand ist die Ursache seiner selbst, also (in letzter Instanz) auch nicht seiner Freude. Jede Ursachenkette, und es gibt ihrer unendlich viele, ist unendlich: Alles hängt zusammen, hält uns, durchzieht uns. Jede bis zum Äußersten gehende Liebe müßte also alles lieben: Jede Liebe müßte All-Liebe sein (je mehr wir die einzelnen Dinge lieben, könnte Spinoza sagen, desto mehr lieben wir Gott)[3], und das ergäbe gleichsam eine universale Dankbarkeit, die zwar nicht unterschiedslos wäre (wie könnte man dieselbe Dankbarkeit den Vögeln und den Schlangen gegenüber, Mozart und Hitler gegenüber empfinden?), aber insofern global, als sie Dankbarkeit für das Ganze wäre, von dem sie nichts ausnähme, von dem sie nichts ablehnte, selbst das Schlimmste nicht (also *tragische* Dankbarkeit im Sinne Nietzsches[4]), da die Wirklichkeit wie sie ist anzunehmen ist, da das Ganze der Wirklichkeit die einzige Wirklichkeit ist.

Diese Dankbarkeit ist umsonst, in dem Sinne, daß man von ihr oder für sie keinerlei Entgelt erwarten kann. Die Dankbarkeit ist vielleicht eine Pflicht, jedenfalls eine Tugend, aber es kann, wie Rousseau bemerkt, keinen Rechtsanspruch auf sie oder auf etwas geben, auf das wir durch sie Anspruch hätten.[5] Verwechseln wir die Dankbarkeit nicht mit dem Zurückschicken eines Aufzugs. Allerdings will Liebe dem Geliebten fast zwangsläufig Gutes tun, zumindest wenn es Liebe zum anderen und nicht Eigenliebe, also Wohlwollen und nicht (körperliches) Begehren ist. Wir werden in unserem letzten Kapitel darauf zu sprechen kommen. Stellen wir hier nur fest, daß dadurch die Dankbarkeit zum Antrieb wird, selbst zugunsten dessen, der sie hervorruft, aktiv zu werden, nicht im Sinne von Dienst und Gegendienst (das wäre keine Dankbarkeit mehr, sondern nur noch ein Tauschhandel)[6], sondern in dem Sinne, daß die Liebe dem, der eine Freude macht, Freude schenken will, wodurch die Dankbarkeit die Großherzigkeit nährt, die fast immer die Dankbarkeit nährt. Daraus erwächst «gegenseitige Liebe», wie Spinoza sagt, und ein «Bemühen aus Liebe», das ebenfalls die Dankbarkeit kennzeichnet: «*Dank oder Dankbarkeit* ist die Begierde oder das Bemühen der Liebe, durch das wir demjenigen wohlzutun bestrebt sind, der uns aus gleichem Liebesaffekt Wohltat erwiesen hat.»[7] Hier geht die nur gefühlsmäßige oder «affektionelle» Dankbarkeit, wie Kant sagt[8], in aktive Dankbarkeit über: von der Erwiderung durch Freude zur Erwiderung durch die Tat. Im Unterschied zu Spinoza würde ich darin nicht eine Definition sehen (da man beispielsweise einem Toten dankbar sein kann, ohne ihm seine Wohltat vergelten zu können), sondern eine Konsequenz, aber das ist unwichtig. Fest steht, daß sich die Dankbarkeit gerade darin von der Undankbarkeit unterscheidet, daß sie im anderen (und nicht nur in sich selbst, wie es die Eigenliebe tut)[9] die Ursache ihrer Freude zu sehen vermag: wodurch Undankbarkeit schlecht ist[10], wodurch Dankbarkeit gut ist und gut macht.

Die Macht der Eigenliebe erklärt also, warum die Dankbarkeit so selten und so schwer ist («... alles Vortreffliche ist ebenso schwierig wie selten»[11]): Aus der empfangenen Liebe bezieht man lieber Ruhm als Dankbarkeit, die Liebe des anderen ist.[12] «Der Stolz will nicht schulden», schreibt La Rochefoucauld, «und die Eigenliebe will nicht bezahlen.»[13] Wie könnte sie anders als undankbar sein, wenn sie nur sich selbst lieben, bewundern und rühmen kann? In der Dankbarkeit liegt Demut, und Demut ist schwer. Ist Demut Traurigkeit? Spinoza bejaht es, wie wir im nächsten Kapitel sehen werden. Die Dankbarkeit lehrt indessen, daß es auch eine fröhliche Demut gibt, oder eine demütige Freude, demütig, weil sie weiß, daß sie weder ihre eigene Ursache noch ihr eigenes Prinzip ist und sich gerade darüber freut (welches Vergnügen, danke zu sagen!), weil sie Liebe ist und nicht hauptsächlich Eigenliebe, weil sie sich gewissermaßen als Schuldnerin weiß oder sich vielmehr (da nichts zurückzuzahlen ist) beschenkt fühlt, überreich, unverhofft, unerwartet, beschenkt durch die Existenz dessen, das sie hervorruft, was Gott sein kann, wenn man an ihn glaubt, was die Welt, ein Freund, ein Unbekannter oder irgend etwas sein kann, weil sie sich als Empfängerin einer Gunstbezeugung weiß, und diese Gunst mag das Dasein oder das Leben oder einfach alles sein, und weil sie zurückgibt, ohne zu wissen wem oder wie, weil es gut ist, mit Dank zu erwidern, sich an seiner Freude und an seiner Liebe zu freuen, deren Ursachen uns übersteigen, uns umfangen, uns leben machen, uns begeistern. Demut Bachs, Demut Mozarts, so verschieden voneinander (der erste dankt mit seinem unvergleichlichen Genie dem Himmel, der zweite versetzt uns selbst in den Himmel ...), aber beide ergreifend durch ihre glückliche Dankbarkeit, ihre wahre Einfachheit, ihre fast übermenschliche Kraft, diese innere Heiterkeit selbst in der Angst und im Schmerz, die daraus erwächst, daß man sich als Wirkung und nicht als Prinzip weiß, daß man sich eingeschlossen weiß in das, was man singt, was einen existieren läßt und emporträgt ... Clara Haskil, Dinu Lipatti und Glenn Gould vermochten das, scheint mir, auszudrücken, wenigstens in ihren besten Momenten, und diese Freude, die sich beim Hören auf uns überträgt, sagt das Wesentliche über die Dankbarkeit aus, die die Freude selbst ist, insofern sie geschenkt, insofern sie unverdient ist (ja, selbst für die Besten!), insofern sie Gnade ist und immer aufgehend (und trotzdem empfangend) in einer noch höheren Gnade, der Gnade des Existierens, was sage ich, der Existenz selbst, dem Prinzip alles Seienden, dem Prinzip jedes Lebewesens, jeglicher Freude, jeglicher Liebe ...

Ja, was man in Spinozas *Ethik* lesen kann, kann man auch in der

Musik hören, und in der Musik Bachs und Mozarts mehr als in jeder anderen, scheint mir (bei Haydn hört man eher die Höflichkeit und die Großherzigkeit, bei Beethoven den Mut, bei Schubert die Sanftmut, bei Brahms die Treue ...), und das allein sagt schon, in welcher Höhe die Dankbarkeit anzusiedeln ist: Tugend des Gipfels, sehr viel mehr für Riesen als für Zwerge geeignet. Wir brauchen uns aber deswegen nicht davonzustehlen: Danken wir der Gnade, und zuerst jenen, die sie offenbaren, indem sie sie preisen!

Kein Mensch ist Ursache seiner selbst: Der Geist «steht in der Schuld seines Seins», sagte Claude Bruaire.[14] Das wiederum auch nicht, da niemand *verlangt* hat zu sein (eine Schuld entsteht durch eine Leistung, nicht durch ein Geschenk), auch weil niemand eine solche Schuld begleichen könnte. Das Leben ist keine Schuld: Das Leben ist eine Gnade, das Sein ist eine Gnade, und das ist die höchste Lehre der Dankbarkeit.

Die Dankbarkeit freut sich über das, was war oder ist: Sie ist also das Gegenteil des Bedauerns oder Nachtrauerns (das über eine Vergangenheit klagt, die nicht war oder nicht mehr ist), auch das Gegenteil der Hoffnung und der Angst, die beide eine Zukunft wünschen oder befürchten (wünschen *und* befürchten!), die noch nicht ist und vielleicht nie sein wird, sie aber dennoch durch ihre Abwesenheit quält ... Dankbarkeit gegen Bekümmertheit. Freude über das, was ist oder war, gegen die Angst vor dem, was sein könnte. «Das Leben der Unvernünftigen ist undankbar und ängstlich», sagt Epikur. «Es ist ganz auf die Zukunft ausgerichtet.»[15] Deshalb verpassen sie das Leben, sie können nie satt, nie zufrieden, nie glücklich sein: Sie leben nicht, sie schicken sich an zu leben, wie Seneca sagt[16], sie hoffen zu leben, wie Pascal[17] sagt, dann trauern sie dem nach, was sie erlebt oder, häufiger noch, nicht erlebt haben ... Die Vergangenheit fehlt ihnen ebenso wie die Zukunft. Der Weise hingegen freut sich, daß er lebt, aber auch, daß er gelebt hat. Die Dankbarkeit (*charis*) ist Freude des Gedächtnisses, Liebe der Vergangenheit – nicht Schmerz, daß etwas nicht mehr ist, nicht Bedauern, daß etwas nicht war, sondern freudi-

ges Erinnern an das, was gewesen ist. Sie ist die wiedergefundene
Zeit, wenn man so will («im dankbaren Genuß des Guten, das die
Vergangenheit ihm schenkte», sagt Epikur[18]), und man versteht, daß
durch sie der Gedanke an den Tod keine Rolle mehr spielt, wie Proust
sagt, weil das, was wir erlebt haben, uns selbst vom Tod, der uns
nimmt, nicht genommen werden kann: Es ist unvergänglicher Besitz,
sagt Epikur[19], nicht, weil man nicht vergänglich wäre, sondern weil
der Tod nicht ungeschehen machen kann, was man erlebt, was man
flüchtig und definitiv erlebt hat. Der Tod wird uns nur die Zukunft
nehmen, die nicht ist. Die Dankbarkeit befreit uns von ihr durch das
freudige Wissen dessen, was war. Die Dankbarkeit ist Erkenntnis
(während die Hoffnung nur Einbildung ist); darum reicht sie an die
Wahrheit heran, die ewig ist und in ihr wohnt. Dankbarkeit: Genuß
der Ewigkeit.

Das kann uns die Vergangenheit nicht zurückgeben, wird man gegen Epikur einwenden, auch das Verlorene nicht ... Sicherlich, aber
wer könnte es zurückgeben? Dankbarkeit hebt die Trauer nicht auf;
sie vollendet sie: «Das Unglück muß man heilen durch die freudige
Erinnerung an das Verlorene und durch die Erkenntnis, daß es nicht
möglich ist, das Geschehene ungeschehen zu machen.»[20] Könnte man
die Trauerarbeit schöner umschreiben? Wir sollen annehmen, was
ist, also auch, was nicht mehr ist, und es so lieben, wie es ist, in seiner
Wahrheit, in seiner Ewigkeit: es geht um den Schritt vom entsetz-
lichen Schmerz des Verlustes zur Sanftheit der Erinnerung, von der
zu leistenden Trauer zur vollbrachten Trauer («zur dankbaren Erinnerung an das Verlorene»), vom Trennungsschmerz zur Annahme,
vom Leid zur Freude, von der aufgewühlten Liebe zur gelassenen
Liebe. «Sanft ist die Erinnerung an den verstorbenen Freund», sagte
Epikur[21]: Die Dankbarkeit ist diese Sanftheit selbst, wenn sie freudig
wird. Zunächst ist der Schmerz das Stärkere: «Entsetzlich, er ist tot!»
Wir können uns nicht damit abfinden. Darum ist Trauerarbeit nötig,
darum ist sie schwierig, darum ist sie schmerzhaft. Aber die Freude
kommt wieder: «Wie gut, daß er gelebt hat!» Trauerarbeit: Dankes-
arbeit.

Daß Dankbarkeit eine Pflicht sein soll, wie Kant und Rousseau[22] meinten, davon bin ich nicht überzeugt. Ohnehin glaube ich nicht sehr an die Pflichten. Daß sie aber eine Tugend, also ein Vorzug ist, das bestätigt die offensichtliche Schäbigkeit dessen, der ihrer unfähig ist, und beweist unser aller Lauheit, mit der wir sie üben. Der Haß ist so viel zählebiger als die Liebe! Der Hader so viel stärker als die Dankbarkeit! Es kommt sogar vor, daß Dankbarkeit in Hader umschlägt, da die Eigenliebe schnell beleidigt ist: Undankbarkeit gegen seinen Wohltäter, schreibt Kant, «ist ein zwar im öffentlichen Urteile höchst verabscheutes Laster, gleichwohl ist der Mensch desselben wegen so berüchtigt, daß man es nicht für unwahrscheinlich hält, man könne sich durch erzeigte Wohltaten wohl gar einen Feind machen.»[23] Größe der Dankbarkeit: Kleinlichkeit des Menschen.

Ganz zu schweigen davon, daß die Dankbarkeit selbst manchmal suspekt sein kann. La Rochefoucauld sah in ihr nur verkappten Eigennutz[24], und Chamfort bemerkte zu Recht, daß es «eine Art schäbige Dankbarkeit» gebe.[25] Das ist verkappte Unterwürfigkeit, verkappter Egoismus, verkappte Hoffnung. Man bedankt sich lediglich, um noch mehr zu bekommen (man sagt «danke!» und meint «bitte!»). Das ist keine Dankbarkeit, das ist Schmeichelei, Kriecherei, Lüge. Das ist keine Tugend, sondern ein Laster. Im übrigen kann uns selbst ehrliche Dankbarkeit von keiner anderen Tugend dispensieren, sie kann auch nie eine Verfehlung rechtfertigen. Eine zweitrangige, wenn nicht zweitklassige Tugend also, die richtig einzuordnen ist: Gerechtigkeit und Aufrichtigkeit können einen Mangel an Dankbarkeit rechtfertigen, Dankbarkeit kann aber nie zu einem Verstoß gegen die Gerechtigkeit oder die Aufrichtigkeit berechtigen. Er hat mir das Leben gerettet: Muß ich von mir deshalb verlangen, daß ich zu seinen Gunsten falsch aussage, so daß ein Unschuldiger verurteilt wird? Natürlich nicht! Man ist nicht undankbar, wenn man bei allem, was man einem einzelnen schuldet, nicht vergißt, was man den anderen und sich selbst schuldet. Es ist nicht undankbar, schreibt Spinoza, «wer durch die Geschenke einer Buhlerin sich nicht bewegen läßt, ihren Lüsten dienstbar zu sein, oder diejenigen eines Diebes, dessen Diebstähle zu verhehlen und dergl. Denn ein solcher zeigt gerade im Gegenteil einen standhaften Sinn, der sich durch keine Geschenke bestechen läßt, sich selbst oder das gemeine Wohl zu schädigen»[26]. Dankbarkeit ist nicht Gefälligkeit. Dankbarkeit ist nicht Bestechlichkeit.

Dankbarkeit ist Freude, das sei nochmals betont, Dankbarkeit ist Liebe: Darin grenzt sie an Nächstenliebe, die gleichsam «eine inchoative Dankbarkeit, eine grundlose Dankbarkeit, eine unbedingte Dankbarkeit ist, ebenso wie die Dankbarkeit sekundäre oder hypothetische Nächstenliebe ist»[27]. Freude auf Freude: Liebe auf Liebe. Die Dankbarkeit ist insofern auch das Geheimnis der Freundschaft; nicht durch das Gefühl einer Schuld, denn Freunden schuldet man nichts, sondern durch die Überfülle an gemeinsamer Freude, an gegenseitiger Freude, an geteilter Freude. «Die Freundschaft tanzt den Reigen um die Welt und ruft uns allen zu, aufzuwachen zur Danksagung», schreibt Epikur.[28] *Danke, daß wir existieren*, sagen sie zueinander und zur Welt, zum Universum. *Diese* Dankbarkeit ist wirklich eine Tugend, denn sie ist das Glück der Liebe, und das einzige.

11

DIE DEMUT

Die Demut ist eine bescheidene Tugend: Sie ist sich nicht einmal sicher, ob sie eine Tugend ist! Wer sich seiner Demut rühmte, würde damit zeigen, daß sie ihm fehlt.

Das beweist allerdings nichts: Keiner Tugend soll man sich rühmen, nicht einmal stolz soll man auf sie sein, das lehrt die Demut. Sie macht die Tugenden diskret, so daß sie sich selbst kaum wahrnehmen, fast ableugnen. Mangelnde Bewußtheit? Es ist vielmehr äußerste Bewußtheit der Grenzen jeglicher Tugend, und seiner selbst. Diese Diskretion ist das – selbst diskrete – Kennzeichen einer unbestechlichen Klarheit und eines unerbittlichen Anspruchs an sich selbst. Demut ist nicht Selbsterniedrigung, sonst wäre sie schlichte Verachtung. Sie bedeutet nicht, daß man verkennt, was man ist, sondern erkennt oder anerkennt, was man alles nicht ist. Das ist ihre Grenze, eben weil sie sich auf ein Nichts bezieht. Aber das macht sie auch menschlich: «Sei er so weise wie er will, am Ende bleibt er ein Mensch: Was gäbe es Hinfälligeres, Elenderes und Nichtigeres?»[1] Weisheit Montaignes: Weisheit der Demut. Es ist absurd, über den Menschen hinauszuwollen, man kann es nicht und man soll es nicht.[2] Die Demut ist eine unbestechliche Tugend, die immer unzufrieden mit sich ist, es aber noch unbefriedigender fände, dies nicht zu sein. Es ist die Tugend des Menschen, der weiß, daß er nicht Gott ist.

Darum ist sie die Tugend der Heiligen, wogegen sie den Weisen, außer Montaigne, mitunter abzugehen scheint. Pascal kritisiert nicht ganz zu Unrecht die «Hoffart» der Philosophen. Einige haben ihre Göttlichkeit ernst genommen, was den Heiligen nie eingefallen wäre. «*Ich, göttlich?*» Das hieße Gott verkennen, oder sich selbst verkennen. Die Demut verweigert sich zumindest dem zweiten Irrtum, und das macht sie bereits zur Tugend: Sie ist eine Form der Wahrheits-

167

liebe und orientiert sich an ihr. Demütig sein heißt, die Wahrheit mehr als sich selbst zu lieben.

Insofern setzt jedes Denken, das diese Bezeichnung verdient, Demut voraus: Das demütige Denken, das heißt das Denken, verträgt sich nicht mit der Eitelkeit, die nicht denkt, sondern an sich glaubt. Man wird einwenden, diese Demut sei nicht von Dauer ... Aber das Denken ist es auch nicht. Darum die hoffärtigen Systeme.

Die Demut hingegen möchte denken, ohne an sich zu glauben: Sie zweifelt an allem und besonders an sich selbst. Menschlich, allzu menschlich ... Wer weiß, ob sie nicht die Maske eines sehr subtilen Hochmuts ist?

Aber versuchen wir zuerst, sie zu definieren.

«Demut ist eine Traurigkeit, daraus entsprungen, daß der Mensch sein Unvermögen oder seine Schwäche betrachtet.»[3] Diese Demut ist weniger eine Tugend als ein Zustand: Sie ist ein Affekt, sagt Spinoza, anders gesagt ein Seelenzustand. Wenn jemand sich sein eigenes Unvermögen vorstellt, so wird sich seine Seele «eben dadurch betrüben»[4]. Diese Erfahrung trifft uns alle, und es wäre unzulässig, darin eine Kraft zu sehen. Tugend ist aber für Spinoza nichts anderes: Tugend ist Kraft der Seele und immer mit Freude verbunden! Die Demut ist also keine Tugend[5], und der Weise braucht sie nicht.

Möglicherweise ist es aber nur eine Frage der Bezeichnung. Nicht nur, weil für Spinoza die Demut, obzwar keine Tugend, «mehr Nutzen als Schaden»[6] bringt (dem, der sie übt, kann sie helfen, «nach dem Gebote der Vernunft zu leben», und die Propheten haben sie zu Recht angeraten[7]), sondern auch und vor allem, weil Spinoza noch einen anderen, positiven Affekt ausdrücklich erwähnt, der genau unserer tugendhaften Demut entspricht: «Nehmen wir jedoch an, daß der Mensch sein Unvermögen daran einsieht, daß er etwas erkennt, was tüchtiger ist als er selbst, durch dessen Erkenntnis er sein Tätigkeitsvermögen bestimmt, dann nehmen wir nichts anderes an, als daß der Mensch sich selbst klar erkennt, oder daß sein Tätigkeitsvermögen gefördert wird.»[8] Solche Demut ist sehr wohl eine Tugend, denn es erfordert eine größere Kraft der Seele, sich selbt adäquat zu erkennen (das Gegenteil der Demut ist Hochmut, und Hochmut ist immer Unwissenheit), indem man gleichzeitig etwas Größeres erkennt. Ohne Traurigkeit? Warum nicht, wenn man aufhört, nur sich selbst zu lieben?

Vermeiden wir es also, obwohl einige Übersetzer das tun, die Demut mit der aristotelischen *mikropsychia* zu verwechseln, die man eher mit «Sich-Kleinmachen» oder «Selbsterniedrigung» wiedergeben müßte. Worum handelt es sich? Erinnern wir uns, daß für Aristoteles jede Tugend ein Grat zwischen zwei Abgründen ist. So der Edelmut oder die Seelengröße: Wer sich davon entfernt, indem er sie übertreibt, verfällt in die Eitelkeit; wer sie untertreibt, erniedrigt sich selbst. Sich erniedrigen heißt seine Würde aufgeben, heißt seinen wirklichen Wert verkennen, so daß man sich schließlich jede etwas höhere Handlung versagt, da man sie sich nicht mehr zutraut.[9] Diese Selbsterniedrigung entspricht ziemlich genau dem, was Spinoza im Unterschied zur Demut (*humilitas*) als *abjectio* bezeichnet, was üblicherweise mit «Kleinmut» übersetzt wird, von Bernard Pautrat aber wohl richtiger mit *bassesse*, «Niedrigkeit», wiedergegeben wird: «Niedrigkeit bedeutet: aus Traurigkeit eine geringere Meinung von sich haben, als recht ist.»[10] Daß diese Niedrigkeit oder Selbsterniedrigung aus der Demut entstehen kann, ist unbestritten[11], und das ist es, wodurch die Demut zum Laster werden kann. Eine Zwangsläufigkeit gibt es aber nicht: Man kann über sein Unvermögen traurig sein, ohne gleich zu übertreiben und sogar – das nenne ich tugendhafte Demut – aus dieser Traurigkeit zusätzliche Kraft beziehen, um sie zu bekämpfen. Man wird einwenden, das gehe über den Spinozismus hinaus. Ich bin mir da nicht sicher[12], und überdies kümmert mich das nicht. Daß die Traurigkeit manchmal eine Kraft in uns ist, oder daß sie die Kraft mobilisiert, die in uns steckt, wie ich meine und auch Spinoza einräumt, das lehrt die Erfahrung[13], und das ist auch wichtiger als die Systeme. Es gibt einen Mut der Verzweiflung und ebenso einen Mut der Demut. Im übrigen hat man nicht die Wahl. Besser wahre Traurigkeit als falsche Freude.

Demut als Tugend ist diese wahre Traurigkeit, daß man nur sich selbst ist. Wie sollte man etwas anderes sein? Die Barmherzigkeit gilt auch für sich selbst, und sie mildert die Demut ein wenig durch Sanftmut. Sie lehrt, daß man sich zufriedengeben soll mit sich selbst. Aber wer kann mit sich zufrieden sein, ohne eitel zu werden? Barmherzigkeit und Demut gehen Hand in Hand und ergänzen sich. Sich annehmen – aber sich nichts vormachen.

«Die Zufriedenheit mit sich selbst ist in Wahrheit das Höchste, was wir erhoffen können.»[14] Sagen wir: die Demut ist das Verzweifeln daran, und damit ist alles gesagt.

Alles? Nein, doch noch nicht. Womöglich ist das Wesentliche noch gar nicht angesprochen worden. Das Wesentliche? Der *Wert* der Demut. Tugend, habe ich gesagt. Aber von welcher Bedeutung? Von welchem Rang? Von welcher Würde?

Man sieht das Problem: Wenn Demut Respekt oder Bewunderung verdient, ist sie dann nicht zu Unrecht demütig? Und wenn sie zu Recht demütig ist, wie kann es dann richtig sein, sie zu bewundern? Die Demut scheint eine widersprüchliche Tugend zu sein, als ob sie sich nur durch das eigene Fehlen rechtfertigen könnte, oder nur zu ihren Ungunsten Geltung hätte.

«Ich bin sehr demütig»: Performativer Widerspruch in sich selbst. «Mir mangelt es an Demut»: Ein erster Schritt dazu.

Aber wie kann ein Subjekt Geltung haben, wenn es sich entwertet? Wir sind hier im Grunde bei der Kritik, die Kant und Nietzsche an der Demut übten. Schauen wir uns die Texte an. In der *Tugendlehre* setzt Kant ganz richtig die «falsche Demut» (oder «Kriecherei») der Pflicht gegenüber, die Menschenwürde in sich als moralisches Subjekt zu respektieren: Die *«Kriecherei»* ist das Gegenteil der *«Ehrliebe»*, erklärt er, und jene ist ebenso gewiß ein Laster, als diese eine Tugend ist.[15] Für Kant gibt es natürlich auch eine echte Demut (*humilitas moralis*), die er sehr schön definiert: «Das Bewußtsein und Gefühl der Geringfähigkeit seines moralischen Werts *in Vergleichung mit dem Gesetz* ist die Demut.»[16] Diese echte Demut verstößt

170

keineswegs gegen die Würde des Subjekts, sie setzt sie vielmehr voraus (es bestünde kein Grund, ein Individuum dem Gesetz zu unterstellen, das nicht dieser inneren Gesetzgebung fähig wäre: Demut impliziert Erhebung) und bekräftigt sie (sich einem Gesetz zu unterstellen, ist Forderung des Gesetzes selbst: Die Demut ist eine Pflicht).

Allerdings setzt Kant dieser Demut sehr enge Grenzen, die, nebenbei bemerkt, weit diesseits der christlichen (oder nur katholischen?) Gewohnheiten liegen, oder selbst, wie mir scheint, einer bestimmten spirituellen Grundhaltung, für deren Allgemeingültigkeit und – zumindest für den, der ernst nimmt, was sie uns zu sagen haben – für deren Wert die Mystiker, und nicht nur die des Abendlandes, stehen. «Das Hinknien oder Hinwerfen zur Erde, selbst um die Verehrung himmlischer Gegenstände sich dadurch zu versinnlichen, ist der Menschenwürde zuwider», schreibt Kant[17], und das ist schön. Aber ist es wahr? Daß man weder unterwürfig noch liebedienerisch sein soll, versteht sich von selbst. Aber soll man deswegen – entgegen den ehrwürdigsten und bewährtesten spirituellen Traditionen – zum Beispiel auch das Betteln verdammen?[18] Haben Franz von Assisi oder Buddha gegen die Menschlichkeit gesündigt? Daß «das Bücken und Schmiegen vor einem Menschen [...] in jedem Fall eines Menschen unwürdig» sei[19], kann man zur Not gelten lassen. Aber abgesehen davon, daß Demut nicht Demütigung ist und mit ihr nichts gemein hat (Demütigung taugt nur für Hochmütige und Perverse): Soll man diese *Erhabenheit* unserer moralischen Anlage, wie Kant sagt, so furchtbar ernst nehmen, wenn es um einen selbst geht? Zeugt das nicht von einem Mangel an Demut, Nüchternheit – und Humor? Der empirische Mensch (*homo phaenomenon, animal rationale*) ist ein Wesen von geringer Bedeutung, erklärt Kant, doch als Person (als *homo noumenon*), das heißt als moralisches Subjekt betrachtet, besitzt er eine absolute Würde, und dadurch kann «seine Geringfähigkeit als *Tiermensch* dem Bewußtsein seiner Würde als *Vernunftmensch* nicht Abbruch tun»[20]. Gut und schön. Aber wenn beides ein und dasselbe ist? Die Materialisten sind demütiger, sie vergessen nie das Tier in sich. Söhne der Erde (*humus*, davon *humilitas*, das lateinische Wort für

Demut), und des Himmels, den sie sich erfinden, ewig unwürdig. Und selbst wenn es sich um die «Vergleichung mit anderen Menschen»[21] handelt: Ist es wirklich schuldhaft oder «kriecherisch», sich vor Mozart, Cavaillès oder dem Abbé Pierre zu verbeugen? «Wer sich aber zum Wurm macht, kann nachher nicht klagen, daß er mit Füßen getreten wird», schreibt Kant stolz.[22] Aber wer sich zum Standbild macht – und sei es zum Ruhme des Menschen oder des Gesetzes –, darf der klagen, wenn man ihn der Pose oder Kälte verdächtigt? Besser ein erhabener Bettler, der dem Sünder die Füße wäscht.

Was Nietzsche betrifft, so kommt man aus dem Für und Wider nicht heraus: Er hat überall recht und überall unrecht, und was er über die Demut sagt, treibt im selben Mahlstrom. Wer würde bestreiten, daß in der Demut oft ein gutes Stück Nihilismus oder Voreingenommenheit steckt? Wie viele klagen sich selbst an, nur um die Welt oder das Leben um so mehr anklagen zu können – und sich dadurch selbst zu entschuldigen? Wie viele behaupten nur aus Unfähigkeit, nichts sagen – und tun! – zu können. Ja. «Und daher sind auch die, welche für ganz besonders kleinmütig und demütig gehalten werden, meistens ganz ausnehmend ehrgeizig und neidisch», sagte schon Spinoza.[23] Nochmals ja. Aber ist das bei allen so? Bei Cavaillès, bei Simone Weil, bei Etty Hillesum – selbst bei Pascal und Montaigne! – findet man eine Demut, neben der gerade die Nietzschesche Größe aufgeblasen wirkt. Nietzsche verwendet übrigens dasselbe Bild wie Kant, das des Wurms: «Der getretene Wurm krümmt sich. So ist es klug. Er verringert damit die Wahrscheinlichkeit, von neuem getreten zu werden. In der Sprache der Moral: *Demut*.»[24] Aber ist damit alles über die Demut gesagt? Ist damit das Wesentliche gesagt? Glaubt man, mit dieser Art von Psychologie einem Franz von Assisi oder einem Johannes vom Kreuz gerecht zu werden? «Die Großherzigsten sind gewöhnlich die Demütigsten», schreibt Descartes, der gewiß nichts von einem Wurm hatte.[25] Genausowenig kann man behaupten, die Demut sei lediglich die Kehrseite einer Form von Selbsthaß. Verwechseln wir nicht Demut und schlechtes Gewissen, Demut und Selbstvorwürfe, Demut und Scham. Die Demut beurteilt nicht, was man getan hat, sondern was man ist. Und wir sind so wenig . . . Gibt es für sie überhaupt etwas zu beurteilen? Die Selbstvorwürfe, das schlechte Gewissen oder die Scham bedeuten, daß man hätte anders handeln können, und besser. Die Demut stellt hingegen fest, daß man nicht besser zu sein vermag. «Könnte besser sein», diese Beurteilung des Lehrers tadelt, bevor sie ermutigt, und dasselbe tut der Selbstvorwurf. Die Demut würde eher sagen: «Ist, was er ist.» Zu demütig, um sich zu tadeln oder zu entschuldigen. Zu realistisch, um sich definitiv zu verdammen. Noch einmal gesagt, Demut und Barmherzigkeit gehen Hand in Hand – und Mut braucht keine Ermutigungen. Der Selbstvorwurf ist ein Irrtum (da er Willensfreiheit unterstellt: Die Stoiker und Spinoza lehnen ihn deshalb ab), bevor er zum Fehler wird. Die Demut ist Erkenntnis, bevor sie zur Tugend wird. Traurige Erkenntnis? Mag sein. Aber nützlicher für den Menschen als fröhliche Unwissenheit. Selbstverachtung ist allemal besser als Selbsttäuschung.

Ohne beide vermengen zu wollen, könnte man auf die Demut *a fortiori* (denn sie unterstellt nicht die Willensfreiheit, auch nicht dieselbe Verdoppelung des Leids) anwenden, was Spinoza über die Scham sagt: «Obwohl also ein Mensch, der sich einer Handlung schämt, in Wahrheit traurig ist, so ist er doch vollkommener als der Schamlose, dem der Wunsch, ehrbar zu leben, abgeht.»[26] Obwohl traurig, ist der demütige Mensch doch vollkommener als der anmaßend Schamlose. Das weiß ein jeder von uns (besser die Demut des biederen Mannes als die selbstgefällige Arroganz des Unmenschen), und es setzt Nietzsche ins Unrecht. Demut ist *Sklaven-Moral*, sagt er; Herrenmenschen mit ihren «erhobenen stolzen Zuständen der Seele» können so etwas nicht brauchen: Jegliche Demut ist für sie verachtenswert.[27] Lassen wir das stehen. Aber ist nicht Verachtung verachtenswerter als Demut? Und wie ist die «Selbstverherrlichung», an der sich der Herrenmensch erkennt[28], vereinbar mit dieser Unvoreingenommenheit des Denkens, das Nietzsche, und da hat er recht, zur philosophischen Tugend par excellence macht? «Ich kenne mich zu gut, um mich jemals zu verherrlichen», würde der

Demütige entgegnen, «ich brauche eher die gesamte Barmherzigkeit, deren ich fähig bin, um mich überhaupt zu ertragen . . .» Kann etwas lächerlicher sein, als den Übermenschen zu mimen? Wozu den Gottesglauben aufgeben, um dann einer solchen Selbsttäuschung zu unterliegen? Demut ist Atheismus in der ersten Person: Der demütige Mensch ist in bezug auf sich selbst ein Ungläubiger, so wie der Ungläubige es in bezug auf Gott ist. Warum behaupten, man zertrümmere die Götzen, um dann den letzten (das Ich!) zu verherrlichen, um sich selbst einen Kult zu schaffen? «Demut ist gleich Wahrheit», sagte Jankélévitch[29]: Das ist so viel wahrer und so viel demütiger als die *Verherrlichung* à la Nietzsche! Ehrlichkeit und Demut sind Schwestern: «Die unerbittliche und unbestechliche, die illusionslose Ehrlichkeit ist für den Ehrlichen eine ständige Lektion in Demut; und umgekehrt fördert die Demut die ehrliche Selbstschau.»[30] Das ist auch der Geist der Psychoanalyse («seine Majestät, das Ich», wie Freud sagt, wird entthront), und das vor allem macht sie schätzenswert. Man muß die Wahrheit lieben, oder sich lieben. Jede Erkenntnis ist eine narzißtische Wunde.

Soll man sich deshalb hassen, wie Pascal meinte? Sicherlich nicht: Es wäre ein Mangel an Nächstenliebe, auf die ein jeder Anrecht hat (einschließlich man selbst), die vielmehr, unabhängig von jeglichem Anrecht, jedem die Liebe gibt, die er nicht verdient hat, die aber Licht in ihn bringt, als nicht zu rechtfertigende, nicht geschuldete, umsonst gewährte und notwendige Gnade – jenes bißchen an wahrer Liebe (und mag sie uns selbst gelten, wobei sie dann freilich nicht beim Ego stehenbleibt, sondern durch es hindurchgeht), deren wir bisweilen fähig sind!

Seinen Nächsten lieben wie sich selbst, und sich selbst wie einen Nächsten: «Wo Demut ist», sagt Augustinus, «da ist auch Nächstenliebe.»[31] Denn die Demut führt zur Liebe, wie Jankélévitch oft betonte[32], und alle wirkliche Liebe setzt sie wohl voraus: Ohne Demut füllt das Ich allen Raum aus, und den anderen betrachtet es nur als Objekt (der Begehrlichkeit, nicht der Liebe!) oder als Feind. Die Demut ist dieses Bemühen des Ichs, sich von den Illusionen über sich

selbst freizumachen, wodurch es – denn diese Illusionen konstitu-
ieren es – sich auflöst. Größe der Demütigen. Sie gehen bis auf den
Grund ihrer Niedrigkeit, ihres Elends, ihres Nichts: da, wo nichts
mehr ist, wo nur noch alles ist. Da sind sie nun allein und nackt wie
jedermann: ohne Maske, nur der Liebe und dem Licht ausgesetzt.

Aber werden wir ihrer je fähig sein, dieser von Illusionen und Be-
gehrlichkeiten freien Liebe – der Nächstenliebe?

Hier ist nicht der Ort, das zu entscheiden. Sollten wir es nie sein,
bleibt immer das Mitleid, das ihr demütigstes Gesicht und ihre alltägliche Annäherung ist.

In seinem Kapitel über die Demut bemerkt Jankélévitch zu Recht, daß
«die Griechen diese Tugend so gut wie gar nicht kannten»[33]. Vielleicht weil sie sich nie einen Gott gaben, der groß genug war, um die
Kleinheit des Menschen richtig in Erscheinung treten zu lassen? Andererseits ist nicht so sicher, daß sie ihre Größe immer so falsch ein-
schätzten (Jankélévitch täuscht sich wahrscheinlich, ebenso wie Pascal, was den «stoizistischen Stolz» betrifft: Bei Epiktet gibt es auch
eine Demut, durch die das Ego weiß, daß es nicht Gott und nicht
nichts ist); aber vielleicht hatten sie auch weniger Narzißmus zu bekämpfen, oder weniger Illusionen zu zerstreuen. Fest steht jedenfalls,
daß dieser Gott (unserer: der der Juden, der Christen und der Mos-
lems), ob man an ihn glaubt oder nicht, durch den Größenunterschied
für jeden eine gewaltige Demutslektion darstellt. Die alten Griechen
nannten sich die Sterblichen: Nur der Tod, dachten sie, unterschied
sie vom Göttlichen. Wir sind etwas weiter und wissen, daß selbst die
(im übrigen wohl unerträgliche) Unsterblichkeit aus uns leider nichts
anderes machen könnte als das, was wir sind ... Wer wünschte sich
nicht manchmal zu sterben, um von sich befreit zu werden?

Die Demut ist vielleicht die religiöseste unter den Tugenden. Diese
Lust, sich in den Kirchen hinzuknien! Warum es sich versagen? Ich
spreche nur für mich: Ich müßte mir dazu vorstellen, daß ein Gott
mich geschaffen hat – und von diesem Anspruch zumindest habe ich
mich freigemacht. Wir sind so gering, so schwach, so elend ... Die

Menschheit stellt eine so lächerliche Schöpfung dar: Wie soll man denken, ein Gott habe *das* gewollt?

So kann die Demut, die aus der Religion kommt, zum Atheismus führen.

An Gott zu glauben wäre eine Sünde des Hochmuts.

12

DIE EINFACHHEIT

Der Demut mangelt es bisweilen an Einfachheit, da sie eine Selbstver-
doppelung bedingt. Wer sich beurteilt, nimmt sich sehr ernst. Der
einfache Mensch stellt sich nicht so viele Fragen über sich. Weil er
sich annimmt, wie er ist? Das ist schon zuviel gesagt. Er nimmt sich
nicht an und lehnt sich nicht ab. Er fragt sich nicht, betrachtet sich
nicht, beachtet sich nicht. Er lobt sich nicht und verachtet sich nicht.
Er ist, was er ist, ohne Wenn und Aber, oder vielmehr – denn *sein* ist
für ihn ein zu großes Wort für ein so geringes Wesen –, er tut, was er
tut, wie jeder von uns, er findet das aber nicht der Rede oder der
Interpretation wert, er denkt nicht einmal darüber nach. Er ist wie die
Vögel des Waldes, leicht und immer still, sogar wenn er singt, sogar
wenn er sich niederläßt. Das Wirklichsein genügt dem Wirklichen,
und diese Einfachheit ist das Wirkliche selbst. So auch der Einfache:
Er ist ein wirkliches Individuum, auf seinen einfachsten Ausdruck
reduziert. Gesang? Manchmal Gesang; häufiger Stillschweigen; immer das Leben. Der Einfache lebt, wie er atmet, ohne mehr Anstrengung und Ehre, ohne mehr Anstrengung und Scham. Die Einfachheit
ist keine Tugend, die zur Existenz hinzukäme. Sie ist die Existenz
selbst, ohne irgendwelche Zusätze. Deshalb ist sie die leichteste
Tugend, die durchsichtigste, die seltenste. Sie ist das Gegenteil der
Literatur: Sie ist das Leben ohne Geschichten und Lügen, ohne Über-
treibung, ohne große Geste. Sie ist das unscheinbare Leben, sie
ist das wahre Leben.

Die Einfachheit ist das Gegenteil der Doppeldeutigkeit, der Kompliziertheit, der Überheblichkeit. Darum ist sie so schwer. Ist nicht
Bewußt-Sein immer deshalb doppelt, weil es stets nur Bewußtsein
von etwas sein kann? Ist das Wirkliche nicht immer deshalb kompliziert, weil sich in ihm Ursachen und Wirkungen ineinander ver-

schlingen? Ist der Mensch nicht immer schon überheblich, sobald er zu denken versucht? Gibt es eine andere Einfachheit als die Dummheit? Als die Unbewußtheit? Als das Nichts?

Der einfache Mensch kann sich diese Fragen nicht stellen. Das kann sie aber nicht aus der Welt schaffen oder für uns als Antwort genügen. Einfachheit ist nicht Einfalt. Ebensowenig können diese Fragen die Einfachheit von allem aus der Welt schaffen, oder die Tugend, die sich an sie knüpft. Intelligenz ist nicht Umständlichkeit, Kompliziertheit, Snobismus. Die Wirklichkeit mag komplex sein, sogar von unendlicher Komplexität. Einen Baum, eine Blume, einen Stern, einen Kieselstein wird man nie erschöpfend beschreiben oder erklären können ... Und trotzdem sind sie einfach das, was sie sind (ja: sehr einfach und sehr exakt das, was sie sind, ohne die Möglichkeit eines Irrtums, ohne jede Doppeldeutigkeit, ohne jede Überhebung!), und sie zwingen niemanden, sich in dieser Endlosigkeit der Beschreibung oder der Erforschung zu verlieren. Komplexität aller Dinge, Einfachheit aller Dinge. «Die Ros ist ohn Warumb: sie blühet, weil sie blühet; / Sie acht nicht ihrer selbst, fragt nicht, ob man sie siehet.»[1] Was wäre komplizierter als eine Rose für den, der sie zu verstehen sucht? Kompliziertheit des Denkens: Einfachheit des Schauens. «Alles ist einfacher, als man denken kann, zugleich verschränkter, als zu begreifen ist», sagte Goethe.[2] Komplexität der Ursachen: Einfachheit des Da-Seins. Komplexität des Wirklichen: Einfachheit des Seins. «Das Gegenteil des Seins ist nicht das Nichts», schreibt Clément Rosset, «sondern das Doppelte.»[3] Das Gegenteil des Einfachen ist nicht das Komplexe, sondern das Falsche.

Die Einfachheit im Menschen – die Einfachheit als Tugend – braucht Bewußtsein und Denken genausowenig zu verleugnen. Ihr Kennzeichen ist gerade die Fähigkeit, Bewußtsein und Denken bestehen zu lassen, aber darüber hinauszugehen, davon frei zu werden, statt sich blenden oder einengen zu lassen. Daß alles Bewußtsein doppelt ist, da es bewußte Wahrnehmung eines Objekts (Intentionalität) und zugleich Bewußtsein dieser Wahrnehmung (Reflexivität) ist, sei nicht bestritten. Aber das beweist nichts gegen die Einfachheit: weder

178

die des Wirklichen, noch die des Lebens, noch selbst die des reinen, präreflexiven und anteprädikativen Bewußtseins, ohne welches es keine Prädikation und keine Reflexion geben könnte. Einfachheit ist nicht Unbewußtheit, Einfachheit ist nicht Dummheit: Der einfache Geist ist nicht geistig beschränkt! Die Einfachheit bildet vielmehr «das Gegengift zur Reflexivität»[4] und zur Intelligenz, das diese davor bewahrt, sich etwas weiszumachen, sich in sich selbst zu verirren und darüber die Wirklichkeit zu verlieren, sich ernst zu nehmen, sich selbst im Wege zu stehen und das zu verdecken, was sie zu entdecken und zu enthüllen beanspruchen. Die Einfachheit lehrt, Abstand zu nehmen, oder vielmehr, sie ist dieser Abstand von allem und von sich selbst: «Loslassen, annehmen, was kommt, ohne etwas behalten zu wollen», sagt Bobin.[5] Einfachheit ist Nacktheit, Entäußerung, Armut. Ohne anderen Reichtum als alles. Ohne anderen Schatz als nichts. Einfachheit ist Freiheit, Leichtigkeit, Durchsichtigkeit. Einfach wie die Luft, frei wie die Luft: Die Einfachheit ist die Luft des Denkens, ein offenes Fenster, das den großen Lufthauch der Welt, die unendliche und schweigende Gegenwart von allem hereinläßt ... Was ist einfacher als der Wind? Was ist luftiger als die Einfachheit?

Intellektuell ist sie vielleicht nichts anderes als der gesunde Menschenverstand, das rechte Urteil, wenn es nicht verbildet ist von dem, was es weiß oder glaubt, sondern offen für das Wirkliche, für die Einfachheit des Wirklichen, und gleichsam jedesmal neu, wenn es sich betätigt. Es ist die Vernunft, wenn sie nicht von sich selbst verblendet ist: klar denkende Vernunft, konkrete Vernunft, vielleicht minimale Vernunft, die aber die Vorbedingung aller Vernunft ist. Von zwei Beweisen, zwei Hypothesen, zwei Theorien ziehen die Wissenschaftler gewöhnlich die einfachere vor, das heißt, man vertraut mehr auf die Einfachheit des Wirklichen als auf die Kraft unseres Geistes. Für diese Entscheidung gibt es keinen Beweis, aber sie scheint vernünftig. Ich finde es immer wieder bedauerlich, daß die Philosophen, vor allem die zeitgenössischen, normalerweise den anderen Weg gehen und das Kompliziertere, das Obskurere, das Gewundene vorziehen ... Es schützt sie gegen jegliche Anfechtung und macht ihre Theorien ebenso wirklichkeitsfern wie langweilig. Kompliziertheit nicht des Wirklichen, sondern des Denkens: schlechte Kompliziertheit. Besser ist eine einfache und ungeschmückte Wahrheit, wie Montaigne sagte[6], die der Komplexität des Wirklichen zwar angemessen ist, wenn es nötig ist, aber nicht noch die Verwickeltheit unseres Geistes hinzufügt oder sie mit dieser verwechselt. Intelligenz ist die Kunst, das Kompliziertere auf das Einfachere zu reduzieren, und nicht umgekehrt. Intelligenz eines Epikur, Intelligenz eines Montaigne, Intelligenz eines Descartes ... Und Intelligenz unserer heutigen Wissenschaftler. Kann etwas einfacher sein als $E = mc^2$? Einfachheit auch des komplizierten Wirklichen; Klarheit auch des schwierigen Denkens. Aristophanes, schrieb Montaigne, war sehr unverständig, bei Epikur die Einfachheit der Worte und das Ende seiner Rednerkunst zu tadeln, welches nur die Klarheit der Ausdrucksweise war.[7] Warum kompliziert, wenn es auch einfach geht, warum lang, wenn es auch kurz geht, warum dunkel, wenn man auch klar sein kann? Und was taugt ein Denken, das dazu unfähig ist? Unseren Sophisten bescheinigt man eine affektierte Obskurität. Ganz falsch. Affektiert ist bei ihnen die Tiefe, darum müssen sie obskur sein. Seichtes Wasser kann nur Tiefe vortäuschen, wenn es trübe ist ... Ihre Argumente wären überzeugender, wenn sie klarer wären. Aber wären sie überzeugend, wozu bräuchten sie dann die Obskurität?

Das ist so neu nicht. Die Scholastik ist zeitlos, oder besser, jede Zeit hat ihre eigene. Jede Generation hat ihre Sophisten, Schaumschläger, Phrasendrescher, Schulmeister. Gegen die seiner Zeit formulierte Descartes treffend, was auch gegen die unseren gilt: «Ihre Art und Weise zu philosophieren ist sehr bequem für jene, deren Geisteskräfte sehr mäßig sind; denn die Unverständlichkeit ihrer Distinktionen und der von ihnen verwendeten Prinzipien ist der Grund dafür, daß sie über alles so kühn reden können, als wüßten sie alles, und daß sie alles, was sie sagen, gegenüber den Feinsinnigeren und Geschickteren so verfechten können, daß es unmöglich ist, sie zu überzeugen.»[8] Unverständlichkeit schützt. Kompliziertheit schützt. Descartes setzt die «sehr einfachen und sehr einleuchtenden» Prinzipien dagegen, an die er sich hält, die seine Philosophie für jedermann zugänglich und für alle diskutierbar machen. Man denkt nicht, um sich zu schützen. Die Einfachheit ist auch eine intellektuelle Tugend. Doch zuerst ist sie eine moralische, sogar spirituelle Tugend. Lauterkeit des Blicks, Reinheit des Herzens, Ehrlichkeit der Ausdrucksweise, Redlichkeit der Seele und des Verhaltens ... Mir scheint, man kann sich ihr nur indirekt annähern, durch etwas anderes als sie selbst. Denn die Einfachheit ist nicht die Reinheit, ist nicht die Ehrlichkeit, ist nicht die Redlichkeit... Zum Beispiel, so bemerkt Fénelon, «trifft man viele Leute, die ehrlich, aber nicht einfach sind: Sie sagen nichts, was sie nicht für wahr halten, sie wollen nur als das erscheinen, was sie sind, und sie fürchten stets, für etwas gehalten zu werden, was sie nicht sind; sie sind ständig damit beschäftigt, sich selbst zu studieren, all ihre Worte und all ihre Gedanken sorgfältig abzuwägen, alles noch einmal zu überdenken, was sie getan haben, aus Furcht, zuviel getan oder zuviel gesagt zu haben.»[9] Kurz, sie beschäftigen sich, und sei es aus guten Gründen, zuviel mit sich selbst, und das ist das Gegenteil der Einfachheit. Natürlich soll man sich nicht daran hindern, an sich zu denken. «Wenn man einfach sein *wollte*», schreibt Fénelon, «würde man sich von der Einfachheit entfernen.»[10] Man soll nichts vortäuschen, auch keine Einfachheit. Es ist besser, einfach egoistisch zu sein, als Großherzigkeit vorzutäuschen. Es ist besser, einfach ein Luftikus zu sein, als den Treuen zu mimen. Noch einmal, die Einfachheit läßt sich nicht auf Ehrlichkeit, auf das Unterlassen von Heuchelei und Lüge reduzieren. Sie ist eher das Unterlassen von Kalkül, von Künstlichkeit, von Geziertheit. Besser eine einfache Lüge als kalkulierte Einfachheit. «Diese Leute sind ehrlich», fährt Fénelon fort, «aber sie sind nicht einfach; sie sind nicht entspannt mit anderen, und die anderen sind nicht entspannt mit ihnen; an ihnen ist nichts Lockeres, nichts Freies, nichts Unbefangenes, nichts Natürliches; man wünschte sich weniger korrekte und unvollkommenere Menschen, die weniger auf ihre Erscheinung achteten. So mögen es die Menschen, und Gott mag es ebenso: Er will Seelen, die nicht mit sich selbst beschäftigt sind, die sich nicht gleichsam ständig bespiegeln, um ihre Erscheinung zu pflegen.»[11] Einfachheit ist Spontaneität, unmittelbares Sich-selbst-Entsprechen (einschließlich der unbekannten Seiten in sich), fröhliches Improvisieren, Losgelöstheit von sich selbst, Abneigung gegen das Beweisen, das Übertrumpfen, den Schein ... Von daher dieser Eindruck von Freiheit, Leichtigkeit, glücklicher Unbefangenheit. «Die Einfachheit», schreibt Fénelon, «ist eine Redlichkeit der Seele, die jedes unnütze Selbstbesinnen und Überdenken seiner Handlungen unterläßt. [...] Sie ist frei in ihrem Lauf, weil sie nicht stillsteht, um sich eine kunstvolle Erscheinung zu geben.»[12] Sie ist sorglos, doch nicht ohne Sorge: Sie beschäftigt sich mit dem Wirklichen, nicht mit sich selbst. Sie ist das Gegenteil der Eigenliebe. Noch einmal Fénelon: «Da man innerlich losgelöst ist von sich selbst, indem man alles willentliche Selbstbesinnen unterläßt, handelt man natürlicher. [...] Diese wahre Einfachheit scheint manchmal ein wenig nachlässig und weniger korrekt, aber sie hat einen Geschmack von Arglosigkeit und Wahrheit, der spürbar wird, etwas Unbedarftes, Sanftes, Unschuldiges, Fröhliches, Friedliches, das entzückt, wenn man es mit reinen Augen näher und länger ansieht.»[13] Die Einfachheit ist Sich-Vergessen, und insofern ist sie eine Tugend: nicht das Gegenteil des Egoismus, wie die Großherzigkeit, sondern das Gegenteil der Selbstverliebtheit, der Überheblichkeit, der Selbstgefälligkeit. Man mag einwenden, Großherzigkeit sei besser. Ja, solange das Ego weiterbesteht und herrscht. Aber nicht alle Großherzigkeit ist einfach (welche Selbstgefälligkeit bei Descartes!), während absolute Einfachheit immer großherzig ist (welche Großherzigkeit bei Franz von Assisi!). Das Ich ist eben nichts anderes als die Gesamtheit der Illusionen, die es sich über sich macht: Der Narzißmus ist nicht die Wirkung des Ego, sondern sein Ursprung. Die Großherzigkeit überwindet es, die Einfachheit löst es auf. Die Großherzigkeit ist Bemühen, die Einfachheit Ausruhen. Die Großherzigkeit ist Sieg, die Einfachheit Friede. Die Großherzigkeit ist Kraft, die Einfachheit Gnade.

Jankélévitch hat festgestellt, daß ohne sie jeder Tugend das Wesentliche fehlen würde.[14] Was taugte geheuchelte Dankbarkeit, gekünstelte Demut, oder Mut, der nur den Beifall sucht? Es wäre weder Dankbarkeit, noch Demut, noch Mut. Bescheidenheit ohne Einfachheit ist falsche Bescheidenheit. Ehrlichkeit ohne Einfachheit ist Exhibitionismus oder Kalkül. Die Einfachheit ist die Wahrheit der Tugenden: Jede ist sich selbst nur unter der Bedingung, frei zu sein vom Scheinenwollen, sogar frei zu sein vom Seinwollen (ja: frei von sich!), nur unter der Bedingung also, nicht gekünstelt, nicht gestellt, nicht auf Effekt aus zu sein. Wer nur in der Öffentlichkeit mutig, großherzig, tugendhaft ist, ist nicht wirklich mutig, großherzig, tugendhaft. Und wer nur in der Öffentlichkeit einfach ist (das gibt es: gewisse Leute duzen jeden sofort, vor dem Spiegel siezen sie sich selbst), der ist einfach maniriert. «Vorgetäuschte Einfachheit ist feinsinniger Betrug», sagte La Rochefoucauld.[15] Ohne die Einfachheit wird also jede Tugend verdorben, ihrer selbst entleert, quasi mit sich selbst gefüllt. Andersherum macht wahre Einfachheit die Fehler zwar nicht inexistent, aber erträglicher: Jemand, der einfach egoistisch, einfach feige oder einfach untreu ist, kann durchaus anziehend oder sympathisch sein. Wogegen der aufgeblasene Dummkopf, der affige Egoist oder der angeberische Feigling genauso unerträglich sind wie der Schönling, der den Romantischen spielt oder mit seinen Eroberungen prahlt. Die Einfachheit ist die Wahrheit der Tugenden, und die Entschuldigung ihrer Fehler. Sie ist das Gewinnende bei den Heiligen und der Charme der Sünder.

Daß sie nicht alles entschuldigt, ist freilich auch klar, und eigentlich entschuldigt sie auch gar nicht, sondern verführt. Wer sie aber zur Verführung benutzen wollte, verfehlte sich gegen die Einfachheit.

Der Einfache ist der, der nicht tut als ob, der nicht auf etwas bedacht ist (auf sich, auf das Bild, das er abgibt, auf seinen Ruf), der es nicht auf etwas abgesehen hat, der ohne Arg ist, ohne Hintergedanken, ohne Programm, ohne Plan ... Eine Kindertugend? Das glaube ich weniger. Eher die Kindheit als Tugend, aber eine wiedergefundene, wiedererlangte Kindheit, gleichsam freigeworden von sich selbst, von diesem Es-den-Erwachsenen-Nachmachen, von dieser Ungeduld des Erwachsenwerdens, von diesem großen Lebensernst, von diesem großen Geheimnis, sich selbst zu sein . . . Einfachheit lernt man erst nach und nach. Hören Sie, wie Clara Haskil Mozart oder Schumann spielt. Kein Kind wird je spielen können wie diese alte Dame, wenn sie die *Variationen in C-Dur* («Ah, vous dirai-je maman») oder die *Kinder-Szenen* gibt, mit dieser Anmut, dieser Poesie, dieser Leichtigkeit, dieser Unschuld . . . Sie ist Kind im Geiste, wozu Kinder nur selten imstande sind.

Daß Einfachheit auch einen Beiklang von Dummheit hat, sagt viel darüber aus, wie wir die Intelligenz verstehen und welchen Gebrauch wir gewöhnlich von ihr machen. Aber das kann nicht das Wesentliche verdecken, das in der Einfachheit selbst besteht, als Tugend und als Gnade. Der Geist der Evangelien weht hier. «Sehet die Vögel unter dem Himmel an: sie säen nicht, sie ernten nicht, sie sammeln nicht in die Scheuen; und euer himmlischer Vater ernährt sie doch. [. . .] Schaut die Lilien auf dem Feld an, wie sie wachsen: sie arbeiten nicht, auch spinnen sie nicht . . .»[16] Daß man nicht immer so leben kann, daran erinnert uns die Klugheit. Geistige Tugend gegen geistliche Tugend. Die Klugheit ist eindeutig die notwendigere, die Einfachheit eindeutig die höhere. Der himmlische Vater ernährt seine Kinder ziemlich schlecht, und es ist klug, nicht zu leben wie die Vögel. Aber es ist auch weise, diese Weisheit nicht ganz zu vergessen, die eine einfache ist. Weisheit des Dichters: «Wir gehen hierhin, dorthin, auf der Suche nach einer überall zersplitterten Freude, und der hüpfende Spatz ist unsere einzige Chance, Gott zu schmecken, der über die Erde verstreut ist.»[17] Für Gott ist alles einfach; für die Einfachen ist alles göttlich. Dieselbe Arbeit, dasselbe Bemühen. «Darum sorgt nicht für morgen, denn der morgige Tag wird für das Seine sorgen. Es ist genug, daß jeder Tag seine eigene Plage hat.»[18] Es ist nicht verboten, zu säen und zu ernten. Aber warum sich um die Ernte Sorgen machen, wenn man sät? Warum das Säen bedauern, wenn man erntet? Die Einfachheit ist gegenwärtige, aktuelle Tugend, weshalb jede Tugend nur wirklich ist, sofern sie einfach ist. Es ist nicht verboten zu planen, zu organisieren, zu berechnen ... Doch die Einfachheit, und damit auch die Tugend, ist das, was sich der Planung entzieht. Nichts ist schlimm, nichts ist kompliziert, außer der Zukunft. Nichts ist einfach, außer der Gegenwart.

Einfachheit heißt, sich selbst, seinen Stolz und seine Angst zu vergessen: Seelenfriede gegen die Ängste, Freude gegen den Kummer, Leichtigkeit gegen den Ernst, Spontaneität gegen das Nachdenken, Liebe gegen die Eigenliebe, Wahrheit gegen die Aufgeblasenheit ... Das Ich besteht weiterhin, aber leichter, geläutert, befreit (*«von sich selbst erlöst»*, wie Bobin sagt, *«losgelöst von jeglichem Reich»*[19]). Es hat sogar schon lange aufgehört, sein Heil zu suchen oder sein Verderben zu befürchten. Die Religion ist ihm zu kompliziert. Selbst die Moral ist ihm zu kompliziert. Wozu diese fortwährende Selbsterforschung? Des Prüfens, Beurteilens, Verurteilens wäre kein Ende ... Unsere besten Handlungen sind verdächtig, unsere besten Gefühle zweideutig. Der Einfache weiß das, aber was kümmert's ihn. Er interessiert sich nicht genug für sich, um über sich zu urteilen. Die Barmherzigkeit ersetzt ihm die Unschuld, oder vielleicht auch die Unschuld die Barmherzigkeit. Er nimmt sich weder ernst noch tragisch. Er geht unbeirrt seinen Weg, leichten Herzens, den Frieden in der Seele, ohne Ziel, ohne Sehnsucht, ohne Ungeduld. Die Welt ist sein Reich, und sie genügt ihm. Die Gegenwart ist seine Ewigkeit, und sie erfüllt ihn. Er hat nichts zu beweisen, weil er nichts scheinen will. Nichts zu suchen, weil alles da ist. Was ist einfacher als die Einfachheit? Was ist unbeschwerter? Sie ist die Tugend der Weisen und die Weisheit der Heiligen.

13

DIE TOLERANZ

Ein in Frankreich mehrfach gestelltes Examensthema lautet folgendermaßen: «Ist immer intolerant, wer etwas als nicht tolerierbar einstuft?» Anders gesagt: «Bedeutet Toleranz, daß man alles toleriert?» Die Antwort lautet natürlich in beiden Fällen nein, zumindest wenn man will, daß Toleranz eine Tugend ist. Soll als tugendhaft gelten, wer Vergewaltigung, Folter, Mord toleriert? Wer könnte in diesem Tolerieren des Schlimmsten eine achtenswerte Haltung sehen? Aber auch wenn die Antwort nur negativ sein kann (was eigentlich ein schlechtes Zeugnis für ein Examensthema ist), so bietet doch die Argumentation etliche Probleme der Definition und der Abgrenzung, die Examenskandidaten durchaus vier Stunden lang beschäftigen können ... Eine Examensarbeit ist keine Meinungsumfrage. Man muß natürlich antworten, aber die Antwort ist nur soviel wert wie die Argumentation, die zu ihr hinführt und sie stützt. Philosophieren heißt, ohne Beweise zu denken (gäbe es Beweise, wäre es keine Philosophie mehr), aber es heißt nicht, Beliebiges zu denken (Beliebiges denken hieße gar nicht denken), oder auf beliebige Weise. Die Vernunft ist hier verbindlich, wie in den Wissenschaften, nur gibt es weder Verifikation noch Falsifikation. Warum sich dann nicht mit den Wissenschaften begnügen? Weil man es nicht kann: Sie antworten auf keine einzige der wesentlichen Fragen, die wir uns stellen, nicht einmal auf die, die sie uns stellen. Auf die Frage «Soll man Mathematik betreiben?» kann es keine mathematische Antwort geben. Auf die Frage «Sind die Wissenschaften wahr?» kann es keine wissenschaftliche Antwort geben. Genausowenig wie auf die Fragen über den Sinn des Lebens, die Existenz Gottes oder den Wert unserer Werte ... Allerdings können wir auf diese Fragen nicht verzichten. Wir müssen denken, so weit unser Leben reicht, so weit, wie wir nur irgend können, über unser Unwissen hinaus. Die Metaphysik ist die Wahrheit der Philosophie, sogar in der Erkenntnistheorie, sogar in der Moralphilosophie, sogar in der politischen Philosophie. Alles hängt mit allem zusammen, und mit uns. Eine Philosophie ist eine Gesamtheit von vernünftigen Meinungen: Die Sache ist heikler, und notwendiger, als man denkt.

Man wird jetzt sagen, ich schweife vom Thema ab. Aber ich schreibe auch keine Examensarbeit. Die Schule kann nicht ewig weitergehen, zum Glück. Im übrigen ist nicht gesagt, daß ich mich so weit vom Thema Toleranz entfernt habe. Philosophieren, sagte ich, heißt, ohne Beweise zu denken. Und da kommt auch die Toleranz ins Spiel. Wenn über die Wahrheit Gewißheit besteht, ist Toleranz gegenstandslos. Beim Buchhalter, der sich verrechnet, kann man nicht tolerieren, daß er den Fehler nicht korrigieren will. Beim Physiker, der vom Experiment widerlegt wird, auch nicht. Das Recht auf Irrtum gilt nur *a parte ante*; sobald der Irrtum nachgewiesen wird, ist er kein Recht mehr und verleiht auch keines: Im Irrtum *a parte post* verharren ist kein Irrtum, sondern eine Verfehlung. Deshalb brauchen die Mathematiker keine Toleranz. Beweise genügen für ihren Frieden. Und was die Leute betrifft, die den Wissenschaftlern das Arbeiten oder das Reden verbieten möchten (so die Kirche im Fall Galilei), so mangelt es diesen nicht zuvorderst an Toleranz, sondern an Intelligenz und Wahrheitsliebe. Wissen zuerst. Das Wahre geht vor und gilt für alle, sonst verlangt es nichts. Was Wissenschaftler brauchen, ist nicht Toleranz, sondern Freiheit.

Daß es sich um zwei verschiedene Dinge handelt, beweist die Erfahrung hinlänglich. Kein Wissenschaftler würde fordern, ja nicht einmal akzeptieren, daß man seine offenbar gewordenen Fehler toleriert, er würde auch nicht Toleranz beanspruchen, wenn er auf seinem Gebiet nachweislich versagt hätte. Aber kein Wissenschaftler würde akzeptieren, daß man ihm diktiert, was er zu denken hat. Bindend sind für ihn nur die Vernunft und das Experiment, bindend nur die zumindest mögliche Wahrheit, und das nennt man Freiheit des Geistes. Was ist der Unterschied zur Toleranz? Folgender: Diese (die

Toleranz) tritt nur auf den Plan, wenn Wissen fehlt; jene (die Freiheit des Geistes) ist hingegen das Wissen selbst, insofern es uns von allem loslöst, auch von uns selbst. Die Wahrheit gehorcht nicht, sagte Alain; darum ist sie frei, wiewohl notwendig (oder *weil* notwendig), und macht frei. «Die Erde dreht sich um die Sonne»: Diesen Satz zu bejahen oder nicht zu bejahen, hat vom wissenschaftlichen Standpunkt aus überhaupt nichts mit Toleranz zu tun. Eine Wissenschaft macht nur Fortschritte, wenn sie ihre falschen Annahmen korrigiert; man kann also nicht von ihr verlangen, daß sie sie toleriert.

Das Problem der Toleranz stellt sich nur bei Meinungsfragen. Darum stellt es sich so oft, fast ständig. Unser Unwissen ist größer als unser Wissen, und alles, was wir wissen, hängt direkt oder indirekt von etwas ab, was wir nicht wissen. Wer kann absolut beweisen, daß die Erde existiert? Daß die Sonne existiert? Und wenn weder die eine noch die andere existiert, welchen Sinn hat es zu behaupten, die eine drehe sich um die andere? Dieselbe Aussage, die vom wissenschaftlichen Standpunkt aus mit Toleranz nichts zu tun hat, kann vom philosophischen, moralischen oder religiösen Standpunkt aus Toleranz relevant werden lassen. So Darwins Evolutionstheorie: Wer verlangt, daß man sie toleriere (und *a fortiori*, wer verlangt, daß man sie verbiete), hat nicht begriffen, worin sie wissenschaftlich ist[1]; wer sie aber als absolute Wahrheit des Menschen und seiner Entstehung autoritär aufzwingen wollte, würde Intoleranz beweisen. Die Bibel ist weder beweisbar noch widerlegbar: Man muß also an sie glauben, oder tolerieren, daß man an sie glaubt.

Womit wir wieder bei unserem Problem sind. Wenn die Bibel zu tolerieren ist, warum dann nicht auch *Mein Kampf*? Und wenn man *Mein Kampf* toleriert, warum dann nicht auch Rassismus, Folter und Konzentrationslager?

Eine so universelle Toleranz wäre moralisch natürlich zu verurteilen: weil sie die Opfer vergäße, weil sie sie ihrem Schicksal überließe, weil sie ihr Martyrium endlos andauern ließe. Tolerieren bedeutet akzeptieren, daß man verurteilen könnte, bedeutet gewähren lassen, was man verhindern oder bekämpfen könnte. Es bedeutet also, daß man auf einen Teil der Macht, der Zwangsmittel, der Wut verzichtet ... So toleriert man die Unart eines Kindes oder die Standpunkte eines Gegners. Aber tugendhaft ist es nur insofern, als man etwas drangibt, wie man sagt, als man dafür das eigene Interesse, den eigenen Schmerz, die eigene Ungeduld überwindet. Die Toleranz gilt nur gegen mich und für den anderen. Es liegt keine Toleranz vor, wenn man nichts zu verlieren hat, noch weniger, wenn man gewinnt, indem man erträgt, das heißt nichts tut. «Wir alle haben genug Kraft, um die Übel der anderen zu ertragen», sagte La Rochefoucauld.[2] Kann ja sein, aber niemand würde Toleranz darin sehen. Sarajevo soll eine Stadt der Toleranz gewesen sein; wenn Europa sie heute (Dezember 1993) ihrem Schicksal, der Belagerung, dem Hunger, den Massakern überließe, dann wäre das nur Feigheit. Tolerieren bedeutet, etwas auf sich nehmen: Die Toleranz, die anderen etwas aufbürdet, ist keine mehr. Das Leid der anderen tolerieren, nicht selbst erlittene Ungerechtigkeiten tolerieren, das uns verschonende Grauen tolerieren, das ist keine Toleranz mehr: Das ist Egoismus, das ist Gleichgültigkeit oder Schlimmeres. Wer Hitler tolerierte, war sein Komplize, zumindest passiv, durch Unterlassung, und diese Toleranz war schon ein Stück Kollaboration. Dann eher Haß, eher grimmige Wut, eher Gewalt als diese Passivität angesichts des Grauens, als dieses schändliche Hinnehmen des Schlimmsten! Eine universelle Toleranz wäre Toleranz des Entsetzens: entsetzliche Toleranz!

Aber diese universelle Toleranz wäre auch widersprüchlich, zumindest in der Praxis, und deswegen nicht nur moralisch zu verurteilen, wie wir eben gesehen haben, sondern politisch zum Scheitern verurteilt. In verschiedenen Problemzusammenhängen haben dies Karl Popper und Vladimir Jankélévitch aufgezeigt. Bis zum Äußersten getrieben, würde sich die Toleranz «schließlich selbst leugnen»[3], da sie jenen, die sie abschaffen wollen, freie Hand ließe. Die Toleranz gilt also nur innerhalb bestimmter Grenzen, und das sind ihre eigene Erhaltung und die Aufrechterhaltung der Möglichkeiten ihrer Ausübung. Karl Popper nennt dies «das Paradox der Toleranz». «Wenn man absolut, selbst gegen die Intoleranten, tolerant ist und die tolerante Gesellschaft nicht gegen deren Angriffe verteidigt, werden die Toleranten vernichtet, und mit ihnen die Toleranz.»[4] Das gilt nur, solange die Menschheit ist, was sie ist, von Konflikten und Leidenschaften zerrissen, aber deshalb gilt es. Eine Gesellschaft, in der universelle Toleranz möglich wäre, wäre nicht mehr menschlich und bräuchte die Toleranz auch gar nicht mehr.

Im Gegensatz zur Liebe und zur Großherzigkeit, denen keine wesensbedingten Grenzen gesetzt sind und deren Endlichkeit lediglich die unsere ist, ist die Toleranz wesentlich beschränkt: Eine unendliche Toleranz wäre das Ende der Toleranz! Also keine Freiheit für die Feinde der Freiheit? So einfach ist es auch nicht. Eine Tugend kann sich nicht auf die tugendhafte Intersubjektivität beschränken: Wer nur Gerechten gegenüber gerecht ist, nur Großherzigen gegenüber großherzig, nur Barmherzigen gegenüber barmherzig, ist weder gerecht, noch großherzig, noch barmherzig. Genausowenig ist tolerant, wer es nur Toleranten gegenüber ist. Wenn die Toleranz eine Tugend ist, wie ich es glaube und wie gewöhnlich eingeräumt wird, so gilt sie durch sich selbst, also auch denen gegenüber, die sie nicht üben. Die Moral ist weder ein Handel noch ein Spiegel. Es stimmt zwar, daß die Intoleranten keinerlei Recht hätten, sich zu beklagen, falls man ihnen gegenüber intolerant ist. Aber hat man je eine Tugend gesehen, die vom Standpunkt derer abhängt, die ihrer ermangeln? Der Gerechte muß sich «von den Grundsätzen der Gerechtigkeit leiten lassen und nicht davon, daß sich die Ungerechten nicht beklagen dürfen»[5]. Ebenso muß sich der Tolerante von den Grundsätzen der Toleranz leiten lassen. Zwar darf man nicht alles tolerieren, weil das die Toleranz dem Verderben weihen würde, aber man darf auch nicht auf jegliche Toleranz denen gegenüber verzichten, die sie nicht beachten. Eine Demokratie, die alle undemokratischen Parteien verbieten würde, wäre sehr wenig demokratisch, und eine Demokratie, die sie gewähren und alles machen ließe, wäre zu oder vielmehr schlecht demokratisch und dadurch zum Scheitern verurteilt, da sie darauf verzichten würde, das Recht notfalls mit Gewalt und die Freiheit mit

Zwang durchzusetzen. Das Kriterium ist hier nicht moralisch, sondern politisch. Was über die Tolerierbarkeit eines bestimmten Individuums, einer bestimmten Gruppe oder eines Verhaltens entscheidet, ist nicht die von diesen bewiesene Toleranz (sonst hätte man alle radikalen Gruppierungen unserer Jugendzeit verbieten müssen, wodurch man ihnen recht gegeben hätte), sondern die tatsächliche Gefährlichkeit: Eine intolerante Aktion, eine intolerante Gruppe usw. müssen verboten werden, wenn, und nur wenn, sie die Freiheit oder, allgemeiner ausgedrückt, die Ausübungsmöglichkeiten der Toleranz effektiv bedrohen. In einer starken und stabilen Republik ist eine Demonstration gegen die Demokratie, gegen die Toleranz oder gegen die Freiheit keine effektive Gefährdung: Es besteht also kein Anlaß, sie zu verbieten, und es wäre ein Mangel an Toleranz, sie verbieten zu wollen. Wenn aber die Institutionen schon geschwächt sind, wenn ein Bürgerkrieg droht oder ausgebrochen ist, wenn umstürzlerische Gruppen die Macht zu ergreifen drohen, kann dieselbe Demonstration zur wirklichen Gefahr werden: Da kann es nötig sein, sie zu verbieten, sogar gewaltsam zu verhindern, und es wäre ein Mangel an Entschlossenheit oder Klugheit, diese Möglichkeit nicht vorherzusehen. Kurz, es hängt vom Fall ab, und diese «Kasuistik der Toleranz», wie Jankélévitch es nennt[6], ist eines der Hauptprobleme unserer Demokratien. Seiner Darlegung des Paradoxes der Toleranz, nach dem man die Toleranz schwächt, wenn man sie unbeschränkt anwenden will, fügt Karl Popper folgendes hinzu:

«Damit wünsche ich nicht zu sagen, daß wir z. B. intolerante Philosophien auf jeden Fall gewaltsam unterdrücken sollten; solange wir ihnen durch rationale Argumente beikommen können und solange wir sie durch die öffentliche Meinung in Schranken halten können, wäre ihre Unterdrückung sicher höchst unvernünftig. Aber wir sollten für uns das Recht in Anspruch nehmen, sie, wenn nötig, mit Gewalt zu unterdrücken; denn es kann sich leicht herausstellen, daß ihre Vertreter nicht bereit sind, mit uns auf der Ebene rationaler Diskussion zusammenzutreffen, und beginnen, das Argumentieren als solches zu verwerfen [...] Argumente mit Fäusten und Pistolen zu beantworten. [...] Wir sollten geltend machen, daß sich jede Bewegung, die die Intoleranz predigt, außerhalb des Gesetzes stellt, und wir sollten eine Aufforderung zu Intoleranz und Verfolgung als ebenso verbrecherisch behandeln wie eine Aufforderung zum Mord.»[7]

Demokratie ist nicht gleichbedeutend mit Schwäche. Toleranz ist nicht gleichbedeutend mit Untätigkeit.

Da sie moralisch zu verurteilen und politisch zum Scheitern verurteilt wäre, ist eine universelle Toleranz also weder tugendhaft noch praktizierbar. Anders gesagt: Es gibt sehr wohl Untolerierbares, vor allem für den Toleranten! Moralisch: das Leid anderer, Ungerechtigkeit und Unterdrückung, wenn man sie mit einem geringeren Übel verhindern ober bekämpfen könnte. Politisch: alles, was effektiv die Freiheit, den Frieden oder das Überleben einer Gesellschaft gefährdet (was eine stets mit Ungewißheit behaftete Abschätzung der Risiken erfordert), also alles, was die Toleranz bedroht, sobald diese Bedrohung nicht lediglich der Ausdruck einer ideologischen Position ist (diese könnte toleriert werden), sondern eine wirkliche Gefahr (diese muß bekämpft werden, und notfalls mit Gewalt). Das läßt Raum, im besten Fall für die Kasuistik, im schlimmsten für Böswilligkeit[8] – es läßt Raum für die Demokratie, für ihre Ungewißheiten und Risiken, die gleichwohl besser sind als die Ruhe und die Gewißheiten eines Totalitarismus.

Was ist Totalitarismus? Es ist die totale Herrschaft (einer Partei oder des Staates) über die Gesamtheit (einer Gesellschaft). Aber der Totalitarismus unterscheidet sich von der einfachen Diktatur oder dem Absolutismus vor allem durch seine ideologische Dimension. Der Totalitarismus ist nie die ausschließliche Herrschaft eines Menschen oder einer Gruppe: Er ist auch, und vielleicht vor allem, Herrschaft einer Doktrin, einer Ideologie (oft mit wissenschaftlichem Anspruch), einer angeblichen «Wahrheit». Jeder Regierungsform ihr Prinzip, sagte

Montesquieu: So, wie die Monarchie auf Ehre, die Republik auf Tugend, der Despotismus auf Angst aufbaut, so baut der Totalitarismus, wie Hannah Arendt ergänzt, auf Ideologie oder (von innen gesehen) auf «Wahrheit» auf.[9] Insofern ist jeder Totalitarismus intolerant: Die «Wahrheit» läßt eben weder Diskussion noch Mehrheitsentscheidung zu, und persönliche Ansichten und Meinungen interessieren sie nicht. Es ist eine Art Tyrannei des Wahren. Deshalb tendiert auch alle Intoleranz zum Totalitarismus oder, im religiösen Bereich, zum Fundamentalismus: Den eigenen Standpunkt kann man nur aufzwingen wollen, wenn man ihn als wahr voraussetzt, oder besser, nur unter dieser Bedingung kann dieses Aufzwingen Legitimität beanspruchen. Eine Diktatur, die sich mit Gewalt aufzwingt, ist Despotismus; wenn sie sich mit Ideologie aufzwingt, ist sie Totalitarismus. Man versteht somit, daß die meisten totalitären Systeme despotisch werden (die Gewalt muß gegebenenfalls der Idee nachhelfen . . .) und daß in unseren modernen Kommunikationsgesellschaften despotische Systeme totalitär werden (die Idee muß der Gewalt recht geben). Indoktrinierung und Polizeiapparat gehen Hand in Hand. Jedenfalls erfaßt die Frage der Toleranz, die sich lange Zeit nur um die Religion drehte, mehr und mehr alle gesellschaftlichen Bereiche, oder besser, denn man muß es andersherum sagen, das Sektierertum, das zunächst eine religiöse Erscheinung war, wird im 20. Jahrhundert allgegenwärtig und vielgesichtig, allerdings nun nicht mehr unter der Ägide der Religion, sondern hauptsächlich unter der der Politik: von daher der Terrorismus, wenn Sektierertum in der Opposition ist, oder der Totalitarismus, wenn es an die Macht kommt. Diese Geschichte, deren Zeugen wir sind, hat vielleicht irgendwann ein Ende. Nicht enden werden hingegen Intoleranz, Fanatismus, Dogmatismus. Sie kommen immer wieder neu auf, mit jeder neuen «Wahrheit». Was ist die Toleranz? Alain antwortete: «Eine Art Weisheit, die den Fanatismus, diese furchterregende Wahrheitsliebe, überwindet.»[10]

Soll man also aufhören, die Wahrheit zu lieben? Das wäre ein schönes Geschenk an den Totalitarismus, man würde sich dadurch praktisch verbieten, ihn zu bekämpfen! Der ideale Untertan des totalitären Regimes, bemerkte Hannah Arendt, sei weder der überzeugte Nazi noch der überzeugte Kommunist, sondern der Mensch, für den der Unterschied zwischen Tatsache und Fiktion, zwischen Wahr und Falsch verschwunden sei.[11] Die Sophistik arbeitet dem Totalitarismus in die Hände: Wenn nichts wahr ist, was kann man dann den Lügen noch entgegensetzen? Wenn es keine Tatsachen gibt, wie kann man dem Totalitarismus dann noch vorwerfen, sie zu verschleiern und zu entstellen, und was kann man dann seiner Propaganda entgegensetzen? Denn wenn der Totalitarismus Wahrheit beansprucht, so muß er jedesmal, wenn die Wahrheit seine Erwartungen enttäuscht, eine andere erfinden, die sich ihm besser fügt. Ich will mich nicht damit aufhalten: diese Tatsachen sind allgemein bekannt. Der Totalitarismus beginnt als Dogmatismus (er behauptet, die Wahrheit gebe ihm recht und rechtfertige seine Herrschaft) und endet als Sophistik (er nennt «Wahrheit», was seine Herrschaft rechtfertigt, indem sie ihm recht gibt). Erst «Wissenschaft», dann Indoktrinierung. Daß es sich um Pseudo-Wahrheiten und Pseudo-Wissenschaften handelt (so die Nazi-Rassenlehre oder der stalinistische Historismus), ist ziemlich offensichtlich, aber im Grunde ist das nicht entscheidend. Ein Regime, das sich auf echte Wissenschaft stützte – stellen wir uns beispielsweise eine Gewaltherrschaft der Ärzte vor –, wäre nicht weniger totalitär, sobald es behauptete, im Namen ihrer Wahrheiten zu herrschen: Die Wahrheit herrscht eben nie, sie sagt auch nie, was man tun muß und was verboten werden soll. Die Wahrheit gehorcht nicht, habe ich Alain zitierend gesagt, und darum ist sie frei. Aber sie befiehlt auch nicht, und darum sind wir frei. Es ist wahr, daß wir sterben werden, aber das widerlegt weder das Leben, noch rechtfertigt es den Mord. Es ist wahr, daß wir lügen, daß wir egoistisch, untreu, undankbar sind. Aber das entschuldigt uns nicht, noch gibt es jenen unrecht, die manchmal treu, großherzig und dankbar sind. Auseinanderhalten, was nicht dasselbe ist: Das Wahre ist nicht das Gute; das Gute ist nicht das Wahre. Das Wissen kann demnach nicht das Wollen ersetzen, weder für die Völker (keine Wissenschaft, auch keine wahre, könnte die Demokratie ersetzen), noch für das Individuum (keine

Wissenschaft, auch keine wahre, könnte die Moral ersetzen).[12] Hier scheitert der Totalitarismus, zumindest theoretisch: Er mag behaupten, was er will, aber die Wahrheit kann ihm niemals recht geben noch seine Herrschaft rechtfertigen. Eine Wahrheit wird zwar nicht per Stimmzettel wahr, aber sie regiert auch nicht: Über jede Regierung kann und muß der Stimmzettel entscheiden.

Keineswegs soll man um der Toleranz willen aufhören, die Wahrheit zu lieben, im Gegenteil, denn gerade diese Liebe – freilich von Illusionen befreit – liefert uns die wichtigsten Gründe dafür. Der erste dieser Gründe ist, daß Wahrheitsliebe, vor allem in diesem Bereich, auch das Eingeständnis bedeutet, daß man sie nie absolut und mit völliger Gewißheit kennt. Das Problem der Toleranz stellt sich, wie wir gesehen haben, nur bei Fragen der Meinung. Aber was ist eine Meinung anderes als ein ungewisser Glaube, oder einer, der nur auf subjektiver Überzeugung beruht? Der Katholik kann wohl subjektiv von seiner Glaubenswahrheit überzeugt sein. Aber wenn er intellektuell ehrlich ist (wenn er die Wahrheit mehr liebt als die Überzeugung), muß er zugeben, daß er niemals einen Protestanten, einen Atheisten oder einen Moslem davon überzeugen könnte, selbst wenn dieser gebildet, intelligent und aufrichtig ist. Es mag jemand noch so überzeugt sein, recht zu haben, er muß immer zugeben, daß er nicht imstande ist, es zu beweisen, daß er sich also auf derselben Ebene bewegt wie dieser oder jener Gegner, der ebenso überzeugt ist wie er und es ebensowenig beweisen kann ... Die Toleranz als praktische Kraft (als Tugend) beruht also auf unserer theoretischen Schwäche, das heißt auf unserer Unfähigkeit, zum Absoluten vorzudringen. Montaigne, Bayle und Voltaire haben darauf hingewiesen: Man würde den Preis für seine Meinungen sehr hoch ansetzen, sagte der erste, würde man deswegen einen Menschen bei lebendigem Leibe braten; die Evidenz ist eine relative Qualität, sagte der zweite; und der dritte setzt den Schlußakkord: «Was ist Toleranz? Sie ist das Erbe der Menschheit. Wir sind alle voller Schwächen und Irrtümer; vergeben wir uns gegenseitig unsere Torheiten, das ist das erste Gesetz der Natur.»[13] Hier grenzt die Toleranz an die Demut, oder vielmehr, sie ergibt sich aus ihr, so wie die Demut aus der Aufrichtigkeit: Die Wahrheit konsequent lieben heißt, auch den Zweifel anzunehmen, in den sie für den Menschen mündet. Voltaire sagte, daß wir uns gegenseitig tolerieren müssen, «weil wir alle schwach, inkonsequent, den Meinungsumschwüngen und dem Irrtum ausgesetzt sind. Würde etwa ein Schilfrohr, das der Wind in den Schlamm gedrückt hat, zum Schilfrohr, das in der Gegenrichtung neben ihm liegt, sagen: Krieche in meiner Weise oder ich verklage dich, daß man dich ausreißt und verbrennt?»[14] Demut und Barmherzigkeit gehen Hand in Hand, und beim Denken führt dieses Paar zur Toleranz.

Der zweite Grund hat mehr mit Politik als mit Moral zu tun, und mehr mit den Grenzen des Staates als mit den Grenzen des Wissens. Selbst wenn er Zugang zum Absoluten hätte, wäre der Souverän nicht imstande, es irgend jemandem aufzuzwingen: Man kann einen Menschen nicht zwingen, anders zu denken, als er denkt, oder für wahr zu halten, was ihm falsch zu sein scheint. Schon Spinoza und Locke[15] haben das gesehen, und im 20. Jahrhundert bestätigt es die Geschichte der diversen Totalitarismen. Man kann einen Menschen daran hindern zu sagen, was er glaubt, aber nicht, es zu denken. Es sei denn, man schaffe das Denken selbst ab, womit man den Staat entsprechend schwächt. Es gibt keine Intelligenz ohne Freiheit der Überzeugung und ebenso keine gedeihliche Gesellschaft ohne Intelligenz. Der totalitäre Staat muß sich also mit Dummheit, Dissidenz, Armut oder Kritik abfinden. Die jüngste Geschichte der Länder Osteuropas zeigt, daß der Totalitarismus zwar lange Zeit um diese Klippen herumlavieren kann, daß aber sein Scheitern, wiewohl unvorhersehbar in seinen Formen, langfristig kaum vermeidbar ist. Intoleranz macht dumm, genauso wie Dummheit intolerant macht. Das ist eine Chance für unsere Demokratien, und sie erklärt vielleicht teilweise ihre Stärke, die manchen überrascht hat, beziehungsweise die Schwäche der totalitären Staaten, die sich letztendlich erwiesen hat. Weder das eine noch das andere hätte Spinoza überrascht, der, lange bevor es den Totalitarismus gab, ihn folgendermaßen beschrieb: «Angenommen, diese Freiheit [der Überzeugung] könne so unterdrückt und die Menschen könnten so in

Schranken gehalten werden, daß sie ohne Erlaubnis der höchsten Gewalten sich nicht zu rühren wagten, so wird es doch nie so weit kommen, daß sie nur das denken, was jene wollen. Es würde aber notwendig folgen, daß die Menschen tagtäglich anders sprächen, als sie denken; damit würden Treu und Glauben, die doch im Staat vor allem nötig sind, verderben, und es würde verächtliche Heuchelei und Hinterhältigkeit herangezüchtet; daraus erwüchsen Betrug und Verderb aller guten Sitten ...»[16] Kurz, die Intoleranz des Staates (also auch das, was wir hier den Totalitarismus nennen) kann ihn langfristig nur schwächen, da durch sie die gesellschaftliche Bindung und das Gewissen des einzelnen verkümmern. In einem toleranten Regime hingegen sorgt die Stärke des Staates für die Freiheit seiner Mitglieder, und deren Freiheit wiederum macht seine Stärke aus. Spinoza zieht daraus den Schluß, «daß nichts die Sicherheit des Staates besser gewährleistet, als wenn [...] jedem das Recht zugestanden wird, zu denken, was er will, und zu sagen, was er denkt»[17]. Was ist das anderes als Laizität? Und was ist Laizität anderes als institutionalisierte Toleranz?

Der dritte Grund ist der, den ich zuerst genannt habe; aber er ist vielleicht in unserer Geisteswelt der jüngste und gleichzeitig der am wenigsten allgemein akzeptierte: Es geht um die Trennung (oder sagen wir, um die gegenseitige Unabhängigkeit) von Wahrheit und Wert, von Wahr und Gut. Wenn die Wahrheit befiehlt, wie Platon, Stalin oder Johannes Paul II. glauben, kann Tugend nur bedeuten, daß man sich ihr unterwirft. Und da die Wahrheit für alle gleich ist, müssen sich alle auch den gleichen Werten, den gleichen Regeln, den gleichen Imperativen unterwerfen: Eine einzige Wahrheit für alle, also auch eine einzige Moral, eine einzige Politik, eine einzige Religion für alle! Außer der Wahrheit kein Heil, außer der Kirche oder der Partei keine Wahrheit ... Der praktische Dogmatismus, der den Wert als Wahrheit denkt, führt zum ruhigen Gewissen, zur Selbstgefälligkeit, zur Ablehnung oder Verachtung des anderen – zur Intoleranz. All jene, die sich nicht der Wahrheit über das moralisch Gute und Böse unterwerfen, sagt zum Beispiel Johannes Paul II., also all

jene, die sich nicht der durch göttliches Gesetz festgelegten Wahrheit
als *allgemeiner und objektiver Richtlinie der Moral*[18] unterwerfen,
leben in der Sünde, und obwohl man sie bedauern und lieben muß, so
kann man ihnen doch nicht ihr Recht zugestehen, anderer Überzeugung zu sein: Man würde in Subjektivismus, Relativismus oder Skep-
tizismus verfallen[19] und dadurch vergessen, daß es keine Freiheit außer der Wahrheit oder gegen sie gibt.[20] Da die Wahrheit nicht von uns
abhängt, so hängt auch die Moral nicht von uns ab: Die moralische
Wahrheit, sagt Johannes Paul II.[21], ist für alle verbindlich und kann
nicht von den Kulturen, von der Geschichte oder von irgendeiner
Selbstbestimmtheit des Menschen oder der Vernunft abhängen.[22]
Welche Wahrheit? Natürlich die «geoffenbarte», so wie sie die Kirche, und nur sie, überliefert![23] Da können alle zu Pille und Kondom
greifenden katholischen Ehepaare, alle Homosexuellen, alle moder-
nistischen Theologen dagegen sein, es hilft nichts: Die Tatsache, daß
gewisse Gläubige entgegen der Lehre des Lehramtes handeln und daß
sie irrigerweise ein Verhalten als moralisch gerecht erachten, das ihre
Hirten als gegen das Gesetz Gottes verstoßend erklärt haben, kann
kein gültiger Grund dafür sein, daß man die Wahrheit der von der
Kirche gelehrten moralischen Normen ablehnt.[24] Auch das individuelle oder kollektive Gewissen kann daran nichts ändern: In der Antwort der Kirche wird die Stimme Jesu Christi laut, die Stimme der
Wahrheit über Gut und Böse.[25] Die Wahrheit ist für alle verpflichtend,
demnach auch für die Religion (da sie die *wahre* Religion ist), demnach
auch für die Moral (da die Moral auf der Wahrheit gründet[26]). Es ist
eine Philosophie der russischen Puppen: Man muß der Wahrheit gehorchen, also Gott, also der Kirche, also dem Papst ... Atheismus oder
Abfall vom Glauben zum Beispiel sind Todsünden, die, wenn sie nicht
bereut werden, zu ewiger Verdammnis führen.[27] Womit ich, ganz
abgesehen von meinen unzähligen anderen Verfehlungen, bereits
zweimal verdammt wäre ... So etwas nennt Johannes Paul II. die
bestärkende Gewißheit des christlichen Glaubens.[28] *Veritas terror!*

Ich will mich bei dieser Enzyklika nicht aufhalten, da sie kaum
Bedeutung hat. Da die historischen Umstände (zumindest im Westen

und in absehbarer Zeit) irgendeinen Rückfall in die Inquisition oder in die moralische Zucht und Ordnung als äußerst unwahrscheinlich erscheinen lassen, müssen die Positionen der Kirche, selbst wenn sie intolerant sind, natürlich toleriert werden. Wir haben gesehen, daß einzig die Gefährlichkeit einer Haltung (und nicht die bewiesene Toleranz oder Intoleranz) darüber entscheiden darf, ob sie toleriert werden soll oder nicht: Glücklich unsere Epoche und unser Land, wo selbst die Kirchen nicht mehr gefährlich sind! Die Zeiten sind vorbei, da sie einen Giordano Bruno auf den Scheiterhaufen bringen, Jean Calas aufs Rad flechten oder den Chevalier de La Barre (mit neunzehn Jahren!) enthaupten konnte. Im übrigen habe ich diese Enzyklika nur als Beispiel genommen, um zu zeigen, daß der praktische Dogmatismus, selbst in abgemilderter Form, noch immer zur Intoleranz führt. Wenn die Werte wahr sind, wenn sie Wissen sind, kann man weder über sie diskutieren noch sich für sie entscheiden, und wer die unseren nicht teilt, der irrt: Er verdient also allenfalls jene Toleranz, die manchmal den Unwissenden oder Dummköpfen zugestanden wird. Aber ist das noch Toleranz?

Für den, der die Verschiedenartigkeit von Wert und Wahrheit anerkennt (diese ist Gegenstand des Wissens, jener des Wünschens), liegt in diesem Auseinanderhalten sogar ein zusätzlicher Grund, tolerant zu sein: Selbst wenn wir Zugang zu einer absoluten Wahrheit hätten, so könnte das nicht jedermann dazu verpflichten, dieselben Werte zu respektieren, also auch nicht dazu, auf dieselbe Art zu leben. Das Wissen, das sich auf das Sein bezieht, sagt nichts über das Sollen: Wissen beurteilt nicht, Wissen gebietet nicht! Die Wahrheit drängt sich zwar jedem auf, sie verpflichtet aber zu nichts. Selbst wenn Gott existierte, warum sollte man das ständig bekräftigen? Und ob er nun existiert oder nicht, was könnte mich dazu berechtigen, meinen Wunsch, meinen Willen oder meine Werte jenen aufzuzwingen, die sie nicht teilen? Allgemeinverbindliche Gesetze sind unerläßlich? Zweifellos, aber nur in den Bereichen, die allgemein sind! Was gehen mich diese oder jene ausgefallenen erotischen Praktiken an, solange sie unter Erwachsenen bleiben, die das wollen? Was die allgemeinverbindlichen Gesetze betrifft, so sind sie natürlich notwendig (um das Schlimmste zu verhüten, um die Schwachen zu schützen), und es sollen sich Politik und Kultur darum kümmern, die immer relativ, kontrovers und Entwicklungen ausgesetzt sind, aber nicht irgendeine absolute Wahrheit, die für uns allgemeinverbindlich wäre und die wir darum auch anderen aufzwingen dürften. Die Wahrheit ist für alle gleich, aber die Wünsche nicht, das Wollen nicht. Das heißt nicht, daß unser Wünschen und Wollen uns nie einander näherbringen könnten: Das wäre sogar sehr verwunderlich, denn wir haben alle ungefähr denselben Körper, dieselbe Vernunft (die Vernunft ist zwar nicht alles in der Moral, spielt aber eine wichtige Rolle) und mehr und mehr auch dieselbe Kultur ... Diese Begegnung der Wünsche, dieses Zusammenfinden des Wollens, dieses Sich-Annähern der Kulturen ist, wenn es stattfindet, nicht eine Frucht des Wissens; es ist ein Ergebnis der Geschichte, der Wünsche, der Kultur. Das Christentum hat dabei eine Hauptrolle gespielt, wie jeder weiß, was zwar die Inquisition nicht entschuldigt, woran die Inquisition aber auch nichts ändert. *«Liebe, und tue was du willst ...»* Kann man diese Moral der Liebe ohne den Dogmatismus der Offenbarung beibehalten? Warum nicht? Muß man die Wahrheit absolut kennen, um sie zu lieben? Braucht man einen Gott, um seinen Nächsten zu lieben? *Veritatis amor, humanitatis amor ...* Gegen das Erstrahlen der Wahrheit (warum soll sie unbedingt erstrahlen?), gegen das erdrückende Gewicht der Dogmen der Kirche: die Sanftheit der Toleranz.

Man kann sich abschließend fragen, ob dieses Wort *Toleranz* wirklich das passende ist: Es hat einen störenden Unterton von Herablassung, ja Verachtung. Es gibt das Bonmot von Claudel: «Toleranz? Dafür gibt es Häuser!» Das sagt einiges über Claudel, und einiges über die Toleranz. Die Überzeugungen eines anderen tolerieren, heißt das nicht bereits, sie als minderwertig oder verfehlt anzusehen? Man kann strenggenommen nur tolerieren, was man eigentlich zu unterbinden das Recht hätte: Wenn die Meinungen frei sind, wie sie es sein sollen, fallen sie also nicht unter die Toleranz! Daraus ergibt sich ein neues Paradox der Toleranz, das den Begriff zu entwerten scheint. Wenn Glaubensfreiheit, Meinungsfreiheit, Redefreiheit und Kultusfreiheit ein Recht sind, soll man sie nicht tolerieren, sondern respektieren, schützen, hochhalten. Nur «die Dreistigkeit eines dominierenden Kultes», bemerkte schon Condorcet, konnte «eine von Menschen anderen Menschen gewährte Erlaubnis Toleranz nennen»[29], statt sie als Achtung einer allgemeinen Freiheit gelten zu lassen. Hundert Jahre später belegt das zu Anfang unseres Jahrhunderts erschienene *Vocabulaire* von Lalande, daß sehr zahlreiche Vorbehalte gegen den Ausdruck bestehen. Die Achtung der Religionsfreiheit «wird sehr schlecht als Toleranz bezeichnet», schreibt zum Beispiel Renouvier, «denn sie ist strikt Gerechtigkeit und ganz und gar Pflicht». Vorbehalt auch bei Louis Prat: «Man sollte nicht *Toleranz* sagen, sondern Respektierung; sonst wird die moralische Würde verletzt. [...] Das Wort Toleranz impliziert in unserer Sprache zu oft die Vorstellung von Höflichkeit, bisweilen von Mitleid, manchmal von Gleichgültigkeit; es ist vielleicht schuld, wenn in den meisten Köpfen eine falsche Vorstellung von der Achtung herrscht, die der gesetzlichen Gedankenfreiheit geschuldet wird.» Vorbehalt auch bei Emile Boutroux: «Ich mag dieses Wort *Toleranz* nicht; reden wir von Respekt, von Sympathie, von Liebe...»[30] Alle diese Beobachtungen sind berechtigt, sie konnten aber nichts gegen den Sprachgebrauch ausrichten. Ich beobachte meinerseits, daß das Adjektiv *respektvoll* nicht Respektierung der Freiheit des anderen oder auch nur seiner Würde meint, sondern eine Art Ehrerbietung oder Hochachtung, die oft fragwürdig erscheint und in einem Buch über die Tugenden wohl kaum etwas zu suchen hätte. Hingegen hat sich *tolerant* im gewöhnlichen wie im philosophischen Sprachgebrauch durchgesetzt, um jene Tugend zu bezeichnen, die der Gegensatz zum Fanatismus, zum Sektierertum, zum Autoritarismus, kurz, zur Intoleranz ist. Dieser Gebrauch erscheint mir nicht unbegründet: Er reflektiert in der sie überwindenden Tugend die Intoleranz, die in jedem von uns steckt. Strenggenommen, sagte ich, kann man nicht tolerieren, was man eigentlich zu unterbinden, zu verurteilen und zu verbieten das Recht hätte. Doch von diesem *Recht*, das uns nicht zusteht, haben wir fast immer das Gefühl, daß wir es haben. Haben wir nicht recht zu denken, was wir denken? Und wenn wir recht haben, wie können die anderen nicht unrecht haben? Und wie könnte die Wahrheit – außer eben durch *Toleranz* – das Bestehen oder Fortdauern des Irrtums erlauben? Der Dogmatismus kommt immer wieder hoch, da er nur eingebildete und egoistische Wahrheitsliebe ist. So nennen wir *Toleranz*, was eigentlich, wenn wir hellsichtiger, großherziger, gerechter wären, Achtung heißen müßte, oder Sympathie, oder Liebe. Das Wort paßt also, da die Liebe fehlt, da die Sympathie fehlt, da die Achtung fehlt. Dieses Wort *Toleranz* stört uns nur, da es – endlich einmal! – dem, was wir sind, nicht oder nur wenig voraus ist. «Mindere Tugend», sagte Jankélévitch.[31] Da sie uns gleicht. «Tolerieren ist eindeutig kein Ideal», bemerkte schon Abauzit, «es ist kein Maximum, sondern ein Minimum.»[32] Daß Achtung und Liebe mehr wert sind, ist klar. Wenn sich das Wort *Toleranz* gleichwohl durchgesetzt hat, so wohl deshalb, weil jeder weiß, daß er kaum zu Achtung und Liebe fähig ist, wenn es um seine Gegner geht – und Toleranz ist hauptsächlich ihnen gegenüber gefordert. «Bis irgendwann die Toleranz liebend sein wird», schließt Jankélévitch, «sagen wir, daß die Toleranz, die prosaische Toleranz, noch immer das Beste ist! Toleranz – so wenig das Wort begeistern kann – ist also eine passable Lösung; bis etwas Besseres kommt, das heißt, bis die Menschen sich lieben oder einfach kennenlernen und verstehen können, wollen wir uns glücklich schätzen, daß sie anfangen, sich zu ertragen. Die Toleranz ist also ein Provisorium.»[33] Daß es ein Provisorium von langer Dauer sein wird, ist wohl klar: Würde es verschwinden, wäre zu befürchten, daß Barbarei nachfolgte statt Liebe! Als Tugend von vielleicht zweifelhaftem Ruf spielt die Toleranz wohl im gesellschaftlichen Leben dieselbe Rolle wie die Höflichkeit im zwischenmenschlichen Bereich[34]: Sie ist nur ein Anfang, aber immerhin das.

Ganz abgesehen davon, daß man bisweilen tolerieren muß, was man weder achten noch lieben will. Respektverweigerung ist nicht immer ein Fehler, bei weitem nicht, und bestimmte Haßgefühle sind nicht weit von der Tugendhaftigkeit entfernt. Wir haben gesehen, daß es Untolerierbares gibt, das man bekämpfen muß. Aber es gibt auch Dinge, die zwar zu tolerieren, aber gleichwohl der Verachtung und des Abscheus würdig sind. Toleranz bedeutet all das, oder zumindest läßt sie es zu. Diese mindere Tugend paßt zu uns: Sie ist – was nicht sehr häufig ist – für uns erreichbar, und uns scheint, einige unserer Gegner verdienen nichts Besseres.

So wie die Einfachheit die Tugend der Weisen und die Weisheit die der Heiligen ist, so ist die Toleranz Weisheit für jene, die weder das eine noch das andere sind, das heißt für uns alle.

Mindere, aber notwendige Tugend. Mindere, aber erreichbare Weisheit.

14

Die Reinheit

Wenn sie denn eine ist, so ist die Reinheit wohl die Tugend, die am schwersten zu fassen, zu begreifen ist. Wir müssen sie aber erfahren haben, denn was wüßten wir sonst vom Unreinen? Zunächst ist es freilich eine sonderbare und zweifelhafte Erfahrung. Die Reinheit bei jungen Mädchen, wenigstens bei einigen, hat mich immer sehr stark berührt. Wie kann ich wissen, ob sie echt oder gespielt war, oder vielmehr, ob es nicht einfach eine andere Unreinheit war als die meine und diese nur durch das Anderssein so erschütterte, ähnlich wie zwei Farben, die um so mehr zur Geltung kommen, je stärker sie kontrastieren, obwohl sie dieselbe Farbe bleiben? Ich, der ich nichts so geliebt habe wie die Reinheit und nichts so begehrt wie das Unreine: könnte es sein, daß ich nicht weiß, was sie ist, oder vielmehr was beide sind? Warum nicht? Vielleicht verhält es sich mit der Reinheit immer noch wie zu Augustinus' Zeiten: Wenn niemand mich fragt, was sie ist, weiß ich es; aber wenn man mich fragt und ich es erklären will, weiß ich es nicht mehr.[1] Die Reinheit ist offenbar und geheimnisvoll.

Ich sprach von den Mädchen. Tatsache ist, daß die Reinheit, zumindest heutzutage, zunächst im sexuellen Bereich in Erscheinung tritt. Als Kontrast? Sehen wir es uns an. Ich denke an eine Art von Mädchen, wie sie mehrfach meine Jugendzeit hell erleuchtete: Sie waren natürlich nicht minder Geschlechtswesen als andere, auch nicht weniger begehrenswert (manchmal waren sie es mehr), vielleicht nicht einmal weniger begehrend. Aber sie hatten, ja, das ist es, sie hatten diese Tugend, oder schienen sie zu haben, diesen geschlechtlichen und sterblichen Körper hell und klar zu bewohnen, gleichsam Licht im Licht, als ob weder die Liebe noch das Blut sie beschmutzen könnten.

Liebe und Blut können ohnehin nicht beschmutzen. Es ist die Reinheit des Lebenden, und das Leben selbst. Das pochte in den Adern wie helles Lachen.

Wie man sich denken kann, und was einige, vielleicht sogar alle, erfahren haben, reizte mich bei anderen Mädchen eine Art Unreinheit, die sie suggerierten. Sie schienen eher die Nacht zu bewohnen als den Tag. Sie hielten das Licht ab, wie bestimmte Männer es tun, oder reflektierten es vielmehr (was Männer selten können), und sahen in sich wie im anderen dennoch klar. In einer Weise, die dem Begehren der Männer nicht nachstand, erlebten sie scheinbar diese Heftigkeit, diese Gewaltsamkeit, diese Faszination des Obszönen und Dunklen, mit genau der richtigen Dosis von fröhlicher Verderbtheit und dieser Spur von Vulgarität, die die Männer anzieht und bestärkt.

Irgendwann werden beide Arten von Mädchen älter und unterscheiden sich weniger voneinander. Oder nur durch das Ausmaß an Liebe, zu dem sie fähig sind: Die Liebe kann mit Reinheit nichts anfangen, oder vielmehr ist sie die einzige Reinheit, die einen Wert hat. Die Frauen wissen mehr davon als die jungen Mädchen, und deshalb erschrecken sie uns mehr.

Aber kommen wir zur Reinheit zurück. Das Wort hat zunächst eine materielle Bedeutung: rein ist, was sauber, fleckenlos, frei von Verschmutzung ist. Reines Wasser ist Wasser ohne jede Beimischung, pures Wasser. Es ist also totes Wasser, und das allein sagt schon viel über das Leben und ein gewisses Sehnen nach Reinheit. Alles, was lebt, verschmutzt, alles, was reinigt, tötet. So chlorieren wir das Wasser unserer Schwimmbäder. Reinheit ist unmöglich: Man hat nur die Wahl zwischen verschiedenen Arten von Unreinheit, und das nennt man Hygiene. Wie soll man daraus eine Moral machen? In Bosnien redet man von ethnisch reinen Gebieten: Diese Abscheulichkeit allein spricht das Urteil über die Leute, die das vertreten. Es gibt weder reine noch unreine Völker. Jedes Volk ist ein Gemisch, auch jeder Organismus und alles Leben. Die Reinheit – zumindest diese bestimmte – gehört dem Tod und dem Nichts an. Wasser ist rein, wenn es frei von Keimen, von Chlor, von Kalk, von Mineralsalzen ist, also nichts

anderes enthält als Wasser. Solches Wasser gibt es nirgends, oder
nur in unseren Labors. Totes und steriles Wasser (geruchlos, ge-
schmacklos!), tödlich für den, der es pur trinkt. Außerdem ist es
nur rein auf einer bestimmten Ebene. Die Wasserstoffatome könnten sich beschweren, daß ihnen eine Vermischung aufgezwungen
wird: die Verunreinigung mit Sauerstoff ... Und warum sollte es
nicht auch der Atomkern tun, wegen der Verunreinigung mit Elek-
tronen? Nur das Nichts ist rein, aber das Nichts ist nichts: Das
Sein ist ein Schmutzfleck in der Unendlichkeit der Leere, und alle
Existenz ist unrein.

Ja. Andererseits kennen alle Religionen, oder fast alle, diesen Unterschied zwischen dem, was das Gesetz gebietet oder erlaubt, was
rein ist, und dem, was es verbietet oder bestraft, was unrein ist. Das
Heilige ist zunächst das, was entweiht werden kann, und vielleicht ist
es nur das. Umgekehrt ist die Reinheit jener Zustand der Seele, in
dem es erlaubt ist, sich dem Heiligen zu nähern, ohne es zu entweihen
oder sich selbst dem Verderben zu weihen. Deshalb diese Verbote,
diese Tabus, alle diese Reinigungsriten. Es ist die Oberfläche, und es
ist ein Anfang. Es wäre viel zu kurz gegriffen, würde man in ihnen
nur Hygiene-, Vorsichts- oder Vorbeugungsmaßnahmen sehen. Das
Verbot bestimmter Lebensmittel im Judentum zum Beispiel mag
auch diese Funktion gehabt haben. Aber wenn es nur das wäre, dann
wäre unsere Schuld gegenüber dem jüdischen Volk nicht das, was sie
ist – gewaltig, entscheidend, auf immer untilgbar – und die Ernäh-
rungslehre könnte durchaus, wie Nietzsche behauptete, vorteilhaft
die Moral ersetzen. Wer kann das wirklich glauben? Ist das alles, was
wir vom Monotheismus behalten haben? Ist das unsere einzige
Sorge, unser einziger Anspruch? Die Erhaltung unserer armseligen
Gesundheit? Unserer armseligen Sauberkeit? Unseres armseligen
Wohlbefindens? Was ist das schon! Was ist das für ein Ideal! Die
wirklichen Meister haben das Gegenteil gesagt. Das Wesentliche liegt
nicht in den Riten, sondern in dem, was die Riten versinnbildlichen
oder bewirken. Es geht wirklich um koscher oder nicht koscher! Das
Heilige ist nicht das Gesunde! Das Reine ist nicht das Saubere! Man

soll mitnichten das Rituelle auf die Hygiene verkürzen, man soll vielmehr bei beiden sehen, was über sie hinausgeht und sie im Grunde rechtfertigt. Faktisch geschieht das auch in jeder lebendigen Religion. Man lernt schnell, diesen äußeren Vorschriften einen hauptsächlich – oder gar ausschließlich – symbolischen oder moralischen Sinn zu geben. Der Ritus hat keine hygienische, sondern eine pädagogische Funktion, und pädagogisch nicht im gesundheitlichen, sondern im spirituellen Sinn: Reinheit als Körperpflege ist ein erster Schritt zur moralischen Reinheit, sogar zu einer anderen, ausschließlich inneren Reinheit, neben der selbst die Moral als überflüssig oder schmutzig erscheint. Die Moral ist nur für Schuldige gut; bei den Reinen tritt die Reinheit an ihre Stelle oder entbindet von ihr.

Man wird einwenden, die Moral sei also notwendiger, und ich stimme dem zu; oder sogar, diese Reinheit sei nur ein Mythos, und ich kann natürlich nicht das Gegenteil beweisen. Reden wir aber nicht allzu sehr Pascal und seinesgleichen das Wort, allen diesen Leuten, die uns in Sündenfall und Verdammnis einsperren wollen. Reinheit ist nicht Engelsgleichheit. Es gibt eine Reinheit des Körpers, eine Unschuld des Körpers, sogar in der Lust – *pura voluptas*, sagte Lukrez[2] –, neben der eher die Moral obszön ist. Ich weiß nicht, wie die Beichtväter damit zurechtkommen. Sie haben wohl aufgehört nachzufragen, zu urteilen, zu verurteilen. Sie wissen genau, daß die Unreinheit fast immer bei ihnen zu suchen wäre und daß die Liebenden mit ihrer Moral nichts anfangen können.

Aber preschen wir nicht zu schnell und zu weit vor. Alle vergewaltigten Frauen reden, sofern sie zu reden wagen, von diesem Gefühl, beschmutzt, besudelt, erniedrigt worden zu sein. Und wie viele Ehefrauen würden, wenn sie die Wahrheit sagten, zugeben, daß sie sich nur widerwillig der brutalen, herzlosen Unreinheit des Mannes fügen? Herzlos, das sagt alles. Nur das Herz ist rein oder kann rein sein, nur das Herz macht rein. Nichts ist von sich aus rein oder unrein. Es ist derselbe Speichel beim Bespucken wie beim Küssen; derselbe Trieb führt zur Vergewaltigung wie zur Liebe. Nicht das Geschlechtliche ist unrein, sondern die Gewalt, der Zwang (Simone Weil: «Die

Liebe [...] übt noch leidet sie Gewalt. Dies ist die einzige Reinheit»[3]),
alles, was demütigt oder entwürdigt, was entweiht, was erniedrigt,
alles, was ohne Achtung, ohne Sanftheit, ohne Rücksicht ist. Umgekehrt besteht die Reinheit nicht in irgendwelcher Unbedarftheit oder
Unempfänglichkeit für die Lust (das wäre Krankheit, nicht Tugend):
Sie liegt in der Lust ohne Falsch und ohne Gewalt, in der akzeptierten
Lust, in der geteilten Lust, in der Lust, die erhebt und begeistert! Ich
weiß, daß die Lust auch durch Tabuverletzung, Gewalt, Schuldhaftigkeit erregt wird, manchmal sogar mehr. Aber es bleibt dabei: Die
Reinheit ist das Gegenteil dieser Erregung. Sie ist die Sanftheit der
Lust, der Friede der Lust, die Unschuld der Lust. Wie keusch sind
wir doch nach der Liebe! Wie rein sind wir doch manchmal in der
Lust! Niemand ist absolut unschuldig oder schuldig: Und das widerlegt die «Verächter des Leibes», wie Nietzsche sagte[4], ebenso wie
seine zu eifrigen oder zu kritiklosen Bewunderer. Die Reinheit ist
kein Wesen. Die Reinheit ist keine Eigenschaft, die man hätte oder
nicht hätte. Die Reinheit ist nicht absolut, die Reinheit gibt es nicht
pur: Die Reinheit ist eine Art und Weise, das Böse nicht da zu sehen, wo es in Wirklichkeit nicht ist. Der Unreine sieht überall Böses, und er freut sich darüber. Der Reine sieht das Böse nirgends,
oder vielmehr nur da, wo es sich befindet: im Egoismus, in der
Grausamkeit, in der Bosheit ... und er leidet darunter. Unrein ist,
was man in unlauterer Absicht tut, und die Unlauterkeit selbst. Deshalb sind wir unrein, fast immer, und deshalb ist die Reinheit eine
Tugend: Das Ich ist nur rein, wenn es von sich gereinigt ist. Das Ego
macht alles schmutzig, was es berührt: «Sich einer Sache bemächti-
gen, heißt sie besudeln. Besitzen heißt besudeln», schreibt Simone
Weil.[5] Andersherum: «rein lieben heißt Abstand gewähren»[6], und
das bedeutet Nicht-Besitzen, Unterlassen von Machtausübung und
Kontrolle, fröhliches und selbstloses Annehmen. «Man wird dich
dann lieben, wenn du deine Schwäche zeigen kannst, ohne daß es
der andere ausnützt, um seine Stärke zu beweisen», sagte Pavese in
seinem Tagebuch zu sich selbst. Er wollte rein geliebt, das heißt
geliebt werden.

Es gibt die Liebe, die nimmt, und das ist die unreine. Es gibt die Liebe, die gibt oder betrachtet, und das ist die reine.

Lieben, wirklich lieben, rein lieben, heißt, nicht zu nehmen: Lieben heißt schauen, annehmen, geben und abgeben, heißt, sich darüber freuen, daß man nicht besitzen kann, heißt, sich freuen über das, was uns fehlt (oder fehlen würde, wenn man es besitzen wollte), über das, was uns unendlich arm werden läßt, und das ist der einzige Besitz, der einzige Reichtum. Absolute Armut der Mutter am Bett ihres Kindes. Sie besitzt nichts, weil das Kind alles ist und sie es nicht besitzt. «Mein Schatz», flüstert sie. Und sie fühlt sich so arm wie nie zuvor. Armut des Liebenden, Armut des Heiligen: Sie haben ihren ganzen Besitz hingegeben für das, was man nicht besitzen und nicht aufzehren kann, sie sind zum Reich und zur Wüste eines Gottes geworden, der nicht da ist. Sie lieben ohne jede Gegenleistung, und das ist die Liebe selbst, oder die einzig reine Liebe. Wer würde nur lieben, wenn Gewinn, Profit, Vorteile winken? Auch der Egoismus ist zwar noch Liebe, aber eine unreine, und «die Quelle alles Bösen», wie Kant sagte[7]: Niemand tut das Böse um des Bösen, sondern nur um der «Glückseligkeit» willen, die ein Gut ist. Was die Reinheit der moralischen Triebfedern verdirbt, ist nicht der Körper oder irgendeine «Bosheit» (die das Böse um des Bösen willen wollte), sondern «das liebe Ich», das einem immer wieder in die Quere kommt.[8] Nicht, daß man kein Recht hätte, sich selbst zu lieben: Wie könnte man sonst (vorausgesetzt, man kann es) seinen Nächsten *wie sich selbst* lieben? Das Ich ist nicht hassenswert, oder wird es erst durch den Egoismus. Das Böse besteht nicht darin, daß man sich liebt, sondern darin, daß man *nur* sich liebt, daß man gleichgültig ist gegenüber dem Leid des anderen, gegenüber seinen Wünschen, seiner Freiheit, daß man bereit ist, ihm aus Eigennutz zu schaden, ihn zu demütigen und dabei Lust zu empfinden, daß man ihn haben will, statt ihn zu lieben, daß man ihn als Habe betrachtet, statt seine Freude an ihm zu haben, oder daß man sich nur über das Haben freut, wodurch man sich wiederum nur selbst liebt.[9] Es ist die Hauptunreinheit, und vielleicht die einzige. Nicht exzessive Liebe, sondern mangelnde Liebe. Es ist kein

Zufall und auch nicht der Prüderie zuzuschreiben, daß die Sexualität geradezu als Hort dieser Art von Unreinheit gegolten hat. Hier herrscht gebieterisch das, was die Scholastiker die begehrliche Liebe nannten (den anderen zum eigenen Wohle lieben), der sie die wohlwollende oder freundschaftliche Liebe entgegensetzten (den anderen zu dessen Wohle lieben). Den anderen als Objekt lieben, ihn also besitzen, genießen, verzehren wollen wie ein Stück Fleisch oder ein Glas Wein, anders gesagt, ihn nur für sich selber lieben: Das ist Eros, die nehmende und verzehrende Liebe, und Eros ist ein egoistischer Gott. Aber den anderen wirklich lieben, als Subjekt, als Person, ihn achten, verteidigen, und sei es gegen die Lust, die man auf ihn hat: Das ist Philia oder Agape[10], die gebende und schützende Liebe, die freundschaftliche und wohlwollende Liebe, die christliche Nächstenliebe, wenn man will, die reine Liebe eben, und die einzige Reinheit, und der einzige Gott.

Was ist die reine Liebe? Fénelon hat es sehr klar ausgedrückt: Es ist die selbstlose Liebe, wie man sie Freunden entgegenbringt oder entgegenbringen sollte (Fénelon sieht sehr wohl, daß viele Freundschaften «nur subtil maskierte Eigenliebe» sind, aber auch, daß wir gleichwohl «diese Idee der reinen Freundschaft» haben und daß nur sie uns befriedigen kann: Wer würde nur aus Eigennutz geliebt werden oder lieben wollen?). Es ist die Liebe «ohne jedes Erhoffen», wie er auch sagt, die von sich selbst freie Liebe («so daß man sich vergißt und für nichts erachtet, um ganz ihm zu gehören»[11]), kurz das, was Bernhard von Clairvaux «eine Liebe ohne Makel oder Beimischung von Eigensucht»[12] nannte: Es ist die Liebe selbst und die Reinheit der reinen Herzen.

Erinnern wir hier daran, daß man nicht nur im sexuellen Bereich von Reinheit spricht. Ein Künstler, ein Wissenschaftler, ein Naturschützer oder ein Gewerkschaftler können ebenso rein sein, jeder in seinem Bereich. So verschieden die Bereiche sein mögen, der Reine ist immer der, der Selbstlosigkeit beweist, der sich völlig für seine Sache einsetzt, ohne dabei auf Geld oder Ruhm aus zu sein, der «sich vergißt und für nichts erachtet», wie Fénelon sagt, und das bestätigt, daß die Reinheit in allen diesen Fällen das Gegenteil des Eigennutzes, des Egoismus, der Begehrlichkeit, des ganzen Schmutzes des Ichs ist. Nebenbei sei auch bemerkt, daß man Geld nicht rein lieben kann, und das sagt viel über das Geld und die Reinheit aus. Nichts, was man besitzen kann, ist rein. Reinheit ist Armut, Entäußerung, Entsagung. Sie fängt da an, wo das Ich aufhört, wo es nicht hinkommt, wo es untergeht. Mit einem Wort: Die reine Liebe ist das Gegenteil der Eigenliebe. Wenn es in der Sexualität eine «reine Lust» gibt, wie Lukrez meinte und wie wir es gelegentlich erfahren, dann deshalb, weil die Sexualität sich manchmal aus diesem Gefängnis des Narzißmus, des Egoismus und des Besitzdenkens befreit und uns befreit: Auch die Lust ist nur rein, wenn sie selbstlos ist, wenn sie dem Ego entkommt, und deshalb ist sie für Lukrez in der Leidenschaft nie rein[13], deshalb sind die «unbeständige Venus»[14] (die sexuelle Freiheit) oder die «eheweibliche Venus» (das Ehepaar)[15] sehr oft reiner als unsere wilden, ausschließlichen und verzehrenden Leidenschaften. Man sieht an der Eifersucht, was da an Haß und Egoismus im Zustand der Verliebtheit steckt.[16] Man kann verstehen, daß ein Weiser sich nie darüber getäuscht hätte (und wäre er selbst verliebt gewesen!): Verliebtheit ist nie die ganze Liebe, und wenn sie oft ihre heftigste Form ist, wie es jeder erfahren kann, so ist sie weder die reinste noch die höchste. Man denke an das Bild, das Platon im *Phaidros* von ihr entwirft, bevor er sie durch die Religion rettet.[17] Eros ist ein schwarzer Gott, wie Pieyre de Mandiargues sagte, Eros ist ein eifersüchtiger, egoistischer, lüsterner Gott: Eros ist ein unreiner Gott.

Es ist leichter, rein zu lieben, wenn es um die Freunde oder die eigenen Kinder geht. Man erwartet weniger von ihnen, man liebt sie genug, um nichts zu erwarten, nichts zu erhoffen, jedenfalls genug, um seine Liebe nicht vom Erwarteten oder Erhofften abhängig zu machen. Simone Weil nennt dies die keusche Liebe. «Jedes Begehren nach Genuß geht auf Zukünftiges, auf Trügerisches. Begehrt man hingegen nichts weiter, als daß ein Wesen existiere, so existiert es: was will man darüber hinaus noch begehren? Dann ist das geliebte Wesen nackt und wirklich, unverhüllt von imaginärer Zukunft. [...]

So ist Keuschheit in der Liebe oder Mangel an Keuschheit, je nachdem, ob das Begehren auf die Zukunft gerichtet ist oder nicht.»[18] Simone Weil, die niemandem nach dem Mund redete, fügt etwas hinzu, was einige schlichtere Geister schockieren mag, aber zu denken gibt: «In diesem Sinne, und unter der Bedingung, daß sie nicht auf eine Pseudo-Unsterblichkeit gerichtet sei, die nach dem Muster der Zukunft vorgestellt wird, ist die Liebe, die man den Verstorbenen weiht, vollkommen rein. Denn sie ist das Begehren nach einem endlichen Leben, das nichts Neues mehr hervorbringen kann. Man wünscht, daß der Tote existiert habe, und er hat existiert.»[19] Es ist die vollkommen gelungene Trauer, wenn nur noch Sanftheit und Freude der Erinnerung übrigbleiben, nur noch die ewige Wahrheit dessen, was gewesen ist, wenn nur noch Liebe und Dankbarkeit da sind. Doch die Gegenwart ist genauso ewig; in diesem Sinn, so könnte man hinzufügen, und unter der Bedingung, daß sie nicht auf einen Pseudo-Vollzug nach dem Muster der Zukunft ausgerichtet ist, ist die Liebe, die man Körpern, lebenden Körpern, entgegenbringt, manchmal ebenso vollkommen rein: Sie ist der Wunsch nach einem gegenwärtigen und vollkommenen Leben. Man wünscht, daß dieser Körper existiere, und er existiert. Was verlangte man mehr? Ich weiß, daß das meist nicht so einfach ist: Hunger, Ungestüm und Lüsternheit mischen sich hinein (wie viele glauben, eine Frau zu begehren, und wollen nur den Orgasmus?), die ganze Dunkelheit des Triebes, dieses verworrene und verwirrende Spiel um das Verbotene, um die Entweihung (heilig, sagte ich, ist das, was entweiht werden kann: der menschliche Körper ist heilig), diese – dem Menschen vorbehaltene! – Faszination durch das Tier in sich und im anderen, durch dieses Spiel zwischen Leben und Tod, zwischen Lust und Schmerz, zwischen Erhabenheit und Verderbtheit, kurz durch alles, was ganz eigentlich erotisch und nicht liebend (nicht agapisch) bei diesen beiden Körpern ist, die da aufeinanderprallen oder sich suchen. Doch es ist unrein, oder erscheint unrein, nur in bezug auf etwas anderes: Bestialität macht nur die Menschen träumen, Perversion reizt nur durch das Verbot, das überschritten wird, Verderbtheit nur durch das Erhabene, das in den

Schmutz gezogen wird ... Eros wäre unmöglich, oder jedenfalls
wäre nichts erotisch daran, ohne Philia oder Agape (es bliebe nur der
rein tierhafte Trieb, wie langweilig!), und ich neige mit Freud zur
Ansicht, daß auch das Umgekehrte wahr ist. Was wüßten wir von
der Liebe ohne das Begehren? Und was wäre das Begehren ohne die
Liebe? Ohne Eros keine Philia und keine Agape. Aber ohne Philia
oder Agape auch ein wertloser Eros. Man muß sich also daran ge-
wöhnen, in beiden zu wohnen, oder im Abgrund zwischen ihnen.
Das heißt, im Menschen zu wohnen, der weder Engel noch Tier ist,
sondern das unmögliche und notwendige Zusammengehen von beidem. Der Unterleib, sagte Nietzsche, ist der Grund dafür, daß der
Mensch einige Mühe hat, sich für einen Gott zu halten. Um so besser: Nur so ist und bleibt er menschlich. Die Sexualität ist auch eine
Demutslektion, die man sich immer wieder vornehmen muß. Wie
geschwätzig und aufgeblasen kommt einem daneben die Philosophie
vor! Wie albern die Religion! Der Körper lehrt uns mehr als die
Bücher, und die Bücher taugen nur etwas, wenn sie keine Lügen
über den Körper enthalten. Reinheit ist nicht Prüderie. «Die höchste
Reinheit», schreibt Simone Weil, «kann sowohl das Reine wie das
Unreine betrachten, die Unreinheit kann weder das eine noch das
andere: die Reinheit ängstigt sie, die Unreinheit verschlingt sie.»[20]
Der Reine hat vor nichts Angst. Er weiß, daß «nichts unrein ist an
sich selbst»[21], oder (aber das kommt auf dasselbe hinaus) daß «für
den Reinen [...] alles rein»[22] ist. Darum, so Simone Weil, ist «die
Reinheit [...] das Vermögen, die Befleckung zu betrachten»[23]. Das
bedeutet (da nichts an sich unrein ist), ihn aufzulösen in der Reinheit des Blickes: Die Liebenden lieben sich im hellen Licht, und die
Obszönität selbst ist eine Sonne.

Fassen wir zusammen. Rein sein heißt, ohne Vermischung zu sein,
die Reinheit existiert deshalb nicht oder ist nicht menschlich. Aber
die Unreinheit in uns ist auch nicht absolut, auch nicht immer gleich,
auch nicht definitiv: Sich unrein zu wissen, bedingt zumindest eine
gewisse Vorstellung, ein gewisses Ideal der Reinheit, das die Kunst

uns manchmal spüren läßt (ich denke an Dinu Lipatti mit Mozart
oder Bach, ich denke an Vermeer, an Eluard . . .), und dem sich unser
Leben bisweilen annähert (ich denke daran, wie wir unsere Kinder,
unsere Freunde, unsere Toten lieben . . .). Solche Reinheit ist keine
ewige Wesenheit; sie ist das Resultat einer Läuterungsarbeit – einer
Sublimierung, würde Freud sagen –, durch welche die Liebe hervor-
tritt, indem sie von sich frei wird: Der Körper ist der Tiegel, das Begehren die Flamme («die alles verzehrt, was nicht reines Gold ist»,
sagt Fénelon[24]), und was übrigbleibt – wenn etwas übrigbleibt –, ist
manchmal «ein Akt reiner und vollkommen selbstloser Liebe»[25]. Die
Reinheit ist nicht eine Sache, ja nicht einmal eine Eigenschaft des
Wirklichen: Sie ist eine bestimmte Modalität der Liebe, oder sie ist
nichts.

Eine Tugend? Zweifellos, oder das, was es der Liebe ermöglicht,
eine zu sein und die Stelle aller anderen einzunehmen. Man ver-
wechsle die Reinheit also nicht mit Enthaltsamkeit, Prüderie oder
Keuschheit. Reinheit ist immer dann gegeben, wenn die Liebe nicht
mehr «mit Selbstnutzen vermengt»[26] ist, oder vielmehr (weil die
Reinheit nie absolut ist) in dem Maße, als die Liebe selbstlos ist: Rein
lieben kann man das Wahre, die Gerechtigkeit oder die Schönheit,
aber auch, warum nicht, diesen Mann oder diese Frau, die da ist, die
sich hingibt, und deren Dasein (nicht deren Besitz!) genügt, um mich
zu beglücken. Reinheit ist Liebe ohne Begehren.[27] So liebt man die
Schönheit einer Landschaft, die Zartheit eines Kindes, die Einsamkeit
eines Freundes, und manchmal sogar den oder die, die unser ganzer
Körper weiterhin gierig besitzen will. Es gibt keine absolute Reinheit,
aber auch keine totale oder definitive Unreinheit. Ab und zu befreien
uns die Liebe, die Lust oder die Freude ein wenig von uns, von unserer
Gier, von unserem Egoismus, es kann sogar sein (wir glauben es
manchmal erfahren oder erahnt zu haben), daß Liebe die Liebe läu-
tert, vielleicht sogar bis zu dem Punkt, wo das Subjekt sich verflüchtigt, wo nur noch Freude da ist, wo nur noch Liebe da ist (Liebe «von
aller Zugehörigkeit befreit», sagt Christian Bobin), wo nur noch alles
und Reinheit von allem da ist. «Die Glückseligkeit», sagt Spinoza,

«ist nicht der Lohn der Tugend, sondern die Tugend selbst, und wir erfreuen uns ihrer nicht deshalb, weil wir die Lüste hemmen, sondern umgekehrt, weil wir uns jener erfreuen, darum sind wir imstande, die Lüste zu hemmen.»[28] Es ist der letzte Lehrsatz der *Ethik*, und daran können wir ermessen, wie weit unser Weg noch ist.

Aber dieser Weg, und wäre er voller Schändlichkeiten, ist für den reinen Blick schon rein.

15

DIE SANFTMUT

Die Sanftmut ist eine weibliche Tugend. Deshalb gefällt sie vor allem den Männern.

Man wird einwenden, die Tugenden hätten kein Geschlecht, was stimmt. Aber wir, wir haben unweigerlich eines, das alle unsere Handlungen, alle unsere Gefühle, ja sogar unsere Tugenden prägt. Die Männlichkeit ist keine Tugend, auch nicht Ursprung einer Tugend. Aber es gibt eine mehr oder weniger männliche und eine mehr oder weniger weibliche Art, tugendhaft zu sein. Der Mut eines Mannes ist nicht derselbe wie der einer Frau, auch seine Großherzigkeit und seine Liebe sind anders. Wir sehen es bei Simone Weil oder Etty Hillesum: Kein Mann wird je so schreiben, so leben, so lieben. Nur die Wahrheit ist absolut universell und damit ungeschlechtlich. Aber die Wahrheit hat keine Moral, sie hat auch keine Gefühle und keinen Willen. Sie kann also nicht tugendhaft sein. Tugend ist immer an das Wünschen geknüpft, und welches Wünschen wäre nicht geschlechtlich? «Auf dem Grund unserer erhabensten Gedankengänge und unserer lautersten Zärtlichkeit gemahnt etwas an Hoden», sagte Diderot.[1] Wenn es nur für und durch den Wunsch einen Wert geben kann, wie ich glaube, sind logischerweise unsere Werte geschlechtsspezifisch.[2] Natürlich nicht in dem Sinne, daß jeder einzelne Wert einem der beiden Geschlechter vorbehalten wäre, wovor uns Gott bewahre, aber in dem Sinne, daß jeder Mensch, je nachdem, ob er Mann oder Frau ist, in dieser oder jener, eher männlichen oder eher weiblichen Weise (biologisches Geschlecht ist nicht ausreichend) diesen Werten genügen oder nicht genügen wird. Es wäre eine Katastrophe, meint Todorov, «wenn alle sich nach den männlichen Werten ausrichten würden»[3]! Es wäre der Triumph des (vielleicht gerechten) Krieges und der (vielleicht großherzigen) Gedanken. Das Wesentliche würde aber fehlen, nämlich die Liebe (man wird mir nicht ausreden können, daß die Liebe, beim Individuum wie bei der Gattung, mit der Mutter beginnt), die Leben und Sanftmut ist. Man soll jetzt bitte nicht kommen und sagen, die Frauen hätten auch Gedanken: Das ist mir nicht entgangen. Aber ich glaube auch bemerkt zu haben, daß sie sich in der Regel weniger davon blenden ließen als die Männer, was natürlich für sie spricht. Ich glaube, nicht viele von ihnen hätten sich dazu hergegeben, die *Kritik der reinen Vernunft* oder Hegels große *Logik* zu schreiben, und zwar aus Gründen, die, wie mir scheint, mit dem zu tun haben, was diese unstreitig genialen Bücher so unverdaulich und so langweilig macht: Sie setzen etwas voraus, ein Sich-Ernstnehmen des Intellekts, einen Glauben an die Ideen, ein Vergöttern des Begriffs, was durch ein bißchen Weiblichkeit einfach unglaubhaft wird, sogar für den Mann, ja fast lächerlich, wäre es nicht dermaßen tödlich. Was ist armseliger, toter als eine Abstraktion, und was ist lächerlicher, als sie völlig ernst zu nehmen?

Bei der weiblichen Gewaltbereitschaft ist es auch nicht so, daß ich sie nie erlebt hätte. Aber wer möchte an Zufall glauben, wenn fast sämtliche Bluttaten von Männern verübt werden? Wenn kleine Jungen fast von alleine Krieg spielen? Und wenn die Männer fast von alleine Krieg führen und manchmal Gefallen daran finden? Man wird mir sagen, die Kultur sei dafür ebenso oder mehr verantwortlich als die Natur. Vielleicht, aber was ändert das? Ich habe nie behauptet, Weiblichkeit oder Männlichkeit seien ausschließlich biologisch zu verstehen. Der Geschlechtsunterschied ist zu wesentlich, zu allgegenwärtig, um nicht immer gleichzeitig mit dem Körper und mit der Erziehung, mit Kultur und Natur zu tun zu haben. Aber die Kultur ist auch etwas Wirkliches. «Frau ist man nicht, Frau wird man»? So einfach ist es natürlich nicht. Man kommt als Frau oder als Mann zur Welt, dann wird man, was man ist. Männlichkeit ist weder eine Tugend noch ein Fehler. Aber sie ist eine Kraft, so wie die Weiblichkeit ein Reichtum ist (auch bei den Männern), und eine Kraft dazu, freilich eine andere. Alles in uns ist geschlechtsspezifisch – bis auf die Wahrheit, die nicht –, und das ist doch gut so. Könnte ein Unterschied reicher, wünschenswerter sein? Aber kommen wir zur Sanftmut zurück. Was an ihr weiblich ist oder scheint, ist Mut ohne Gewaltsamkeit, Stärke ohne Härte, Liebe ohne Zorn. Das kann man deutlich bei Schubert hören, und das kann man deutlich bei Etty Hillesum lesen. Die Sanftmut ist zunächst ein wirklicher oder ersehnter Friede: das Gegenteil von Krieg, von Grausamkeit, von Brutalität, von Aggressivität, von Gewalt . . . Ein innerer Friede, und der einzige, der eine Tugend ist. Oft von Angst und Leid getrübt (Schubert), manchmal von Freude und Dankbarkeit erhellt (Etty Hillesum), aber immer frei von Haß, von Härte, von Gefühllosigkeit. «Sich abhärten und hart werden ist nicht dasselbe», notierte Etty Hillesum im Jahre 1942.[4] Die Sanftmut macht den Unterschied. Sie ist Liebe im Zustand des Friedens, selbst im Krieg, und um so stärker, um so sanfter, je mehr sie abgehärtet ist. Aggressivität ist Schwäche, Zorn ist Schwäche, sogar Gewalt ist Schwäche, wenn sie nicht gezügelt wird. Und was außer Sanftmut könnte Gewalt, Zorn und Aggressivität zügeln? Die Sanftmut ist eine Kraft, und darum ist sie eine Tugend: Kraft im Zustand des Friedens, friedliche und sanfte Kraft voller Geduld und Nachsicht. Seht die Mutter mit ihrem Kind («die Sanftmut ist ihr ganzer Glaube»[5]). Seht Christus oder Buddha, mit allen. Die Sanftmut ist das, was der Liebe am nächsten kommt, sogar noch näher als die Großherzigkeit, noch näher als das Mitleid. Sie fällt übrigens weder mit dieser noch mit jenem zusammen, obwohl sie zumeist beide begleitet. Das Mitleid leidet unter dem Leid des anderen, die Sanftmut will kein Leid verursachen oder vergrößern. Die Großherzigkeit will dem anderen Gutes tun; die Sanftmut will ihm kein Leid antun. Das scheint zugunsten der Großherzigkeit zu sprechen, und tut es vielleicht auch. Doch wie oft kommt Großherzigkeit zur Unzeit, und wie viele gute Taten überfallen, erschlagen, erdrücken: ein wenig Sanftmut hätte sie leichter und liebenswürdiger gemacht. Dazu kommt, daß die Sanftmut auch großherzig macht, denn man fügt dem anderen Leid zu, wenn man ihm nicht gibt, worum er bittet oder was man ihm hätte geben können.

Und daß sie dem Mitleid vorauseilt, weil sie ihm vorgreift, weil sie nicht diesen Schmerz über den Schmerz braucht ... Verneinender vielleicht als die nur bejahende Großherzigkeit, aber auch positiver als das nur reaktive Mitleid, hält sich die Sanftmut im Zwischenbereich, frei von allem, was belastet oder besetzt, was Zwang oder Druck ausübt. Im Kapitel über die Reinheit zitierte ich diesen bemerkenswerten Satz aus Paveses Tagebuch: «Man wird dich dann lieben, wenn du deine Schwäche zeigen kannst, ohne daß es der andere ausnützt, um seine Stärke zu beweisen.» Er wollte rein geliebt werden, sagte ich; er wollte mit Sanftmut geliebt werden, das heißt geliebt werden. Sanftmut und Reinheit treten fast immer gemeinsam auf, weil die Gewalt das Hauptübel, die schlimmste Obszönität ist, weil das Böse weh tut, weil der Egoismus alles verdirbt, denn er ist lüstern, gefühllos, brutal. Welches Feingefühl hingegen, welche Sanftmut, welche Reinheit in der Zärtlichkeit der liebenden Frau! Die ganze Gewalttätigkeit des Mannes erstirbt dabei, die ganze Brutalität des Mannes, die ganze Obszönität des Mannes. «Mein sanfter Engel», sagt er, und es ist ein Wort der Liebe, das wahrste vielleicht, und das sanfteste ...

Wenn die Werte geschlechtsspezifisch sind, bemerkt Todorov, ist jeder Mensch notwendigerweise heterogen, unvollkommen, unvollständig. Nur in der Doppelgeschlechtlichkeit oder im Paar können wir den Weg zu einer vollkommeneren und dadurch menschlicheren Menschheit finden.[6] Meist bewahrt nur der weibliche Anteil in ihm den Mann vor dem Schlimmsten. Das sieht man beim Machotyp, dem er fehlt, oder in den Zügen voller junger Soldaten: dieses widerliche Schauspiel der Männer unter sich, diese Grobheit, diese Rüpelei. Ich weiß nicht, ob für die Frauen dasselbe gilt, ob sie ein Stück Männlichkeit in sich bräuchten. Die Frau ist dem Menschlichen näher als der Mann, sagte Rilke. Sicher ist auch bei den Frauen die Doppelgeschlechtlichkeit bereichernd, anziehend, eine Kraft. Aber eine Notwendigkeit? Eine Tugend? Man verwechselt zu oft Weiblichkeit mit Hysterie, die (wie bei den Männern) nur ihre pathologische Karikatur ist. Die Hysterikerin will verführen, geliebt sein, auffallen ... Das ist

220

nicht Sanftmut, das ist nicht Liebe: es ist Narzißmus, Gefallsucht, verdeckte Aggressivität, Besitzergreifung («die Hysterikerin sucht einen Gebieter, über den sie herrschen kann», sagte Lacan), Verführung in der Tat, aber im Sinne von Verirrung und Mißbrauch. Es ist der Liebeskrieg, das Gegenteil der Liebe. Es ist die Kunst der Eroberung, das Gegenteil der Hingabe. Es ist die Kunst der Parade, das Gegenteil der Wahrheit. Die Sanftmut ist genau gegenläufig: Sie ist Aufnahme, Achtung, Öffnung. Eine passive, unterordnende, hinnehmende Tugend? Vielleicht, und nur um so wichtiger. Gibt es Weisheit ohne Passivität? Gibt es Liebe ohne Passivität? Gibt es ein Handeln ohne Passivität? So etwas mag für den westlichen Menschen überraschend oder schockierend sein, für den Asiaten ist es eine Selbstverständlichkeit. Da Asien vielleicht Frau ist, wie Lévi-Strauss irgendwo meint[7], oder zumindest weniger geblendet von den Werten der Männlichkeit. Handeln ist nicht gleichbedeutend mit Aktivismus, Betriebsamkeit und Ungeduld. Passivität hingegen ist nicht Untätigkeit oder Trägheit. Sich vom Strom tragen lassen, sagt Prajnanpad, mit ihm, in ihm zu schwimmen, statt gegen die Wellen anzukämpfen oder sich abtreiben zu lassen[8] ... Die Sanftmut unterwirft sich dem Wirklichen, dem Leben, dem Werden, dem Ungefähren des Alltags: Tugend der Flexibilität, der Geduld, der Hingabe, des Anpassungsvermögens ... Das Gegenteil des ungeduldigen männlichen Gehabes, das Gegenteil der Starrheit, der Überstürzung, der sturen, unnachgiebigen Kraft. Mit Kraft richtet man nicht alles aus. Mit Aktion richtet man nicht alles aus. «Alles Menschenwesen [herrscht] allezeit nach dem Zwang seiner Natur, soweit es Macht hat», sagt Thukydides. Die Sanftmut ist die Ausnahme, die diese Regel bestätigt: Sie ist Macht über sich und notfalls gegen sich. Liebe ist Rückzug, wie Simone Weil zeigt, Nicht-Ausüben seiner Kraft, seiner Macht, seiner Gewalt: Die Liebe ist Sanftheit und Hingabe.[9] Sie ist das Gegenteil von Vergewaltigung, das Gegenteil von Mord, das Gegenteil von Machtergreifung und Herrschaft. Sie ist Eros befreit von Thanatos, und von sich. Übernatürliche Tugend, sagte Simone Weil, aber das glaube ich überhaupt nicht: Man sehe nur diese Katze mit ihren Kleinen, diesen Hund, der

221

mit den Kindern spielt ... Die Menschheit erfindet die Sanftmut nicht. Aber sie kultiviert sie und nährt sich von ihr, und das macht die Menschheit menschlicher.

Der Weise, sagt Spinoza, handelt *humaniter et benigne*, «menschenfreundlich und gütig»[10]. Montaigne spricht von *bénignité* (wörtlich: «Gütigkeit»), die wir auch den Tieren, ja selbst den Bäumen und Pflanzen schulden.[11] Es ist die Haltung, die nicht Leid zufügen, nicht zerstören (wenn es nicht unbedingt nötig ist), nicht ausrotten will. Sie ist Achtung, Schützenwollen, Wohlwollen. Sie ist noch nicht die Nächstenliebe, die den Nächsten liebt wie sich selbst, was nach Rousseau voraussetzen würde, daß wir uns die «erhabene Maxime» zu eigen machten: *«Tue anderen, wie du willst, daß man dir tue.»*[12] Die Sanftmut steckt sich kein so hohes Ziel. Sie ist eine Art natürliche und spontane Güte, deren Maxime «weniger vollkommen, aber vielleicht nützlicher ist als die vorhergehende», und die lautet: *«Sorge für dein Wohl mit dem geringstmöglichen Schaden für andere.»*[13] Diese Maxime der Sanftmut, weniger erhaben als die der Nächstenliebe, weniger anspruchsvoll und weniger begeisternd, ist leichter zu verwirklichen und dadurch in der Tat nützlicher und notwendiger. Ohne Nächstenliebe kann man leben, wie die ganze Geschichte der Menschheit beweist. Aber nicht ohne ein Minimum an Sanftmut.

Die Griechen und insbesondere die Athener rühmten sich, der Welt die Sanftmut beschert zu haben.[14] Sie sahen darin das Gegenteil der Barbarei und insofern mehr oder weniger ein Synonym zu ihrer Zivilisation. Ethnozentrismus gibt es nicht erst seit gestern. Da aber unsere Zivilisation auf jeden Fall griechisch ist, ist unsere Sanftmut zum Teil ihr zu verdanken. Was ist die Sanftmut (*praotes*) für einen Griechen der Antike? Dasselbe wie für uns: das Gegenteil des Krieges (die ältesten belegten Beispiele enthalten das Verb, das *besänftigen*, also Frieden herstellen bedeutet)[15], das Gegenteil des Zorns, das Gegenteil der Gewalt und der Härte. Es ist zunächst weniger eine Tugend als vielmehr ein Zusammentreffen mehrerer Tugenden, oder ihr gemeinsamer Ursprung:

«Auf der niedrigsten Ebene bedeutet Sanftmut freundliche Umgangsformen, Wohlwollen, das man anderen gegenüber bezeugt. Aber sie kann auch in wesentlich edlerem Zusammenhang auftreten. Wird sie gegen Notleidende geübt, nähert sie sich der Großherzigkeit oder der Güte; Schuldigen gegenüber wird sie zu Nachsicht und Verständnis; Unbekannten und den Menschen im allgemeinen gegenüber wird sie zur Menschlichkeit und fast zur Nächstenliebe. Im politischen Leben kann sie auch Toleranz oder Milde sein, je nachdem, ob es sich um die Beziehung zu Bürgern, zu Untertanen oder zu Besiegten handelt. Ursprung all dieser Werte ist die ihnen gemeinsame Bereitschaft, dem anderen als jemandem zu begegnen, dem man Gutes tut – soweit man es jedenfalls tun kann, ohne eine andere Pflicht zu verletzen. Und Tatsache ist, daß die Griechen das Gefühl dieser Einheit hatten, weil alle diese so verschiedenen Werte gegebenenfalls mit dem Wort *praos* bezeichnet werden können.»[16]

Aristoteles wird sie zur vollwertigen Tugend machen[17], die im Zorn die richtige Mitte ist, zwischen den Mängeln Jähzorn und Laschheit: Der sanftmütige Mensch hält die Mitte zwischen dem «jähzornigen, bitteren und grimmigen» Menschen und dem, der vor lauter Unempfindlichkeit oder übertriebener Sanftmut «knechtisch und töricht» wird.[18] Denn es gibt einen gerechten und notwendigen Zorn, so wie es gerechte Kriege und gerechtfertigte Gewalt gibt: Die Sanftmut befindet darüber und entscheidet entsprechend. Aristoteles hat allerdings Schwierigkeiten, er sieht, daß sich seine Tugend der *praotes* «doch gefährlich auf die Seite des Mangels neigt»[19]. Wenn der sanftmütige Mann der ist, der «zürnt, worüber er soll, und wem er soll, und dazu wie, wann und solange er soll»[20], und der dies auch nicht häufiger, nicht länger und nicht mehr als nötig tut, dann ist die Frage nach den Kriterien und Grenzen nicht gelöst. Der Sanftmütige heißt nur so, weil er sanftmütiger ist als seine Mitbürger, und wer weiß dann, wo er aufhört? Wer entscheidet, worüber, wie sehr und wie lange legitimerweise gezürnt werden soll? Die Sanftmut kann hier, was auch tatsächlich geschieht, mit dem Edelmut in Konflikt geraten, ähnlich wie der griechische Stolz mit der jüdisch-christlichen Demut: «Sich aber Schimpf gefallen zu lassen und seine Angehörigen nicht dagegen zu schützen, verrät knechtischen Sinn», schreibt Aristoteles.[21] Alexanders Erzieher war nicht geneigter als sein Schüler, die andere Wange hinzuhalten.[22] Es gibt einen Extremismus der Sanftmut, den man, je nach Standpunkt, verachtenswert, erhaben oder als biblische Versuchung ansehen kann. Feige? Nein, denn Sanftmut ist nur Sanftmut, wenn keinerlei Angst mitspielt. Man hat sich nur für eine von zwei Logiken zu entscheiden, für die der Ehre oder für die der Nächstenliebe, und niemand ist sich im unklaren, zu welcher die Sanftmut neigt.

Soll man also aus Sanftmut Gewaltlosigkeit predigen? So einfach ist das nicht, da Gewaltlosigkeit uns im Extremfall verbieten würde, kriminelle oder barbarische Gewalt zu bekämpfen, und zwar nicht nur, wenn sie sich gegen uns richtet, was die Nächstenliebe noch billigen oder rechtfertigen könnte, sondern auch, wenn sie sich gegen andere richtet und beispielsweise wehrlose Unschuldige massakriert oder unterdrückt, was weder Nächstenliebe noch Gerechtigkeit hinnehmen dürfen. Wer würde nicht kämpfen, um ein Kind zu retten? Wer schämte sich nicht, wenn er es nicht täte? «Nur wenn sie wirksam ist, ist die Gewaltlosigkeit gut», schreibt Simone Weil.[23] Das heißt, nicht ein Prinzip entscheidet, sondern die Umstände. Bei gleicher oder höherer Wirksamkeit ist natürlich Gewaltlosigkeit vorzuziehen, das sagt uns die Sanftmut, und in Indien hatte Gandhi das verstanden. Aber die Wirksamkeit dieser oder jener Vorgehensweise zu beurteilen ist Sache der Klugheit, die man, sobald andere im Spiel sind, nicht preisgeben darf, ohne gegen die Nächstenliebe zu verstoßen. Was tue ich zum Beispiel, wenn vor meinen Augen eine Frau überfallen wird? «Brauche Gewalt», antwortet Simone Weil, «es sei denn, du könntest sie, mit der gleichen Aussicht auf Erfolg, auch ohne Anwendung von Gewalt verteidigen.»[24] Das hängt natürlich von den beteiligten Personen, von den Umständen und, wie Simone Weil hinzufügt, «auch vom Gegner»[25] ab. Gewaltlosigkeit gegen die britischen Truppen, einverstanden. Aber gegen Hitler und seine Panzerdivisionen? Gewalt ist besser als Mitschuld, als Schwäche angesichts des Grauens, als Weichheit oder Entgegenkommen angesichts des Schlimmsten.

Man wird also nicht die *Friedliebenden*, die den Frieden lieben und ihn ; u verteidigen bereit sind, auch gewaltsam, mit den *Pazifisten* verwechseln, die jeglichen Krieg ablehnen, gegen was oder wen er sich immer richtet. Hier wird die Sanftmut zum System oder zum Absoluten erhoben, und man versagt es sich, das, was man auf seine Fahne schreibt – den Frieden –, wirklich zu verteidigen, zumindest in bestimmten Situationen. Überzeugungsethik, würde Max Weber sagen, aber manchmal unverantwortlich vor lauter Überzeugung. Es gibt keine absoluten Werte, zumindest kann die Sanftmut keiner sein, es gibt kein System der Moral, keine Tugend, die allem genügt. Selbst die Liebe rechtfertigt nicht alles, entschuldigt nicht alles: Sie ersetzt die Klugheit nicht, sie ersetzt die Gerechtigkeit nicht! *A fortiori* ist die Sanftmut nur gut, sofern sie nicht die Anforderungen der Gerechtigkeit und der Liebe preisgibt, die erst einmal den Schwächeren und, wie man wohl nicht eigens betonen muß, den Opfern geschuldet werden, bevor sie auch für die Mörder gelten.

In welchen Fällen hat man also moralisch das Recht (oder gar die Pflicht), zu kämpfen und insbesondere zu töten? Ausschließlich dann, wenn es nötig ist, um ein größeres Übel zu verhindern, zum Beispiel noch mehr Tote oder noch mehr Leid oder noch mehr Gewalt. Man wird einwenden, da könne ja jeder nach seiner Nase entscheiden und ein solches Prinzip biete keinerlei Sicherheit. Aber woher sollte diese kommen? Es gibt nur Einzelfälle, nur Sonderfälle, und niemand kann für uns entscheiden. Könnte zum Beispiel die Todesstrafe gerechtfertigt sein? Warum nicht, wenn sie wirksam wäre? Das Problem ist in diesen Bereichen weniger ein moralisches als ein technisches und politisches. Wenn die Todesstrafe für Kindsmörder mehr Kinder retten könnte (durch Abschreckung und Verhinderung jeder Rückfallsmöglichkeit), oder ebenso viele, oder etwas weniger, als sie Exekutionen von Verbrechern nach sich ziehen würde, wer wüßte etwas dagegen einzuwenden? Es sei denn, man verabsolutierte die Achtung vor dem menschlichen Leben, und auch da wieder: warum nicht? Aber dann muß man auch die Abtreibung, und jegliche Abtreibung, verurteilen: Weshalb sollte man einen Kindsmörder mehr schützen als ein Kind im Mutterleib? Aber dann hätte man auch nicht das Recht gehabt, nach dem letzten Krieg die Nazis hinzurichten, und die Nürnberger Richter wären schuldig, da sie Göring, Ribbentrop und ihresgleichen exekutieren ließen. Das Absolute ist das Absolute und kann *per definitionem* weder von den Umständen noch von den Personen abhängen. Für mich, der ich an überhaupt kein Absolutes glaube (was wäre relativer als das Leben, und der Wert des Lebens?), ist es ein reines Problem der Opportunität, der Verhältnismäßigkeit, der Wirksamkeit, wie schon gesagt, und betrifft in diesem Fall weniger die Sanftmut als die Klugheit – oder die Sanftmut unter der Leitung der Klugheit und der Nächstenliebe. Es geht nicht vorrangig darum zu bestrafen, sondern zu verhindern. Was die Todesstrafe in strafrechtlicher Hinsicht anbelangt, habe ich keine eindeutige Meinung, und ich messe der Frage nicht allzuviel Bedeutung bei: Sind lebenslänglich oder auch nur zwanzig oder dreißig Jahre Haft so viel besser? Marcel Conche macht dazu einen Vorschlag, der mir ziemlich zusagt.[26] Ich verweise auf ihn. Aber man wird von mir nicht hören, daß man nie töten dürfe, in gar keinem Fall, oder daß Hitler, hätte man ihn oder einen seiner Nachfolger lebend gefaßt, seine Tage im Gefängnis zu beschließen hätte. Sie sind zu schlecht, zu unsicher bewacht, und die Opfer – die vergangenen wie die zukünftigen – haben das Recht, mehr zu verlangen.

Ein politisches oder technisches Problem, sagte ich. Die moralische Frage ist damit nicht gelöst. Bejaht man, daß es manchmal legitim ist zu töten, wenn es um die Bekämpfung eines größeren Übels geht, so wird der individuelle Wert der Handlung gleichwohl je nach Person verschieden sein, wie immer und selbst in einer als allgemein erachteten Situation (zum Beispiel im Krieg). Jeder muß selbstverantwortlich entscheiden, nur wie? Man bräuchte ein Kriterium. Mit der ihr eigenen Unerbittlichkeit schlägt Simone Weil eines vor, das voller Sanftmut und von hohem Anspruch ist:

> «Krieg. Die Liebe zum Leben in sich intakt erhalten; niemals den Tod zufügen, ohne ihn für sich selber hinzunehmen.
> Verhielte es sich so, daß das Leben von X ... mit dem eigenen Leben derart verbunden wäre, daß sein Tod gleichzeitig den eigenen Tod bewirkte, wollte man dennoch, daß er stürbe? Wenn der Leib und die ganze Seele inbrünstig nach dem Leben verlangen und man dennoch, ohne zu lügen, hierauf mit Ja antworten kann, dann hat man das Recht zu töten.»[27]

Dieser Sanftmut werden nur wenige fähig sein, und nur sie dürfen manchmal in aller Unschuld Gewalt anwenden. Für uns, die wir nicht so weit sind, die wir sehr weit davon entfernt sind, bedeutet das nicht, daß Gewalt nie gerechtfertigt ist (sie ist es, wenn Unterlassen von Gewalt schlimmer wäre), es bedeutet einfach, daß sie nie unschuldig ist.

Selig die Sanftmütigen?[28] So viel verlangen sie gar nicht. Aber wäre nicht die Barmherzigkeit, könnten nur sie es auf unschuldige Weise sein.

Für die anderen begrenzt die Sanftmut die Gewalt, so weit es geht, auf das notwendige und annehmbare Minimum.

Weibliche Tugend, durch die allein die Menschheit menschlich ist.

16

DIE AUFRICHTIGKEIT

Es fehlt mir hier ein Wort, um unter all den Tugenden diejenige zu bezeichnen, die unser Verhältnis zur Wahrheit bestimmt. Zunächst dachte ich an *Ehrlichkeit*, dann an *Wahrhaftigkeit* oder *guter Glaube* (*bonne foi*) (was besser wäre, dem heutigen Sprachgebrauch aber kaum mehr entspricht). Eine Zeitlang erwog ich *Authentizität* ... Schließlich habe ich mich für *Aufrichtigkeit* entschieden, wohl wissend, daß ich damit über die übliche Bedeutung des Wortes hinausgehe. Aber ich tue dies in aufrichtiger Absicht, da ich keine bessere Lösung gefunden habe.

Was ist die Aufrichtigkeit? Sie ist sowohl eine Eigenschaft, die psychologischer Art, als auch eine Tugend, die moralischer Art ist. Als Eigenschaft bedeutet sie die Übereinstimmung von Tat und Wort mit dem Seelenleben oder dieses letzteren mit sich selbst; als Tugend die Liebe zur Wahrheit oder die Achtung vor ihr – der «gute Glaube», der einzige Glaube, der Wert hat. Eine *aletheiogale*[1] Tugend, weil sie sich auf die Wahrheit an sich bezieht.

Nun taugt die Aufrichtigkeit allerdings weder als Gewißheit noch als Wahrheit (sie schließt die Lüge aus, nicht aber den Irrtum), ihr Wert liegt vielmehr darin, daß der aufrichtige Mensch sagt, was er glaubt, auch wenn er sich irrt, und glaubt, was er sagt. Aus diesem Grund ist der «gute Glaube» ein Glaube im doppelten Sinne des Wortes, d. h. Gläubigkeit ebenso wie Treue. Er ist ein treuer Glaube und die Treue zu dem, was man glaubt. Wenigstens solange man es für wahr hält. Wir hatten in bezug auf die Treue festgestellt, daß sie zunächst dem Wahren treu sein muß, und das definiert auch die Aufrichtigkeit recht gut. Aufrichtig sein bedeutet nicht, immer die Wahrheit zu sagen, denn man kann sich ja irren, doch es bedeutet, wenigstens die Wahrheit über das zu sagen, was man glaubt, und selbst wenn man einer falschen Meinung anhinge, wäre diese Wahrheit darum nicht weniger wahr. In einem solchen Falle spricht man auch von Ehrlichkeit (oder Wahrheitsliebe oder Freimut), dem Gegenteil der Lüge, der Heuchelei, der Doppelzüngigkeit, kurzum aller persönlichen oder öffentlichen Formen der Unaufrichtigkeit. Doch – diese Unterscheidung möchte ich zumindest vorschlagen – die Aufrichtigkeit ist mehr als Ehrlichkeit. Ehrlich sein bedeutet, andere nicht zu belügen; aufrichtig sein bedeutet, weder andere noch sich selbst zu belügen. Robinson brauchte auf seiner einsamen Insel nicht ehrlich zu sein, und diese Tugend war (jedenfalls bis Freitag kam) gegenstandslos. Aufrichtigkeit hingegen war nach wie vor erforderlich oder jedenfalls löblich und angebracht. Für wen? Für sich selbst, und das genügt.

Die Aufrichtigkeit ist eine sowohl transitive als auch reflexive Ehrlichkeit. Sie bestimmt – oder sollte unser Verhältnis zu anderen ebenso wie zu uns selbst bestimmen. Sie erfordert bei den Menschen untereinander wie auch bei jedem einzelnen von ihnen ein Höchstmaß an Wahrheit, ein Höchstmaß an Authentizität und folglich ein Minimum an Blendwerk oder Verstellung. Es gibt keine absolute Ehrlichkeit, aber es gibt auch keine absolute Liebe oder Gerechtigkeit, doch nichts hindert einen, danach zu streben, sich anzustrengen, und manchmal dem Ziel ein wenig näher zu kommen. Die Aufrichtigkeit ist diese Anstrengung, und sie ist bereits eine Tugend. Eine geistige Tugend, wenn man so will, da sie sich auf die Wahrheit bezieht, eine Tugend, die aber dennoch (weil alles wahr ist, sogar unsere Irrtümer, die wahrhaft falsch, sogar unsere Illusionen, die wahrhaft illusorisch sind) den gesamten Menschen, Leib und Seele, Weisheit und Torheit ins Spiel bringt. Sie ist die Tugend Montaignes und seines einleitenden Satzes: «Dies hier ist ein aufrichtiges Buch, Leser ...»[2] Sie ist auch, oder sollte wenigstens die Tugend par excellence der Intellektuellen ganz allgemein und insbesondere der Philosophen sein. Wer es allzusehr daran fehlen läßt oder gar behauptet, frei davon zu sein, verdient diese schmeichelhaften Bezeichnungen nicht länger, weil er sie in Verruf bringt. Das Denken ist mehr als ein Beruf und erst recht kein Freizeitvergnügen. Es stellt hohe Ansprüche, Ansprüche an die Menschlichkeit, und es ist vielleicht die höchste menschliche Tugend überhaupt. Bisher ist zuwenig beachtet worden, daß die Erfindung der Sprache nicht per se Wahrheiten schafft (denn diese sind alle zeitlos), sondern etwas anderes, Neues mit sich bringt, nämlich die Möglichkeit, nicht nur zu überlisten oder zu ködern wie bei den Tieren, sondern zu lügen. *Homo loquax: homo mendax.* Der Mensch ist ein Tier, das lügen kann und es auch tut. Aus diesem Grund ist die Aufrichtigkeit logisch möglich und moralisch nötig.

Man wird einwenden, daß die Aufrichtigkeit allein noch gar nichts besagt, und ich bin ganz dieser Meinung. Wie viele ehrliche Schurken, wie viele in aller Aufrichtigkeit begangene Abscheulichkeiten hat es nicht bereits gegeben? Und wer meint es – oft – ehrlicher als ein Fanatiker? Die Zahl der Tartüffe ist Legion, aber sie sind vielleicht doch weniger und ungefährlicher als die Savonarolas und ihre Jünger. Ein aufrichtiger Nazi ist und bleibt ein Nazi – was nützt uns seine Ehrlichkeit? Ein echter Schurke ist und bleibt ein Schurke – was nützt uns seine Authentizität? Ebensowenig wie die Treue oder der Mut ist die Aufrichtigkeit eine hinreichende oder vollständige Tugend. Sie kann weder die Gerechtigkeit, noch die Großzügigkeit oder die Liebe ersetzen. Aber was hätten wir von einer unaufrichtigen Gerechtigkeit? Was von einer unaufrichtigen Liebe oder Großzügigkeit? Das wäre keine Gerechtigkeit, keine Liebe, keine Großzügigkeit mehr, beziehungsweise, sie wären durchsetzt von Heuchelei, Verblendung und Lüge. Ohne die Tugend der Wahrheit ist keine Tugend wahr oder wahrhaft tugendhaft. Eine Tugend ohne Aufrichtigkeit ist Unaufrichtigkeit, und das ist keine Tugend.

Die Aufrichtigkeit, sagte La Rochefoucauld, ist ein Sich-Öffnen des Herzens, das uns zeigt, wie wir sind; dies bedeutet Liebe zur Wahrheit, eine Abscheu davor, sich zu verstellen, der Wunsch, seine Fehler wiedergutzumachen und sie dadurch zu mildern, daß man sie löblicherweise eingesteht.[3] Dies bedeutet die Weigerung zu täuschen,

zu verheimlichen, zu beschönigen, eine Weigerung, die manchmal
selbst nur ein Kunstgriff ist, eine Versuchung wie andere, doch keineswegs immer, wie sogar La Rochefoucauld einräumt.[4] Eine Weigerung, an der sich die Liebe zur Wahrheit von der Eigenliebe scheidet,
wobei diese die Wahrheitsliebe oft narrt, manchmal allerdings die
Wahrheitsliebe die Eigenliebe auch überwindet. Man sollte die
Wahrheit also mehr lieben als sich selbst. Die Aufrichtigkeit ist, wie
alle Tugenden, das Gegenteil des Narzißmus, des blinden Egoismus,
der sklavischen Abhängigkeit des Ich von sich selbst. In diesem Punkt
berührt sie sich mit der Großzügigkeit, der Demut, dem Mut, der
Gerechtigkeit ... mit der Gerechtigkeit bei Verträgen und Geschäften
(einen Käufer über eine Ware, die man verkauft, zu täuschen, z. B.
dadurch, daß man ihn auf diesen oder jenen verborgenen Mangel
nicht aufmerksam macht, das heißt unaufrichtig, und das heißt, ungerecht zu sein); mit dem Mut, etwas zu denken und auszusprechen;
mit der Demut vor dem Wahren; mit der Großzügigkeit gegenüber
dem anderen ... Die Wahrheit gehört nicht dem Ich, sondern das Ich
gehört der Wahrheit oder ist in ihr enthalten, sie geht durch es hindurch und löst es auf. Das Ich ist immer verlogen, immer trügerisch,
immer schlecht. Die Aufrichtigkeit löst sich davon, und darum ist sie
gut.

Man muß also alles sagen? Nein, denn das kann man gar nicht.
Dazu fehlt die Zeit, und Anstand und Sanftmut verbieten es. Ehrlichkeit ist nicht Exhibitionismus. Ehrlichkeit ist nicht Grobheit. Man
hat das Recht, und sehr oft ist es auch geboten zu schweigen. Die
Aufrichtigkeit verbietet nicht zu schweigen, sondern zu lügen (oder
zu schweigen nur, wenn dies verlogen wäre), und selbst das nicht
immer; doch hierauf kommen wir später noch zurück. Wahrhaftigkeit
ist nicht Einfalt. Nichtsdestoweniger ist die Wahrheit «der erste und
grundlegende Satz der Tugend», heißt es bei Montaigne.[5] Sie prägt
alle Tugenden, wird selbst in ihrem Wesen jedoch von keiner geprägt.
Die Wahrheit braucht nicht großzügig, liebevoll oder gerecht zu sein,
um wahr zu sein, um zu gelten oder um angemessen zu sein. Liebe,
Großzügigkeit oder Gerechtigkeit hingegen sind Tugenden nur unter

der Bedingung, daß sie zunächst einmal wahr sind (daß sie wirklich das sind, was sie scheinen), unter der Bedingung also, daß man sie aufrichtig übt. Die Wahrheit gehorcht weder der Gerechtigkeit noch der Liebe, sie ist nicht von Vorteil, nicht einträglich, nicht tröstlich. Aus diesem Grund, fährt Montaigne fort, muß man «sie um ihrer selbst willen lieben»[6]. Andernfalls kann man nicht von Aufrichtigkeit sprechen: «Wer die Wahrheit sagt, weil er aus andern Rücksichten gezwungen ist, und weil es ihm frommt, und sich nicht scheut, Lügen zu sagen, wenn es niemandem darauf ankommt, der ist nicht wahrhaftig genug.»[7] Nein, man muß nicht alles sagen, aber man darf – außer in Fällen höherer Pflicht – nur das Wahre sagen oder das, was man dafür hält. An dieser Stelle möchte ich auf eine Form der Kasuistik – im guten Sinne des Wortes – zu sprechen kommen, die diejenigen, die aufrichtig sind, nicht in Verwirrung bringt. Was ist die Kasuistik? Sie ist die Lehre von den *Gewissensfällen*, das heißt von den moralischen Schwierigkeiten, die sich daraus ergeben oder ergeben können, daß man eine allgemeine Regel (beispielsweise «du sollst nicht lügen») in bestimmten Situationen anwendet – Situationen, die oft vielschichtiger oder zwiespältiger sind als die trotz allem weiterhin geltende Regel. Montaigne hat diese Regel – eine Regel der Aufrichtigkeit – treffend formuliert: «Man braucht nicht immer alles zu sagen; denn das wäre Torheit; aber was man sagt, soll sein, wie man es denkt, sonst ist es Arglist.»[8] Wir werden auf die Ausnahmen noch zurückkommen, aber sie können als solche nur gelten, wenn man eine unwiderrufliche Regel voraussetzt. Die Aufrichtigkeit ist jene Tugend, die die Wahrheit zu einem Wert macht (d. h., da es keinen Wert an sich gibt, zu einem Gegenstand der Liebe, der Achtung, des Willens), jene Tugend, die sich der Wahrheit verschreibt. Treue zum Wahren vor allem, denn sonst ist die Treue nur Scheinheiligkeit. Liebe zur Wahrheit vor allem, denn sonst ist die Liebe nur Illusion oder Lüge. Die Aufrichtigkeit ist diese Treue, diese Liebe in Geist und Tat. Oder, besser gesagt: sie ist die Liebe zur Wahrheit insofern, als unsere Taten, unsere Worte, ja sogar unsere Gedanken von dieser Liebe geleitet sind. Sie ist die Tugend der Wahrhaftigen.

Wer ist ein Wahrhaftiger? Derjenige, erklärt Aristoteles, der die Wahrheit liebt und darum das Lügen ablehnt, das Übertreiben ebenso wie das Untertreiben, das Hinzudichten ebenso wie das Auslassen.[9] Er steht in der Mitte zwischen Prahlerei und Tiefstapelei, zwischen Großsprecherei und Verschweigen, zwischen falschem Ruhm und falscher Bescheidenheit.[10] Der Wahrhaftige «ist aufrichtig und bleibt in Leben und Wort immer er selbst und gibt zu, was er besitzt, und macht es weder größer noch geringer»[11]. Eine Tugend? Selbstverständlich. «An sich ist die Lüge schlecht und verwerflich, die Wahrheit schön und lobenswert.»[12] Glückliche Griechen, edle Griechen – für sie war diese Selbstverständlichkeit weder veraltet, noch konnte sie je veralten. Obwohl – auch sie hatten wie wir ihre Sophisten, die diese Naivität, wie sie es nennen, belächeln. Doch lassen wir sie ruhig! Macht nicht die Wahrheit, die ein Gedanke enthält oder nach der er sucht, erst seinen Wert aus? *Sophistisch* nenne ich jedes Denken, das sich etwas anderem als der Wahrheit verschreibt, oder das etwas anderes über die Wahrheit stellt. Die Philosophie ist das Gegenteil eines solchen Denkens in der Theorie, die Aufrichtigkeit sein Gegenteil im praktischen Leben. Man sollte, so gut es geht, *in Wahrheit* leben und denken, auch um den Preis von Angst, Enttäuschung oder Unglück. Treue zum Wahren vor allem: besser wahre Traurigkeit als falsche Freude.

Daß der Aufrichtigkeit vor allem die Prahlerei entgegengesetzt ist, hat Aristoteles genau gesehen[13], und das bekräftigt seine Einwände gegen den Narzißmus oder die Eigenliebe. Gegen die Liebe zu sich selbst? Nein, das sicher nicht, da der Wahrhaftige freundlich ist, da die Liebe zu sich selbst eine Pflicht ist, da es lügen hieße, wollte man eine sich selbst gegenüber nicht mögliche Gleichgültigkeit vortäuschen.[14] Doch der wahrhaftige Mensch liebt sich selbst, wie er ist, wie er sich kennt und nicht, wie er scheinen oder gesehen werden will. Das unterscheidet die Liebe zu sich selbst von der Eigenliebe oder den «Edelmut», wie Aristoteles sagt, von der Eitelkeit. Der Edelmütige «wird sich auch um die Wahrheit mehr bemühen als um das Ansehen und immer offen reden und handeln; denn er ist freimütig, weil er die Leute verachtet. So ist er auch wahrhaftig, außer wo er ironisch spricht; dies tut er der Menge gegenüber.»[15] Man wird einwenden, diese Art von Edelmut entbehre der Barmherzigkeit, was auch stimmt; allerdings nicht aufgrund der Wahrheitsliebe, die zu ihr gehört. Besser wahre Größe als falsche Demut. Und daß es ihr zu sehr um Ehre geht, stimmt auch[16]; allerdings nie um den Preis der Lüge. Besser wahrer Stolz als falscher Ruhm.

Der Wahrhaftige unterwirft sich der *Norm der wahren gegebenen Vorstellung*, wie Spinoza sagen würde; oder der wahren *möglichen* Vorstellung, möchte ich hinzufügen: er sagt das, wovon er weiß oder glaubt, daß es wahr ist, niemals jedoch etwas, wovon er weiß oder glaubt, daß es falsch ist. Schließt die Aufrichtigkeit also jegliche Lüge aus? Anscheinend ja, und zwar per definitionem: Wie könnte man wohl aufrichtig lügen? Lügen setzt voraus, daß man die Wahrheit kennt oder glaubt, sie zu kennen, und daß man absichtlich etwas anderes sagt als das, was man weiß oder glaubt. Das aber ist genau das, was die Aufrichtigkeit verbietet oder ablehnt. Aufrichtig sein heißt sagen, was man für wahr hält: heißt (in Wort oder Tat) seiner Überzeugung treu sein, heißt, sich der Wahrheit dessen, was man ist oder denkt, zu fügen. Jede Lüge wäre also unaufrichtig und damit verwerflich.

Diese rigorose Strenge, die meines Erachtens nur schwer einzuhalten ist, scheinen jedoch Spinoza und Kant zu vertreten. Eine solche Übereinstimmung zwischen den beiden Geistesgrößen verdient eine nähere Betrachtung.

«Der freie Mensch handelt niemals arglistig», schreibt Spinoza, «sondern immer redlich.»[17] Der freie Mensch ist nämlich derjenige, der nur von der Vernunft geleitet wird, und diese ist universal: wenn sie die Lüge zuließe, dann immer und überall, und damit wäre jede menschliche Gesellschaft unmöglich.[18] So weit, so gut. Wenn aber das eigene Leben auf dem Spiel steht? Das ändert nichts, antwortet Spinoza in aller Gelassenheit, denn die Vernunft, die ja die gleiche bei allen ist, kann nicht von Interessen, ja nicht einmal von lebenswichtigen Interessen des einzelnen abhängen. Daher diese erstaunliche Erläuterung:

«Fragt man nun: Wie, wenn ein Mensch aus einer vorhandenen Todesgefahr durch Treulosigkeit sich retten könnte, rät dann nicht die Rücksicht auf die Selbsterhaltung unbedingt, treulos zu sein? so ist in gleicher Weise zu antworten: Wenn die Vernunft dies riete, so riete sie es folglich allen Menschen, und mithin riete die Vernunft den Menschen unbedingt nichts anderes, als betrügerisch Verträge zur Vereinigung ihrer Kräfte und zur Beobachtung gemeinsamen Rechtes zu schließen, d. h. also, sie riete ihnen zu beschließen, daß sie in Wahrheit kein gemeinsames Recht haben sollten – was widersinnig ist.»[19]

Ich habe nie verstanden, jedenfalls nie auf wirklich zufriedenstellende Weise, wie diese Erläuterung sich mit den Lehrsätzen 20 bis 25 des gleichen Teils der *Ethik* verträgt. Hier stellt im Gegenteil «das Bestreben nach Selbsterhaltung die erste und einzige Grundlage der Tugend»[20] dar, ihr Maß und ihr Ziel zugleich. Gleichwohl muß ich festhalten, daß Spinoza die Lüge nicht völlig verbietet, sondern nur klarstellt, daß die Vernunft – das einzig Freie – sie nicht gebieten kann. Das sind zwei unterschiedliche Dinge, da die Vernunft nicht alles im Menschen ist, und nicht einmal das Wesentliche (das Wesentliche ist der Wunsch, das Wesentliche ist die Liebe)[21], und da kein Mensch vollkommen frei oder vernünftig ist und es auch nicht sein kann, ja es nicht einmal wollen kann.[22] Jemand, der arglistig handle, tue dies – wie der Beweis darlegt – niemals als freier Mensch.[23] Meinetwegen, Lug und Trug könnten aus diesem Grunde an sich keine Tugenden sein. Meinetwegen auch das. Doch es wäre sehr oft unvernünftig, nur auf die Vernunft zu hören, es wäre sündhaft, nur die Tugend zu lieben, es wäre verhängnisvoll für die Freiheit, nur *als freier Mensch* handeln zu wollen. Die Aufrichtigkeit ist in der Tat eine Tugend, doch dies sind auch Klugheit, Gerechtigkeit und Nächstenliebe. Wenn man lügen muß, um zu überleben, um sich gegen Barbarei aufzulehnen, oder um den zu retten, den man liebt, den man lieben muß – dann besteht für mich kein Zweifel, daß man lügen muß, wenn es keinen anderen Weg gibt, oder wenn alle anderen Wege noch schlimmer wären. Und dies, scheint mir, würde Spinoza auch zugestehen. Die Vernunft könnte dies natürlich nicht *gebieten*, da sie universal ist, was die Lüge nicht sein kann: Wenn jeder lügen würde, wozu dann lügen, da niemandem Glauben geschenkt würde, und wozu dann überhaupt sprechen? Doch diese Vernunft bleibt abstrakt, wenn sich nicht der Wunsch ihrer bemächtigt und sie zum Leben erweckt. Nun ist der Wunsch aber immer bestimmt, immer konkret, und darum kann man lügen, wie es der *Politische Traktat*[24] einräumt, ohne das Recht der Natur oder (und das heißt) das Wohl des einzelnen oder sogar aller zu verletzen. Der Wille, nicht die Vernunft, bestimmt; der Wunsch, nicht die Wahrheit, diktiert ihr Gesetz.[25] Der Wunsch nach Wahrheit – das Wesen der Aufrichtigkeit – bleibt somit der Wahrheit des Wunsches – dem Wesen des Menschen – unterworfen[26]: Dem Wahren treu zu sein enthebt einen nicht, auch der Freude, der Liebe, dem Mitleid[27] treu zu sein und, laut Spinoza, der Gerechtigkeit und der Nächstenliebe, die das ganze Gesetz und die wahre Treue sind.[28] Zunächst dem Wahren treu sein, heißt auch, seiner inneren Wahrheit, dem Wunsch, treu sein: Ob man den anderen hintergehen oder sich selbst verraten, ob man den Schlechten täuschen oder den Schwachen im Stich lassen muß, ob man sein Wort nicht halten oder der Liebe nicht nachkommen kann, manchmal kann die Treue zum Wahren (zu dem Wahren, das man ist, das man trägt, das man liebt) die Lüge gebieten. Hierin unterscheidet sich Spinoza, wie ich ihn verstehe – selbst in jener seltsamen Erläuterung zu Lehrsatz 72 –, von Kant. Natürlich ist die Aufrichtigkeit eine Tugend, was die Lüge nicht sein kann, aber das heißt nicht, daß jede Lüge schuldhaft ist oder gar, daß man unter keinen Umständen lügen darf. Keine Lüge ist frei, gewiß doch, aber wer ist schon immer frei? Wie könnte man es sein, wenn die Schlechten, die Dummköpfe, die Fanatiker die Stärkeren sind, wenn Ehrlichkeit ihnen gegenüber einen mitschuldig machte oder selbstmörderisch wäre? *Caute* ... Die Lüge ist nie eine Tugend, aber auch die Dummheit oder der Selbstmord nicht.[29] Manchmal muß man sich einfach mit dem geringeren Übel abfinden[30], und das kann eine Lüge durchaus sein.

Kant hingegen geht sehr viel weiter und wird sehr viel deutlicher. Die Lüge ist nicht nur niemals eine Tugend, sondern sogar immer eine Verfehlung, immer ein Verbrechen, immer eine Nichtswürdigkeit.[31] Denn die Wahrhaftigkeit, ihr Gegenteil, ist eine «unbedingte Pflicht, die in allen Verhältnissen gilt», und da sie «gänzlich unbedingt ist», kann sie nicht die geringste Ausnahme zu einer Regel zulassen, «die ihrem Wesen nach keiner Ausnahme fähig ist»[32]. Das läuft darauf hinaus, wandte Benjamin Constant ein, «daß die Lüge gegen einen Mörder, der uns fragte, ob unser von ihm verfolgter Freund sich nicht in unser Haus geflüchtet, ein Verbrechen sein würde»[33]. Doch von solch einer Kleinigkeit läßt Kant sich nicht beeindrucken: es wäre in der Tat ein Verbrechen, da es hier, beim wahren Wort, um die Menschheit geht, da die Wahrhaftigkeit «ein heiliges, unbedingt gebietendes, durch keine Convenienzen einzuschränkendes Vernunftgebot ist», auch dann, wenn es um die Erhaltung des eigenen Lebens oder desjenigen eines anderen geht.[34] Die Absicht spielt hier keine Rolle. Es gibt keine fromme Lüge, oder vielmehr, ganz gleich, ob fromm oder großmütig, jede Lüge ist verwerflich: «Es kann auch bloß Leichtsinn oder gar Gutmütigkeit die Ursache davon sein, ja selbst ein wirklich guter Zweck dadurch beabsichtigt werden: so ist doch die Art ihm nachzugehen durch die bloße Form ein Verbrechen des Menschen an seiner eigenen Person und eine Nichtswürdigkeit, die den Menschen in seinen eigenen Augen verächtlich machen muß.»[35]

Selbst wenn es so wäre, hieße das meines Erachtens der eigenen Person sehr viel Bedeutung beimessen. Was ist das für eine Tugend, die so auf sich selbst, auf ihre eigene Unbescholtenheit, auf ihre eigene Würde bedacht ist, daß sie, um sich rein zu erhalten, bereit ist, einen Unschuldigen an Mörder auszuliefern? Was ist das für eine Pflicht, die ohne Klugheit, ohne Barmherzigkeit, ohne Nächstenliebe auskommt? Lügen ist ein Fehler? Zweifellos. Aber Kaltherzigkeit auch, und zwar ein schwerwiegenderer. Wahrhaftigkeit ist eine Pflicht? Zugegeben. Aber Hilfeleistung in Gefahr ist auch eine, und zwar eine dringlichere. Wehe dem, dem sein Gewissen wichtiger ist als sein Nächster!

Der Einspruch Benjamin Constants zeigt, daß Kants Standpunkt schon im 18. Jahrhundert empörend war; seit der Mitte unseres Jahrhunderts ist er schlichtweg unhaltbar geworden. Denn die Barbarei hat in diesem traurigen 20. Jahrhundert eine andere Dimension angenommen, angesichts deren jeder Rigorismus lächerlich ist, wenn er nur das Gewissen betrifft, oder widerwärtig, wenn er wirklich darauf hinausläuft, den Henkern in die Hände zu arbeiten. Sie haben einem Juden oder einem Résistancekämpfer auf Ihrem Speicher Unterschlupf geboten. Die Gestapo sucht ihn und vernimmt Sie. Sagen Sie die Wahrheit? Verweigern Sie die Antwort (was auf das gleiche hinausliefe)? Natürlich nicht! Jeder ehrenhafte, gutherzige, ja selbst jeder pflichtbewußte Mensch wird sich nicht nur berechtigt, sondern sogar gehalten fühlen zu lügen. Ich sage *zu lügen*. Denn die Lüge bleibt, was sie ist – eine absichtlich falsche Aussage. «Die deutsche Polizei zu belügen, die uns fragt, ob wir bei uns einen Patrioten verstecken», schreibt Jankélévitch, «das ist nicht lügen, *das ist die Wahrheit sagen*; zu antworten: hier ist niemand, wenn jemand da ist, das ist [in dieser Situation] die heiligste aller Pflichten.»[36] Dem zweiten Satz stimme ich natürlich zu; aber wie kann ich den ersten akzeptieren, ohne das Denken aufzugeben; wie kann ich dann das Problem, das ich lösen will, überhaupt stellen, wenn ich es doch in nichts auflöse? Die deutsche Polizei zu belügen ist selbstverständlich lügen, aber das beweist einfach nur (da die Lüge in dem angeführten Beispiel mit Sicherheit tugendhaft ist), daß die Wahrhaftigkeit keine absolute Pflicht ist, ganz gleich, was Kant darüber denkt, daß sie keine unbedingte Pflicht, keine universale Pflicht ist, und vielleicht, daß es keine absoluten, universalen, unbedingten Pflichten gibt (also überhaupt keine Pflichten im kantschen Sinne), sondern nur mehr oder weniger hohe Werte, nur mehr oder weniger wertvolle, vordringliche oder notwendige Tugenden. Ich möchte noch einmal wiederholen, daß die Wahrhaftigkeit eine von ihnen ist. Aber sie ist nicht so wichtig wie die Gerechtigkeit, wie das Mitleid, wie die Großherzigkeit, nicht so wichtig natürlich wie die Liebe, oder vielmehr weniger wichtig als Liebe zur Wahrheit denn als Liebe zum Nächsten. Schließlich ist auch der Nächste wahr, und diese leibhaftige Wahrheit, diese leidende Wahrheit ist wichtiger – noch wichtiger! – als die Wahrhaftigkeit unserer Worte. Treue zum Wahren zunächst, aber zur Wahrheit der Gefühle mehr noch als zu derjenigen unserer Erklärungen, zur Wahrheit des Leids mehr noch als zu derjenigen des Wortes. Setzt man die Aufrichtigkeit absolut, so verspielt man sie; dann ist sie nicht mehr gut, dann ist sie nur noch kalte, todbringende, abscheuliche Wahrhaftigkeit. Das ist nicht mehr Aufrichtigkeit, sondern Wahrhaftigkeitswahn; das ist keine Tugend mehr, sondern Fanatismus. Ein theoretischer, seelenloser, abstrakter Fanatismus: ein philosophischer Fanatismus, der der Wahrheit regelrecht verfallen ist. Doch kein Wahn ist gut, kein Fanatismus eine Tugend.

Nehmen wir ein anderes, weniger extremes Beispiel. Muß man einem Sterbenden die Wahrheit sagen? Ja, immer, würde Kant antworten, jedenfalls wenn der Sterbende Fragen stellt, denn die Wahrhaftigkeit ist eine unbedingte Pflicht. Nein, niemals, antwortet Jankélévitch, denn dadurch würden wir ihn ohne Grund in «quälende Verzweiflung»[37] stürzen. Ich halte das Problem für komplizierter. Sagt man einem Sterbenden die Wahrheit, wenn er danach fragt, wenn er sie ertragen kann, so kann man ihm dadurch auch helfen, in klarem Bewußtsein zu sterben (einen Sterbenden zu belügen, heißt das nicht, wie Rilke sagte, ihm seinen eigenen Tod zu stehlen?), in Frieden, in Würde, in der Wahrheit zu sterben, so wie er gelebt hat, wie er hat leben wollen und nicht in falscher Hoffnung oder Verleugnung der Tatsachen. «Wer einem Sterbenden sagt, daß er sterben wird, der lügt», schreibt Jankélévitch; «zum einen im wörtlichen Sinne, weil er es gar nicht weiß, weil nur Gott es weiß, weil kein Mensch das Recht hat, einem anderen Menschen zu sagen, er werde sterben», und sodann «im übertragenen Sinne, weil er ihm weh tut»[38]. Aber was das Wörtliche anbelangt, so verwechselt Jankélévitch Aufrichtigkeit und Gewißheit, Ehrlichkeit und Allwissenheit: was hindert den Arzt oder die Angehörigen, ehrlich zu sagen, was sie

wissen oder glauben, und zwar in dem Bewußtsein, daß in diesem
Bereich dem Wissen und dem Glauben Grenzen gesetzt sind? Und
was das Übertragene betrifft, so mißt er der Wahrheit zu wenig Bedeutung bei, bringt dem Geist zu wenig Achtung entgegen. Wenn er
die Hoffnung über die Wahrheit setzt, über den klaren Verstand,
über den Mut, dann setzt er sie zu hoch an. Was ist eine Hoffnung
wert, der man sich um den Preis der Lüge, um den Preis der Illusion
hingibt? «Die armen und einsamen Menschen dürfen kein Leid tragen», schreibt Jankélévitch weiter, «das ist wichtiger als alles andere
und sogar als die Wahrheit.»[39] Nun, wenn das Leid ganz furchtbar ist,
wenn der einsame und arme Mensch es nicht ertragen kann, wenn
nur eine Illusion ihn aufrechterhält, dann ja. Aber ist das immer der
Fall? Und wozu dann Philosophie, wozu dann überhaupt Ehrlichkeit,
wenn die eine wie die andere angesichts des Todes verstummen müssen, wenn die Wahrheit nur etwas gilt, solange sie uns beruhigt, solange sie uns kein Leid zufügen kann? Auf diesem Gebiet nehme ich
mich ebenso vor jenen in acht, die *niemals* sagen, wie vor jenen, die
immer sagen. Daß man aus Liebe oder aus Mitleid lügen kann und es
manchmal sogar muß, will ich gerne zugeben. Was gibt es Dümmeres
oder Feigeres, als von den anderen einen Mut zu fordern, den man
selbst vielleicht gar nicht aufbringt. Deshalb, sofern der Sterbende in
der Lage dazu ist, muß er selbst entscheiden, wie wichtig die Wahrheit für ihn ist; und selbst wenn er dazu nicht in der Lage ist, kann es
kein anderer für ihn tun. Man geht also besser sanft als ungestüm
vor: das Mitleid steht hier über der Wahrheitsliebe. Dennoch ist und
bleibt die Wahrheit ein Wert, den man einem anderen nur aus sehr
guten Gründen und mit sehr großer Behutsamkeit vorenthalten darf,
vor allem, wenn er nach ihr fragt. Bequemlichkeit ist nicht alles.
Wohlbefinden ist nicht alles. Natürlich muß man die körperlichen
Leiden so gut es geht lindern, und darum sollten sich unsere Ärzte
auch stärker kümmern. Aber wenn die seelischen Leiden, wenn
Furcht und Angst zu einem Teil des Lebens werden? «Er ist gestorben, ohne sich dessen bewußt zu sein», sagt man manchmal. Ist das
nun wirklich eine Errungenschaft der Medizin? Denn er ist ja schließ-

lich gestorben, und meines Wissens besteht die Aufgabe der Ärzte darin, uns zu heilen, sofern sie es können, und nicht darin, uns zu verschweigen, daß sie es nicht können. «Wenn ich ihm die Wahrheit sage, bringt er sich um», sagte ein Arzt zu mir. Doch der Freitod ist nicht immer eine Krankheit (er ist auch ein Recht, das man dem anderen durch die Unwahrheit nimmt), und Depressionen sind eine Krankheit, die man behandeln kann. Die Ärzte sind da, um zu behandeln und nicht, um anstelle ihres Patienten zu entscheiden, ob sein Leben – und sein Tod! – lebenswert sind oder nicht. Hütet euch, ihr guten Ärzte, vor der Bevormundung: ihr seid verantwortlich für die Gesundheit eurer Patienten, nicht für ihr Glück, nicht für ihren Seelenfrieden. Hat ein Sterbender nicht das Recht, unglücklich zu sein? Hat er nicht das Recht, sich zu ängstigen? Was an diesem Unglück, was an dieser Angst versetzt euch denn derart in Schrecken?

Wenn ich das sage – oder sagen mußte –, dann wie immer unter dem Vorbehalt des Mitleids, der Sanftmut, des Zartgefühls. Es ist besser zu lügen, als jemandem Qualen zuzufügen, es ist besser zu lügen, als jemanden in große Aufregung zu versetzen. Die Wahrheit ersetzt nicht alles. Aber auch keine Tugend kann die Wahrheit ersetzen oder vollkommen ohne sie bestehen. Der seelisch, geistig, menschlich schönste Tod ist einer bei klarem Verstand, bei heiterem, klaren Verstand, und daher ist es unsere Pflicht, die Sterbenden auf dem Weg zu dieser letzten Wahrheit zu begleiten, wenn es sein muß, wenn sie selbst dazu fähig sind. Wer würde es schon wagen, Christus oder Buddha, Sokrates oder Epikur, Spinoza oder Simone Weil in ihrer letzten Stunde zu belügen? Man wird einwenden, daß solche Persönlichkeiten einem nicht jeden Tag über den Weg laufen, auch nicht zuhauf die Krankenbetten bevölkern. Zweifellos. Trotzdem sollte man uns helfen, ihnen wenigstens ein kleines Stück nachzueifern, anstatt uns von vornherein den – wenn auch bitteren – Geschmack daran zu verderben, anstatt uns die – wenn auch schmerzhafte – Möglichkeit zu rauben. Die Wahrhaftigkeit bleibt also selbst am Bett eines Sterbenden ein Wert. Allerdings nicht sie allein, möchte ich noch einmal betonen; auch das Mitleid, auch die Liebe bleiben –

vielleicht sogar größere – Werte. Jemandem die Wahrheit ins Gesicht zu schleudern, der nicht danach gefragt hat, der sie nicht ertragen kann, der von ihr erdrückt wird oder dem es das Herz zerreißt, das ist keine Aufrichtigkeit, das ist Grobheit, mangelndes Einfühlungsvermögen, das ist Gewalt. Man muß also die Wahrheit sagen, oder so viel von der Wahrheit wie möglich, denn die Wahrheit ist ein Wert, denn die Ehrlichkeit ist eine Tugend; allerdings nicht immer, nicht jedem gegenüber, nicht um jeden Preis, nicht unüberlegt! Man muß die Wahrheit sagen, so gut man kann und soweit es nötig ist, ohne dabei eine höhere oder dringlichere Tugend zu verletzen. Und hier bin ich mir mit Jankélévitch wieder einig: «Wehe denen, die die kriminelle Wahrheit der Denunziation über die Lüge stellen! Wehe den Rohlingen, die immer die Wahrheit sagen! Wehe denen, die niemals gelogen haben!»[40]

Das gilt allerdings nur anderen gegenüber, weil es legitim ist, vor allem den leidenden anderen, vor allem den schwachen anderen höher als eine eigene Wahrhaftigkeit einstufen. Aber sich selbst höher als die Wahrheit einstufen – niemals! An diesem Punkt geht die Aufrichtigkeit weiter als die Ehrlichkeit, wird zwingend und allgemeingültig. Es ist manchmal legitim, sogar moralisch legitim, einen anderen zu belügen, statt ihm die Wahrheit zu sagen. Aber Unaufrichtigkeit sich selbst gegenüber kann keinesfalls besser sein als Aufrichtigkeit; denn dadurch würde man sich selbst über die Wahrheit stellen, und seine Bequemlichkeit oder sein gutes Gewissen über seinen Verstand. Das wäre eine Sünde wider das Wahre und wider sich selbst. Für jede Sünde Barmherzigkeit – gewiß; jeder tut, was er kann, und das Leben ist zu schwierig, zu grausam, als daß man irgend jemanden verurteilen könnte. Wer weiß schon, wie er angesichts des Schlimmsten reagieren würde und wieviel Wahrheit er dann ertragen könnte. Barmherzigkeit, Barmherzigkeit für alle! Das bedeutet aber nicht, daß alles etwa aufs gleiche herauskommt, oder daß Unaufrichtigkeit sich selbst gegenüber je als moralisch neutral oder belanglos angesehen werden könnte. Wenn es legitim ist, den Schlechten zu belügen, beispielsweise wenn unser Leben auf dem Spiel steht, dann stellen wir uns selbst damit noch nicht über die Wahrheit, denn das hindert uns keineswegs, sie zu lieben, sie zu achten und uns ihr zumindest innerlich zu unterwerfen. Einen Mörder oder einen Barbaren belügt man im Namen dessen, was man für wahr hält, und in diesem Sinne sind es aufrichtige Lügen. Die Ehrlichkeit, die sich auf einen anderen bezieht und alle möglichen Ausnahmen zuläßt (sie ist die transitive und bedingte Aufrichtigkeit), muß man hier von der reflexiven Aufrichtigkeit unterscheiden, die sich nur auf einen selbst bezieht und folglich allgemeingültig ist. Daß man manchmal einen anderen aus Klugheit oder aus Mitleid belügen muß, haben wir gesehen, und ich gehe darauf nun nicht mehr ein. Aber was rechtfertigt es, sich selbst zu belügen? Die Klugheit? Dann würde man sein Wohlergehen über den klaren Verstand, sein Ego über seinen Geist stellen. Das Mitleid? Dann hätte man nicht genug Mut. Die Liebe? Aber ohne Aufrichtigkeit wäre sie nur Eigenliebe und Narzißmus.

Jean-Paul Sartre hat im Rahmen einer anderen Fragestellung als der meinen sehr deutlich gezeigt, «daß die Unaufrichtigkeit ein Sichselbst-Belügen ist» und eine wesentliche Dimension jeden menschlichen Bewußtseins verrät (d. h. unauflösbar ausdrückt und leugnet), die es ihm auf immer verbietet, mit sich selbst vollkommen eins zu sein wie beispielsweise ein Ding oder eine Tatsache.[41] Sich vollkommen für einen Kellner oder einen Philosophieprofessor, für traurig oder fröhlich zu halten, so wie ein Tisch ein Tisch ist, ja sogar sich für vollkommen ehrlich zu halten, so wie man blonde oder braune Haare hat, das bedeutet, unaufrichtig zu sein, und zwar immer, denn es heißt vergessen, daß man zu sein hat, was man ist (mit anderen Worten, daß man es nicht schon oder endgültig ist), das heißt, seine eigene Angst zu leugnen, sein eigenes Nichts, seine eigene Freiheit. Daher ist die Unaufrichtigkeit für jedes Bewußtsein eine «ständige Bedrohung»[42]. Aber das ist ein Risiko, das man eingehen muß, und das man nur unaufrichtigerweise als etwas Unausweichliches oder als Ausrede anführen kann. Die Unaufrichtigkeit ist kein Sein, kein Ding, kein Schicksal, sondern die Verdinglichung dessen, was man ist, dessen, was man zu sein glaubt, dessen, was man sein will, in der zwangsläufigen Faktizität des An-und-für-sich, das Gott wäre und das nichts ist. Das Gegenteil der Unaufrichtigkeit ist ebensowenig ein Sein (wenn man glaubt, daß man aufrichtig *ist*, so belügt man sich selbst), ein Ding oder gar eine Eigenschaft: es ist ein Bemühen, ein Anspruch, eine Tugend. Das ist die Authentizität bei Sartre[43], das ist die Aufrichtigkeit bei jedem einzelnen, wenn nicht sein selbstzufriedenes und erstarrtes Bewußtsein eins ist mit sich selbst, sondern sich immer wieder von der Lüge, vom Ernst, von allen Rollen, die man spielt oder ist, lossagt, kurz von der Unaufrichtigkeit und von sich selbst.

Ganz allgemein ist die Aufrichtigkeit nichts anderes als die Liebe zur Wahrheit. Aus diesem Grund ist sie die philosophische Tugend par excellence; natürlich nicht in dem Sinne, daß sie irgend jemandem vorbehalten wäre, sondern vielmehr, daß als Philosoph – im stärksten und alltäglichsten Sinne des Wortes – jeder gilt, der die Wahrheit zumindest für sich selbst über alles stellt, über Ehre oder Macht, über Glück oder System, ja sogar über die Tugend und über die Liebe. Lieber ist er sich bewußt, daß er schlecht ist, als so zu tun, als sei er gut, lieber sieht er dem Verlust der Liebe, der ihn treffen kann, oder seinem eigenen (fast immer herrschenden) Egoismus klar ins Auge, als sich zu Unrecht einzureden, er sei liebevoll oder großzügig. Dennoch weiß er, daß Wahrheit ohne Nächstenliebe nicht Gott ist.[44] Aber er weiß auch, oder glaubt es wenigstens zu wissen, daß die Nächstenliebe ohne die Wahrheit nur eine Lüge von vielen ist und eben keine Nächstenliebe. Spinoza nannte diese Freude an der Erkenntnis *Amor Dei intellectualis* («die in der Erkenntnis ruhende Liebe zu Gott»[45]), ungeachtet übrigens ihres Gegenstandes («Je mehr wir die Einzeldinge erkennen, um so mehr erkennen wir Gott»[46]), da alles in Gott ist und da Gott alles ist. Man ginge wahrscheinlich zu weit, wenn man sagen würde, daß keine einzelne Wahrheit und auch nicht ihre Summe Gott ist, wenn man sagen würde, daß kein Gott wahr ist. Aber das wiese dennoch auf den Kern der Sache hin: daß die Liebe zur Wahrheit wichtiger ist als die Religion, daß der klare Verstand wertvoller ist als die Hoffnung, daß der «gute Glaube» mehr und besser ist als der Glaube.

Das ist auch der Geist der Psychoanalyse («Die Wahrheit und immer wieder die Wahrheit»[47]), ohne den sie nur eine Sophistik unter anderen wäre. Das ist sie allerdings auch oft, und sie entkommt dem nur durch die «Wahrheitsliebe», wie Freud sagte, die «jeden Schein und Trug ausschließt»[48].

Das ist der Geist unserer Zeit, wenn sie überhaupt noch Geist hat, wenn sie ihn nicht zugleich mit dem Glauben verloren hat.

Das ist der ewige und flüchtige Geist, der «mit allem seinen Spott treibt», wie Alain sagte[49], auch mit sich selbst. Und mit der Wahrheit? Das kommt vor, aber selbst das ist noch eine Art und Weise, sie zu lieben. Sie zu verehren, sie zum Idol oder gar zu einem Gott zu machen, hieße lügen. Alle Wahrheiten sind gleich viel wert und nichts wert; nicht, weil die Wahrheit gut ist, müssen wir sie lieben, würde Spinoza sagen[50], sondern weil wir sie lieben, erscheint sie uns gut – und das ist sie in der Tat für die, die sie lieben. Die Wahrheit ist nicht Gott: einen Wert hat sie nur für diejenigen und durch diejenigen, die sie lieben, einen Wert hat sie nur für die Wahrhaftigen, die sie lieben, ohne sie zu vergöttern, die sich ihr unterwerfen, ohne sich von ihr zum Narren halten zu lassen. An erster Stelle steht demnach die Liebe? Ja, aber nur insofern sie wahr ist: an erster Stelle im Wert also, und an zweiter Stelle im Sein.

Das ist der Geist des Geistes, der die Ehrlichkeit der Lüge vorzieht, die Erkenntnis der Illusion und das Lachen dem Ernst.

So führt die Aufrichtigkeit zum Humor und die Unaufrichtigkeit zur Ironie.

17
DER HUMOR

Daß Humor eine Tugend sein soll, mag überraschen. Doch der Ernst ist verwerflich, weil er zu sehr auf sich selbst bezogen ist. Davor bewahrt uns der Humor, und abgesehen von dem Vergnügen, das er uns bereitet, schätzen wir ihn aus diesem Grunde. Wenn «der Ernst die Mittelstellung eines Menschen, gleich weit entfernt von Verzweiflung und von Belanglosigkeit, bezeichnet», wie Jankélévitch so schön sagt[1], dann ist festzuhalten, daß der Humor im Gegenteil entschieden zu beiden Extremen neigt. «Höflichkeit der Verzweiflung», sagte Vian, und die Belanglosigkeit kann dazugehören. Es ist unhöflich, sich wichtig zu machen. Es ist lächerlich, sich ernst zu nehmen. Dem Humorlosen mangelt es an Demut, an klarem Verstand, an Leichtigkeit, er ist zu sehr von sich selbst eingenommen, fällt auf sich selbst herein, ist zu streng oder zu aggressiv und läßt es daher fast immer an Großherzigkeit, an Sanftmut, an Barmherzigkeit fehlen. Zuviel Ernsthaftigkeit hat, selbst bei der Tugend, etwas Verdächtiges und Beunruhigendes: Da muß doch irgendeine Illusion oder irgendein Fanatismus mitspielen! Tugend, die von sich selbst überzeugt ist, läßt es an Tugend fehlen.

Doch wir wollen die Bedeutung des Humors nicht überschätzen. Es gibt humorvolle Schurken und humorlose Helden. Wie wir gesehen haben, trifft dies auf die meisten Tugenden zu und ist kein Beweis gegen den Humor, außer vielleicht, daß er selbst ganz eindeutig nichts beweist. Aber wäre er noch Humor, wenn er etwas beweisen wollte? Eine Neben- oder Zusatztugend, wenn man so will, eine leichte, unwesentliche Tugend, eine gewissermaßen komische Tugend, weil sie sich über die Moral lustig macht, und weil sie gar nichts anderes als komisch sein will, aber eine großartige Eigenschaft, eine wertvolle Eigenschaft; sie kann einem edlen Menschen zwar fehlen, doch das würde unsere Achtung für ihn selbst in moralischer Hinsicht ein wenig beeinträchtigen. Ein Heiliger ohne Humor ist ein trauriger Heiliger. Und ein Weiser ohne Humor, ist das überhaupt ein Weiser? Der Geist ist das, was mit allem seinen Spott treibt, meint Alain[2], und in diesem Sinne gehört der Humor ohne Wenn und Aber zum Geist.

Das verbietet nicht Ernsthaftigkeit in bezug auf die anderen, auf unsere Verpflichtungen, unser Engagement, unsere Verantwortung ihnen gegenüber, ja nicht einmal in bezug auf unsere eigene Lebensführung. Aber man darf sich von ihr nicht narren lassen oder allzu zufrieden sein. Reine Selbstgefälligkeit: dem Prediger Salomo fehlte nur ein wenig Humor, um den Kern der Sache zu treffen. Ein wenig Humor und ein wenig Liebe ergeben ein wenig Freude. Selbst ohne Grund, selbst gegen die Vernunft. Die Tugend liegt manchmal vielleicht weniger in der Mitte zwischen Verzweiflung und Belanglosigkeit als in der Fähigkeit, mit einem einzigen Blick, mit einem einzigen Lächeln das eine wie das andere dieser beiden Extreme zu umfassen, zwischen denen wir leben, zwischen denen wir uns bewegen, und die sich im Humor vereinen. Gibt es etwas, das für einen klaren Blick nicht zum Verzweifeln wäre? Und gibt es etwas, das für einen verzweifelten Blick nicht belanglos wäre? Trotzdem darf man darüber lachen, und wahrscheinlich ist das sogar das Beste, was wir tun können. Was wäre die Liebe ohne Freude? Was wäre die Freude ohne Humor?

Alles, was nicht tragisch ist, ist lächerlich. Das lehrt uns der klare Verstand. Und der Humor fügt mit einem Lächeln hinzu, daß es nicht tragisch ist.

Wahrheit des Humors. Die Lage ist hoffnungslos, aber nicht ernst.

Traditionell werden dem Lachen Demokrits die Tränen Heraklits gegenübergestellt. «Demokrit und Heraklit waren zwei Philosophen, von denen der erste, da er das Los der Menschen nichtswürdig fand, sich nie anders als mit spöttischem und lachendem Gesicht den Leuten zeigte. Heraklit, der über eben dieses unser Los Mitleid und Erbarmen fühlte, trug darüber ein beständig verdüstertes Gesicht und mit Tränen erfüllte Augen.»[3] Es gibt natürlich genügend Gründe für das Lachen wie für das Weinen. Aber welche Haltung ist besser? Die Wirklichkeit ergreift nicht Partei, sie lacht nicht und sie weint nicht. Das heißt nicht, daß wir die Wahl hätten, oder zumindest nicht, daß sie von uns abhinge. Ich würde eher sagen, daß diese Wahl uns ausmacht, daß sie uns durchdringt: Lachen oder Weinen, Lachen und Weinen – zwischen diesen beiden Polen schwanken wir hin und her, wobei die einen mehr zu der einen und die anderen mehr zu der anderen Seite neigen. Melancholie versus Fröhlichkeit? So einfach ist das nicht. Montaigne, der durchaus Momente von Trübsinn, Niedergeschlagenheit und Überdruß kannte, hielt es dennoch mit Demokrit: «Ich ziehe die erste Gemütsstimmung vor», erklärt er, «nicht weil es vorzüglicher ist, zu lachen als zu weinen, sondern weil sie geringschätziger ist und uns strenger richtet als die andere; und mich dünkt, daß wir nach unseren Verdiensten nie genug verachtet werden können.»[4] Darüber klagen? Dann nähme man sich zu ernst! Besser, man lacht darüber: «Ich denke nicht, daß soviel Ungemach in uns sei wie Eitelkeit, noch soviel Bosheit wie Dummheit; [...] Uns ist als unser eigenstes und eigentümlichstes Wesen nicht nur die Fähigkeit des Lachens, sondern ebenso die Lächerlichkeit gegeben.»[5] Wozu wegen so wenig (dem wenigen, das wir sind) jammern? Wozu sich hassen («Denn das, was man haßt, nimmt man sich zu Herzen»[6]), wenn es reicht zu lachen?

Doch Lachen und Lachen ist nicht das gleiche, und man muß hier den Humor von der Ironie unterscheiden. Ironie ist keine Tugend, sondern eine Waffe, die fast immer gegen den anderen gerichtet ist. Sie ist das boshafte, das höhnische, das vernichtende Lachen, das Lachen des Spotts, das verletzt, das töten kann, sie ist das Lachen, von dem Spinoza sich distanziert (*non ridere, non lugere, neque detestari, sed intelligere*)[7], sie ist das Lachen des Hasses, das Lachen des Kampfes. Nützlich? Na klar, wenn's sein muß! Welche Waffe ist das nicht? Aber eine Waffe bedeutet niemals Frieden, Ironie ist niemals Humor. Die Sprache kann täuschen. Unsere Humoristen, wie man sie nennt, wie sie sich selbst nennen, sind oft nur Ironiker oder Satiriker, die man natürlich auch braucht. Nur die besten von ihnen schaffen es, beides unter einen Hut zu bringen, wie zum Beispiel Guy Bedos. Er spricht eher ironisch über die Rechte, eher humoristisch über die Linke und rein humoristisch über sich selbst und uns alle. Wie traurig, wenn das Lachen sich nur *gegen* etwas richten könnte! Und wie ernst, wenn man nur über die anderen lachen könnte! Die Ironie ist genau das: ein Lachen, das sich ernst nimmt, ein Lachen, das spottet, aber nicht über sich selbst, ein Lachen – und die Redensart ist sehr aufschlußreich – das *den anderen für dumm verkaufen will*. Richtet sie sich gegen das Ich (das, was man Selbstironie nennt), bleibt sie äußerlich und verhängnisvoll. Die Ironie verachtet, beschuldigt, verdammt ... Sie nimmt sich selbst ernst und zieht nur den Ernst des *anderen* in Zweifel – auf die Gefahr hin, wie Kierkegaard genau erkannt hat, daß sie das Leben auf das abstrakte Menschsein einebnet.[8] Und das hat manchen großen Denker ruiniert oder gebremst. Demut? Gewiß nicht! Im Gegenteil, wie ernst muß man sich nehmen, wenn man andere verspottet! Und wie stolz muß man sein, wenn man sich selbst verachtet! Die Ironie ist dieser Ernst, in dessen Augen alles lächerlich ist. Die Ironie ist diese Kleinkariertheit, in deren Augen alles klein ist.

Rilke empfahl ein Gegenmittel: «Suchen Sie die Tiefe der Dinge: dort steigt Ironie nie hinab.»[9] Das trifft auf den Humor nicht zu, und hier liegt der erste Unterschied. Der zweite, bedeutsamere, liegt in der Reflexivität des Humors, in seiner Innerlichkeit, in dem, was man seine Immanenz nennen könnte. Die Ironie lacht über den anderen (oder, im Falle der Selbstironie, über das Ich wie über einen anderen); der Humor lacht über den anderen wie über sich selbst, jedenfalls schließt er sich immer in den Un-Sinn, den er ausheckt oder aufdeckt, mit ein. Nicht, daß der Humorist nichts ernst nehmen würde (Humor ist nicht Oberflächlichkeit). Er weigert sich nur, sich selbst, sein eigenes Lachen oder seine eigene Angst ernst zu nehmen. Die Ironie versucht, sich in den Vordergrund zu spielen, wie Kierkegaard sagt[10], der Humor dagegen, in den Hintergrund zu treten. Er kann sich nicht pausenlos produzieren oder zum System erheben, und wenn doch, dann dient er nur zur Verteidigung wie anderes auch und ist kein Humor mehr. Unsere Zeit verdirbt ihn, weil sie ihn allzu hochhält. Wie traurig, wenn man ihn um seiner selbst willen kultiviert, wenn man ihn dazu nutzt zu verführen, wenn man ihn zu einem Ruhmesdenkmal für den Narzißmus macht! Es mag noch angehen, daß man ihn zu seinem Beruf macht, man muß ja schließlich sein Geld verdienen. Aber zu einer Religion? Einer Forderung? Das heißt Verrat üben am Humor und es daran fehlen lassen.

Wenn der Humor sich selbst treu ist, dann führt er vielmehr zur Demut. Kein Stolz ohne Ernsthaftigkeit, und im Grunde keine Ernsthaftigkeit ohne Stolz. Der Humor bricht die Ernsthaftigkeit auf und trifft dadurch den Stolz. In diesem Sinne muß der Humor unbedingt reflexiv sein, oder sich wenigstens in das Lachen, das er auslöst oder das – vielleicht bittere – Lächeln, das er hervorruft, mit einschließen. Das ist weniger eine Frage des Inhalts als der Geisteshaltung. Ein und dieselbe Formulierung, ein und derselbe Scherz können sich je nach Stimmung des Sprechenden in ihrer Art vollkommen ändern. Was bei einem, der sich ausnimmt, Ironie ist, kann bei einem anderen, der sich einbezieht, Humor sein. Aristophanes übt sich in Ironie, wenn er in seinem Stück *Die Wolken* über Sokrates spottet. Aber Sokrates (im übrigen selbst ein großer Ironiker) beweist Humor, als er bei der Aufführung von ganzem Herzen mit den anderen lacht.[11] Die beiden Register können sich natürlich mischen, und zwar in einem Maße, daß sie nicht mehr voneinander zu trennen, nicht mehr auseinanderzuhalten sind, oder höchstens noch aufgrund des Tones oder des Zusammenhangs. So zum Beispiel, wenn Groucho Marx auf seine köstliche Art erklärt: «Ich habe einen herrlichen Abend verbracht, aber nicht heute.» Sagt er das zu der Gastgeberin nach einem verpatzten Abend, dann ist das eher Ironie. Sagt er es zum Publikum am Ende einer seiner Vorstellungen, dann ist das eher Humor. Dennoch kann im ersten Fall auch Humor hineinspielen, wenn Groucho Marx einen Teil der Verantwortung für das Mißlingen des Abends auf sich nimmt, und im zweiten Ironie, wenn das Publikum, was ja vorkommen soll, zu hochgestochen war ... Man kann über alles Scherze machen: über den Mißerfolg, über den Krieg, über den Tod, über die Liebe, über die Krankheit, über die Qual. Allerdings muß das Lachen ein wenig Freude, ein wenig Milde oder Leichtigkeit in das Elend der Welt bringen, und nicht noch mehr Haß, Leid oder Verachtung. Man kann über alles lachen, aber nicht auf jede beliebige Art und Weise. Ein jüdischer Witz ist aus dem Munde eines Antisemiten niemals humorvoll. Das Lachen ist nicht alles und entschuldigt nichts. Und außerdem wäre es natürlich verwerflich, es bei einem Scherz zu belassen, wenn man ein Übel verhindern oder bekämpfen kann. Humor kann das Handeln nicht ersetzen, und Gleichgültigkeit gegenüber dem Leiden eines anderen ist ein Fehler. Doch ob man nun handelt oder nicht, es wäre ebenfalls verwerflich, die eigenen guten Absichten, die eigenen Ängste, die eigene Empörung, die eigenen Tugenden allzu ernst zu nehmen. Ein wohlgeordneter, klarer Verstand nimmt zuerst einmal die eigene Person unter die Lupe. Ausgehend davon kann der Humor über alles lachen, unter der Bedingung, daß er zuerst über sich selbst lacht.

«Das einzige, was ich bedaure», sagt Woody Allen, «ist, daß ich nicht jemand anders bin.» Aber mit dieser Aussage akzeptiert er es auch. Der Humor ist ein Trauerverhalten (es gilt das, worunter wir leiden, zu akzeptieren), und auch das unterscheidet ihn wieder von der mörderischen Ironie. Ironie verletzt; Humor heilt. Ironie kann töten; Humor erleichtert das Leben. Ironie will beherrschen; Humor befreit. Ironie ist erbarmungslos; Humor ist barmherzig. Ironie ist demütigend; Humor ist demütig.

Aber der Humor steht nicht nur im Dienste der Demut; er hat auch einen Wert an sich; er verwandelt Traurigkeit in Freude (Spinoza würde sagen, Haß in Liebe oder Barmherzigkeit), Enttäuschung in Komik, Verzweiflung in Heiterkeit. Er entschärft den Ernst und dadurch auch Haß, Wut, Rachsucht, Fanatismus, Systemdenken, Kränkung und sogar die Ironie. Man sollte vor allem über sich selbst lachen, aber ohne Haß. Oder über alles, aber nur insofern man Teil des Ganzen ist und dies akzeptiert. Die Ironie sagt nein (und tut dabei oft so, als sage sie ja); der Humor sagt ja, dennoch und trotz allem ja, ja auch zu allem, was der Humorist als Mensch nicht akzeptieren kann.

Doppelzüngigkeit? Fast immer bei der Ironie (es gibt keine Ironie ohne Finten, ohne ein wenig Unaufrichtigkeit); fast nie beim Humor (wäre ein unaufrichtiger Humor überhaupt noch Humor?).[12] Eher Ambivalenz, eher Widersprüchlichkeit, eher Zerrissenheit, die aber in gewisser Weise akzeptiert und überwunden werden. Zum Beispiel wenn Pierre Desproges bekanntgibt, daß er Krebs hat: «Noch mehr Krebs als ich und du gehst hops!» Oder wenn Woody Allen seine Ängste, seine Fehlschläge, seine Neurosen verfilmt. Oder wenn Pierre Dac sich mit der Conditio humana auseinandersetzt: «Auf die ewigen drei Fragen: ‹Wer sind wir? Woher kommen wir? Wohin gehen wir?›, auf die bisher noch niemand eine Antwort gefunden hat, erwidere ich: ‹Was mich persönlich betrifft, so bin ich ich, ich komme von mir und gehe auch dahin zurück.›» An anderer Stelle habe ich festgehalten, daß es keine komische Philosophie gibt[13]: wahrscheinlich verläuft hier eine Grenze für das Lachen (es kann das Denken nicht ersetzen); doch auch für die Philosophie: sie ersetzt weder das Lachen noch die Freude, ja nicht einmal die Weisheit. Wie trist sind Systeme, wie erdrückend ernst Begriffe, wenn sie an sich selbst glauben! Ein wenig Humor als Schutz, so wie man ihn bei Montaigne oder Hume findet, nicht dagegen bei Kant oder Hegel. Ich habe bereits Spinozas berühmten Satz zitiert: «[...] nicht verlachen, nicht beklagen und auch nicht verdammen, sondern begreifen.»[14] Gewiß. Doch wenn es nichts zu begreifen gibt? Dann bleibt nur das Lachen – nicht *gegen* (Ironie), sondern *über, mit, zum* (Humor). Wir wollen eine Schiffsreise antreten, doch es gibt gar kein Schiff: am besten, wir lachen darüber statt zu weinen. Das ist die Weisheit, die Shakespeare und Montaigne gleichermaßen besitzen, die wahre Weisheit.

«Triumph des Narzißmus», schreibt seltsamerweise Freud.[15] Doch schickt er sogleich hinterher, daß dies auf Kosten des Ichs geschieht, das gewissermaßen vom Über-Ich zurechtgewiesen wird.[16] Triumph des Narzißmus (da das Ich sich «siegreich behauptet» und letztlich einen Lustgewinn zieht aus dem, was es kränkt und was es überwindet), aber über den Narzißmus! «Triumph des Lustprinzips», schreibt

Freud weiter.[17] Das ist allerdings nur unter der Bedingung möglich, daß man die Realität, so wie sie ist und bleibt, akzeptiert, auch wenn man darüber lacht. Der Humor scheint zu sagen: «Sieh her, das ist nun die Welt, die so gefährlich aussieht. Ein Kinderspiel, gerade gut, einen Scherz darüber zu machen!»[18] Die «Abweisung des Anspruchs der Realität», wie Freud sagt[19], ist humoristisch nur unter der Bedingung, daß man den Anspruch an sich selbst abweist (denn sonst wäre es nicht mehr Humor, sondern Wahnsinn, nicht mehr Abweisung, sondern Verirrung), unter der Bedingung also, daß man die Realität anerkennt, über die man scherzt, die man überwindet oder mit der man sein Spiel treibt. Wie zum Beispiel jener «Delinquent, der am Montag zum Galgen geführt wird und die Äußerung tut: ‹Na, die Woche fängt gut an!›»[20] Im Humor liegt Mut, liegt Erhabenheit, liegt Seelengröße. Das Ich ist wie befreit von sich selbst. «Der Humor hat nicht nur etwas Befreiendes», merkt Freud an, «sondern auch etwas Großartiges und Erhebendes.»[21] Darin weicht er von anderen Formen des Komischen ab[22] und reicht in der Tat an die Tugend heran.

Das unterscheidet ihn erneut deutlich von der Ironie, die eher herabsetzt, die niemals erhaben, niemals großmütig ist. «Die Ironie ist eine Bekundung von Geiz», schreibt Bobin, «eine Verkrampfung der Intelligenz, die die Zähne zusammenbeißt, um nur ja kein Wort des Lobes fallen zu lassen. Der Humor ist umgekehrt eine Bekundung von Großmut: lächelt man über etwas, das man liebt, so liebt man es dadurch doppelt.»[23] Doppelt? Ich weiß nicht recht. Sagen wir, man liebt es besser, mit mehr Leichtigkeit, mehr Verstand, mehr Freiheit. Die Ironie dagegen kann nur hassen, kritisieren, verachten. Dominique Noguez überzieht es ein wenig, weist aber – vor allem mit seinem letzten Satz – in die richtige Richtung, wenn er den Gegensatz zwischen Humor und Ironie in wenigen Zeilen zusammenfaßt: «Humor und Ironie beruhen gleichermaßen auf einer Nicht-Übereinstimmung von Sprache und Realität, die im einen Fall als liebevoll wie ein brüderlicher Gruß für die betreffende Person oder Sache empfunden wird, im anderen Fall dagegen als Bekundung eines entrüsteten, verächtlichen oder gehässigen Widerspruchs. Humor ist Liebe; Ironie ist

Verachtung.»[24] Jedenfalls gibt es keinen Humor ohne ein Minimum an Sympathie, wie auch Kierkegaard festgestellt hat: «Aber gerade weil im Humor immer ein verborgener Schmerz vorhanden ist, liegt auch eine Sympathie darin. In der Ironie liegt keine Sympathie.»[25] Sympathie im Schmerz, Sympathie in der Verlassenheit, Sympathie in der Zerbrechlichkeit, in der Angst, in der Vergeblichkeit, in der universalen Bedeutungslosigkeit ... Der Humor hat mit dem Absurden zu tun, mit dem *Nonsense*, wie es im Englischen heißt, mit der Verzweiflung. Natürlich ist eine absurde Äußerung nicht immer komisch, und – wenn man unter absurd etwas versteht, das keinen Sinn hat – kann es auch gar nicht sein. Im Gegenteil, man kann nur über den Sinn lachen. Doch umgekehrt ist nicht jeder Sinn komisch – selbstverständlich ist er es meistens nicht. Das Lachen entsteht weder aus dem Sinn noch aus dem Un-Sinn, es entsteht beim Übergang vom einen zum anderen. Humor stellt sich ein, wenn der Sinn schwankt, wenn er im Begriff steht, sich selbst aufzuheben, wenn er sich allmählich verflüchtigt (aber so, als würde er in der Luft stehenbleiben, quasi im Flug vom Lachen überrascht), wenn er schwindet, noch während man ihn darlegt. Zum Beispiel, wenn Groucho Marx einem Kranken den Puls mißt und erklärt: «Entweder ist meine Uhr stehengeblieben, oder dieser Mann ist tot.» Das hat natürlich einen Sinn, es ist sogar nur komisch, weil es einen Sinn hat. Doch dieser Sinn ist weder möglich (oder höchstens auf einer abstrakten Ebene) noch einleuchtend: der Sinn hebt sich genau in dem Augenblick auf, in dem er sichtbar wird, oder vielmehr er wird nur sichtbar (denn wenn er ganz und gar aufgehoben wäre, würden wir nicht lachen), wenn er *im Begriff steht, sich aufzuheben*. Der Humor ist ein Beben, ein Flackern, manchmal eine Explosion des Sinns, also immer eine Bewegung, ein Ablauf. Ein konzentrierter, knapper Ablauf, der seinem Ursprung (dem Ernst des Sinns) einigermaßen nahe bleiben oder sich im Gegenteil mehr auf sein selbstverständliches Ziel (die Absurdität des Un-Sinns) zubewegen kann, und dadurch diese oder jene seiner unendlichen Nuancen oder Modulationen betont. Doch mir scheint, daß der Humor immer ein Zwischending ist, hin- und hergeworfen (und in dieser Bewegung erfaßt, einen Augenblick lang festgehalten) zwischen Sinn und Un-Sinn. Zuviel Sinn ist noch kein Humor (sondern oft Ironie); zuwenig Sinn ist keiner mehr (sondern nur noch Absurdes). Wir stoßen hier wieder auf eine beinahe aristotelische Mitte: der Humor ist weder Ernst (für den alles einen Sinn hat) noch Leichtfertigkeit (für die nichts einen Sinn hat). Doch es ist eine unbeständige, vieldeutige oder widersprüchliche Mitte, die aufdeckt, wieviel Leichtfertigkeit in allem Ernst steckt und wieviel Ernst in aller Leichtfertigkeit. Ein humorvoller Mensch, würde Aristoteles sagen, lacht auf angemessene Art (nicht zuviel und nicht zuwenig), zur angemessenen Zeit und über eine angemessene Sache. Doch das entscheidet allein der Humor, der über alles lachen kann, auch über Aristoteles, auch über die goldene Mitte, auch über sich selbst.

Man wird um so mehr lachen, der Humor wird um so tiefgründiger sein, je wichtiger die Bereiche unseres Lebens sind, die er berührt, je gewaltiger das Mauerwerk aus unseren Bedeutungen, unseren Überzeugungen, unseren Werten, unseren Illusionen, also unserem Ernst ist, das er zum Wanken bringt oder niederreißt. Manchmal scheint das Denken in sich zusammenzufallen, zum Beispiel, wenn Lichtenberg von seinem berühmten «Messer ohne Klinge, dem der Griff fehlt» spricht. Ein andermal wird die Nichtigkeit der einen oder anderen heutigen Ambition aufs Korn genommen, zum Beispiel der Geschwindigkeit auf einem bestimmten Gebiet wie die Methoden des Schnell-Lesens: «Ich habe *Krieg und Frieden* in zwanzig Minuten ganz ausgelesen», erzählt Woody Allen, «es handelt von Rußland.» Wieder ein anderes Mal kommt der Sinn unseres Verhaltens oder unserer Reaktionen ins Spiel, wird untergraben, in Frage gestellt, werden unsere Werte, unsere Anhaltspunkte, unsere Ambitionen durcheinandergebracht. Noch einmal Woody Allen: «Ich trage immer ein Schwert zu meiner Verteidigung bei mir. Wenn ich angegriffen werde, drücke ich auf den Knauf, das Schwert verwandelt sich in einen Blindenstock, und dann eilt man mir zu Hilfe.» Es fällt auf, daß bei diesem letzten Beispiel weniger der Sinn in Un-Sinn übergeht, sondern daß vielmehr ein Sinn (die männliche Sicherheit des Schwer-

tes: hier steht ein Mann, bereit zu kämpfen) in einen anderen übergeht (die etwas feige List des Blindenstocks). Doch dieser Übergang
von einem Sinn zum anderen, und zwar von einem sehr achtbaren zu
einem sehr lächerlichen, untergräbt beide und bestätigt dadurch –
wenigstens scheinbar – den Un-Sinn. Bei wieder anderen Gelegen-
heiten (die folgenden Beispiele sind alle Woody Allen entliehen)
kommt die Angst zum Ausdruck, aber auf absurde Art und Weise, so
als sollte sie dadurch ausgetrieben oder auf Abstand gehalten werden:
«Obwohl ich keine Angst vor dem Tod habe, bin ich lieber woanders,
wenn er eintritt.» Oder unsere Gefühle werden relativiert beziehungsweise relativieren sich gegenseitig: «Ist es besser zu lieben oder
geliebt zu werden? Weder noch, wenn unser Cholesterinwert über
250 liegt.» Schließlich (*schließlich*, weil ich damit aufhören will, auch
wenn man natürlich endlos so weitermachen könnte, denn immer ist
ein Sinn in Frage zu stellen, oder Ernst zu vertreiben), schließlich also
verraten unsere Hoffnungen, was sie so problematisch macht («die
Ewigkeit ist lang, vor allem gegen Ende»), so gewöhnlich («Wenn
Gott mir doch nur ein Zeichen seiner Existenz geben würde . . . Wenn
er mir zum Beispiel ein hübsches Sümmchen auf einer Schweizer
Bank hinterlegen würde!») oder so unwahrscheinlich («Nicht nur,
daß Gott nicht existiert, versuchen Sie mal, am Wochenende einen
Klempner aufzutreiben!»). Ich bin hier Woody Allen gefolgt – Ehre,
wem Ehre gebührt. Freud, der nicht das Glück hatte, ihn zu kennen,
hätte ihn sicher geschätzt, er, der so gern die Werbung eines amerika-
nischen Beerdigungsinstituts zitierte: «Wozu leben, wenn man sich
für zehn Dollar bestatten lassen kann?»[26] Und er setzte folgenden
Kommentar hinzu: «Sobald man sich nach dem Sinn und Wert des
Lebens fragt, ist man krank, denn weder der eine noch der andere
existieren objektiv . . .»[27] Genau das bringt der Humor zum Ausdruck, und er amüsiert sich darüber anstatt zu klagen.

Hier schließt sich wieder der Kreis zu Kierkegaard. Müde von der
Zeit und ihrer endlosen Folge, löst der Humorist sich mit einem
Sprung von ihr und findet eine humoristische Erleichterung darin,
das Absurde festzustellen.[28] Aber Kierkegaard ging es weniger um die

Wahrheit des Humors als vielmehr um sein Verbergen, sein Zurückziehen, oder Widerrufen[29], wodurch der Humor seine wahre Bestimmung verrät, die darin besteht, das Grenzgebiet zwischen dem Ethischen und dem Religiösen[30], das letzte Stadium der inneren Existenz
vor dem Glauben[31], ja sogar das *Inkognito* der Religiosität in der
Ethik zu sein, so wie die Ironie das *Inkognito* des Ethischen im Ästhetischen[32] ist. Davon halte ich natürlich nichts. Wenn es stimmt, daß
der Humor den Ernst des Ethischen in Frage stellt, relativiert, in
Zweifel zieht und sich über seine Eitelkeit, seine Ambitionen usw.
lustig macht, dann stellt er auch den Ernst des Ästheten – wenn von
Ernst (bei einem Snob, bei einem Frauenheld) überhaupt die Rede
sein kann – oder den häufigeren, bedeutsameren Ernst des Religiösen
in Frage. Über den ethischen Menschen im Namen eines höheren
Sinnes (zum Beispiel im Namen des Glaubens) zu lachen, wäre nicht
Humor, sondern Ironie. Der Humor wird also eher über das Ethische
(oder das Ästhetische oder die Religion . . .) im Namen eines niedrige-
ren Sinnes lachen, also (tendenziell) im Namen des Un-Sinns oder
schlicht und einfach der Wahrheit. Wie zum Beispiel folgender Ausspruch von Pierre Desproges: «Der Herr hat gesagt: ‹Liebe deinen
Nächsten wie dich selbst.› Ich persönlich bin mir selbst der Nächste,
aber diese persönliche Meinung will ich gar nicht zur Debatte stellen.» Oder Woody Allen: «Ich bin regelrecht besessen von der Vorstellung des Todes und denke andauernd darüber nach. Ich frage mich
ständig, ob es ein Leben im Jenseits gibt und ob man mir dort einen
Zwanzig-Dollar-Schein wechseln kann.» Nur die Wahrheit ist komisch, oder jedenfalls humoristisch, nur sie kann es sein, und das ist
der Grund, warum der Un-Sinn uns so oft Vergnügen bereitet: weil
beim Sinn alles nur wahr ist aufgrund des Ernstes, den wir hineinle-
gen; ein Ernst, den der Humor nicht beiseite schiebt (da man nicht
immer scherzen kann und darf und der Humor über den Sinn nur
unter der Voraussetzung lachen kann, daß dieser in einem gewissen
Maße beibehalten wird); ein Ernst, den der Humor jedoch relativiert,
den er leichter macht, den er auf Abstand hält und untergräbt, von
dem er uns schließlich befreit (da man über alles lachen kann), ohne

ihn aufzuheben (da der Humor das Wirkliche unverändert läßt, und da unsere Begierden, unsere Überzeugungen, unsere Illusionen Teil dieses Wirklichen sind). Der Humor ist eine fröhliche Ent-Täuschung. Dadurch ist er oder kann er in zweifacher Hinsicht tugendhaft sein: als Enttäuschung grenzt er an den klaren Verstand (also an die Aufrichtigkeit); als Freude grenzt er an die Liebe und an alles überhaupt.

Der Geist, lassen wir Alain es noch einmal wiederholen, der Geist treibt mit allem seinen Spott. Wenn er über das spottet, was er verabscheut oder verachtet, dann ist es Ironie. Wenn er über das spottet, was er schätzt und liebt, dann ist es Humor. Was ich am meisten liebe, was ich am ehesten schätze? «Mich selbst», sagt Desproges. Das besagt viel über Größe und Seltenheit des Humors. Muß er nicht eine Tugend sein?

18
Die Liebe

Weder Geschlecht noch Gehirn sind Muskeln und können es auch nicht sein. Das hat mehrere, bedeutsame Folgen, unter anderem – und dies ist nicht die geringste –, daß man nicht das liebt, was man lieben will, sondern das, was man begehrt, das, wonach man verlangt, was man sich aber nicht aussucht. Wie könnte man seine Wünsche oder seine Leidenschaften auswählen, da man nur in Abhängigkeit von ihnen – und auch dann nur zwischen mehreren verschiedenen Wünschen, zwischen mehreren verschiedenen Leidenschaften – wählen kann? Liebe läßt sich nicht erzwingen, und kann darum auch keine Pflicht sein.[1] Ist es dann nicht problematisch, in einem Brevier der Tugenden darüber zu schreiben? Vielleicht. Doch man muß auch sagen, daß Tugend und Pflicht zwei unterschiedliche Dinge sind (die Pflicht ist ein Zwang, die Tugend eine Freiheit); beide sind natürlich notwendig und offensichtlich miteinander verbunden, aber sie sind eher symmetrisch als gleich, ergänzen sich eher, als daß sie ineinander aufgehen. Das trifft wohl auf jede Tugend zu: je großherziger man beispielsweise ist, desto weniger erscheint einem die Wohltätigkeit als Pflicht, das heißt als Zwang.[2] Insbesondere aber trifft es auf die Liebe zu. «Was aus Liebe getan wird, geschieht immer jenseits von Gut und Böse», heißt es bei Nietzsche.[3] So weit würde ich nicht gehen, da die Liebe das Gute selbst ist. Doch jenseits von Pflicht und Verbot, ja, das fast immer, und das ist gut so! Die Pflicht ist ein Zwang (ein «Joch», sagt Kant)[4], die Pflicht ist etwas Trauriges, die Liebe dagegen etwas Fröhliches, Spontanes. «Was man aber aus Zwang tut», schreibt Kant, «das geschieht nicht aus Liebe.»[5] Das läßt sich auch umkehren: was man aus Liebe tut, das geschieht nicht aus Zwang, also auch nicht aus Pflicht. Das weiß jeder, ebenso wie jeder weiß, daß manche unserer ganz offensichtlich ethischen Erfahrungen gar nichts mit Moral zu tun haben, nicht, weil sie ihr widersprechen, sondern weil sie keine Verpflichtungen brauchen. Welche Mutter stillt ihr Kind *aus Pflicht*? Und was ist *eheliche Pflicht* doch für ein gräßlicher Ausdruck! Wenn Liebe vorhanden ist, wenn Begehren vorhanden ist, was braucht man da die Pflicht? Eine eheliche Tugend dagegen, eine mütterliche Tugend, gerade in der Freude, gerade in der Liebe – das bestimmt! Man kann die Brust geben, man kann sich selbst geben, man kann lieben und liebkosen mit mehr oder weniger Großherzigkeit, mehr oder weniger Sanftmut, mehr oder weniger Reinheit, mehr oder weniger Treue, mehr oder weniger Klugheit, wenn nötig, mehr oder weniger Humor, mehr oder weniger Einfachheit, mehr oder weniger Aufrichtigkeit, mehr oder weniger Liebe ... Was ist das anderes, als tugendhaft sein Kind zu stillen, als tugendhaft miteinander zu schlafen, tugendhaft, das heißt vorzüglich? Es gibt eine kümmerliche, egoistische, manchmal haßerfüllte Art des Liebesspiels. Und es gibt eine oder mehrere andere Arten – soviel wie es Menschen oder Paare gibt –, es gut zu machen, und das ist wohlgetan, das ist Tugend. Die körperliche Liebe ist nur ein Beispiel, und es wäre ebenso unsinnig, sie überzubewerten, was heute oft geschieht, wie sie zu verteufeln, was jahrhundertelang geschah. Wenn die Liebe, wie Freud behauptet und wie ich es gerne glauben will, aus der Sexualität entsteht, so läßt sie sich doch nicht darauf beschränken und geht in jedem Fall weit über unsere kleinen oder großen erotischen Lüste hinaus. Unser ganzes privates oder öffentliches, familiäres oder berufliches Leben hat nur Wert im Verhältnis zu der Liebe, die wir geben oder erhalten. Wie könnten wir Egoisten sein, wenn wir uns nicht selbst liebten? Warum sollten wir arbeiten, wenn nicht aus Liebe zum Geld, zur Bequemlichkeit oder zur Arbeit selbst? Warum Philosophie, wenn nicht aus Liebe zur Weisheit? Und wenn ich die Philosophie nicht liebte, warum dann all diese Bücher? Und warum dieses Buch, wenn ich nicht die Tugenden liebte? Und warum solltest du, Leser, es lesen, wenn du nicht die eine oder andere dieser Lieben teiltest? Liebe läßt sich nicht befehlen, denn sie selbst ist es, die befiehlt.

Das gilt natürlich auch für unser moralisches oder ethisches Leben.

Wir brauchen Moral nur in Ermangelung der Liebe, das sei noch einmal betont, doch genau aus diesem Grunde brauchen wir die Moral so sehr! Die Liebe befiehlt, doch es fehlt an Liebe. Die Liebe befiehlt in Abwesenheit und durch diese Abwesenheit. Genau das bringt die Pflicht ans Licht und zum Ausdruck; sie zwingt uns, das zu tun, was die Liebe uns ohne jeden Zwang tun hieße. Wie könnte die Liebe etwas anderes als die Liebe befehlen, die sich nicht erzwingen läßt, oder etwas anderes zumindest als das, was ihr gleicht? Nur Handlungen kann man befehlen, und das ist das Entscheidende. Die Moral schreibt uns nicht Liebe vor, sie schreibt uns vor, aus Pflichtgefühl das zu tun, was die Liebe bereits freiwillig getan hätte. Die Maxime der Pflicht lautet: *Handle so als würdest du lieben.*

Im Grunde ist es das, was Kant die praktische Liebe nannte: Die Liebe als Neigung «gegen Menschen ist zwar möglich, kann aber nicht geboten werden; denn es steht in keines Menschen Vermögen, jemanden bloß auf Befehl zu lieben. Also ist es bloß die *praktische Liebe,* die in jenem Kern aller Gesetze verstanden wird. [...] den Nächsten lieben heißt: alle Pflichten gegen ihn *gerne* ausüben. Das Gebot aber, das dieses zur Regel macht, kann auch nicht diese Gesinnung in pflichtmäßigen Handlungen zu *haben,* sondern bloß danach zu *streben* gebieten. Denn ein Gebot, daß man etwas gerne tun soll, ist in sich widersprechend.»[6] Die Liebe ist kein Gebot, sie ist ein Ideal («ein Ideal der Heiligkeit», sagt Kant[7]). Doch dieses Ideal führt und erleuchtet uns.

Man wird nicht tugendhaft geboren, sondern man wird dazu durch die Höflichkeit, durch die Moral, durch die Liebe erzogen. Wir haben bereits gesehen, daß die Höflichkeit der Anschein von Moral ist: höflich handeln heißt handeln, *als ob* man tugendhaft sei.[8] Die Moral nimmt ihren Anfang ganz unten, dadurch, daß sie jene Tugend nachahmt, die ihr fehlt, der sie sich – und uns – jedoch durch die Erziehung näherbringt. Darum verliert die Höflichkeit in einem wohlgeführten Leben an Bedeutung in dem Maße, wie die Moral an Bedeutung gewinnt. Jugendliche entdecken das immer wieder und erinnern uns daran. Doch das ist nur der Beginn eines Prozesses, der an diesem

Punkt nicht stehenbleiben darf. Im gleichen Sinne ist die Moral der Anschein von Liebe: moralisch handeln heißt handeln, *als ob* man lieben würde. Dadurch entsteht und entwickelt sich die Moral. Sie imitiert die Liebe, die ihr fehlt, die uns fehlt, der sie sich und uns jedoch durch Gewohnheit, durch Verinnerlichung, durch Sublimierung näher bringt, manchmal sogar so weit, daß sie aufgeht in dieser Liebe, von der sie angezogen, von der sie gerechtfertigt, von der sie aufgelöst wird. Recht handeln, das heißt zunächst einmal tun, was *man tut* (Höflichkeit), dann tun, was man tun *soll* (Moral), und schließlich manchmal tun, was man tun will, sofern man liebt (Ethik). So wie die Moral uns dadurch von der Höflichkeit befreit, daß sie sie erfüllt (der wirklich tugendhafte Mensch braucht nicht mehr so zu tun als ob), genau so befreit uns ihrerseits die Liebe dadurch, daß sie die Moral erfüllt: wer wirklich liebt, braucht nicht mehr so zu tun als liebe er. Das ist der Geist des Evangeliums («Liebe und tu, was du willst»)[9], durch den Christus uns vom Gesetz befreit, wie Spinoza erklärt, nicht dadurch, daß er das Gesetz aufhebt, wie Nietzsche dumm behauptet, sondern daß er es erfüllt («Ich bin nicht gekommen aufzulösen, sondern zu erfüllen . . .»[10]); das heißt, kommentiert Spinoza, er bestätigte und befestigte das Gesetz und «schrieb es tief in ihre Herzen ein»[11]. Die Moral ist jener Anschein von Liebe, durch den die Liebe möglich wird, die wiederum von der Moral befreit. Die Moral entsteht aus der Höflichkeit und strebt zur Liebe, sie bringt uns von der einen zur anderen. Deshalb lieben wir sie, auch wenn sie streng, auch wenn sie entmutigend ist.

Muß man aber auch die Liebe lieben? Wahrscheinlich, doch wir lieben sie ja (da wir zumindest gerne geliebt werden), und ansonsten hilft auch die Moral dem nicht weiter, der die Liebe nicht liebt. Ohne diese Liebe zur Liebe sind wir verloren, und vielleicht ist das die wahre Definition der Hölle, will sagen der Verdammnis, des Verderbens hier und jetzt. Wenn man die Liebe nicht liebt, kann man nichts lieben, wenn man die Liebe nicht liebt, muß man untergehen. Was gäbe es sonst für einen Zwang? Was für eine Moral? Was für eine Ethik?[12] Was bliebe ohne die Liebe von unseren Tugenden übrig?

264

Und was wären sie wert, wenn wir sie nicht liebten? Pascal, Hume und Bergson sind in diesem Punkt überzeugender als Kant. Die Moral kommt mehr vom Gefühl als von der Logik, mehr vom Herzen als von der Vernunft[13], und selbst die Vernunft gebietet (aufgrund der Universalität) oder dient (aufgrund der Klugheit) in der Moral nur, insofern wir es wünschen. Kant beliebt wohl zu scherzen, wenn er Egoismus oder Grausamkeit durch das Prinzip des zu vermeidenden Widerspruchs bekämpfen will! Als ob einer, der ohne zu zögern lügt, tötet, foltert, sich darum Gedanken machen würde, ob die Maxime seines Handelns widerspruchslos zum allgemeingültigen Gesetz erhoben werden könnte oder nicht! Was schert ihn der Widerspruch? Was schert ihn das Universale? Moral brauchen wir nur, soweit die Liebe fehlt. Doch wir sind nur imstande, moralisch zu handeln, und verspüren das Bedürfnis danach nur aufgrund der wenigen Liebe – und wenn es nur diejenige zu uns selbst ist –, die uns gegeben ist, die wir bewahren, erträumen oder wiederfinden konnten ...

Die Liebe steht also an erster Stelle, sicher nicht absolut (denn dann wäre sie Gott), sondern im Verhältnis zur Moral, zur Pflicht, zum Gesetz. Sie ist das Alpha und das Omega einer jeden Tugend. Zuerst die Mutter und ihr Kind. Zuerst das Feuer der Körper und der Herzen. Zuerst der Hunger und die Milch. Zuerst die Begierde, zuerst die Lust. Zuerst das besänftigende oder tröstende Streicheln, zuerst die schützende oder nährende Gebärde, zuerst die beruhigende Stimme, zuerst das Selbstverständliche: eine stillende Mutter; und dann das Überraschende: ein behutsamer Mann, der über ein schlafendes Kind wacht. Was wüßten wir über die Moral, wenn die Liebe nicht vor ihr käme? Und was kann die Moral uns Besseres bieten als die Liebe, aus der sie kommt, die ihr fehlt, die sie beseelt, die sie zu sich hinzieht? Ebendas, was die Moral möglich macht, ist auch das, wonach sie strebt und was von ihr entbindet. Ein Kreis? Wenn man so will, aber kein Circulus vitiosus, weil es sich am Anfang ganz offensichtlich nicht um dieselbe Liebe handelt wie am Ende. Die eine ist die Voraussetzung für das Gesetz, seine Quelle, sein Ursprung. Die andere wäre vielmehr die Auswirkung des Gesetzes, seine Überwindung und sein schönster Erfolg. Das Alpha und das Omega der Tugenden habe ich gesagt, mit anderen Worten zwei verschiedene Buchstaben, zwei (mindestens zwei!) verschiedene Arten der Liebe und zwischen beiden das ganze Alphabet des Lebens. Ein Kreis also, aber ein Circulus virtuosus, durch den die Tugend möglich wird. Man tritt aus der Liebe nicht heraus, da man aus der Begierde nicht heraustritt. Doch der Gegenstand – wenn nicht gar die Art – der Begierde ändert sich, und die Liebe verwandelt sich, verwandelt uns. Deshalb ist es durchaus gerechtfertigt, daß wir einen Schritt zurücktreten, bevor wir von der eigentlichen *Tugend* sprechen.

Was ist die Liebe? Das ist die große Frage. Ich möchte hier drei Antworten anbieten – entgegengesetzte Antworten, die sich allerdings eher ergänzen, als daß sie einander widersprechen. Keine der drei habe ich erfunden. Weder ist die Liebe so verkannt noch die Tradition so blind, daß man eine Definition der Liebe erst erfinden müßte. Vielleicht ist ja alles schon gesagt worden. Aber man muß es auch verstehen.

EROS

Die Definition, von der ich ausgehen möchte, ist diejenige Platons aus dem *Gastmahl*. Es ist zweifellos das berühmteste Buch dieses Autors (jedenfalls sobald man den Kreis der Berufsphilosophen verläßt, die wohl den *Staat* vorziehen), und das liegt weitgehend an seinem Gegenstand. Die Liebe interessiert jeden über alles. Und überhaupt, warum ist ein Thema denn interessant, wenn nicht aufgrund der Liebe, mit der man an es herangeht oder die man zu finden hofft?

Vergegenwärtigen wir uns – wie bei einem Theaterstück, das es im Grunde ja ist – noch einmal kurz den Ablauf. Mehrere Freunde finden sich bei Agathon ein, um den Sieg zu feiern, den dieser einige Tage zuvor bei einem Tragödienwettbewerb errungen hat. Ein Gastmahl also im wörtlichen Sinne, es wird gegessen und getrunken. Vor

266

allem aber wird geredet. Worüber? Über die Liebe (*eros*). Nicht, oder kaum daß Vertraulichkeiten ausgetauscht würden. Es ist eine Männerrunde: die Liebe glänzt hier vornehmlich durch Abwesenheit oder sagen wir durch ihre Idee. Die Redner suchen eher nach einer Definition, wobei jeder durch Lobreden das Wesen der Liebe erfassen will, oder sie lobt, indem er sagt, wie sie beschaffen ist. Das ist ziemlich bezeichnend, da es nahelegt, daß es zum Wesen der Liebe gehört, gut zu sein, oder jedenfalls geliebt, gefeiert, gerühmt zu werden. Vorsicht also. Denn was beweist schon der Ruhm? Zu große Begeisterung kann den Verstand trüben, was übrigens im *Gastmahl* auch geschieht und was Sokrates seinen Freunden vorwerfen wird: sie haben die Wahrheit dem Lob geopfert, während man selbstverständlich genau umgekehrt vorgehen müßte.[14] Diese Selbstverständlichkeit ist philosophisch. Sie ist die Philosophie selbst. Zuerst die Wahrheit, die nichts und niemandem untergeordnet ist, der aber alles andere, ob Lob oder Tadel, untergeordnet werden muß. Das bedeutet nicht, aus der Liebe herauszutreten, von der Sokrates immer wieder sagt, sie sei das Thema par excellence des Philosophen, das einzige, das ihn, Sokrates, im Grunde interessiere und für das er sich als Experte ausgibt.[15] Doch beim Reden oder Denken muß die Liebe zur Wahrheit jede andere übertreffen, auch die Liebe zur Liebe. Ansonsten ist eine Rede nur mehr eloquent, sophistisch oder ideologisch. Doch lassen wir das. Ich möchte jetzt kurz die ersten, nicht ganz so wichtigen Reden in Erinnerung rufen: die Rede des Phaidros, der zeigen möchte, daß Eros der älteste Gott ist (da er weder Vater noch Mutter hat) und (aufgrund des Wetteifers) der nützlichste für den einzelnen wie für das Gemeinwesen; die Rede des Pausanias: er unterscheidet zwischen der Allerweltsliebe, die den Körper mehr liebt als die Seele, und der himmlischen Liebe, die die Seele mehr liebt als den Körper; letztere verharrt «in Treue bis ans Lebensende», denn sie ist «verschmolzen mit etwas, was Bestand hat»[16], wohingegen die Liebe zum Körper, wie jeder weiß, mit dessen Schönheit dahinschwindet; die Rede des Arztes Eryximachos, der die Macht des «Eros auf allen Gebieten»[17] preist und daraus – wahrscheinlich beeinflußt von Hesiod,

Parmenides oder Empedokles – eine Art medizinische, ästhetische und kosmologische Pan-Erotik ableitet; schließlich die Rede des Agathon, der in Eros Jugend, Geschmeidigkeit, Schönheit, Zartheit, Gerechtigkeit, Mäßigung, Mut, Geschicklichkeit rühmt, kurz, alle Tugenden, da er ihrer aller Ursprung ist.[18] Auch wenn alle diese Reden brillant sind, so sind sie doch von untergeordneter Bedeutung, und sie werden nur selten beachtet. Wenn man vom *Gastmahl* spricht, so meint man fast immer eine der beiden Reden, die ich bis jetzt übergangen habe: die Rede des Aristophanes mit dem berühmten Mythos der «Androgynen» und natürlich diejenige des Sokrates. Letztere, versteht sich, sagt die Wahrheit über die Liebe, wie auch Platon – aber nicht nur er – sie auffaßt. Seltsamerweise wird meistens die Rede von Aristophanes zitiert, die einzige – das habe ich immer wieder erlebt –, die das breite Publikum im Gedächtnis behält und deren Tiefe, Poesie, Wahrheit so oft gepriesen werden ... Sokrates: vergessen! Platon: vergessen! Das ist kein Zufall. Aristophanes sagt über die Liebe genau das, was wir alle so gerne glauben wollen: die Liebe ist so, wie man sie sich erträumt, die erfüllte und erfüllende Liebe, die glückliche Leidenschaft. Sokrates hingegen spricht von der Liebe so, wie sie ist, sie liefert uns dem Entbehren, dem Ungenügen, dem Elend aus und überantwortet uns damit dem Unglück oder der Religion. Doch hier muß man ein wenig ins Detail gehen.

Zunächst also die Rede des Aristophanes.[19] Ein Dichter ergreift das Wort: «Ehedem», erklärt er, «war unsere Natur nicht dieselbe wie jetzt, sondern andersartig.» Unsere Vorfahren waren, jedenfalls im Vergleich mit uns, doppelt und dennoch von einer vollkommenen Einheit, die uns fehlt: Damals war «die ganze Gestalt eines jeden Menschen rund, indem Rücken und Seiten eine Kugel bildeten; Hände aber hatte ein jeder vier und ebensoviele Füße und zwei einander völlig gleiche Gesichter auf einem kreisrunden Halse. Für beide einander entgegengesetzt liegende Gesichter aber hatten sie einen gemeinsamen Kopf, zudem vier Ohren und zwei Schamglieder und alles andere, wie man es sich hiernach wohl ausmalen kann.» Aufgrund dieser genitalen Dualität gab es damals nicht zwei, sondern drei Geschlechter bei den Menschen: ein männliches mit zwei männlichen Geschlechtsteilen, ein weibliches mit zwei weiblichen Geschlechtsteilen und ein mannweibliches, das – wie der Name bereits sagt – ein männliches und ein weibliches Geschlechtsteil hatte. Das männliche Geschlecht, erklärt Aristophanes, stammt ursprünglich von der Sonne, das weibliche von der Erde und das gemischte vom Mond, der an beiden teilhat. Sie waren außerordentlich stark und tapfer, und zwar in einem Maße, daß sie versuchten, in den Himmel zu steigen und den Göttern zu Leibe zu rücken. Zur Strafe beschließt Zeus, sie in zwei Hälften zu zerschneiden, von oben nach unten, wie ein Ei. Vorbei die Vollständigkeit, die Einheit, das Glück! Seither ist jeder dazu verdammt, *seine andere Hälfte* zu suchen, wie man so sagt, doch hier ist der Ausdruck durchaus wörtlich zu nehmen: «Wir waren *ganze* Wesen. [...] Vorzeiten waren wir Eins. Jetzt aber sind wir gespalten worden» und geben nicht eher Ruhe, bis wir das *Ganze*, das wir einmal waren, wiedergefunden haben. Diese Suche, diese Begierde nennt man Liebe, und den Zustand der Erfüllung Glück. Denn nur die Liebe «führt das ursprüngliche Wesen zusammen und ist bestrebt, aus Zweien Eins zu machen und der menschlichen Natur Heilung zu schaffen». Es ist klar, daß man homosexuell oder heterosexuell ist, je nachdem, ob die verlorene Einheit ganz Mann oder Frau war (männliche oder weibliche Homosexualität) oder Mannweib (Heterosexualität). Letzteres ist für Aristophanes in keiner Weise ein Vorzug, weit gefehlt (vielleicht ist es ja besser, vom Mond zu stammen als von der Erde, aber nichts kommt wohl der Sonne als Ursprung gleich ...), und unter diesem Gesichtspunkt spricht man zu Unrecht vom Mythos der Androgynen, die ja nur ein Teil der ursprünglichen Menschheit waren, und nicht einmal der beste. Doch was soll's? Was das Publikum – und zwar mit Fug und Recht – behält, ist vor allem, daß Aristophanes mit seinem Mythos den Mythos der Liebe bestätigt, will sagen der Liebe, wie man landläufig über sie redet, wie man sie sich erträumt, wie man sie sich vorstellt, der Liebe als Religion oder als Märchen, der Großen Liebe, der allumfassenden, unwiderruflichen, ausschließlichen, unbedingten Liebe ... «Fügt es sich nun, daß der Liebhaber, der Knabenliebhaber wie jeder andere Liebhaber, auf seine eigene andere Hälfte trifft, dann werden sie von wunderbaren Gefühlen der Freundschaft und Vertraulichkeit und Liebesverlangen ergriffen und möchten am liebsten auch keinen Augenblick voneinander lassen.» Was sie ersehnen? «Vereinigt und verschmolzen mit dem Geliebten aus zweien Eins zu werden.» Das ist genau die Definition der Liebe, bei der wir ineinander aufgehen, die uns, Aristophanes zufolge, wieder unserer «ursprünglichen Natur» zuführt, uns von der Einsamkeit befreit (da die Liebenden wie «zusammengeschweißt» sind und nicht mehr auseinandergehen) und die im irdischen wie im Leben nach dem Tod die «größte Glückseligkeit» ist. Allumfassende, unbedingte Liebe, da man nur sich selbst in seiner endlich wiederhergestellten Vollständigkeit, in seiner Einheit, in seiner Vollkommenheit liebt. Ausschließliche Liebe, da jeder per definitionem nur eine andere Hälfte hat und damit nur ein einziges Mal lieben kann. Unwiderrufliche Liebe schließlich (außer man hat sich geirrt, doch dann ist es auch nicht die große Liebe), da die ursprüngliche Einheit vor uns da war; wenn sie wiederhergestellt ist, macht sie uns überglücklich bis zum Tod und – wie Aristophanes verspricht – sogar darüber hinaus. Ja, soviel steht fest, selbst in unseren verrücktesten Liebesträumen gibt es nichts, was nicht in diesem Mythos zu finden und durch ihn gewissermaßen gerechtfertigt wäre. Doch was sind unsere Träume wert? Und was beweist schon ein Mythos? Dieselben Werte, dieselben Überzeugungen, dieselben Illusionen finden sich auch in vielen Kitschromanen, und im einen Fall beweist das nicht mehr als im anderen. Aristophanes beschreibt die Liebe so, wie wir sie uns erträumen, so wie wir sie vielleicht mit unserer Mutter erlebt haben (das jedenfalls unterstellt Freud) oder in ihr, ich weiß es nicht. Doch eine solche Liebe kann niemand noch einmal erleben, eine solche Liebe erlebt niemand, es sei denn, sie sei krankhaft oder verlogen, eine solche Liebe wird niemand erleben außer im Rausch oder wenn ein Wunder geschieht. Es wird heißen, daß ich mir selbst hier im voraus recht gebe, daß ich postuliere, was zu beweisen wäre. Gut. Ich gebe zu, daß ich Aristophanes und den Kitsch gegen mich habe. Doch auf meiner Seite steht Platon, der Aristophanes nicht ausstehen konnte[20], auf meiner Seite steht Lukrez (und Pascal, und Spinoza, und Nietzsche und die ganze Philosophie), auf meiner Seite stehen Freud, Rilke oder Proust. Man wird mir entgegenhalten, daß das Wesentliche nicht in Büchern steht, was ich ebenfalls gerne zugeben will. Aber wo sind die Gegenbeispiele aus dem wirklichen Leben, und was beweisen sie? Hin und wieder erzählt man mir von einem Paar, das dieses Verschmelzen, diese Unbedingtheit, diese Vollständigkeit erlebt haben soll. Ich habe aber auch von Leuten gehört, die ganz deutlich die Jungfrau Maria gesehen haben, und ich messe beidem gleich wenig Bedeutung bei. Hume hat etwas sehr Wichtiges über die Wunder gesagt, was auch für die Liebe als Wunder gilt. Ein Zeugenbericht ist immer nur wahrscheinlich und muß daher an der Wahrscheinlichkeit seiner Aussage gemessen werden: wenn das Ereignis unwahrscheinlicher ist als die Möglichkeit einer Falschaussage, dann gebieten dieselben Gründe, die uns den Zeugenbericht glaubhaft erscheinen lassen, so groß seine Wahrscheinlichkeit auch sein mag, Zweifel an seiner Wahrhaftigkeit (da seine Wahrscheinlichkeit die größere Unwahrscheinlichkeit des fraglichen Ereignisses nicht aufwiegt). Das trifft nun per definitionem auf alle Wunder zu, und demzufolge ist es unvernünftig, an sie zu glauben.[21] Ich komme keineswegs von meinem Thema ab: was ist unwahrscheinlicher, was ist wundersamer, was läuft unserer täglichen Erfahrung mehr zuwider als zwei Menschen, die eins werden? Außerdem verlasse ich mich lieber auf die Körper als auf Bücher oder Gewährsleute. Für den Liebesakt braucht es zwei (mindestens zwei!), und weit davon entfernt, die Einsamkeit aufzuheben, bestätigt der Koitus sie geradezu. Liebende wissen das sehr gut. Die Seelen könnten vielleicht verschmelzen, wenn es sie gäbe. Doch es sind Körper, die sich berühren, sich lieben, Lust empfinden, bestehenbleiben ... Lukrez hat sehr schön beschrieben, wie man – manchmal, oft – in der Liebesumarmung diese Verschmelzung sucht, sie aber nie findet, oder sie nur findet, bzw. zu finden glaubt (weil das Ich plötzlich aufgehoben scheint), um sie sogleich wieder zu verlieren:

«Schließlich, wenn ihre Glieder sich schon vereint haben und
sie die Blüte des Lebens genießen, wenn der Körper schon vor-
ahnend die Freuden kostet und es schon so weit ist, daß Venus
die Fluren der Frau besät, pressen sie den Leib gierig gegeneinander und vermischen den Speichel des Mundes und atmen tief
und pressen den Mund mit den Zähnen, alles umsonst, da sie
nichts davon abschaben und nicht eindringen und nicht mit
ihrem ganzen Körper in dem anderen aufgehen können; denn
das scheinen sie zuweilen tun und darum kämpfen zu wollen.»[22]

Das ist also immer zum Scheitern verurteilt und löst so oft Traurigkeit
aus. Sie wollten eins sein und sind mehr denn je zuvor *zwei* ... «Da
mitten aus der Anmut», schreibt Lukrez so wunderbar, «etwas wie
Bitterkeit aufsteigt, die selbst zwischen den Blumen ängstigt ...»[23]
Das ist kein Beweis gegen die Lust, wenn sie rein ist, kein Beweis
gegen die Liebe, wenn sie wahr ist. Doch das ist ein Beweis gegen das
Verschmelzen, das sich, gerade als es in der Lust zustande zu kommen
schien, wieder zerschlägt. *Post coitum omne animal triste* ... Man ist
nämlich auf sich selbst zurückgeworfen, auf seine Einsamkeit, seine
Banalität, auf die große innere Leere, die die verschwundene Begierde
hinterlassen hat. Oder, wenn man der Traurigkeit entgeht, was ja
vorkommt, dann, weil man selig ist über die Lust, über die Liebe, über
die Dankbarkeit, also aufgrund der Begegnung, die eine Dualität
voraussetzt, niemals aber aufgrund der Verschmelzung von Menschen oder der Aufhebung von Unterschieden. Wahrheit der Liebe:
es ist besser, sich seiner Liebe hinzugeben als von ihr zu träumen.
Wenn zwei Liebende gleichzeitig einen Orgasmus erleben (was
nicht eben häufig vorkommt, doch lassen wir das beiseite), dann
sind das zwei unterschiedliche Arten von Lust, von denen jede für
die andere geheimnisvoll ist, zwei Arten von Zuckungen, zwei Einsamkeiten. Der Körper weiß mehr über die Liebe als die Dichter, jedenfalls als – fast alle – jene Dichter, die uns Lügen über den Körper
erzählen. Wovor haben sie Angst? Worüber wollen sie sich hinweg-

trösten? Über sich selbst vielleicht, über die Größe, den Wahnsinn der Begierde (oder wie klein sie hinterher erscheint), über das Tier in ihnen, über den Abgrund, der so schnell überbrückt ist (jene seichten, derartig glorifizierten Wasser der Lust) und über jenen plötzlichen Frieden, der dem Tod gleicht. Unser Los ist die Einsamkeit, unser Los ist der Körper.

So weit würde Sokrates mir wohl nicht folgen, Platons Sokrates jedenfalls nicht, er folgt aber auch nicht Aristophanes. Weil er niemandem folgt? Im Gegenteil. Wenn er uns «die Wahrheit über den Eros»[24], die Wahrheit über die Liebe ankündigt, scheint er zunächst in seinem eigenen Namen zu sprechen, doch sehr bald teilt er uns mit, daß er diese Wahrheit nicht erfunden hat. Er hat sie von einer Frau (und vielleicht ist es nicht unwesentlich, daß Sokrates sich bei der Liebe, ganz gegen seine Gewohnheit, zum Schüler einer Frau macht), und die Äußerungen dieser Diotima gibt er uns weiter. Was sagt sie also? Oder was legt Sokrates ihr in den Mund? Vor allem, daß die Liebe nicht Gott und auch nicht ein Gott ist. Jede Liebe ist nämlich Liebe zu etwas, was sie begehrt, aber entbehrt.[25] Gibt es jedoch etwas weniger Göttliches, als gerade das entbehren zu müssen, was uns das Sein oder das Leben ermöglicht? Aristophanes hat nichts verstanden. Die Liebe ist nicht Vollständigkeit, sondern Unvollständigkeit. Nicht Verschmelzen, sondern Suche. Nicht glückselige Vollkommenheit, sondern verzehrende Armut. Das ist der entscheidende Punkt, von ihm müssen wir ausgehen. Er ist mit einer Doppeldefinition verbunden: Liebe ist Begehren, und Begehren ist Entbehren. Sind Liebe, Begehren und Entbehren also Synonyme? Wahrscheinlich nicht ganz. Von Begehren kann nur die Rede sein, wenn das Entbehren als solches erkannt, als solches erlebt wird (man begehrt nicht etwas, was man gar nicht vermißt). Und von Liebe kann nur die Rede sein, wenn die Begierde, die an sich unbestimmt ist wie der Hunger, den es nicht nach bestimmten Speisen gelüstet, wenn diese Begierde also ganz auf das eine oder andere Objekt gerichtet ist (wie die Lust auf Fleisch, auf Fisch oder auf Kuchen). Essen, weil man Hunger hat, ist eine Sache, mögen, was man ißt, oder essen, was man mag, eine andere. *Eine*, irgendeine Frau zu begehren, ist eine Sache (ist Begierde), *genau diese* Frau zu begehren eine andere (ist Liebe, auch wenn sie manchmal rein sexuell ist und nicht lange andauert). Verliebt sein ist etwas anderes – und mehr – als ein Zustand sexueller Frustration oder Erregung. Und dennoch, wäre man wirklich verliebt, wenn man nicht auf die eine oder andere Weise die Person, die man liebt, begehrte? Wohl nicht. Zwar ist nicht jede Begierde Liebe, doch jede Liebe (jedenfalls diese Liebe, der *eros*) ist durchaus Begehren, und zwar das bestimmte Begehren eines bestimmten Objektes, soweit man es *insbesondere* entbehrt. Soweit der erste Teil der Doppeldefinition. Die Liebe, schreibt Platon weiter, liebt, was sie entbehrt, aber nicht hat.[26] Zwar ist nicht jedes Entbehren Liebe (um die Wahrheit zu lieben, reicht es nicht, sie nicht zu kennen, man muß auch wissen, daß man nichts weiß, und dem abhelfen wollen), aber für Platon ist jede Liebe durchaus Entbehren: die Liebe ist nichts anderes als dieses (bewußt als solches erlebte) Entbehren ihres (bestimmten) Objektes. Sokrates hämmert es uns regelrecht ein: «Was man nicht hat und was man nicht selbst ist, wohl aber zu sein wünscht, dies und dergleichen sind die Dinge, auf welche die Begierde und das Verlangen gerichtet sind.»[27] Wenn die Liebe also – erfahrungsgemäß – Schönheit und Güte liebt, dann fehlt ihr demnach beides. Wie könnte sie dann ein Gott sein? Sie ist aber auch nicht häßlich oder schlecht, führt Sokrates aus, sondern liegt zwischen diesen beiden Extremen, gewissermaßen zwischen Sterblichem und Unsterblichem, zwischen Menschlichem und Göttlichem: die Liebe ist ein Dämon, erklärt Diotima, das heißt (ohne irgend etwas Teuflisches, ganz im Gegenteil) ein Mittler zwischen Göttern und Menschen. Obwohl dieser Dämon der größte von allen ist, leidet er stets Mangel. Ist er nicht der Sohn der Penia, der Armut, und des Poros, des Erwerbs? Er ist immer arm, erläutert Diotima, barfuß, obdachlos, immer dem Schönen und Guten auf der Spur, immer auf der Jagd, immer ruhelos, immer unermüdlich und unerschöpflich, immer hungrig, immer begierig ... Da sind wir nun weit entfernt von der kreisrunden Vollständigkeit des Aristophanes, von der bequemen Ruhe in der wiedergewonnenen Einheit! Im Gegenteil,

274

Eros ruht nie. Die Unvollständigkeit ist sein Schicksal, da er sich durch den Mangel definiert. «[Er] sucht seine Ruhestätte unter freiem Himmel, die Natur der Mutter teilend, stets der Dürftigkeit gesellt. [...] ist er bald obenauf, bald sinkt er wie tot dahin, lebt aber immer wieder auf, wenn ihm vermöge der Natur seines Vaters die Mittel zufließen, doch, was er gewonnen, zerrinnt ihm immer wieder.»[28] Reich an all dem, was ihm fehlt, und arm stets an allem, nach dem er strebt, weder reich noch arm also, oder beides, hält er stets die Mitte zwischen Reichtum und Elend, zwischen Wissen und Unwissenheit, zwischen Glück und Unglück. Ein Kind der Boheme, wenn man so will, immer unterwegs, immer in Bewegung, immer im Mangel. «Niemals satt», wie Plotin in seinem Kommentar zu Platon meint, niemals glücklich und zufrieden, und mit gutem Grund: «Die Liebe ist wie eine Begierde, in deren Natur es liegt, daß ihr das vorenthalten wird, was sie begehrt» – und ihr auch vorenthalten bleibt, selbst «wenn sie ihr Ziel erreicht»[29]. Das ist nicht mehr die Liebe, von der man träumt, nicht mehr die seligmachende, die kitschige Liebe, sondern die Liebe, so wie sie ist in ihrem fruchtbringenden Leiden[30], in ihrer «seltsamen Mischung aus Schmerz und Freude», wie es im *Phaidros* heißt[31], die unersättliche Liebe, die einsame Liebe, immer in Sorge um das, was sie liebt, und nie im Besitz ihres Objektes. Das ist die Leidenschaft, die wahre Leidenschaft, die uns zum Wahnsinn treibt und das Herz zerreißt, uns quält und verschmachten läßt, uns in Verzückung versetzt und gefangennimmt. Wie könnte es auch anders sein? Man begehrt nur, was einem fehlt, was man nicht hat. Wie könnte man auch haben, was man begehrt? Es gibt keine glückliche Liebe, und dieses fehlende Glück, das ist ja gerade die Liebe. «Wie glücklich wäre ich, wenn sie mich liebte, wenn sie die Meine wäre», denkt er. Doch wenn er glücklich wäre, würde er sie nicht mehr lieben, oder es wäre nicht mehr dieselbe Liebe.

Ich komme hier ein wenig von Platon ab, ich modernisiere ihn gewissermaßen, sagen wir, ich ziehe die Lehren aus seinem Werk. Wenn die Liebe Entbehren ist, und in dem Maße, wie sie Entbehren ist, ist ihr per definitionem die Vollständigkeit untersagt. Das ist der

Punkt, den Liebende ganz genau wissen und der Aristophanes widerlegt. Ein Entbehren, dem Genüge getan ist, ist kein Entbehren mehr: die Leidenschaft wird das Glück kaum lange überstehen, und das Glück wohl auch nicht die Leidenschaft. Daher das große Liebesleid, solange das Entbehren herrscht, und die große Traurigkeit der Paare, wenn es dies nicht mehr tut. Das Begehren wird durch die Befriedigung aufgehoben und ist darum zwangsläufig entweder unbefriedigt oder erloschen, entweder in Not oder tot, entweder unglücklich oder abhanden gekommen. Und ein Ausweg? Platon wartet mit zweien auf, doch ich fürchte, daß keiner von beiden die Schwierigkeiten unseres Liebeslebens beilegen kann. Was heißt lieben? Es heißt entbehren, was man liebt, und es für immer besitzen wollen.[32] Darum ist die Liebe, jedenfalls diese Liebe, egoistisch, und dennoch wird sie immer wieder aus sich selbst vertrieben, ekstatisch, wie Lacan sagt[33], und diese Ekstase (Ekstase seiner selbst im anderen) beschreibt recht gut die Leidenschaft: sie ist dezentrierter Egoismus, innerlich zerrissener Egoismus, als wäre sie glückselig über die Abwesenheit, erfüllt von der Leere, die ihr Objekt hinterläßt, und von sich selbst als gerade dieser Leere. Wie könnte die Liebe etwas für immer besitzen, wo sie doch sterben wird, und wie könnte sie überhaupt etwas besitzen, wenn sie Entbehren ist? Durch «die Zeugung im Schönen, dem Körper wie der Seele nach»[34], antwortet Platon, mit anderen Worten durch Schöpfung oder Niederkunft, durch Kunst oder Familie. Das ist der erste Ausweg, der leichteste, der natürlichste. Man sieht ihn bereits bei den Tieren am Werk, erklärt Diotima, wenn der Zeugungstrieb über sie kommt, wenn sie der Liebe verfallen, wenn sie sich für ihre Jungen aufopfern. Das hat mit Vernunft nichts zu tun und beweist hinreichend, daß die Liebe vor ihr kommt oder über sie hinausgeht. Aber woher kommt die Liebe dann? Daher, antwortet Diotima, daß «auch die sterbliche Natur des Menschen danach strebt, soweit wie möglich fortzudauern und ewig zu sein. Sie vermag dies aber nur dadurch, daß sie immer ein neues Junges hinterläßt für das dahinschwindende Alte.»[35] Das ist der Grund oder das Prinzip der Liebe: durch sie streben die Sterblichen, die sich niemals gleich bleiben, danach, sich zu erhalten und, so gut sie können, an der Unsterblichkeit teilzuhaben. Ersatzewigkeit, Ersatzgöttlichkeit. Daher also die Liebe zu ihren Kindern, daher also die Liebe zum Ruhm: das Leben ist es, was sie lieben, die Unsterblichkeit, wonach sie streben, und der Tod, was ihnen zusetzt.[36] Die Liebe ist das Leben, aber insofern, als es sich selbst immerfort entbehrt, insofern es sich erhalten will, dies aber nicht kann, als wäre es ausgehöhlt vom Tod, als wäre es verdammt zum Nichts. Daher entgeht die Liebe dem absoluten Entbehren, dem absoluten Elend, dem absoluten Unglück einzig und allein durch die *Zeugung*, wie Platon sagt. Die einen zeugen «nach seiten des Körpers», und das nennt man dann Familie, die anderen «nach seiten des Geistes», und das nennt man dann Erfindungskraft, ob in der Kunst oder in der Politik, in den Wissenschaften oder in der Philosophie.[37] Ein Ausweg? Vielleicht, aber kein Heil, da der Tod weiterhin und trotz allem uns, unsere Kinder und unser Lebenswerk dahinrafft, da das Entbehren uns quält oder uns fehlt. Ganz offensichtlich ist die Familie die Zukunft der Liebe, ihr naturgegebenes Ziel, aber das hat die Liebe noch nie gerettet, auch nicht das Paar oder die Familie. Und was die Erfindungskraft anbelangt, wie könnte sie die Liebe retten, wenn sie von ihr abhängt? Und erst recht, wenn sie nicht von ihr abhängt? Vielleicht schlägt Platon aus diesem Grunde noch einen anderen Ausweg vor, einen schwierigeren, anspruchsvolleren, die berühmte aufsteigende Dialektik, mit der die Diotima ihre Rede beschließt. Und worum geht es dabei? In der Tat um einen Aufstieg, aber um einen geistigen, man könnte sagen einen Weg der Initiation und ein Heil im eigentlichen Sinne: den Weg der Liebe und das Heil durch die Schönheit. Will man der Liebe folgen, ohne sich in ihr zu verlieren, ihr gehorchen, ohne sich in ihr einzuschließen, muß man eine nach der anderen die Stufen der Liebe emporsteigen: zuerst einen einzigen Körper um seiner Schönheit willen lieben, dann alle schönen Körper, da ihnen die Schönheit gemeinsam ist, dann die Schönheit der Seelen, die einen höheren Rang hat als die der Körper, dann die Schönheit im tätigen Leben und in den Gesetzen, dann die Schönheit in den Wissenschaften und schließlich die absolute, ewige, übernatürliche

Schönheit des Schönen an sich, das an sich und für sich selbst existiert, an dem alle schönen Dinge teilhaben, aus dem sie hervorgehen und von dem sie ihre Schönheit erhalten.[38] Dorthin führt uns die Liebe und rettet dadurch sich selbst und uns. Mit anderen Worten, nur die Religion kann die Liebe retten, das ist Diotimas Geheimnis, Platons Geheimnis: wenn die Liebe Entbehren ist, dann liegt es in ihrer Logik, daß sie immer stärker nach dem strebt, was sie entbehrt, nach dem, was sie immer stärker entbehrt, nach dem, was sie ganz und gar entbehrt, nämlich dem Guten (von dem das Schöne nur betörender Abglanz ist), nämlich der Transzendenz, nämlich Gott, und daß sie darin aufgeht, endlich satt, endlich besänftigt, endlich tot und glücklich![39] Ist die Liebe noch Liebe, wenn sie nichts mehr entbehrt? Ich weiß nicht recht. Platon würde vielleicht sagen, daß es dann nur noch die Schönheit gibt, Plotin, daß es nur noch das Eine gibt und die Mystiker, daß es nur noch Gott gibt. Aber wenn Gott nicht die Liebe ist, wozu ist Gott dann gut? Und was könnte Gott wohl entbehren?

An diesem Punkt, bis zu dem Platon uns gebracht hat, wollen wir ihn verlassen. Er hat uns, und das will etwas heißen, vom Traum des Verschmelzens (Aristophanes) zur Erfahrung des Entbehrens (Sokrates) und schließlich zur Transzendenz oder zum Glauben (Diotima) geführt. Ein schöner Weg für ein kleines Buch, und es spricht für seine Größe. Doch sind wir zu dem Ausweg, den es vorschlägt, noch fähig? Können wir daran glauben? Können wir ihn akzeptieren? Christen werden das wahrscheinlich bejahen, und einige von ihnen werden seelenruhig vom Kitschroman zur Gipsmadonna überwechseln. Doch nicht alle. Denn Liebende, ob sie nun gläubig sind oder nicht, wissen ganz genau, daß nicht einmal ein Gott sie retten kann, wenn sie nicht selbst zuerst die Liebe in ihnen, zwischen ihnen, mit ihnen retten. Was ist der Glaube wert, wenn wir nicht wissen, wie man liebt? Und wozu ist er nötig, wenn wir es wissen?

In Wahrheit wissen wir es natürlich nicht. Daher versuchen die Paare es immer wieder unter Schmerzen und Mühen miteinander, daher sind sie – möglicherweise – zum Scheitern verurteilt, und das rechtfertigt ihr Verhalten. Wie kann man lieben, ohne zu lernen? Wie kann man lernen, ohne zu lieben?

Mir ist durchaus klar, daß es auch andere Arten der Liebe gibt, und ich werde darauf noch zu sprechen kommen. Aber diese hier ist die stärkste, oder jedenfalls die stürmischste (bei manchen ist die Elternliebe noch stärker, aber auch ruhiger), diejenige, die mit den meisten Schmerzen, den meisten Niederlagen, Hoffnungen und Enttäuschungen verbunden ist. Ihr Name ist Eros, ihr Wesen Entbehren, ihre Krönung die Liebesleidenschaft. Wer von Entbehren spricht, spricht von Leiden und Besitzansprüchen. Ich liebe dich: ich will dich (bekanntlich wird im Spanischen beides mit einem Wort ausgedrückt: *te quiero*). Das ist die *begehrliche Liebe* der Scholastiker, das ist der *Liebesschmerz* der Troubadoure, das ist die Liebe, die Platon im *Gastmahl* und – noch unerbittlicher – im *Phaidros* beschreibt; es ist die eifersüchtige, die versessene, die besitzergreifende Liebe, die sich mitnichten immer über das Glück dessen freut, den sie liebt (wie dies eine großherzige Liebe täte), und die furchtbar leidet, sobald dieses Glück den anderen von ihr entfernt oder ihr eigenes bedroht.[40] Zudringlich und eifersüchtig, solange er liebt, untreu und verlogen, sobald er nicht mehr liebt: «der Liebhaber, weit davon entfernt, ihm Gutes zu wollen, liebt das Kind [oder die Frau oder den Mann] wie ein Gericht, an dem er sich satt essen will». Die Liebhaber lieben die Geliebten «wie Wölfe das Schaf».[41] Eine begehrliche Liebe also in der Tat: verliebt sein heißt, den anderen zu seinem eigenen Wohl zu lieben. Diese Liebe ist nicht das Gegenteil des Egoismus; sie ist seine leidenschaftliche, auf etwas bezogene, transitive Form, gewissermaßen eine Übertragung des Egoismus oder ein übertragbarer Egoismus.[42] Das hat nichts mit Tugend zu tun, manchmal jedoch viel mit Haß. Eros ist ein eifersüchtiger Gott. Wer liebt, will besitzen, wer liebt, will behalten, und zwar für sich allein. Sie ist glücklich mit einem anderen, aber er hätte lieber, sie wäre tot. Er ist glücklich mit einer anderen, aber ihr wäre es lieber, er bliebe unglücklich an ihrer Seite. Eine schöne Liebe, diese Liebe nur zu sich selbst!

Und dennoch, wie sie Ihnen fehlt! Wie Sie sie begehren! Wie Sie

sie lieben! Wie Sie leiden! Eros hat Sie fest im Griff, Eros zerreißt Ihnen das Herz: Sie lieben, was Sie nicht haben, was Sie entbehren, und das nennt man Liebeskummer.

Doch plötzlich liebt sie Sie aufs neue, liebt Sie immer noch, ist da, mit Ihnen, für Sie, die Ihre ... Was für ein stürmisches Wiedersehen, was für gierige Umarmungen, was für eine wilde Lust! Und dann, nach der Liebe, was für ein Frieden, was für ein Zurückfluten, was für eine plötzliche Leere. Sie spürt, daß Sie weniger bei der Sache, weniger drängend sind. «Liebst du mich noch?» fragt sie. Sie antworten ja, natürlich. In Wahrheit fehlt sie Ihnen allerdings schon weniger. Das wird schon wiederkommen, so ist der Körper nun einmal geschaffen. Daß sie dann aber jeden Tag, jede Nacht, jeden Abend, jeden Morgen da ist, läuft unweigerlich darauf hinaus, daß sie Ihnen schließlich immer weniger fehlt, immer weniger stark, immer seltener, und schließlich weniger als eine andere oder als die Einsamkeit. Eros kommt zur Ruhe, Eros verspürt Langeweile: Sie haben, was Sie nicht mehr entbehren, und das nennt man dann ein Paar.

«Die Männer», hat einmal eine Freundin zu mir gesagt, «sterben selten an gebrochenem Herzen, sie schlafen vorher ein.» Und die Frauen sterben manchmal an diesem Schlaf.

Ich male das alles zu schwarz? Sagen wir vielleicht, ich schematisiere, das läßt sich nicht umgehen. Manche Paare erleben natürlich etwas Besseres, etwas viel Besseres als dieses Einschlafen der Leidenschaft, dieses Nachlassen der Liebe, das man nicht beim Namen zu nennen wagt. Doch andere erleben viel Schlimmeres, bis hin zum Haß, zur Gewalt, zum Wahnsinn. Platon spricht kaum von glücklichen Paaren, dennoch sollte man versuchen zu verstehen, wie sie zustande kommen. Wenn die Liebe Entbehren ist, wie kann man sie dann erfüllen, ohne daß sie vergeht, wie sie befriedigen, ohne daß sie erlischt, wie ihre sinnlichen Freuden genießen, ohne daß sie sich abnutzt oder auflöst? Ist die Lust nicht zugleich Ziel und Ende der Liebe? Ist das Glück nicht das Ende der Leidenschaft? Wie könnte die Liebe glücklich sein, wenn sie nur etwas liebt, «was [ihr] nicht zur Verfügung steht und für [sie] noch nicht vorhanden ist»[43]? Wie

280

könnte sie andauern, wenn sie glücklich ist? «Stellen Sie sich das einmal vor: Frau Tristan!» schreibt Denis de Rougemont.[44] Es ist klar, was das bedeutet: das wäre das Ende von Isoldes Leidenschaft gewesen, weiter verliebt bleiben kann sie nur dank des Schwertes, das sie von Tristan und ihrem Glück trennt; das bedeutet: leidenschaftlich ist die Liebe nur im Entbehren, sie ist dieses Entbehren selbst, völlig in Anspruch genommen von ihrem Objekt, außer sich über seine Abwesenheit; folglich kann die Leidenschaft nur im Leiden, durch es, vielleicht für es andauern. Das Entbehren ist Leiden, die Leidenschaft ist Leiden. Beides ist das gleiche Leiden, beziehungsweise die Leidenschaft ist nur eine halluzinatorische oder besessene Steigerung des Entbehrens (die Liebe, sagt R. Allendy, ist «ein normales Syndrom der Besessenheit»[45]), durch die Konzentration auf ein bestimmtes Objekt, das dadurch (da das Entbehren unbegrenzt ist) grenzenlos aufgewertet wird. Daher rühren all die Erscheinungsformen der Überschwenglichkeit, der *Kristallisation*, wie Stendhal sagt, der *amour fou*, wie es bei Breton heißt[46], daher rührt wahrscheinlich die Romantik[47], daher vielleicht die Religion (Gott ist das absolute Entbehren), daher auf jeden Fall jene Liebe, die nur aufgrund von Zurücksetzung und Unglück so stark ist. «Sieg der ‹Leidenschaft› über das Begehren», schreibt Denis de Rougemont, «Triumph des Todes über das Leben.»[48] Erinnern wir uns an *Adèle H.* von Truffaut. Man wollte, sie würde nicht mehr lieben, sie würde aufhören, auf ihn zu warten, zu leiden, sie würde geheilt! Doch ihr sind Tod oder Wahnsinn lieber. Und immer wieder die Tristan-Arie: Zu welchem Los erkoren ich damals wohl geboren? Zu welchem Los geboren? Die alte Weise sagt mir's immer wieder: mich sehnen – und sterben.[49] Wenn das Leben Entbehren ist, was entbehrt es dann? Ein anderes Leben: den Tod. Das ist die Logik des Nichts («Das wahre Leben ist abwesend»: das Sein ist anderswo, das Sein ist das, was man entbehrt!), das ist Platons Logik («die wahren Philosophen sind bereits tot ...»[50]), das ist Eros' Logik: wenn die Liebe Begehren ist, wenn das Begehren Entbehren ist, dann kann man nur lieben, was man nicht hat, und unter diesem Entbehren leiden; dann kann man nur haben,

was man nicht mehr entbehrt, was man dann aber nicht mehr weiter-
lieben kann (da die Liebe Entbehren ist). Leidenschaft also oder
Langeweile. Die greifbare Albertine, die entflohene Albertine ...
Wenn sie da ist, träumt er von etwas anderem, was er entbehrt (und
vergleicht, schreibt Proust, die Mittelmäßigkeit der Freuden, die Al-
bertine ihm verschaffte mit der Reichhaltigkeit der Sehnsucht, deren
Realisierung sie ihm vorenthielt[51]), und er langweilt sich mit ihr.
Doch da geht sie fort, und sofort flammt – im Entbehren und im
Leiden – die Leidenschaft wieder auf! Es ist nur zu wahr, erläutert
Proust, daß oft, damit wir erkennen, daß wir verliebt sind, vielleicht
sogar damit wir es werden, der Tag der Trennung kommen muß.[52]
Logik der Leidenschaft: Logik des Entbehrens, dessen Horizont (im
Traum) und dessen Tod (in der Wirklichkeit) das Paar ist. Wie könnte
einem etwas fehlen, was man hat? Wie könnte man etwas, was einem
nicht fehlt, leidenschaftlich lieben? Denis de Rougemont stellt fest,
daß Tristan und Isolde «einander brauchen, um in Liebe zu entbren-
nen, aber keiner den anderen, so wie er ist; sie brauchen nicht die
Anwesenheit des anderen, sondern vielmehr seine Abwesenheit!»[53]
Daher dieses so segensreiche Schwert zwischen ihnen, daher die freiwillige Keuschheit, quasi ein symbolischer Freitod. «Was man begehrt, das hat man noch nicht – das ist der Tod – und man verliert, was
man hatte – die Lebensfreude.»[54] Logik des Eros, Logik des Thanatos:
«Ohne es zu wissen sehnten sich die Liebenden ungewollt immer nur
nach dem Tod!»[55] Denn sie lieben die Liebe mehr als das Leben, das
Entbehren mehr als die Anwesenheit, die Leidenschaft mehr als
Glück oder Lust. «Ihr Herren, seid ihr geneigt, eine schöne Erzählung
von Liebe und Tod zu hören?» Das ist der Anfang des *Roman de
Tristan et Iseut*[56], es könnte aber genausogut derjenige von *Romeo
und Julia*, von *Manon Lescaut* oder *Anna Karenina* sein. Und er
stimmt auch nur im günstigsten Falle, will sagen, wenn es wirklich
um eine Leidenschaft geht und nicht um Nachahmung, Hoffnung
oder Nostalgie, die zwar ebenfalls vereinnahmen, ebenfalls töten
können, in denen aber keine Größe liegt. Wie viele Madame Bovarys
kommen wohl auf eine Isolde?

Wir wollen die Leidenschaft nicht überschätzen, wollen sie nicht schönfärben, nicht verwechseln mit den Romanen, die über sie geschrieben wurden (wobei die besten von ihnen sie auch am besten durchschauen: Proust, Flaubert, Stendhal). Ich erinnere mich, daß ich einer Schriftstellerin auseinanderlegte, wie wenig Gefallen ich an Liebesromanen fände, an all den großen, verzehrenden, bedingungslosen, erhabenen Leidenschaften, die man fast nur in Büchern antreffe, beispielsweise in den ihren... Sie hielt mir den Fall eines gemeinsamen Freundes entgegen, der, wie sie sagte, wirklich genau solch eine überwältigende und tragische Liebesgeschichte erlebt habe. Davon hatte ich nichts gewußt, und das reizte meine Neugier. Ein paar Tage später fragte ich besagten Freund danach. Er lachte: «Weißt du, letzten Endes habe ich nur ein recht mittelmäßiges Desaster erlebt.» Verwechseln wir die Liebe also nicht mit den Illusionen, die man sich macht, wenn man mittendrin steckt oder wenn man sie von außen betrachtet. Die Erinnerung ist wahrer als der Traum, die Erfahrung wahrer als die Einbildung. Und verliebt zu sein – das heißt doch nur, sich gewisse Illusionen über die Liebe, über sich selbst oder über den Menschen, in den man verliebt ist, zu machen! Meistens fließen die Wasser aus diesen drei Quellen der Illusionen wohl zusammen, vereinigen sich und bilden jenen reißenden Strom, der uns fortschwemmt. Wohin? Da, wo alle Flüsse hinfließen, wo sie enden, wo sie sich verlieren, wo sie in den Ozean der Zeit münden oder im Sand des täglichen Lebens versickern. «Es liegt im Wesen der Liebe», schreibt Clément Rosset, «so zu tun, als würde sie immer lieben, in Wirklichkeit aber nur eine Zeitlang zu lieben.»[57] Es liegt also im Wesen der Liebe (jedenfalls der leidenschaftlichen Liebe), trügerisch und kurzlebig zu sein. Doch die Wahrheit spricht ihr Urteil. Darum würden die, die diese Liebe hochhalten, gern die Wahrheit verurteilen, und manche geben ganz offen zu, daß sie dem Traum oder der Illusion den Vorzug geben. Doch im allgemeinen reicht das nicht aus, um sie selbst oder die Liebe zu retten. Sie würden der Wirklichkeit gern ein Schnippchen schlagen; doch dann holt die Wirklichkeit sie ein und schlägt ihnen ein Schnippchen. Sie würden gern die Leidenschaft retten, sie andauern lassen, sie aufrechterhalten. Doch wie könnten sie das wohl, da die Leidenschaft nicht von ihnen abhängt, da Dauer – und Glück – die Leidenschaft töten, da die Vorstellung des Aufrechterhaltens ja gerade das Gegenteil der Leidenschaft ist? Jedes Entbehren, das nicht tötet, legt sich allmählich, weil man es befriedigt, weil man sich an es gewöhnt, weil man es vergißt. Wenn die Liebe Entbehren ist, dann muß sie (im Leben) scheitern, kann allenfalls im Tod gelingen.

Es wird heißen, daß sie in der Tat mißlingt und daß Platon das bestätigt. Meinetwegen. Aber ist dies die einzige Art der Liebe, zu der wir fähig sind? Können wir nur entbehren? Nur träumen? Was wäre denn das für eine Tugend, die nur zum Leid oder zur Religion führt?

PHILIA

Ich hatte drei Definitionen angekündigt. Es ist nun an der Zeit, zur zweiten von ihnen zu kommen. Niemand kann die Tugend begehren, heißt es sinngemäß bei Spinoza, der nicht zugleich begehrte, überhaupt zu handeln und zu leben.[58] Wie könnte einem aber das Leben fehlen, da man es ja nur unter der Voraussetzung begehren kann, daß man es bereits hat? Weil man immer ein anderes Leben begehrt als das, das man hat? Das würde Platon sagen, und das hält uns in Unglück oder Unzufriedenheit gefangen. Wenn das Begehren Entbehren ist, und in dem Maße, wie es Entbehren ist, muß das Leben zwangsläufig mißlingen: wenn man begehrt, was man nicht hat, dann hat man nie, was man begehrt und ist daher niemals glücklich und zufrieden.[59] Gerade die Sehnsucht nach Glück trennt uns von diesem. «Wie glücklich wäre ich, wenn ich glücklich wäre!» Dieser Ausspruch von Woody Allen bestätigt – wieder einmal – Platon und führt uns unseren Irrtum vor Augen: wir können nur begehren, «was [uns] nicht zur Verfügung steht und für [uns] noch nicht vorhanden ist», wie Sokrates sagt[60], mit anderen Worten, was nicht existiert:

nicht diese Frau, die real ist, sondern sie zu besitzen, was irreal ist; nicht das Werk, an das man sich macht, sondern den Ruhm, auf den man hofft; nicht das Leben, das man hat, sondern ein anderes, das man nicht hat. Wir können nur das Nichts, nur den Tod begehren. Wie könnte man aber wohl etwas lieben, was es nicht gibt? Wenn die Liebe Entbehren ist, dann ist sie immer nur imaginär – und dann liebt man immer nur Trugbilder.

Doch ist die Liebe immer Entbehren? Ist sie nur das? Sokrates fragt sich im *Gastmahl* selbst: kann jemand, der gesund ist, nicht den Wunsch hegen, gesund zu sein? Begehrt er dann nicht, was er hat, wessen er sich erfreut, woran er keinen Mangel leidet? Nein, antwortet Sokrates, denn die Gesundheit, die er hat, und die Gesundheit, die er wünscht, ist nicht dieselbe: was er hat, ist die gegenwärtige Gesundheit; was er wünscht, ist, daß sie erhalten bleibt, also die künftige Gesundheit, die er nicht hat.[61] Die Antwort ist aufschlußreich, aber vielleicht mehr, als es Platon lieb gewesen wäre: sie verwechselt Begehren und Hoffnung, und diese Verwechslung ist das Entscheidende. Denn es ist gewiß traurig, aber wahr, daß ich nicht auf das hoffen kann, was ich habe, was ich bin oder was ich tue: wie könnte ich hoffen, lebendig zu sein, da ich es doch bin, zu sitzen, da dies der Fall ist, zu schreiben, da ich es ja tue? Man erhofft nur, was man nicht hat: die Hoffnung ist für alle Zeiten auf das Irreale und das Entbehren ausgerichtet, und richtet auch uns darauf aus. Akte geschlossen! Aber ist denn alles Begehren Hoffnung? Können wir wirklich nur begehren, was nicht ist? Wie könnten wir dann lieben, was ist?

Das geht weit über den Platonismus hinaus. «Der Mensch ist grundlegend *Seinsbegehren*», schreibt Sartre, und «das Begehren ist Entbehren»[62]. Damit läßt er uns nur die Wahl zwischen dem Nichts und der Transzendenz, und genau das ist – ob atheistisch oder christlich – der Existentialismus. Immer wird also Platon wieder aufgegriffen. Damit versagt er sich vor allem die Liebe, außer in der Enttäuschung (wenn der andere nicht da ist) oder im Mißlingen (wenn er da ist: «die Lust ist der Tod und das Scheitern des Begehrens»[63]). Wenn das Nichts uns einmal hält ... Damit verwechselt auch er Begehren

und Hoffnung, Liebe – und zwar jede Liebe – und Entbehren. Wie
Platon. Im Einvernehmen mit Platon. Damit hält er den Teil für das
Ganze, den Unglücksfall für das Wesentliche. Es stimmt, habe ich
weiter oben gesagt, daß man nur auf etwas hoffen kann, was einem
fehlt: die Hoffnung ist das Entbehren schlechthin – in Unkenntnis
und in der Zeit. Man erhofft nur, was man nicht hat, was man nicht
weiß, was man nicht kann.[64] Daher ist die Hoffnung Spinoza zufolge
Furcht, Unkenntnis, Unvermögen.[65] Doch das Begehren nicht. Doch
die Liebe nicht. Oder vielmehr, nicht jedes Begehren, nicht jede
Liebe. Was wünscht ein Spaziergänger außer spazierenzugehen, außer einen Fuß vor den anderen zu setzen, wie er es gerade tut? Wie
könnten ihm seine Schritte fehlen? Und wie könnte er gehen, wenn er
es nicht wünschte? Jemand, der nur auf die nächsten Schritte, auf die
nächste Landschaft aus wäre, wäre kein Spaziergänger, oder er hätte
keine Ahnung von den Freuden des Spazierengehens. Das gilt für
jeden Menschen, solange er nicht hofft, und zu jeder Zeit. Warum
sollte ich sitzen, wenn dies nicht mein Wunsch ist? Wie könnte ich
schreiben, wenn ich nicht wünschte, dies zu tun? Und wer würde
wohl glauben, daß ich nur die Worte wünsche, die ich noch nicht
aufgezeichnet habe, nur die nächsten Worte und nicht die, die ich
gerade bilde? Ich nehme bereits die anderen vorweg, die noch folgen
sollen? Natürlich, aber ich erhoffe sie nicht! Ich stelle sie mir vor, ich
ahne sie, ich suche sie, ich lasse sie kommen, ich wähle sie aus. Wie
etwas erhoffen, was von mir abhängt? Und warum etwas, was nicht
von mir abhängt? Die Gegenwart des Schreibens ist wie jede lebendige Gegenwart auf die Zukunft gerichtet. Doch nicht immer und vor
allem nicht durch Entbehren oder Hoffnung. Zwischen *schreiben* und
hoffen zu schreiben liegt ein Abgrund – der Abgrund, der das Begehren als Entbehren (Hoffnung oder Leidenschaft) vom Begehren als
Vermögen oder Genuß (Vergnügen oder Handlung) trennt. Dieses
tätige Begehren in bezug auf Dinge, die von uns abhängen, ist der
Wille; wie könnte er seinen Gegenstand entbehren, wo er doch mit
ihm umgeht? Und dieses erfüllte Begehren in bezug auf die Dinge, die
nicht von uns abhängen, ist das Vergnügen; wie könnte es seinen

Gegenstand entbehren, da es seine Freude an ihm hat? Wünschen, was man tut oder was ist, das nennt man wollen, nennt man handeln, nennt man genießen oder sich freuen, und in diesem Sinne ist selbst die geringste unserer Handlungen, das geringste unserer Vergnügen, die geringste unserer Freuden eine Widerlegung des Platonismus. Denn wann liegt eine Handlung vor? Wann liegt ein Vergnügen vor? Wann liegt eine Freude vor? Die Antwort ist einfach. Handlung, Vergnügen, Freude liegen immer dann vor, wenn wir wünschen, was wir tun, was wir haben, was wir sind oder was ist, also immer dann, wenn wir wünschen, *was uns nicht fehlt*: Handlung, Vergnügen oder Freude liegen immer dann vor, wenn Platon sich irrt, und das besagt viel über den Platonismus! Trinken, wenn man Durst hat, essen, wenn man Hunger hat oder wenn es etwas Gutes gibt, spazierengehen, wenn man Lust dazu hat, mit seinen Freunden reden, eine Landschaft bewundern, die Musik hören, die man liebt, die Worte schreiben, die man aussucht, die Taten ausführen, die man will ... Wo ist hier Entbehren? Im Hunger? Im Durst? Halten wir zunächst einmal fest, daß man Musik, Freundschaft oder Handeln genießen kann, ohne sie zuvor entbehrt zu haben. Sodann, daß man mit Freuden etwas Gutes essen oder trinken kann, ohne Mangel zu leiden. Schließlich, daß es wenig Sinn hat, von Mangel bei jemandem zu sprechen, der vermutlich zu essen und zu trinken hat. Der Hunger, der den Hungernden quält, ist eine Sache; der Appetit, über den sich der Esser freut, eine andere; und der Geschmack schließlich, der den Gourmet glücklich macht, eine dritte. Dabei kann der Mangel zum Vergnügen hinzukommen, aber er genügt nicht und kann das Vergnügen nicht vollständig erklären. Und ist es selbst bei der Sexualität überhaupt sicher, daß Eros der Alleinherrscher über sie ist? In der Leidenschaft, im Leiden, in der Enttäuschung – meinetwegen. Aber in der Liebe? In der Lust? Im Handeln? Wenn man nur begehrte, was man nicht hat, was nicht ist, was einem fehlt, dann, so scheint mir, wäre unser Sexualleben noch komplizierter, als es ohnehin schon ist – und freudloser.

Was kann einem Mann und einer Frau, die sich lieben und begehren, denn um Himmels willen wohl beim Liebesakt fehlen? Der andere? Aber nein, er ist doch da, er gibt sich doch hin, er ist doch ganz und gar dargeboten und verfügbar. Der Orgasmus? Aber nein, sie ersehnen doch gar nicht den Orgasmus, denn der kommt schon früh genug, denn das Begehren erfüllt sie zur Genüge, denn das gesamte Liebesspiel ist ihnen eine Lust! Daß im Begehren eine Spannung liegt, die nach Entspannung heischt – meinetwegen. Doch das ist eher Spannkraft als Anspannung, das ist eine fröhliche, lebensbejahende Spannung, die nichts mit Enttäuschung zu tun hat: das ist sehr viel mehr das Erlebnis von Kraft und Fülle. Wie lebendig sie sind! Wie gegenwärtig sie sind! Wie erfüllt sie sind, einer vom anderen, hier und jetzt! Es fehlt ihnen wirklich an nichts, darum fühlen sie sich auch so wohl, so glücklich, darin liegt die Kraft des Liebesspiels, sobald man sich ihm mit Lust und Liebe hingibt. Sie genießen sich selbst, der eine den anderen, der eine durch den anderen, sie genießen ihr Begehren, genießen ihre Liebe, doch es ist ein anderes Begehren, da es nichts entbehrt, eine andere Liebe, da sie glücklich ist. Auch wenn diese beiden Arten der Liebe sich vermischen können – etwas, was jeder schon erlebt hat –, bekräftigt selbst das noch ihre Verschiedenheit. Es gibt die Liebe, die man erleidet, das ist die Leidenschaft; und es gibt die Liebe, die man macht oder gibt, und das ist Handeln. Haben Sie je erlebt, daß die Erektion ein Entbehren wäre? Haben Sie je erlebt, daß jede Liebe unerfüllt bliebe?

Man könnte die Beispiele beliebig erweitern. Ein Vater, sagt Sokrates, ist nur Vater in bezug auf einen Sohn.[66] So weit, so gut. Nun liebt der Vater aber seinen Sohn, der ihm nicht fehlt! Er liebte ihn gewiß schon, bevor er ihn hatte, jedenfalls wäre das möglich, er erhoffte ihn, ersehnte ihn, vielleicht wünschte er sich sogar leidenschaftlich ein Kind, wie man so sagt, er liebte das Kind, das ihm fehlte, hatte den Drang, ein Kind in die Welt zu setzen, hatte väterlichen Eros. Eine eingebildete Liebe zu einem eingebildeten Objekt. Er liebte das erträumte Kind, doch das war nur der Traum einer Liebe. Ein glücklicher Traum, solange er an seine Erfüllung glaubt, ein schmerzlicher, wenn er Traum bleibt. Wieviel Leid, wieviel Enttäuschung, wenn das

288

Kind nicht kommt! Wenn es aber kommt, wenn es da ist? Wird man es nun nicht mehr lieben, weil es einem nicht mehr fehlt? Das kann vorkommen, ist jedoch offenbar nicht der Normalfall. Die meisten Väter werden lernen, anders zu lieben, das Kind ernstlich zu lieben, das heißt so, wie es ist, wie es lebt, wie es heranwächst, wie es sich verändert, wie es nicht fehlt. Damit schreitet man von der Liebe zum erträumten Kind zur Liebe zum wirklichen Kind, und das nimmt nie ein Ende. Alle Eltern wissen, daß dies nötig und schwierig zugleich ist, daß es keine Liebe (zum Wirklichen) ohne eine gewisse Trauer (über das Eingebildete) gibt, und daß man in Wirklichkeit nicht vom einen zum anderen, vom erträumten zum wirklichen Kind übergeht, sondern daß diese beiden Arten der Liebe sich vermischen, daß die eine zur anderen hinzukommt, ohne daß sie jedoch vollkommen ineinander aufgehen. Denn die Einbildung bleibt. Das Entbehren bleibt. Man macht sich nicht so ohne weiteres von Platon oder Eros frei. Der Vater wünscht wie jeder andere und wie Platon sagt, «auch in Zukunft zu haben»[67], was er jetzt hat, wünscht also, was er nicht hat (da die Zukunft per definitionem nicht greifbar ist) und was er entbehrt. Er wünscht, daß das Kind seinen Erwartungen entspricht, was das Kind allerdings nicht kümmert, und vor allem, daß es lebt, mein Gott, daß es bloß lebt, was wiederum das Leben nicht kümmert. Da ist der Vater nun dem Bangen und Zittern der Leidenschaft ausgesetzt: Eros hält ihn fest und läßt ihn nicht mehr los. Welcher Vater hegte keine Hoffnungen, welcher Vater keine Ängste? Doch jeder kann sehen, daß dies nicht das Wichtigste an seiner Liebe ist, ja nicht einmal das Beste, das Lebendigste, das Wahrste, Freieste oder Glücklichste. Armer Vater, arme Liebe (und armer Sohn!), wenn er nur den zukünftigen Sohn, nur die *Erhaltung* des Sohnes liebte, wie Platon sagen würde.[68] Mit anderen Worten, wenn er nur das liebte, was der Tod ihm jeden Augenblick entreißen kann, was sage ich, was er ihm zwangsläufig entreißen wird («der Himmel gebe», denkt der Vater, «daß dies durch meinen eigenen Tod geschieht»), was er ihm bereits jetzt entreißt, da dieser Sohn fehlt, da dieser Sohn nicht existiert, da dieser Sohn ein Traum und das Nichts ist, da dies der Sohn

289

der Angst ist, wie ein großes Loch im Sein oder im Glück, dieser Kloß im Hals, dieser plötzliche Drang zu weinen. Eine solche Liebe, das sei noch einmal gesagt, gibt es durchaus, die leidenschaftliche Liebe eines Vaters zu seinem Sohn mit all ihren Erwartungen und Befürchtungen, eine Liebe, die wie jede andere Leidenschaft gefangenhält und auch den Sohn gefangenzuhalten droht, die sie alle beide der Angst, dem Imaginären, dem Nichts ausliefert. Eine solche Liebe gibt es, aber sie ist schließlich nicht die einzige: ein Vater liebt sein Kind auch so, wie es ist, wie es nicht fehlt, das gegenwärtige und anwesende Kind, das lebendige Kind, gegen das weder der Tod noch die Angst, noch das Nichts ankommen. Selbst seine Zerbrechlichkeit hat noch etwas Unzerstörbares oder Ewiges, dem Tode zum Trotz, der Zeit zum Trotz, etwas vollkommen Einfaches und vollkommen Lebendiges, das der Vater manchmal klugerweise einfach begleitet, was ihn erleichtert, was ihn beruhigt – ja, seltsamerweise beruhigt – und was ihn freut.

Der Angst steht das Wirkliche gegenüber, dem Entbehren die Freude. Das ist immer noch Liebe, allerdings nicht mehr Eros. Was ist es aber dann?

Und unsere Freunde? Wie traurig, wenn wir sie nur in ihrer Abwesenheit oder im Entbehren lieben könnten! Genau das Gegenteil trifft zu, und darin unterscheidet sich die Freundschaft in starkem Maße von der Leidenschaft. Hier gibt es kein Entbehren, keine Angst, keine Eifersucht, kein Leiden. Man liebt seine Freunde so, wie sie sind, wie sie nicht fehlen. Platon hat nichts von Bedeutung über die Freundschaft geschrieben, und das ist kein Zufall. Aristoteles dagegen sagt das Wesentliche in zwei überragenden Büchern der *Nikomachischen Ethik*. Das Wesentliche? Daß ohne Freundschaft das Leben ein Irrtum wäre; daß die Freundschaft Bedingung für das Glück und Zuflucht im Unglück, daß sie nützlich, angenehm und gut ist; daß sie «an sich wünschbar» ist, und «mehr im Lieben als im Geliebtwerden» beruht; daß eine Art von Gleichheit dazugehört, die bereits bestehen kann oder durch die Freundschaft hergestellt wird; daß sie besser als die Gerechtigkeit und in ihr enthalten ist, daß sie sowohl deren höchster Ausdruck als auch ihre Überwindung ist; daß sie weder Entbehren noch Verschmelzen bedeutet, sondern Gemeinschaft, Teilen, Treue; daß Freunde sich aneinander und an ihrer Freundschaft freuen; daß man nicht mit allen oder mit vielen befreundet sein kann; daß Freundschaft im höchsten Sinne nicht Leidenschaft, sondern Tugend ist. Und zusammenfassend schließlich, daß «die Tugend der Freunde eben das Lieben zu sein» scheint.[69] Es geht hier in der Tat immer noch um Liebe (ein Freund, den man nicht liebt, wäre kein Freund), aber nicht um Entbehrung, nicht um Eros. Um was aber dann?

Wir brauchen eine andere Definition, und die finden wir bei Spinoza. Natürlich ist die Liebe Begehren, da das Begehren das Wesen des Menschen selbst ist.[70] Doch Begehren ist nicht Entbehren: das Begehren ist Vermögen[71], und die Liebe ist Freude.[72] Das sollte unser Ausgangspunkt sein oder wieder werden.

Man spricht von sexueller Potenz, geschlechtlichem Vermögen also, und das drückt etwas Wichtiges aus. Daß sich nämlich das Begehren, ob es nun sein Objekt entbehrt oder nicht, nicht auf dieses allfällige Entbehren beschränken läßt, daß es auch und vor allem eine Kraft ist, eine Energie, ein *Vermögen*, wie Spinoza in der Tat sagt: es ist das Vermögen zu genießen und Genuß im Vermögen. Das trifft auf die sexuelle Begierde zu, aber nicht auf sie allein. Alles Begehren ist für Spinoza Tätigkeitsvermögen oder Daseinskraft (*agendi potentia sive existendi vis*)[73], Kraft zu leben also, und das Leben selbst als Kraft. Was gäbe es sonst für eine Lust? Was für eine Liebe? Was für ein Leben? Der Tod wäre leichter, und irgend etwas muß uns doch von ihm trennen. Wenn der Hunger Mangel an Nahrung, also Leiden ist, dann ist der Appetit Vermögen zu essen (selbstredend, wenn es nicht an Nahrung mangelt) und zu genießen, was man ißt. Man wird einwenden, daß der Appetit nichts anderes ist als ein leichter Hunger, und daß das Entbehren das Wesentliche daran bleibt. Aber die Toten haben doch keinen Hunger! Der Hunger setzt Leben voraus, das Entbehren setzt Vermögen voraus. Beschränkt man das Begehren auf das Entbehren, so hält man die Wirkung für die Ursache, das Ergebnis für die Voraussetzung. Zuerst kommt das Begehren, zuerst kommt die Kraft. Dem Appetitlosen fehlt etwas, nicht demjenigen, der gern zulangt! Dem Melancholiker fehlt etwas, und nicht demjenigen, der das Leben liebt und es, wie man so sagt, in vollen Zügen genießt! Dem Impotenten fehlt etwas, und nicht dem regen und glücklichen Liebhaber! Wer hat übrigens in seinem – etwas fortgeschrittenen – Leben nicht Augenblicke des Überdrusses, der Niedergeschlagenheit, der Ohnmacht gekannt? Und was hat uns dann gefehlt? Keineswegs immer ein Objekt, auch nicht das Entbehren eines solchen Objektes (denn es machte keinen Unterschied, ob es da war oder nicht, unserem Genuß dargeboten oder nicht), sondern das Begehren, sondern das Vergnügen, sondern die Kraft, zu genießen oder zu lieben! Begehren ist nicht Entbehren, es fehlt ihm nur manchmal das Objekt (Frustration) oder es langweilt es (Überdruß).[74] Das Entbehren ist nicht das Wesen des Begehrens; es ist ein Unglücksfall oder ein Traum, ein Verlust, der es erregt, oder ein Trugbild, das es sich selbst schafft.

So wie es verschiedene Arten des Begehrens für verschiedene Dinge gibt, und wenn die Liebe Begehren ist, muß es auch verschiedene Arten der Liebe für verschiedene Dinge geben. Und das ist in der Tat auch der Fall: man kann Wein oder Musik lieben, eine Frau oder ein Land, seine Kinder oder seine Arbeit, Gott oder die Macht. Das Französische, das man normalerweise wegen seiner analytischen Klarheit rühmt, schafft hier einen übergreifenden Zusammenhang, der sich allerdings auch in vielen anderen Sprachen findet.[75] Die Liebe zum Geld, die Liebe zum guten Essen, die Liebe zu einem Mann, die Liebe zu einer Frau, die Liebe zu seinen Eltern oder zu seinen Freunden, die Liebe zu einem Gemälde, zu einem Buch, zu sich selbst, zu einer Gegend oder einem Land, die Liebe, die man macht, und die Liebe, die man gibt, die Liebe zum Landleben oder zum Reisen, die Gerechtigkeitsliebe, die Wahrheitsliebe, die Liebe zum Sport, zum Film, zur Macht, zum Ruhm ... Was all diese verschiedenen Arten der Liebe gemeinsam haben und was ihre Bezeichnung mit einem einzigen Wort rechtfertigt, ist – laut Stendhal – das Vergnügen und – laut

292

Spinoza – die Freude, die diese Dinge uns verschaffen oder in uns wecken. «Liebe», schreibt Stendhal, «ist das Vergnügen, ein liebenswertes, uns liebendes Wesen zu sehen, zu berühren, mit allen Sinnen und darum in nächster Nähe zu fühlen.»[76] Läßt man das «uns liebende Wesen», das nur für zwischenmenschliche Beziehungen gilt, fort und fügt man hinzu, daß man allein schon den Gedanken an dieses Wesen genießen oder sich daran erfreuen kann (da man auch Abwesende oder Abstraktionen lieben kann), dann hat man eine passable Definition der Liebe: lieben heißt mit Vergnügen sehen, berühren, fühlen, erkennen oder sich vorstellen. Diese sehr allgemein, in den Augen mancher vielleicht übertrieben allgemein gehaltene Definition entspricht der Polysemie des Wortes oder, besser gesagt, seinen vielen Bezugsmöglichkeiten. Eine Definition gilt nur für das, was sie zuläßt oder klarstellt, und jeder ist Herr über seine Ausdrucksweise. Allerdings darf man der Sprache keinen allzu großen Zwang antun. Ich für meinen Teil schlage folgende Definition vor (sie ist einfacher zu verstehen und umfassender als die von Stendhal, mit der sie sich überschneidet und über die sie hinausgeht): *lieben heißt, etwas genießen oder sich an etwas erfreuen zu können.* Wie einer, der Austern liebt, im Gegensatz zu einem, der sie nicht liebt. Oder einer, der Musik beziehungsweise eine bestimmte Musik liebt, im Gegensatz zu denen, die sie gleichgültig läßt oder langweilt. Oder einer, der die Frauen beziehungsweise eine bestimmte Frau liebt, im Gegensatz zu einem, der lieber mit Männern beziehungsweise, wie die Teilnehmer des *Gastmahles*, mit Knaben die sinnlichen Freuden der Liebe genießt oder sich an der geistigen Liebe erfreut (wobei das eine natürlich mit dem anderen Hand in Hand gehen und sich vermischen kann). Die Objekte der Liebe sind ohne Zahl – wie die Gründe für Vergnügen oder Freude, wie all die verschiedenen Arten zu lieben, die durch diese Objekte ausgelöst oder gerechtfertigt werden. Ich liebe Austern, ich liebe Mozart, ich liebe die Bretagne, ich liebe diese Frau, ich liebe meine Kinder, ich liebe meine Freunde. Nehmen wir einmal an, daß mir nichts von alledem fehlt: ich bin in der Bretagne mit meinen Kindern, mit der Frau, die ich liebe, mit meinen besten

Freunden, wir essen Austern, schauen dabei aufs Meer und hören
Mozart. Was ist diesen verschiedenen Arten der Liebe gemeinsam?
Sicher nicht das Entbehren, ja nicht einmal das Beheben eines Mangels. Mozart, die Austern oder die Bretagne fehlen mir sozusagen nie,
und – abgesehen von einer sehr langen Trennung – meine Freunde
auch nicht viel mehr: mich freut allein schon, daß es sie gibt, auch
wenn sie fern sind. Das Gemeinsame all dieser verschiedenen Arten
der Liebe ist im übrigen genau das: die Freude in mir, das Vermögen,
zu genießen oder mich zu freuen (zu genießen *und* mich zu freuen),
und zwar über etwas, das mir vielleicht fehlen kann (wenn ich großen
Hunger, wenn ich keine Frau, keine Kinder, keine Freunde habe),
dessen Fehlen aber weder Wesen noch Gehalt, ja nicht einmal Bedingung ist (da ich in dem angeführten Beispiel gerade das liebe, was mir
nicht fehlt). Man wird einwenden, daß das alles nicht sehr erotisch
ist. Meinetwegen, wenn man dabei an Platons Eros und an die Belanglosigkeit meines Beispiels denkt. Doch Liebende wissen, wie
sinnlich, wie lust- und kraftvoll es sein kann, sich eher in Freude als in
Entbehrung dem Liebesspiel hinzugeben, eher in Aktion als in Passion, eher voller Vergnügen als voller Leid, eher in erfüllter als in
enttäuschter Kraft, eher also die Liebe zu begehren, deren Wonnen
man genießt, als die, die man sich erträumt, die man sich nur ausmalt,
die einen ganz und gar beherrscht.

Die Definition, die ich oben vorgeschlagen habe, lehnt sich stark an
folgende Definition von Spinoza an: «*Liebe ist Freude, begleitet von
der Idee einer äußeren Ursache.*»[77] Lieben heißt sich freuen, oder
richtiger (da die Liebe die Idee einer Ursache voraussetzt), *sich über
etwas freuen*. Sich freuen oder genießen, habe ich gesagt; doch die
Lust ist nur Liebe im stärksten Sinne des Wortes, wenn sie die Seele
erfreut, und das trifft insbesondere auf zwischenmenschliche Beziehungen zu. Der Körper ist traurig, wenn keine Liebe da ist oder wenn
nur der Körper geliebt wird. Das gibt Spinoza recht: die Liebe ist jene
Freude, die zur Lust hinzukommt, die sie erstrahlen läßt, die sie gewissermaßen im Spiegel der Seele widerspiegelt, jene Freude, die der
Lust vorausgeht, sie begleitet oder ihr folgt wie ein Versprechen oder

ein Echo des Glücks. Ist das die übliche Bedeutung des Wortes? Ich glaube ja, oder wenigstens, daß dies sich mit einem wesentlichen – und zwar dem besten – Teil dieser Bedeutung überschneidet. Wenn jemand zu Ihnen sagt: «Der Gedanke, daß es dich gibt, macht mich froh», oder: «Wenn ich daran denke, daß es dich gibt, werde ich ganz froh», oder auch: «Ich verspüre eine innere Freude, und der Grund für diese Freude ist der Gedanke, daß es dich gibt», dann halten Sie das für eine Liebeserklärung, und zwar mit Recht. Dann haben Sie allerdings auch großes Glück: nicht nur, weil eine spinozistische Liebeserklärung nicht jedermanns Sache ist, sondern auch und vor allem, weil eine solche Liebeserklärung – welch eine Überraschung – nichts von Ihnen verlangt! Ich weiß wohl, daß jemand, der sagt «Ich liebe dich», anscheinend nicht mehr verlangt. Doch alles hängt davon ab, um welche Art von Liebe es sich handelt. Wenn die Liebe Entbehren ist und man sagt «ich liebe dich», dann verlangt man nicht nur, daß der andere antwortet «ich auch», *dann verlangt man den anderen selbst*, da man ihn liebt, da er einem fehlt und jedes Entbehren per definitionem besitzen will.[78] Welch eine Bürde für diejenige oder denjenigen, den man liebt! Welch eine Angst! Welch ein Gefängnis! Sich freuen bedeutet im Gegenteil, gar nichts zu verlangen, bedeutet, eine Gegenwart, ein Dasein, eine Gnade in Ehren zu halten. Welch eine Leichtigkeit für einen selbst und für den anderen! Welch eine Freiheit! Welch ein Glück! Sich freuen bedeutet nicht verlangen, sondern danken, bedeutet nicht besitzen, sondern genießen und sich freuen, bedeutet nicht Entbehren, sondern Dankbarkeit. Wer dankt nicht gerne, wenn er liebt? Wer erklärt nicht gern seine Liebe, wenn er froh ist? Genau aus diesem Grund ist die Freude Geschenk, Gabe, erwiderte Gnade. Wer wird nicht gerne geliebt? Wer freut sich nicht über die Freude, die er verschafft? Dadurch nährt die Liebe die Liebe und verdoppelt sie[79], macht sie um so stärker, um so leichter, um so *tätiger*, wie Spinoza sagen würde[80], als sie nichts entbehrt. Diese Leichtigkeit hat einen Namen: die Freude. Und ihr Beweis ist das Glück der Liebenden. Ich liebe dich: ich bin froh, daß es dich gibt.

In dieser spinozistischen Form scheinen solche Erklärungen selten vorzukommen. Doch was bedeutet schon die Form, was bedeutet schon der Spinozismus? Man kann dasselbe auch auf andere Art und Weise sagen, einfacher, gängiger, zum Beispiel: *«Danke, daß es dich gibt, danke, daß du bist, was du bist, daß du nicht gegen die Wirklichkeit verstößt!»* So erklärt sich eine glückliche Liebe. Oder einfach mit einem Blick, einem Lächeln, einer Zärtlichkeit, einer Freude. Die Dankbarkeit, habe ich weiter oben gesagt, ist das Glück zu lieben.[81] Mehr noch: sie ist die Liebe selbst – als Glück. Was könnte ihr fehlen und warum, da sie sich über das freut, was ist, da sie diese Freude selbst ist? Der «Wille des Liebenden, sich mit dem geliebten Dinge zu vereinigen», schreibt Spinoza und kritisiert damit die kartesianische Definition, «drückt nicht das Wesen der Liebe, sondern nur eine Eigenschaft derselben aus», und zwar auf überaus dunkle und unklare Weise:

«Wenn ich nun sage», präzisiert Spinoza, «es sei eine Eigenschaft des Liebenden, daß er willens ist, sich mit dem geliebten Dinge zu vereinigen, so ist zu beachten, daß ich unter Willen nicht eine Zustimmung oder Überlegung oder einen freien Entschluß der Seele verstehe [da es keinen freien Willen gibt, da niemand beschließen kann, zu lieben oder zu begehren], auch nicht etwa die Begierde, sich mit dem geliebten Ding zu vereinigen, wenn es abwesend, oder in dessen Gegenwart zu verharren, wenn es gegenwärtig ist – denn es kann die Liebe auch ohne diese oder jene Begierde gedacht werden [das heißt ohne Entbehrung] –, vielmehr verstehe ich hier unter Wollen die Befriedigung, welche im Liebenden vorhanden ist zufolge der Gegenwart des geliebten Dinges, durch welche die Freude des Liebenden verstärkt oder wenigstens genährt wird.»[82]

Die Liebe als solche entbehrt nichts. Wenn ihr ihr Objekt fehlt, was natürlich vorkommen kann, dann aus äußeren oder zufälligen Gründen: die Abreise des Geliebten, sein Fernbleiben, sein Tod gar. Doch das ist nicht der Grund, warum sie ihn liebt. Es kann vorkommen, daß die Liebe enttäuscht wird, daß sie leidet, Trauer trägt. Wie könnte ich auch glücklich sein, wenn die Ursache meiner Freude nicht mehr da ist?[83] Dennoch liegt die Liebe in der Freude – auch wenn diese verletzt oder beschnitten wird, auch wenn es furchtbar schmerzt, wenn man ihrer beraubt wird – und nicht in jener herzzerreißenden Abwesenheit. Nicht das, was mir fehlt, liebe ich, sondern das, was ich liebe, fehlt mir gelegentlich. Zuerst kommt die Liebe, zuerst kommt die Freude. Oder vielmehr zuerst kommt das Begehren, zuerst kommt die Kraft, und sie treten bei der Begegnung freudig in der Liebe zutage. Aus mit Platon und seinem Dämon! Aus mit Tristan und seiner Traurigkeit! Betrachtet man das Wesen der Liebe, das also, was sie wirklich ist, dann gibt es keine unglückliche Liebe.

Und es gibt auch kein Glück ohne Liebe. Wenn die Liebe nämlich eine Freude, begleitet von der Idee ihrer Ursache, wenn also jede Liebe ihrem Wesen nach heiter ist, dann stimmt wohlgemerkt die Umkehrung dieses Satzes ebenso: jede Freude hat eine Ursache (wie alles, was existiert)[84], jede Freude ist also liebend – zumindest potentiell (eine Freude ohne Liebe ist eine unverständliche Freude, eine unwissende, dunkle, verstümmelte Freude) und tatsächlich, wenn sie sich ihrer selbst und damit ihrer Ursache voll bewußt ist.[85] Die Liebe ist so gewissermaßen die Durchsichtigkeit, das Licht, die erkannte und anerkannte Wahrheit der Freude. Das ist Spinozas Geheimnis, das Geheimnis der Weisheit und des Glücks: Liebe gibt es nur in Freude, Freude gibt es nur, wenn man liebt.

Nun wird man mich erst recht der Schönfärberei bezichtigen. Aber nicht doch! Ich komme nicht umhin zu schematisieren, so wie bei Platon, aber ich verfälsche oder beschönige nicht. Wenn wir dabei die feineren, verschwommeneren oder trüberen Schattierungen aus unserem Leben nicht wiedererkennen, so weil Freude und Trauer sich natürlich vermischen, so weil wir ständig zögern, schwanken, hin und her springen zwischen diesen beiden Affekten, zwischen diesen beiden Wahrheiten (derjenigen Platons und derjenigen Spinozas), zwischen Entbehren und Kraft, zwischen Hoffnung und Dankbarkeit, zwischen Passion und Aktion, zwischen Religion und Weisheit, zwischen Liebe, die nur begehrt, was sie nicht hat und besitzen will (*Eros*), und der Liebe, die alles hat, was sie begehrt, da sie nur begehrt, was ist, was sie genießen kann oder was sie erfreut. Und wie wollen wir das nun nennen?

Liebe? Einen Menschen lieben heißt wünschen, daß er ist, wenn er ist (ansonsten erhofft man ihn nur), heißt seine Existenz, seine Gegenwart, das, was er an Vergnügen oder Freuden schenkt, genießen. Doch dasselbe Wort gilt, wie wir wissen, auch für die Entbehrung oder die Leidenschaft (also für *eros*) und kann dadurch Verwirrung stiften. Das Griechische ist hier klarer und verwendet ohne Bedenken das Verb *philein* (lieben, ganz gleich, was für einem Objekt diese Liebe gilt) sowie, vor allem für die zwischenmenschlichen Beziehungen, das Substantiv *philia*. Freundschaft? Ja, aber im weitesten Sinne des Wortes, der auch zugleich der stärkste und erhabenste ist. Vorbild der Freundschaft sind für Aristoteles vor allem «die Mütter, die sich daran freuen, zu lieben»[86]; Vorbild ist «die Freundschaft [*philia*] zwischen Mann und Frau», vor allem, «wenn sie beide tugendhaft sind, [...] und sich daran freuen»[87]; Vorbild ist die Liebe von Eltern, Geschwistern oder Kindern[88], aber auch die Liebe von Verliebten, die sich nicht völlig mit *eros* fassen läßt oder sich in diesem erschöpft[89]; Vorbild ist schließlich die vollkommene Freundschaft zwischen tugendhaften Männern, denjenigen, «die den Freunden das Gute wünschen um der Freunde willen», was sie zu Freunden «im eigentlichen Sinne macht»[90]. Mit einem Wort: *philia* ist die Liebe, die zwischen Menschen[91] aufkommt, ungeachtet der Formen, die sie annimmt, und solange sie nicht auf Entbehrung oder Leidenschaft (*eros*) beschränkt ist. Der Begriff hat also eine engere Bedeutung als unser Wort «Liebe» (das sich auf einen Gegenstand, ein Tier oder einen Gott beziehen kann), jedoch eine weitere Bedeutung als «Freundschaft» (von der man zum Beispiel fast nie beim Verhältnis von Eltern und Kindern spricht). Sagen wir, es ist die Liebe als Freude, insofern sie wechselseitig ist oder sein kann: die Freude, zu lieben und geliebt zu werden[92], die gegenseitige beziehungsweise sich zur Gegenseitigkeit hin entwickelnde Wohlgesinntheit[93], das Zusammenleben[94], die verbindliche Wahl, beiderseitiges Vergnügen und Vertrauen[95], kurz gesagt, die Liebe als Aktion[96]; ihr wollen wir den *eros* (die Liebe als Passion) entgegenstellen, obwohl sie durchaus zusammenkommen und Hand in Hand gehen können. Werden Verliebte, die glücklich miteinander sind, nicht auf Dauer Freunde? Könnten sie sonst glücklich sein? Aristoteles hat genau gesehen, daß die Liebe (*Philia*) zwischen Mann und Frau eine Form der Freundschaft ist, vielleicht sogar die wichtigste (da «der Mensch von Natur noch mehr zum Beisammensein zu zweien angelegt ist als zur staatlichen Gemeinschaft»), und daß sie selbstverständlich das Sexuelle mit einschließt.[97] Das berechtigt mich, den Begriff *Philia* aufzugreifen, um – selbst in unserem Liebesleben – die Liebe als Freude (bei Spinoza) von der Liebe als Entbehrung (bei Platon) zu unterscheiden. Dazu berechtigt mich im übrigen auch die folgende, ganz spinozistische Formulierung von Aristoteles: «Lieben heißt sich freuen.»[98] Das trifft auf das Entbehren nicht zu und reicht aus, um die beiden Arten der Liebe voneinander zu unterscheiden.

Jedenfalls theoretisch. Praktisch können diese beiden Gefühle sich ja vermischen, wie wir gesehen haben, und sie vermischen sich fast immer, vor allem zwischen Männern und Frauen. Man kann sich freuen (*philia*) über etwas, das einem fehlt (*eros*), und man kann etwas besitzen wollen (*eros*), dessen Existenz allein bereits ein Glück ist (*philia*), man kann also leidenschaftlich und freudig zugleich lieben. Das kommt gar nicht einmal so selten vor und ist im Grunde das gewöhnliche Los von Paaren – vor allem in ihren Anfängen. Verliebt sein, das heißt fast immer entbehren, heißt besitzen wollen, heißt leiden, wenn man nicht geliebt wird, und befürchten, nicht mehr geliebt zu werden, heißt Glück nur von der Liebe, nur von der Gegenwart, nur vom Besitzen des anderen zu erwarten. Und in der Tat, was für ein Glück, wenn man geliebt wird, wenn man besitzt, wenn man gerade das genießt, was einem fehlt! Das ist wahrscheinlich, abgesehen vom Grauen, das Intensivste, was man erleben kann, und, abgesehen von der Weisheit, vielleicht auch das Beste. Die glückliche Leidenschaft: der Lenz der Paare, ihre Jugend, die begehrliche Freude der Verliebten, «qui se bécotent sur les bancs publics» (die auf Parkbänken schnäbeln), wie Brassens es ausdrückte, die in der Tat richtig nett sind, wie es weiter bei ihm heißt, oder rührend in ihrer Mischung aus Schwärmerei und Einfalt. Doch kann das von Dauer sein? Kann man lange etwas entbehren, was man hat (also etwas entbehren, was einem nicht fehlt)? Kann man jemanden, mit dem man seit Jahren zusammenlebt, leidenschaftlich lieben? Kann man jemanden, den man so gut kennt, immer weiter vergöttern? Kann man sich die Wirklichkeit erträumen, kann man, in einem Wort, in seinen Ehepartner verliebt bleiben? Die Kristallisation, wie es bei Stendhal heißt, ist ein instabiler Zustand, der die Stabilität einer Paarbeziehung schlecht übersteht. Zunächst erscheint einem alles am anderen wunderbar; dann tritt der andere so in Erscheinung, wie er ist. Erinnern wir uns an das Chanson von Claude Nougaro: *«Quand le vilain mari tue le prince charmant ... (Wenn der böse Ehemann den Märchenprinzen tötet ...)»* Es geht zwar um denselben Menschen, aber das eine Mal ist er die abwesende Traumgestalt, die man begehrt und erhofft, das andere Mal der Ehemann, den man besitzt und der immer um einen ist. Der Märchenprinz ist einfach nur der Ehemann, der einem fehlt, und der Ehemann der Märchenprinz, den man geheiratet hat, und der einem nicht mehr fehlt. Der eine glänzt durch seine Abwesenheit, den anderen hat die ständige Gegenwart stumpf werden lassen. Kurze Intensität der Leidenschaft, lange Verdrießlichkeit des Ehelebens ... Nietzsche hat genau erkannt, daß die Ehe zwar ein anspruchsvolles und schönes Abenteuer sein könnte, meistens aber in Mittelmäßigkeit und Erbärmlichkeit endet:

«Ach, diese Armut der Seele zu zweien! Ach, dieser Schmutz der Seele zu zweien! Ach, dies erbärmliche Behagen zu zweien!
[...]
Dieser ging wie ein Held auf Wahrheiten aus, und endlich erbeutete er sich eine kleine geputzte Lüge. Seine Ehe nennt er's. [...]

Viele kurze Torheiten – das heißt bei euch Liebe. Und eure Ehe macht vielen kurzen Torheiten ein Ende, als *eine* lange Dummheit.»[99]

Das führt zu Madame Tristan, Madame Romeo oder Madame Bovary, die sich dann mit jedem Jahr ähnlicher werden. Und was den Mann betrifft, so denkt er immer mehr an Sex und Arbeit und immer weniger an die Liebe oder an seine Frau, außer vielleicht an die Sorgen, die sie ihm macht, ihre Seelenzustände, ihre Vorwürfe, ihre Launen. Er will seinen Frieden und sein Vergnügen; sie will Glück und Leidenschaft. Und jeder wirft dem anderen vor, daß er nicht oder nicht mehr das ist, was man erhofft, begehrt, geliebt hatte, jeder bedauert – ach! –, daß der andere nur ist, was er ist. Wie könnte er aber etwas anderes sein, und wer ist schuld, wenn die Leidenschaft nur ein Traum ist, aus dem man erwachen muß? «Ich habe das Geheimnisvolle an ihr geliebt», denkt er. Damit gibt er zu, daß er sie geliebt hat, weil er sie nicht kannte, und daß er sie nicht mehr liebt, da er sie nun kennt. «Man liebt eine Frau wegen dem, was sie nicht ist», meinte Gainsbourg, «und man verläßt sie wegen dem, was sie ist.» Das stimmt oft und gilt auch für Männer. Es liegt fast immer mehr Wahrheit im Nachlassen der Liebe als in der Liebe selbst, jedenfalls in der Liebe, die fasziniert ist vom Geheimnis dessen, was sie liebt, was sie nicht versteht und was ihr fehlt. Was für eine seltsame Liebe, die nur liebt, was sie nicht kennt!

Doch versuchen wir lieber zu verstehen, was bei den anderen Paaren geschieht, bei denen, die es einigermaßen schaffen, denen man es vielleicht gleichtun möchte, die glücklich wirken und sich immer noch zu lieben scheinen, für immer ... Die intakte Leidenschaft? Heute mehr als gestern und weniger als morgen? Daran glaube ich nicht, und selbst wenn das hin und wieder vorkommen sollte oder könnte, wäre das so selten, so außergewöhnlich, so unabhängig von unserem Willen, daß man darauf keine Lebensentscheidung, ja nicht einmal eine vernünftige Hoffnung gründen könnte. Außerdem entspricht das keineswegs der Erfahrung der besagten Paare, die nichts von Turteltauben haben, und die einen in den meisten Fällen wohl auslachen würden, wollte man sie mit Tristan und Isolde vergleichen. Solche Liebenden begehren sich einfach weiter, und, wenn sie seit Jahren zusammen leben, sicher eher aus Kraft als aus Entbehren, eher aus Lust als aus Leidenschaft. Darüber hinaus ist es ihnen gelungen, die lodernden Flammen des Anfangs in Freude, in Sanftmut, in Dankbarkeit, in klares Bewußtsein, in Vertrauen, in das Glück des Zusammenseins, also in *philia* zu verwandeln. Zärtlichkeit? Das ist ein Aspekt ihrer Liebe, aber nicht der einzige. Da sind auch noch Einverständnis, Treue, Humor, die Vertrautheit der Körper und Seelen, die immer aufs neue erlebte Lust («das in Liebe umgesetzte Begehren bleibt Begehren», schreibt Char), da ist das wilde Tier, dem man sich stellt, das man zähmt, das siegreich und besiegt zugleich ist, da sind die beiden einander so nahen, so aufmerksamen und respektvollen Einsamkeiten, die sich gegenseitig zu beherrschen, aber auch zu stärken scheinen, da ist diese leichte und einfache Freude, diese Verbundenheit, diese Eindeutigkeit, dieser Frieden, da ist dieses Licht, der Blick des anderen, da ist dieses Schweigen, dem man zuhört, da ist diese Kraft zu zweit, diese Offenheit zu zweit, diese Unsicherheit zu zweit. Eins werden? Das haben sie schon seit langem aufgegeben, wenn sie denn je daran geglaubt haben. Sie legen viel zu großen Wert auf ihr Duett mit seinen Harmonien, seinem Kontrapunkt, seinen gelegentlichen Dissonanzen, um es in einen doch nicht möglichen Monolog zu verwandeln. Sie sind vom Liebeswahn zur weisen Liebe gelangt, wenn man so will, und ein Narr, wer einen Verlust darin erblickt, einen Schwund, eine Banalisierung, wo es doch im Gegenteil eine Vertiefung bedeutet, mehr Liebe, mehr Wahrheit, und eine regelrechte Ausnahme im Gefühlsleben. Nichts leichter, als seinen Traum zu lieben! Nichts schwerer, als die Realität zu lieben! Nichts leichter, als besitzen zu wollen! Nichts schwerer, als hinnehmen zu können! Nichts leichter als die Leidenschaft! Nichts schwerer als die Paarbeziehung! Sich verlieben kann jeder. Lieben nicht.

Bei einem Kolloquium über die Liebe habe ich einmal ein erstaunliches Geständnis gehört: «Eine kurze Leidenschaft ist mir lieber als eine lange Freundschaft.»[100] Traurige Leidenschaft, egoistische Leidenschaft, engstirnige Leidenschaft! Sie bedeutet, nur sich selbst, nur seine eigene Liebe zu lieben (nicht den anderen, sondern die Liebe, die er in einem weckt), nur das bißchen narzißtisches Herzklopfen, das sie verursacht. Da werden die Freunde zu Lückenbüßern zwischen zwei Leidenschaften degradiert. Da wird die Welt auf einen einzigen Menschen, einen einzigen Blick, ein einziges Herz reduziert. In der Leidenschaft liegt eine Monomanie, fast eine Sucht zu lieben. Das macht ihre Kraft, ihre Schönheit, ihre Größe aus, solange sie dauert. Natürlich soll man sie ausleben, wenn sie einem begegnet! Jede Liebe ist gut, und diese, die einfachste von allen, lehrt uns vielleicht, mehr und besser zu lieben. Lächerlich, die Leidenschaft zu verdammen! Das ist wirkungslos, wenn sie vorhanden und gegenstandslos, wenn sie nicht vorhanden ist. Sie ausleben also, ohne sich jedoch von ihr vollkommen narren oder einfangen zu lassen, wenn möglich – aber warum sollte das nicht möglich sein? Eigentlich braucht man sich nicht zwischen Leidenschaft und Freundschaft zu entscheiden, da man erfahrungsgemäß beides haben kann, da die Leidenschaft einen nicht zwingt, seine Freunde zu vergessen, und da ihre eigene Zukunft nur im Tod, nur im Leiden, nur im Vergessen, nur in der Verbitterung liegt – oder eben in der Freundschaft. Leidenschaft hat keinen Bestand, kann keinen Bestand haben: die Liebe muß sterben oder sich ändern. Will man der Leidenschaft um jeden Preis treu bleiben, wird man seiner Liebe und dem Werden untreu, wird man dem Leben untreu, das sich nicht auf einige Monate einer glücklichen (oder Jahre einer unglücklichen) Leidenschaft beschränken läßt. Außerdem wird man im voraus denen untreu, die man liebt, auch denen, die man leidenschaftlich liebt, wenn man die Liebe einer unkontrollierbaren Leidenschaft aussetzt. Denis de Rougemont hat es großartig formuliert: «Verliebt sein ist ein Zustand, lieben eine Handlung.»[101] Nun hängt eine Handlung zumindest teilweise von uns ab, man kann sie wollen, sich dazu verpflichten, sie weiterführen, sie hinausziehen, sie auf sich nehmen. Aber ein Zustand? Zu versprechen, man bleibe ver-

303

liebt, ist ein Widerspruch in sich. Da könnte man ebensogut versprechen, man werde immer Fieber haben oder immer verrückt sein. Jede Liebe, die sich in irgendeiner Weise festlegt, muß etwas anderes aufbieten als die Leidenschaft.

Ich habe übrigens beobachtet, daß der moderne Sprachgebrauch hier wie so oft Aristoteles recht gibt. Wie soll man, wenn man nicht verheiratet ist, anderen gegenüber die Person bezeichnen, mit der man zusammenlebt? Mein Bekannter, meine Bekannte? Das klingt sehr distanziert und unverbindlich. Mein Lebensgefährte, meine Lebensgefährtin? So heißt es in der Juristensprache beim Erbrecht. Mein Partner? Wie schrecklich! Mein Liebhaber, meine Geliebte? Das setzt im allgemeinen eine andere Paarbeziehung voraus, gegen die man verstößt. Wie also dann? Für das Paar selbst reicht der Vorname, oder man sagt, wie viele andere, einfach «Liebling». Aber wenn man mit Außenstehenden spricht, mit jemandem, dem der Vorname nichts sagt? Meistens sagt man dann «mein Freund» oder «meine Freundin», und jeder versteht, was das heißt. Ein Freund oder eine Freundin ist jemand, den man liebt; und wenn man im Singular spricht wie von etwas Absolutem, dann ist der Mensch gemeint, mit dem man zusammenlebt oder zumindest schläft, und nicht nur einmal oder in großen Abständen wie mit einem «Gelegenheitspartner», sondern regelmäßig, über die (mehr oder weniger) lange Zeitspanne einer Paarbeziehung hinweg. Muß nicht im Laufe der Jahre die Freundschaft zum Begehren hinzukommen? Muß sie nicht nach und nach an die Stelle der verzehrenden Leidenschaft (oder einfach der Verliebtheit) treten, die vor ihr da war und ihr den Weg bereitet hat? Das gleiche gilt für eine glückliche Ehe, nur lassen die Sprachgewohnheiten das nicht so zutage treten. Wenn man vom anderen spricht, sagt man eher «meine Frau» oder «mein Mann» als «mein Freund» oder «meine Freundin». Glücklich die Ehepaare, für die das nur eine Frage des Sprachgebrauchs ist, nur ein anderes Wort, um dieselbe Sache zu bezeichnen! Was für eine Sache? Die Liebe, aber die verwirklichte und nicht mehr die erträumte. Voller Rührung erinnere ich mich an eine etwa vierzigjährige Frau. Sie sprach von dem Mann,

304

mit dem sie seit zehn oder zwölf Jahren zusammenlebte und von dem
sie zwei Kinder hatte, die sie beide gemeinsam großzogen: «Natürlich
bin ich nicht mehr in ihn verliebt. Aber ich begehre ihn immer noch,
und außerdem ist er mein bester Freund.» Endlich kam einmal in aller
Gelassenheit die Wahrheit glücklicher Paarbeziehungen zur Sprache,
und so ganz nebenbei auch eine sexuell sehr starke, sehr sanfte, sehr
verwirrende Erfahrung. Wer nie mit seinem besten Freund oder seiner besten Freundin geschlafen hat, dem fehlt, so scheint mir, grund-
legendes Wissen über die Liebe und die Freuden der Liebe, über Paare
und die Sinnlichkeit von Paaren. Der beste Freund, die beste Freundin, das ist der Mensch, den man am meisten liebt, ohne ihn jedoch zu
entbehren, ohne sich zu grämen, ohne darunter zu leiden (daher das
Wort Leidenschaft), das ist der Mensch, den man sich ausgesucht hat,
den man am besten kennt, der uns am besten kennt, auf den man sich
verlassen kann, mit dem wir Erinnerungen und Pläne, Hoffnungen
und Ängste, Glück und Unglück teilen. Jeder kann sehen, daß dies in
der Tat auf verheiratete oder unverheiratete Paare zutrifft, jedenfalls
wenn sie sich gut verstehen, wenn sie seit einiger Zeit und nicht nur
aus Eigennutz oder Bequemlichkeit zusammen sind, jedenfalls wenn
es liebende, wahre und starke Paare sind. Montaigne hat dies so
hübsch als «eheliche Freundschaft»[102] bezeichnet, und ich kenne kein
glückliches Paar, das – abgesehen vom anfänglichen Feuer – damit
nicht angemessener beschrieben wäre als mit den Kategorien Entbehrung, Mangel, Leidenschaft oder Amour fou.

Die meisten jungen Mädchen, sofern überhaupt welche von ihnen
mein Buch lesen, werden dies als Schalwerden, als Enttäuschung, als
Rückzug betrachten. Doch die Frauen, die diesen Weg gegangen sind,
wissen, daß das nicht stimmt, oder daß nur die Träume zurückgehen,
auf die man – will man wirklich *vorwärtskommen* – ohnehin besser
verzichtet. Lieber ein bißchen wahre Liebe als viel erträumte Liebe.
Lieber ein wahres Paar als eine geträumte Leidenschaft. Lieber ein
bißchen wirkliches Glück als eine glückliche Illusion. Und warum?
Um der Aufrichtigkeit (als Liebe zur Wahrheit) willen, um des Lebens und des Glückes willen – da die Leidenschaft nicht andauert, da

sie nicht andauern kann oder nur andauert, wenn sie unglücklich ist. «Leidenschaft heißt Leiden, eine zu ertragende Sache, Vorrang des Schicksals vor dem freien und verantwortungsvollen Menschen. Die Liebe selbst mehr als das Objekt der Liebe zu lieben, die Leidenschaft um ihrer selbst willen zu lieben, das heißt, vom *amabam amare* des Augustinus bis zur modernen Romantik, das Leiden lieben und suchen»[103], heißt «dem Unglück den heimlichen Vorzug zu geben», wegen eines anderen, den Dichtern zufolge angeblich «wahren Lebens», das anderswo, immer anderswo ist, da es unmöglich ist, da es nur im Tod existiert.[104] Was für eine Angst muß man vor dem Leben haben, wenn man der Leidenschaft den Vorzug gibt! Was für eine Angst muß man vor der Wahrheit haben, wenn man der Illusion den Vorzug gibt! Das glückliche Paar (und einigermaßen glücklich bedeutet glücklich) bietet dagegen Raum für die Wahrheit, für das Zusammenleben, für Vertrauen, für friedliche und sanfte Vertrautheit, wechselseitige Freuden, für Dankbarkeit, Treue, Großmut, Humor, für die Liebe. Wie viele Tugenden, damit eine Paarbeziehung zustande kommt! Doch das sind glückbringende Tugenden oder können es zumindest sein. Abgesehen davon, daß man auch körperlichen Freuden und kühnen Erkundungen nach Herzenslust frönen kann, Dingen, die für viele nur innerhalb der Paarbeziehung möglich sind. Und dann sind da noch die Kinder, ihre Rechtfertigung, für die die Paare zumindest physiologisch geschaffen sind.

Dazu wäre noch ein Wort zu sagen, denn die Familie ist fast immer die Zukunft des Paares, die Zukunft der Liebe also und ebenso ihr Anfang. Was wüßten wir über die Liebe, wenn wir nicht zuerst selbst geliebt worden wären? Was über das Paar ohne die Familie? Wenn, wie Freud meint, jede Liebe übertragene Liebe ist, dann hat man auch jede Liebe empfangen, bevor man sie weitergibt, oder, besser gesagt (da es sich nicht um dieselbe Liebe handelt und sie sich auch nicht auf dasselbe Objekt bezieht), dann kommt auch die Gnade, geliebt zu werden, vor der Gnade zu lieben und bereitet letzterer den Weg. Diese *Vorbereitung* ist trotz aller Fehlschläge die Familie – der Liebe größter Erfolg.

«Familien, ich hasse euch»?[105] Doch wer dies im Namen der Liebe – im Namen einer umfassenderen, offeneren, großzügigeren, freieren Liebe – sagt, bleibt der Familie dennoch treu. Wahrscheinlich muß man außerhalb der Familie lieben, außerhalb seiner selbst, außerhalb von allem. Die Familie läßt dies auch zu, sie gebietet es sogar (durch das Inzestverbot) und geht daraus hervor (durch ein neues Paar und neue Kinder). Nichts anderes hat Freud gesagt. Zuerst die Mutter und das Kind, zuerst die empfangene, anhaltende, sublimierte Liebe, die (als *eros*) verboten ist und zugleich (als *philia*) gerettet wird, zuerst der Leib und die Leibesfrucht, zuerst das Kind, das beschützt, behütet, erzogen wird. «Schließlich wird das Paar den Geist retten», sagte Alain.[106] Ja, aber aus Treue zu dem Kind, das sie waren und das sie vielleicht haben werden. Durch das Kind also und fast immer für dieses Kind, das die Paarbeziehung nicht rettet, das die Eltern aber retten oder retten wollen, und in der Tat dadurch retten, daß sie es verlieren. Das ist das eherne Gesetz der Familie und die goldene Regel der Liebe: «*Du wirst Vater und Mutter verlassen.*»[107] Man setzt keine Kinder in die Welt, um sie zu besitzen, um sie zu behalten: man setzt sie in die Welt, damit sie fortgehen, damit sie uns verlassen, damit sie an anderen Orten und auf andere Weise lieben, damit sie Kinder in die Welt setzen, die sie ihrerseits verlassen, damit alles stirbt, damit alles lebt, damit alles weitergeht. Damit beginnt die Menschheit und damit pflanzt sie sich von Generation zu Generation fort. Mütter wissen das ganz genau, und auf sie kommt es mir mehr an als auf die jungen Mädchen.

Die Scholastiker unterschieden die begehrliche Liebe (*amor concupiscentiae*) von der wohlwollenden Liebe, beziehungsweise, wie auch Thomas von Aquin, von der Freundschaft (*amor benevolentiae sive amicitiae*)[108]. Das deckt sich zwar nicht genau mit dem Gegensatz *eros / philia*, so wie ich ihn verstehe, man könnte jedoch sagen, daß die begehrliche Liebe es mit Platon hält («wenn jemand etwas entbehrt und auf das trifft, was er entbehrt, wird er es begehren»[109]), und die wohlwollende Liebe mit Aristoteles (für den «lieben heißt, jemandem Gutes zu wollen»[110]). Bei der Liebe, erklärt Thomas, unterscheidet man also «zwischen freundschaftlicher und begehrlicher Liebe: denn ein Freund im eigentlichen Sinne ist der, dem wir das Gute wünschen; und man spricht von Begehrlichkeit in Hinsicht auf etwas, das wir für uns selbst wollen»[111]. Die begehrliche Liebe ist zwar nicht unbedingt verwerflich, aber eine egoistische Liebe: sie liebt den anderen zu ihrem eigenen Wohl. Die wohlwollende oder freundschaftliche Liebe dagegen ist eine großherzige Liebe: sie liebt den anderen um seiner selbst willen. Thomas von Aquin weiß sehr wohl, daß die beiden sich mischen können und daß dies meistens, wenn wir lieben, auch geschieht.[112] Dennoch bleibt der Unterschied, den jede Mischung voraussetzt und bestätigt, bestehen. Ich liebe Austern, und ich liebe meine Kinder. Doch das ist jeweils eine andere Liebe: die Austern liebe ich nicht zu ihrem Wohl, und meine Kinder nicht nur zu meinem eigenen. Keine menschliche Liebe ist wahrscheinlich vollkommen frei von Begehrlichkeit. Doch manchmal herrscht die Begehrlichkeit allein (wenn ich Austern, Geld, Frauen liebe), und selbst wenn die Liebe stark ist, steht sie in diesem Falle auf der niedrigsten Stufe. Oder Wohlwollen mischt sich unter die Begehrlichkeit (wenn ich meine Kinder, meine Freunde, die Frau meiner Wahl liebe), und je größer der Anteil des Wohlwollens, desto höher die Stufe, auf der die Liebe steht. Aristoteles ist offensichtlich ganz ergriffen von den Müttern, die ihre Kinder nach der Geburt zu deren Wohl fortgeben müssen, die ihre Kinder ein ganzes Leben lang weiterlieben, ohne daß diese sie kennen, die ihre Kinder vergeblich oder verzweifelt lieben, weil ihnen deren Wohl mehr am Herzen liegt als ihr eigenes, die, sofern sie das eine vom anderen unterscheiden können, sogar bereit sind, ihr eigenes Wohl dem ihrer Kinder zu opfern.[113] Das ist reine Wohlgesinntheit, und das ist schön («schön ist es nun, Gutes zu tun ohne die Absicht, Gutes zu erfahren»[114]). Doch das ist nicht die Regel. Meistens mischen sich Wohlwollen und Begehrlichkeit, und das ist auch gut so für jeden, der kein Heiliger ist – also für uns alle. Das macht es mir nämlich möglich, auf mein Wohl bedacht zu sein und gleichzeitig ein wenig Gutes zu tun, Egoismus und Altruismus zu verbinden, meinen Freunden (denen ich Gutes will) und zugleich mir

DIE LIEBE

selbst (dem ich ja auch Gutes will) ein Freund zu sein.[115] Und auch in der Paarbeziehung: Was ist natürlicher, als die Frau oder den Mann, den man heftig begehrt (*eros*), zu lieben (*philia*), was ist normaler, als dem Menschen, der uns Gutes tut, Gutes zu wollen, was normaler, als denjenigen, mit dem man die Freuden der Sinne genießt, voller Freude und Wohlwollen zu lieben, der Freund also des Menschen zu sein, den man begehrt und besitzt. *Eros* und *philia* verbinden sich fast immer, und das nennt man dann eine Paarbeziehung oder eine Liebesgeschichte. Nur daß *eros* sich in dem Maße abnutzt, wie er befriedigt wird, oder vielmehr (da der Körper seine Forderungen und seine Grenzen hat) nur zu neuem Leben erwacht, um wieder zu sterben, wieder zu erwachen und wieder zu sterben, allerdings immer weniger stürmisch, immer weniger leidenschaftlich, immer weniger entbehrend (immer weniger *eros*, was nicht heißen soll, mit weniger Kraft oder weniger Lust), wohingegen *philia* bei einem glücklichen Paar immer stärker, immer tiefer wird, sich immer mehr entfaltet, und das ist auch sehr gut so. Das ist die Logik des Lebens, die Logik der Liebe. Zunächst liebt man nur sich selbst: der Liebhaber stürzt sich auf das Geliebte wie der Säugling auf den Busen und der Wolf auf das Schaf. Entbehren bedeutet begehren. Der Hunger ist eine Begierde, die Begierde ein Hunger. Das ist die Liebe, die nimmt, die Liebe, die verschlingt. *Eros* bedeutet Egoismus. Dann lernt man (in der Familie, in der Paarbeziehung), den anderen auch ein wenig um seiner selbst willen zu lieben: Freude, Freundschaft, Wohlwollen. Dadurch gelangt man, wie Bernhard von Clairvaux sagte, von der körperlichen Liebe zur geistigen Liebe, von der Liebe zu sich selbst zur Liebe zum anderen, von der nehmenden zur gebenden Liebe, vom Begehren zum Wohlwollen, vom Entbehren zur Freude, vom Ungestüm zur Sanftmut – von *eros* zu *philia*.

Hier geht es, wie im *Gastmahl*, um einen Aufstieg, ein Emporsteigen der Liebe und durch die Liebe. Denn als erstes kommt natürlich die körperliche Liebe, was auch Bernhard von Clairvaux erkannt hatte: «Da die Natur zu anfällig und zu schwach ist, gebietet die Notwendigkeit ihr, sich zunächst einmal in ihren eigenen Dienst zu stel-

309

len. Und das ist die körperliche Liebe: der Mensch beginnt damit, sich selbst zu lieben, nur um seiner selbst willen, so wie Paulus sagte: *Der tierische Teil ist zuerst gekommen und dann der geistige Teil.* Das ist kein Gebot, sondern eine naturgegebene Tatsache.«[116] Von da aus muß man, Bernhard zufolge, die zweite Stufe der Liebe ersteigen (Gott lieben aus Liebe zu sich selbst), dann die dritte Stufe (Gott um seiner selbst willen lieben) und schließlich die vierte (sich selbst nur noch um Gottes willen lieben).[117] Dieser Weg ist nicht mehr der unsere. Dennoch sagt er etwas Wichtiges aus, daß nämlich der Körper der Ausgangspunkt sein muß, von dem der Geist aufsteigt oder sich erfindet. Dieser Weg ist ein Weg der Liebe und die Liebe selbst als Weg. Zuerst liebt man nur sich oder um seiner selbst willen (wenn man liebt, was einem fehlt). In jedem von uns lebt ein Säugling weiter, der eine Brust sucht, begehrt, für immer behalten möchte. Doch das kann man nicht und darf man auch nicht. Das Inzestverbot zwingt durch das Tabu, das es verhängt, dazu, anders zu lieben, gerade das zu lieben, was man nicht besitzen, nicht nehmen, nicht benutzen kann, gerade das, in dessen Genuß man nicht kommen kann: eine andere Liebe entsteht durch diese (anfangs auferlegte) Unterwerfung der Begierde unter das Gesetz, und das ist die eigentliche Liebe. Denn als erstes kommt die Begierde, sagen wir es noch einmal, als erstes kommt der Trieb, zuerst leben wir im Mangel – als erstes kommt *eros.* Gerade am Anfang gibt es, wie Freud sagen würde, nur *das:* einen lebendigen und begierigen Körper. Doch in der Welt der Menschen stellt der kleine Säuger fest, daß schon etwas vor ihm da war, ihn in Empfang nimmt, ihn beschützt, daß eine Brust da ist für seine Begierde, für seine Lust, und weit mehr als eine Brust, weit mehr als eine Lust. Und was? Die Liebe – die begehrliche (welche Mutter wünscht sich nicht ein Kind zu ihrem eigenen Wohl?), aber auch die gebende (welche Mutter setzt das Wohl ihres Kindes nicht über ihr eigenes?). *Eros* also, aber auch *philia,* unentwirrbar ineinander verschlungen, verflochten, verzahnt und dennoch verschieden, da die eine aus dem anderen entsteht: das Wohlwollen aus der Konkupiszenz, die Liebe aus der Begierde, deren freudige und erfüllte Subli-

310

mierung sie ist. Diese Liebe ist keine Leidenschaft, stellt Thomas in Anlehnung an Aristoteles fest, sondern eine Tugend[118]: den anderen Gutes wollen ist das Gute selbst.

Schauen Sie sich nur einmal eine Mutter und ihr Baby an. Was für eine Gier bei dem Kleinen! Was für eine Großherzigkeit bei der Mutter! Bei ihm ist kaum etwas anderes vorhanden als Begierde, als Trieb, als Tierhaftigkeit. Bei ihr kann man all dies kaum noch erkennen, so sehr ist es von der Liebe, von der Sanftmut, vom Wohlwollen verklärt. Das scheint mir schon bei den Tieren so zu sein, jedenfalls bei den Säugetieren, doch die Menschheit ist in dieser Richtung erheblich weiter gegangen als jede andere bekannte Art. Dadurch, daß die Menschheit die Liebe erfindet oder vielmehr neu erfindet, erfindet sie sich selbst. Das Kind nimmt, die Mutter gibt. Bei ihm die Lust, bei ihr die Freude. Als erstes kommt *Eros*, habe ich gesagt, und das ist in der Tat so, da jede Mutter selbst einmal Kind war. Doch die Liebe war fast immer schon vor uns da (da jedes Kind eine Mutter hat) und lehrt uns zu lieben.

Dadurch erfindet sich die Menschheit, erfindet sich der Geist, und das ist der einzige Gott, ein Gott der Liebe. Alain hat es als überzeugter Atheist, und gerade weil er Atheist war, trefflich formulieren können:

«Dem Kind gegenüber ist kein Zweifel möglich. Man muß den Geist lieben, ohne irgend etwas von ihm zu erwarten. Es gibt sicher eine Nächstenliebe des Geistes zu sich selbst; und das ist das Denken. Doch betrachten Sie das Bild; betrachten Sie die Mutter.

Und betrachten Sie wieder das Kind. Diese Schwäche ist Gott. Diese Schwäche, die uns alle braucht, ist Gott. Dieses Wesen, das ohne unsere Fürsorge nicht leben könnte, ist Gott. Das ist der Geist, in dessen Augen die Wahrheit noch ein Idol ist. Denn die Wahrheit wird durch die Macht enthört; Cäsar heuert sie an und bezahlt sie gut. Das Kind zahlt nicht; es fordert und fordert. Dies ist die strenge Regel des Geistes, daß der

Geist nicht zahlt, und daß niemand zwei Herren dienen kann. Doch kann man genügend darauf hinweisen, daß es das Wahre vom Wahren gibt, das von der Erfahrung niemals entkräftet werden kann? Je weniger Beweise diese Mutter hat, desto mehr wird sie sich bemühen zu lieben, zu helfen, zu dienen. Dieses Wahre des Menschen, das sie in ihren Armen trägt, wird vielleicht keinen Bestand in der Welt haben. Dennoch hat sie recht und wird weiter recht haben, auch wenn das ganze Kind ihr unrecht gibt.»[119]

Ja, aber das weiß das Kind nicht, und wird es auch erst lernen, wenn es lernt zu lieben.

AGAPE

Ist das alles? Es wäre gut, wenn es das wäre, wenn es das sein könnte – wenn das Begehren und die Freude ausreichten zur Liebe, wenn die Liebe sich selbst genügen würde! Aber dem ist nicht so: weil wir es kaum verstehen, jemand anderen zu lieben als uns selbst und die uns Nahestehenden, weil unsere Wünsche beinahe immer egoistisch sind, schließlich, weil wir nicht nur mit den uns Nahestehenden konfrontiert sind, denen, die wir lieben, sondern mit unserem Nächsten, den wir nicht lieben.

Freundschaft ist keine Pflicht, da die Liebe sich nicht befehlen läßt; aber sie ist eine Tugend, die das spezifische Vermögen, die eigene Vorzüglichkeit, die Menschlichkeit unter Beweis stellt. Was würden wir von dem denken, der niemand lieben würde? Umgekehrt, bemerkt Aristoteles, «loben wir die, die ihre Freunde lieben», was bestätigt, daß die Freundschaft nicht nur «notwendig, sondern auch schön, auch sittlich gut ist»[120]. Epikur hat nichts anderes gesagt: «Jede Freundschaft um ihrer selbst willen zu wählen»[121], mit anderen Worten eine Tugend, und diese Tugend zieht uns Freunde an oder würde, wenn wir durchgehend ihr gemäß zu leben verstünden, alle anderen Tugenden nach sich ziehen. Wer nicht großherzig ist mit seinen Freunden (mit seinen Kindern usw.), dem fehlt es an Liebe wie an Großherzigkeit. Ebenso, wenn er feig wäre, wenn es sich darum handelt, sie zu verteidigen, oder gnadenlos, wenn es sich darum handelt, sie zu beurteilen. Denn das bedeutet, daß es ihm an Liebe fehlt, nicht nur an Mut und Barmherzigkeit. Denn der Mut, die Barmherzigkeit und die Großherzigkeit gelten für jedermann, sind für jeden da, sei es Liebe oder nicht, sind jedoch als Tugenden um so notwendiger, wenn es an Liebe mangelt. Von daher rührt das, was ich als Maxime der Moralität bezeichnet habe: *Handle, als ob du liebtest.* Wenn dagegen Liebe vorhanden ist, folgen die anderen Tugenden spontan, sprudeln leicht hervor, manchmal so sehr, daß sie sich als spezifische oder spezifisch moralische Tugenden aufheben. Die Mutter, die dem Kind alles gibt, was sie besitzt, ist nicht großherzig, oder vielmehr, sie braucht es nicht zu sein: sie liebt ihr Kind mehr als sich selbst. Die Mutter, die sich für ihr Kind töten läßt, ist nicht mutig, oder sie ist es nur obendrein: sie liebt ihr Kind mehr als das Leben. Die Mutter, die ihrem Kind alles verzeiht, die es annimmt, wie es ist, was es auch getan haben mag, was es auch tun mag, ist nicht barmherzig: sie liebt ihr Kind mehr als die Gerechtigkeit und das Gute. Man könnte andere Beispiele nennen, besonders aus dem Leben der Heiligen oder dem Leben Christi. Aber sie wären beinahe alle historisch anfechtbar oder schwierig zu interpretieren. Hat es Christus wirklich gegeben? Was hat er vorgelebt? In welchem Maße sind die Heiligen wirklich heilig? Was können wir von ihren Absichten, ihren Motiven, ihren Gefühlen wissen? Zu viele Legenden gibt es hier, zuviel zeitlichen Abstand. Die Liebe der Eltern, vor allem die der Mütter, ist näher und offensichtlicher, aber ebenso beispielhaft. Wenn es eine Legende gibt, wie überall, können wir sie zumindest mit etwas beobachtbar Wirklichem konfrontieren. Nun, was sehen wir? Daß Mütter ihren Kindern gegenüber zumeist Tugenden zeigen, an denen es uns (und ihnen) gewöhnlich fehlt, oder vielmehr, daß die Liebe sie bei ihnen beinahe immer ersetzt und sie von ihnen befreit – da diese Tugenden fast alle nicht *moralisch* notwendig sind, außer aus Mangel an Liebe. Was ist treuer, was ist klüger, was ist mutiger, was ist barmherziger, was ist sanfter, was ist aufrichtiger, was ist einfacher, was ist reiner, was ist mitleidsvoller, was ist gerechter (ja, mehr als die Gerechtigkeit selbst!) als diese Liebe? Das ist nicht immer der Fall? Ich weiß es wohl: es gibt auch die Verrücktheit der Mütter, die Hysterie der Mütter, das Besitzergreifende der Mütter, ihre Ambivalenz, ihren Hochmut, ihre Heftigkeit, ihre Eifersucht, ihre Angst, ihre Traurigkeit, ihren Narzißmus ... Ja. Aber beinahe immer mischt sich Liebe hinein, die das übrige zwar nicht aufhebt, aber die vom übrigen auch nicht aufgehoben wird. Es handelt sich immer um individuelle Fälle: ich habe bewunderungswürdige Mütter gesehen, andere, die unerträglich waren, und noch andere, die bald das eine, bald das andere waren, sogar beides zugleich auf einmal ... Wer aber sähe nicht, daß es keinen anderen Bereich in der ganzen Geschichte der Menschheit gibt, in dem das, was ist, so oft dem, was sein sollte, nahe kommt, manchmal bis zu dem Punkt, daß beides verschmilzt, oder sogar bis zu dem Punkt, daß es alles übertrifft, was man legitimerweise zu erwarten, zu erbitten, zu fordern wagte? Die bedingungslose Liebe existiert zweifellos nur hier, aber manchmal gibt es sie: es ist die Liebe der Mutter, die Liebe des Vaters zu diesem sterblichen Gott, den sie gezeugt und nicht geschaffen haben, zu diesem Menschensohn (zu dieser Menschentochter), die eine Frau ausgetragen hat ...

Eine Tugend? Sicher: da es eine Disposition ist, ein Vermögen, ein Vorzug! «Vermögen der Menschen», sagte ich von den Tugenden [122], und keine ist entscheidender als diese Disposition zu lieben, als dieses Vermögen zu lieben, als dieser Vorzug zu lieben bei den Eltern, durch die die Tierhaftigkeit in uns sich etwas anderem öffnet als sich selbst, die man Geist oder Gott nennen kann, aber deren wahrer Name Liebe ist, und die aus der Menschheit nicht ein für allemal, aber in jeder Generation, bei jeder Geburt, in jeder Kindheit etwas anderes macht als eine biologische Gattung.

Diese Liebe bleibt dennoch Gefangene ihrer selbst und unserer Person.

Warum lieben wir unsere Kinder so sehr, und die der anderen so wenig?

Weil es unsere Kinder sind, und weil wir uns durch sie hindurch lieben.

Und warum lieben wir unsere Freunde, wenn nicht deshalb, weil sie uns lieben und weil wir uns selber lieben? Die Liebe zu sich selbst ist das erste, hat Aristoteles vor Bernhard von Clairvaux gezeigt[123], und sie bleibt es: die Freundschaft ist wie ihre Projektion, ihre Ausweitung, ihre Brechung an den Nahestehenden. Das macht die Freundschaft möglich, und begrenzt ihre Tragweite. Derselbe Grund, der uns unsere Freunde lieben läßt (die Liebe, die wir zu uns selbst haben), untersagt uns, unsere Feinde zu lieben oder sogar, definitionsgemäß, die, die uns gleichgültig sind. Man übersteigt den Egoismus und den Narzißmus nur durch die Liebe zu sich selbst, die man nicht übersteigt.

Aber dann wäre die Liebe die höchste aller Tugenden, was ihre Auswirkungen, aber auch die armseligste, die engste, die knauserigste, was ihre Tragweite, ich will sagen, was ihre möglichen Gegenstände betrifft. Wie viele Lebende verursachen uns Freude, und zwar bis zu einem Punkt, daß sie in uns (sei es durch verschobene oder sublimierte Liebe zu uns selbst) den Egoismus besiegen? Einige Kinder, einige Verwandte, einige wahrhafte Freunde, ein oder zwei Geliebte ... Das macht, und zwar im besten Fall, zehn oder zwanzig Personen für jeden von uns, die wir zu lieben fähig sind: es bleiben viel mehr als fünf Milliarden Menschen, die sich außerhalb des Bereichs dieser Liebe befinden! Man muß sich bezüglich ihrer mit Moral, mit Pflicht, mit dem Gesetz begnügen? Das habe ich lange Zeit gedacht, das glaube ich noch heute gelegentlich, und natürlich sehe ich, daß es das ist, was die Moral notwendig macht. Aber ist sie deshalb ausreichend? Gibt es zwischen der Freundschaft und der Pflicht nichts? Zwischen der Freude und dem Zwang? Zwischen dem Vermögen und der Unterwerfung? *Was* hat es dann mit dem Geist Christi, wie Spinoza sagt[124], mit anderen Worten, mit dieser Liebe auf sich, die zugleich einzigartig und universal ist, fordernd und frei, spontan und respektvoll, mit dieser Liebe, die es nicht verstünde, nur erotisch zu sein, da sie das liebt, was ihr nicht fehlt (wie könnte uns der Nächste fehlen, er, der lediglich durch sein Dasein definiert ist, er, der nicht aufhört, uns zu belästigen, überflüssig zu sein?), noch einfach freundschaftlich, da sie, anstatt ihre Freunde einfach zu lieben, wie jeder von uns, daran zu erkennen ist – und das ist ihre spezifische Verschiedenartigkeit, ihre eigene gemäßigte Maßlosigkeit –, daß sie auch, und vielleicht vor allem, *die Liebe zu den Feinden* ist?

«Ihr habt gehört, daß gesagt ist: ‹Du sollst deinen Nächsten lieben und deinen Feind hassen.› Ich aber sage euch: Liebt eure Feinde, segnet, die euch fluchen, tut wohl denen, die euch hassen, bittet für die, so euch beleidigen und verfolgen...»[125] Ob Christus existiert hat oder nicht, was er auch immer tatsächlich vorgelebt und gesagt hat – wir werden es ja niemals wissen –, der, der nur die evangelische Botschaft hört, so wie sie zu uns gelangt ist, überschreitet jedenfalls sehr weit die Fähigkeiten des *Eros*. Aber überschreitet er auch die der *Philia*? Das zu lieben, was fehlt, ist jedermann möglich. Seine Freunde zu lieben (die, die nicht fehlen, die, die uns Gutes tun oder uns lieben), bleibt uns, auch wenn es schwieriger ist, zugänglich. Aber seine Feinde lieben? Die, die uns gleichgültig sind, lieben? Die lieben, die uns weder fehlen noch uns erfreuen? Die lieben, die uns belästigen, uns traurig machen oder uns Böses tun? Wie können wir dazu fähig sein? Wie könnten wir es auch nur akzeptieren? Schande für die Juden, sagt Paulus[126], Narrheit für die Griechen, und in der Tat: es geht über die Gebote ebenso hinaus wie über den gesunden Menschenverstand. Dennoch, und selbst wenn es das nicht gäbe außer als Ideal oder in der Phantasie, verdient diese Liebe jenseits der Liebe (jenseits des *Eros*, jenseits der *Philia*), diese sublime und vielleicht unmögliche Liebe zumindest einen Namen. Dieser Name ist gemeinhin der der *Nächstenliebe*, auf französisch «charité». Aber das Wort ist so seiner eigentlichen Bedeutung enthoben, so prostituiert, so beschmutzt (durch zweitausend Jahre klerikaler, aristokratischer, dann bürgerlicher Herablassung), daß es besser ist, zur Quelle zurückzugehen, und nach *Eros* und *Philia* fortzufahren, Griechisch zu sprechen: diese

316

Liebe, die weder Mangel noch Vermögen ist, weder Leidenschaft noch Freundschaft, diese Liebe, die auch ihre Feinde liebt, diese universale und selbstlose Liebe ist das, was das Griechisch der Heiligen Schrift, also seit der Bibel der Septuaginta bis zu den Apostelbriefen, *Agape* nennt (so im Johannesevangelium: denn «Gott ist Liebe, *o Theos agape estin*»)[127]. Zweifellos wurde es aufgegriffen, weil es verfügbar war, ein Wort der profanen Literatur, das beinahe unbekannt war, zumindest in der Nominalform, aber abgeleitet vom Verb *agapan*, mit Freundschaft aufnehmen, lieben, hängen an, das selbst im klassischen Griechisch, zum Beispiel bei Homer oder Platon, bezeugt ist. Die Vulgata übersetzt es meist mit *caritas* (Liebe, Zuneigung, das was *lieb* macht), was in der Tat, und unabhängig von seinen späteren Verunstaltungen, auf Französisch *charité* ergibt. Es ist die dritte Definition, die ich ankündigte, oder vielmehr, es ist die dritte Liebe, oder der dritte Name der Liebe, der noch keine Definition ersetzt, aber sie herbeiruft. Wenn Gott Liebe ist, kann diese Liebe weder Mangel sein, da es Gott an nichts mangelt. Noch Freundschaft, da Gott sich nicht an einem Wesen freut, das Ursache seiner Freude wäre und ihn deswegen um so mehr existieren lassen würde, sondern es hervorbringt, es erschafft, selbst wenn weder seine Freude noch sein Vermögen, noch seine Vollkommenheit dadurch vergrößert, sondern eher verstümmelt, verletzt, gekreuzigt würden, soweit das möglich ist. Von dort muß man ausgehen: von der Schöpfung und vom Kreuz. Um Gott zu suchen? Keineswegs. Um die Liebe zu suchen. *Agape* ist die göttliche Liebe, sofern Gott existiert, und vielleicht noch mehr, wenn Gott nicht existiert.

Warum die Welt? Die Existenz Gottes, weit davon entfernt, auf diese Frage zu antworten, wie manchmal geglaubt wird, macht sie schwieriger. Gott wird in der Tat als absolut vollkommen angesehen, und diese Vermutung, so zeigen Descartes und Leibniz, dient seiner Existenz – oder vielmehr uns – als Definition[128]: Gott ist das Höchstmögliche an Sein und Wert. Es kann ihm also an nichts mangeln. Sich vorzustellen, daß Gott die Welt und die Menschen zu seinem eigenen Wohl erschaffen habe, weil ihm etwas fehlte, zum Beispiel ein Werk, ein Ruhm oder ein Publikum, kurz, sich eine *erotische* Rechtfertigung der Schöpfung vorzustellen, bedeutet offensichtlich, daß man nichts von der Idee Gottes, so, wie das Abendland sie aufgefaßt hat, das heißt als absolute Vollkommenheit, begreift. Wenn Gott vollkommen ist, fehlt es allem in der Welt vielleicht an ihm, alles strebt zu ihm hin (so bei Aristoteles, wo Gott alles als letzte Ursache bewegt, das heißt als Gegenstand der Liebe, *eromenon,* ohne durch irgend etwas bewegt oder erregt zu sein)[129], aber ihm selbst fehlt es an nichts, er strebt nach nichts, und, so erklärt Aristoteles, folglich bewegt er sich nicht: Gott denkt sich selbst – sein Gedanke ist Gedanke des Gedankens –, und diese wirkliche Betrachtung genügt zu seiner Freude, die ewig ist und eine Schöpfung oder eine Liebe nicht braucht.[130] Das gilt auch sicherlich für das Gute an sich von Platon, das letzte Objekt jeder Sehnsucht, jeden Mangels, jeden *Eros,* das selbst nichts dergleichen verspürt. Wenn die Liebe die Sehnsucht nach dem Guten ist, wie Plotin sagen wird, und wenn die Sehnsucht Mangel ist, wie könnte *das Gute* Liebe sein, da sie dafür sich selbst fehlen müßte?[131]

Aber die Welt könnte mit Hilfe der göttlichen *Philia* auch nicht besser erklärt werden. Nicht nur, weil etwas Lächerliches darin liegt (wie es bereits Aristoteles gesehen hat) zu glauben, man sei der Freund Gottes[132], sondern auch, weil die Freundschaft dem Gesetz des Seins unterworfen bleibt, der Liebe zu sich, dem *Vermögen.* Was man bei Aristoteles lesen kann[133], findet sich noch deutlicher bei Spinoza. Was ist Liebe? Eine Freude, die der Gedanke an ihre Ursache begleitet. Was ist Freude? Der Übergang zu einer größeren Vollkommenheit oder Wirklichkeit (die beiden Worte sind für Spinoza synonym).[134] Sich freuen, das heißt, mehr zu existieren, zu fühlen, wie unser Vermögen sich vergrößert, das heißt triumphierend im Sein zu verharren. Traurig sein dagegen bedeutet, weniger zu existieren, zu sehen, wie unser Vermögen geringer wird, sich in gewisser Weise dem Tod oder dem Nichts zu nähern. Deshalb sehnt sich jeder Mensch nach der Freude (da jedes Wesen sich bemüht, in seinem Sein fortzudauern, so stark wie möglich zu existieren), also nach der Liebe

(da die Liebe eine Freude ist, ein *Mehr* an Existenz oder Vollkommenheit). Kurz, die Liebe ist nur ein Zusammentreffen unter anderen des
conatus oder, wie Spinoza auch sagt, des *Vermögens*[135], insofern als
sie endlich und variabel ist. Spinoza zieht daraus, ohne zu zögern, die
Konsequenzen. Gott, erklärt er, «ist frei von allen Leidenszuständen
[passiven Zuständen] und wird von keinem Affekte der Freude oder
der Traurigkeit bewegt»[136] – nicht aus Mangel an Vermögen, das ist
wohl offensichtlich, sondern im Gegenteil, sein Vermögen ist so völlig unbegrenzt, so konstant: es könnte weder durch irgend etwas
(Freude, Liebe) vergrößert noch verringert werden (etwa durch Traurigkeit oder Haß).[137] Der Gott Spinozas ist zu voll des Seins, zu voll
des Vermögens, zu voll seiner selbst, um zu lieben, oder sogar, um
etwas anderes als sich selbst existieren zu lassen.[138] So ist er nicht
Schöpfer: er ist alles und bleibt es.

Wenn es sich um den persönlichen Gott der verschiedenen mono-
theistischen Religionen handelt, kann man sich die Schöpfung kaum
einfacher vorstellen, zumindest soweit man in dieser Logik der völligen Freude, der Vollkommenheit, des völligen Vermögens verharrt.
Warum sollte Gott sich daranmachen, irgend etwas zu erschaffen, da
er selbst das ganze mögliche Sein und Gute ist? Wie soll man vom
Sein dem unendlichen SEIN noch etwas hinzufügen? Vom Guten
dem absoluten GUTEN? Schöpfung hat in dieser Logik der Macht
keinen Sinn, außer unter der Bedingung, daß die anfängliche Situation – zumindest ein wenig – verbessert wird. Aber das ist das, was
Gott, selbst wenn er allmächtig ist, nicht tun könnte: da die Anfangs-
situation, da sie Gott selbst ist, absolut unendlich und vollkommen
ist! Manche stellen sich Gott vor der Schöpfung vor, von sich selbst
unbefriedigt, wie ein fordernder Schüler, der an den Rand seines eigenen Aufsatzes oder seiner eigenen Göttlichkeit schreiben würde:
«Könnte Besseres leisten» ... Aber nein: Gott kann nichts Besseres
leisten als das, was er ist, noch ebenso Gutes (da er sich dann selbst
erschaffen und somit überhaupt nichts erschaffen müßte: das ist vielleicht der Sinn der Trinität). Wenn Gott etwas anderes als sich selbst
erschaffen möchte, das heißt erschaffen, kann er nur *weniger Gutes*

erschaffen als sich selbst. Sagen wir Besseres oder Schlechteres: Gott kann, da er schon alles Gute, das möglich ist, ist, und es folglich nicht vermehren kann, nur das Böse erschaffen! Von daher diese unsere Welt. Aber dann: Warum zum Teufel hat er sie erschaffen?

Das ist ein traditionelles Problem. Aber vielleicht hat es niemand besser erfaßt, noch besser gelöst, so weit man das kann, als Simone Weil. Was ist die Welt, fragt sie, anderes als die Abwesenheit Gottes, sein Rückzug, seine Distanz (die wir Raum nennen), seine Erwartung (die wir Zeit nennen), sein Abdruck (den wir Schönheit nennen)? Gott hat die Welt nur dadurch erschaffen können, daß er sich aus ihr zurückzog (sonst gäbe es darin nur Gott), und wenn er sich dort aufhält (es gäbe dort sonst überhaupt nichts, nicht einmal die Welt), dann in Form der Abwesenheit, des Geheimnisses, des Rückzugs, wie die bei Ebbe im Sand zurückgelassene Spur eines Spaziergängers, die allein durch Leere seine Existenz und zugleich sein Verschwinden bezeugt ... Es liegt darin so etwas wie ein Pantheismus im Negativabdruck, der die Zurückweisung jedes wahren oder positiven Pantheismus, jeder Vergötterung der Welt und des Realen ist. «Diese Welt, insofern sie Gottes gänzlich leer ist, ist Gott selbst»[139], und deshalb ist «Gott abwesend»[140], immer abwesend, wie es übrigens das bekannte Gebet angibt. «*Vater unser, der Du bist im Himmel ...*» Simone Weil nimmt das ernst und zieht alle Konsequenzen daraus: «Er ist der Vater, der in den Himmeln ist. Nicht anderswo. Wenn wir hienieden einen Vater zu haben glauben, dann ist nicht er es, dann ist es ein falscher Gott.»[141] Geistigkeit der Wüste, die nur «die fürchterliche, immer gegenwärtige Abwesenheit» antrifft oder anbetet, wie Alain sagte[142], dem bei seiner Schülerin die erstaunliche Formel entspricht: «Man muß in einer Einöde sein. Denn der, den wir lieben sollen, ist abwesend.»[143] Aber warum diese Abwesenheit? Warum dieses Verschwinden der Schöpfung? Warum dieses «Gute in Stücke zerteilt, durch das Übel hin verstreut»[144], wenn vorausgesetzt wird, daß all das mögliche Gute schon (in Gott) existierte und daß das Böse nur durch das Zerstreuen des Guten, nur durch die Abwesenheit Gottes – nur durch die Welt existiert? «Man kann das Vorhandensein des

320

Unglücks nur hinnehmen, wenn man es als Abstand betrachtet»[145], schreibt Simone Weil noch. Sei's drum. Aber warum diese Distanz? Und warum ist diese Distanz die Welt selbst, insofern, als sie nicht Gott ist (und er kann offensichtlich nicht die Welt sein außer unter der Bedingung, *nicht Gott zu sein*). Warum die Welt? Warum die Schöpfung?

Simone Weil antwortet: «Gott hat seine Schöpfung aus Liebe, um der Liebe willen erschaffen, Gott hat nichts anderes erschaffen als die Liebe selbst und die Mittel der Liebe.»[146] Aber diese Liebe ist kein *Mehr* an Sein, Freude oder Macht. Sie ist das genaue Gegenteil: Sie ist eine Verringerung, eine Schwäche, ein Verzicht. Der klarste, entscheidendste Text ist zweifellos folgender:

«Von seiten Gottes ist die Schöpfung nicht ein Akt der Selbstausdehnung, sondern des Zurückweichens, des Verzichtes. Gott und alle Geschöpfe, das ist weniger als Gott allein. Gott hat in diese Minderung eingewilligt. Er hat einen Teil des Seins seiner entleert. Schon in diesem Akt hat er sich seiner Gottheit entleert; darum sagt der Apostel Johannes, daß das Lamm erwürgt worden ist seit der Grundlegung der Welt. Gott hat anderen Dingen, die nicht er sind und die unendlich geringeren Wertes als er sind, erlaubt, daß sie ein Dasein hätten. Er hat durch den Schöpfungsakt sich selbst verleugnet, wie Christus uns geheißen hat, uns selbst zu verleugnen. Gott hat sich zu unseren Gunsten verleugnet, um uns Gelegenheit zu geben, uns für ihn zu verleugnen. Diese Antwort, dieses Echo, das wir ihm vorenthalten können, ist die einzige mögliche Rechtfertigung der liebenden Torheit des Schöpfungsaktes.

Die Religionen, die diesen Verzicht begriffen haben, diesen freiwilligen Abstand, dieses freiwillige Verschwinden Gottes, seine scheinbare Abwesenheit und seine verborgene Anwesenheit hienieden – diese Religionen sind die wahre Religion, die Übersetzung der großen Offenbarung in unterschiedliche Sprachen. Die Religionen, welche die Gottheit als überall dort, wo sie die Macht dazu hat, befehlend darstellen, sind falsch. Selbst wenn sie monotheistisch sind, sind sie Götzendienst.»[147]

Darin findet man die Leidenschaft wieder, aber in einem ganz anderen Sinn: es ist nicht mehr die Leidenschaft des Eros oder der Verliebten, es ist die von Christus und die der Märtyrer. Man findet darin die verrückte Liebe, aber in einem ganz anderen Sinn: es ist nicht mehr die Verrücktheit der Liebenden; es ist die Verrücktheit des Kreuzes.

Diese Liebe, erklärt Simone Weil, ist das Gegenteil der Gewalt, mit andern Worten der Kraft, die ausgeübt wird wie eine Macht, die regiert. Um Thukydides zu zitieren: «[Wir wissen] aus Erfahrung, daß jegliches Wesen stets naturnotwendig alle Macht ausübt, die ihm zu Gebot steht.»[148] Es ist das Gesetz des *conatus*, das heißt, das Gesetz der Macht, und keineswegs nur im Krieg oder in der Politik, es ist das Gesetz der Welt, das Gesetz des Lebens. «Kinder sind wie Wasser», sagte mir ein Freund, «sie besetzen immer allen verfügbaren Raum.» Und Gott? Nein: Es gäbe dann nichts als Gott, es gäbe keine Welt. Und die Eltern? Nein: Es geschieht, nicht immer (auch sie müssen sich ihren Überlebensraum sichern!), aber es geschieht ab und zu, und zwar häufiger, als man glaubt, daß sie sich zurückziehen, daß sie zurückweichen, daß sie eben nicht den gesamten verfügbaren Raum besetzen, daß sie nicht alle Macht ausüben, über die sie verfügen. Warum? Aus Liebe: Um ihren Kindern mehr Raum, mehr Macht, mehr Freiheit zu lassen, da die Kinder schwächer, schutzloser, zerbrechlicher sind, um sie nicht daran zu hindern zu existieren, um sie nicht mit der eigenen Gegenwart, der eigenen Macht, der eigenen Liebe zu erdrücken ... Das ist übrigens nicht nur den Eltern vorbehalten. Wer gibt nicht acht auf ein Neugeborenes? Wer zügelt nicht angesichts des Kleinen seine eigene Kraft? Wer untersagt sich nicht Heftigkeit? Wer begrenzt nicht seine Macht? Die Schwäche befiehlt, und das bedeutet Nächstenliebe. «Es geschieht», schreibt Simone Weil, «wenn auch äußerst selten, daß ein Mensch sich dort, wo er die Macht dazu hat, aus reiner Großmut des Befehlens enthält.»[149] Aus reiner Großherzigkeit? Sagen wir eher aus reiner Liebe, von der die Großherzigkeit herrührt. Aber welcher Liebe? *Eros*? Nein: da es Gott an nichts fehlt, den Eltern ihre Kinder nicht fehlen, noch dem Erwachsenen die Schwäche, die er schützt. *Philia*? Auch nicht, zumindest nicht in ihrer ersten Form: da die Freude Gottes nicht vergrößert werden könnte, noch die Freude der Eltern ihre Liebe erschöpfen würde, noch die Freude des Erwachsenen angesichts eines Kindes, das ihm fremd ist, die Sanftheit, die gleichsam Frieden schließt und vielleicht mehr, erklären könnte. Das Wohlwollen ist dennoch da, die Freude ist da – aber im Negativ, vor allem bezeugt durch diese Kraft, die sich durch den Rückzug, durch Sanftheit, Zartgefühl und das Vermögen, sich von selbst zu leeren, zu begrenzen scheint, die es vorzieht, sich eher zu leugnen, als sich zu bestätigen, sich eher zurückzuziehen, als sich auszudehnen, eher zu geben, als zu behalten oder zu nehmen, und sogar eher zu verlieren, als zu besitzen. Man würde vom Wasser das Gegenteil sagen, von den Kindern, vom *conatus*, das Gegenteil vom Leben, das verzehrt oder sich bestätigt: das Gegenteil von der Schwerkraft, die Simone Weil Gnade nennt, das Gegenteil von der Kraft, die sie Liebe nennt.

Liebespaare nähern sich dem manchmal an. Es gibt *Eros*, der begehrt, der nimmt, der besitzt. Es gibt *Philia*, die sich freut, die teilt, die wie eine Vermehrung der Kräfte ist, wie ein Vermögen, das durch das Vermögen, die Freude, die Existenz des anderen verdoppelt wird. Dennoch, wenn man den anderen immer mehr existieren sieht, wenn man ihn so stark, so glücklich, so zufrieden sieht, wenn man sieht, wie die Liebe ihm bekommt, wenn man ihn so gut den ganzen verfügbaren Raum, das ganze verfügbare Leben einnehmen sieht, wenn man sieht, wie er seiner Macht, seiner Existenz, seiner Freude Ausdruck gibt, wenn man sieht, wie er triumphierend im Sein fortdauert, geschieht es, daß man angesichts all dessen eine unendliche Müdigkeit verspürt, eine Erschöpfung, eine Schwäche; es geschieht, daß man sich plötzlich wie überfallen, erdrückt, überschwemmt fühlt, daß man selbst immer weniger existiert, daß man erstickt, daß man Lust hat, zu fliehen oder zu weinen ... Man weicht einen Schritt zurück? Er rückt voran wie das Wasser, wie die Kinder, wie die Armeen: er nennt das «seine Liebe», er nennt das «unsere Beziehung». Und plötzlich würde man es vorziehen, allein zu sein.

Man muß ein letztes Mal die erschütternde Formel von Pavese zitieren, die sich in seinem intimen Tagebuch findet: «Man wird dich dann lieben, wenn du deine Schwäche zeigen kannst, ohne daß es der andere ausnützt, um seine Stärke zu beweisen.» Diese Liebe ist die seltenste, wertvollste und wunderbarste. Sie weichen einen Schritt zurück? Der andere weicht zwei zurück. Einfach, um Ihnen mehr Raum zu lassen, um Sie nicht anzustoßen, um sich nicht aufzudrängen, um Sie nicht zu erdrücken, um Ihnen ein bißchen mehr Freiheit und Luft zu lassen, und dies um so mehr, als er Sie als schwächer empfindet und Ihnen nicht seine Macht auferlegen will – nicht einmal seine Freude oder seine Liebe –, nicht den ganzen verfügbaren Raum einnehmen will, das ganze verfügbare Sein, alle verfügbare Macht... Es ist das Gegenteil von dem, was Sartre *«das dicke Maß des Seins»* nannte, für ihn eine plausible Definition des Schurken. Wenn man diese Definition, die soviel wert ist wie irgendeine andere, akzeptiert, muß man sagen, daß die Nächstenliebe, soweit wir zu ihr fähig sind, das Gegenteil dieser *Schurkerei* wäre, die darin bestünde, nur man selbst zu sein. Es wäre gleichsam ein Verzicht auf die Fülle des Ego, auf das Vermögen, auf die Macht. Ebenso auf Gott, der «sich seiner Gottheit» entleert hat, schreibt Simone Weil[150], und das macht die Welt möglich und den Glauben erträglich. «Der wahre Gott ist der allmächtig gedachte Gott, der aber nicht überall befiehlt, wo er die Macht dazu hat.»[151] Es ist die wahre Liebe, oder eher (denn die anderen sind auch wahr) das, was es in der Liebe manchmal an Göttlichem gibt. «Die Liebe stimmt allem zu und befiehlt nur denen, die ihr zustimmen. Die Liebe ist Abdankung. Gott ist Abdankung.»[152] Die Liebe ist schwach: «Gott ist schwach»[153], obwohl er allmächtig ist, weil er Liebe ist. Das ist ein Thema, auf das Simone Weil bei Alain stoßen konnte, der ihr Lehrer war: «Man muß sagen, daß Gott schwach und klein ist, und unaufhörlich durch den Willen des untergeordnetsten Polizisten zwischen zwei Dieben stirbt. Immer verfolgt, geohrfeigt, gedemütigt; immer besiegt; immer am dritten Tag wieder auferstehend.»[154] Von daher das, was Alain den *Jansenismus* nannte, der, so erklärte er, «sich zu einem verborgenen Gott von reiner Liebe und Großherzigkeit flüchtet, wie Descartes sagte; zu einem Gott, der nichts zu geben hat außer aus dem Geist; zu einem absolut schwachen und geächteten Gott, der keineswegs dient, sondern dem man im Gegenteil dienen muß, und dessen Herrschaft noch nicht gekommen ist...»[155]

Der Atheismus als Läuterung, wird Simone Weil sagen[156], und in der Tat von Religion geläutert. Die Liebe ist das Gegenteil der Kraft, sie ist der Geist Christi, sie ist der Geist des Leidenswegs: «Wenn man mit mir vom allmächtigen Gott spricht», betont Alain, «antworte ich, daß das ein heidnischer Gott, ein veralteter Gott ist. Der neue Gott ist schwach, gekreuzigt, gedemütigt. [...] Sagen Sie keineswegs, daß der Geist triumphieren wird, daß er Macht und Sieg, Wachen und Gefängnisse, schließlich die goldene Krone haben wird. Nein [...] er wird die Dornenkrone haben.»[157] Die Schwäche Gottes oder die Göttlichkeit der Schwäche[158] ist eine Idee, die Spinoza aller Wahrscheinlichkeit nach niemals gehabt hätte, auch Aristoteles nicht, die aber, wie mir scheint, zu unserer Zerbrechlichkeit, unserer Erschöpfung und selbst zu unserer Stärke spricht, die so leicht und so selten ist, zu dem bißchen wirklich selbstloser Liebe, deren wir manchmal fähig sind, oder zu sein glauben, und nach der wir zumindest Sehnsucht verspüren oder die wir für uns fordern. Weniger der Mangel, die Leidenschaft oder das Begehren (*Eros*) spricht zu uns, auch nicht die freudige oder expansive Macht, die gegenseitige Bestätigung einer erhöhten Existenz, die Liebe zu sich selbst, verdoppelt durch die Liebe zum anderen (*philia*), sondern der Rückzug, die Sanftheit, das Zartgefühl, weniger zu existieren, sich weniger zu bestätigen, sich weniger auszubreiten, die Selbstbegrenzung der eigenen Macht, der eigenen Kraft, des eigenen Seins, das Vergessen seiner selbst, die Opferung des eigenen Vergnügens, des eigenen Wohlergehens und der eigenen Interessen, die Liebe, der es an nichts fehlt, die deswegen nicht in der Fülle ihrer selbst oder ihrer Kraft ist (Liebe, der es an nichts fehlt, weil sie auf alles verzichtet hat), die Liebe, die nicht die Macht vermehrt, sondern sie begrenzt oder leugnet (Liebe, die Abdankung ist, wie Simone Weil sagt, Liebe, die das Gegenteil von Egoismus oder

Gewalt ist), Liebe, die nicht die Liebe zu sich selbst verdoppelt, sondern die ausgleicht oder auflöst, Liebe, die nicht das Ego verstärkt, sondern davon befreit, die selbstlose Liebe, die grundlose Liebe, die reine Liebe, wie Fénelon sagte[159], Liebe, die gibt (was schon *Philia* war), die aber als reiner Verlust gibt, und zwar nicht dem Freund (denn einem Freund geben heißt, nichts zu verlieren: es heißt, anders zu besitzen, heißt, anders zu genießen), sondern dem Fremden, dem Unbekannten, dem Feind . . .

Anders Nygren hat die unterscheidenden Züge der christlichen *Agape* sehr gut aufgezeigt: es ist die spontane grundlose Liebe, ohne Motiv, ohne Zweck, und sogar ohne Rechtfertigung.[160] Das unterscheidet sie natürlich vom *Eros*, der immer gierig, immer egoistisch, immer durch das, was ihm fehlt, motiviert ist, immer seinen Wert im andern findet, seinen Grund im andern, seine Hoffnung im andern. Aber das unterscheidet sie auch von der *Philia*, die niemals ganz selbstlos ist (da das Interesse meiner Freunde immer auch mein Interesse ist), niemals ganz grundlos (da ich mir selbst ein Vergnügen bereite, indem ich ihnen ein Vergnügen bereite, da sie mich dafür um so mehr lieben werden, da ich mich dafür selbst um so mehr lieben werde), niemals ganz spontan oder frei (weil sie immer durch das glückliche Zusammentreffen von zwei Egos, durch die harmonische Verbindung von zwei Egoismen bestimmt wird: «weil er es war, weil ich es war . . .»). Die Liebe, die uns Gott entgegenbringt, ist, nach der Lehre des Christentums, im Gegensatz dazu vollkommen selbstlos, vollkommen grundlos und frei: Gott hat nichts dabei zu gewinnen, da es ihm an nichts fehlt, noch existiert er deshalb mehr, da er unendlich und vollkommen ist, im Gegenteil, er opfert sich für uns, begrenzt sich für uns, läßt sich für uns ans Kreuz schlagen ohne einen anderen Grund als eine grundlose Liebe, ohne anderen Grund als die Liebe, ohne anderen Grund, als daß er selbst darauf verzichtet, alles zu sein. Gott liebt uns in der Tat nicht im Hinblick auf das, was wir sind, was diese Liebe rechtfertigen würde, wenn wir liebenswert, gut, gerecht sind (Gott liebt auch die Sünder, und hat sogar für sie seinen Sohn hingegeben), sondern weil er Liebe ist und weil die Liebe, auf alle Fälle diese

Liebe, keiner Rechtfertigung bedarf. «Die Liebe Gottes ist absolut spontan», schreibt Nygren. «Sie sucht kein Motiv im Menschen. Zu sagen, daß Gott den Menschen liebt, heißt nicht, ein Urteil über den Menschen, sondern über Gott abzugeben.»[161] Nicht der Mensch ist liebenswert, sondern Gott ist Liebe. Diese Liebe ist absolut im Vordergrund, absolut aktiv (nicht reaktiv), absolut frei: sie wird nicht durch den Wert dessen, den sie liebt, der ihr fehlen würde (*Eros*) oder der sie erfreuen würde (*Philia*), bestimmt, ganz im Gegenteil, sie bestimmt *ihn*, indem sie ihn liebt. Sie ist die Quelle jeden Wertes, jedes Mangels, jeder Freude. Die Agape, schreibt Nygren, ist «unabhängig von dem Wert ihres Gegenstandes»[162], da sie ihn erst erschafft:

«Agape ist schöpferische Liebe. Die göttliche Liebe liebt nicht das, was an sich schon der Liebe wert ist, sondern im Gegenteil: Was an sich keinen Wert hat, erhält Wert gerade dadurch, daß es Gegenstand der göttlichen Liebe wird. Agape hat nichts mit der Liebe zu tun, die sich auf Feststellung einer wertvollen Beschaffenheit ihres Gegenstandes gründet. *Agape konstatiert nicht Werte, sondern schafft Werte*. Agape liebt und verleiht dadurch Wert. Der von Gott geliebte Mensch hat keinen Wert an sich; was ihm einen Wert gibt, ist gerade dies, daß Gott ihn liebt. Agape ist ein wertschaffendes Prinzip.»[163]

Welche Beziehung hat das zu uns, zu unserem Leben, unserer Liebe, wenn Gott nicht existiert, wird man fragen? Zumindest eine Beziehung des Unterschieds und dadurch der Aufklärung. Wenn Denis de Rougemont, der sich dennoch auf Nygren stützt, die christliche Ehe, die eine Gestalt der *Agape* wäre, der Leidenschaft der Liebenden entgegensetzt, die Gefangene des *Eros*[164] wären, vergißt er einfach, daß man nicht irgendwen heiratet, daß die Liebe, die man zu seinem Gatten oder seiner Frau hegt, nicht grundlos oder selbstlos ist, und zum Beispiel (aber das ist viel mehr als ein Beispiel: ein Prüfstein), daß niemand empfohlen hat, man soll seine Feinde heiraten ... Der duale Gegensatz von *Eros* und *Agape* ist zu einfach, zu schematisch, um

327

wirklich zu funktionieren oder um unsere wirklichen Liebesbeziehungen wiederzugeben: da unsere menschliche Liebe (besonders in der Paarbeziehung, sei sie christlich oder nicht) zumindest ebensoviel dem *Eros* wie der *Philia* verdankt, und zweifellos viel mehr der *Philia* als der *Agape*. Von daher diese Dreiteilung, die ich vorschlage, die notwendigerweise schematisch bleibt, aber die mir eher unsere wirklichen Gefühle, ihre Entwicklung und den fortgesetzten Übergang von einem Liebestyp zu einem anderen zu berücksichtigen scheint. Denn Nygren hat zweifelsohne unrecht, zwischen *Eros* und *Agape* einen so radikalen, so endgültigen Bruch zu vollziehen, bis zu dem Punkt, daß man nicht mehr vom einen zum andern übergehen, noch zwischen ihnen beiden irgendeine Synthese oder einen Übergang finden kann. Augustinus, Bernhard von Clairvaux und Thomas von Aquin waren nuancierter, realistischer, menschlicher und verstanden es zu zeigen, wie man von der Selbstliebe zur Liebe zum anderen übergeht, dann von der berechnenden Liebe zu einer selbstlosen Liebe, von der Sinnenlust zum Wohlwollen, dann zur Nächstenliebe, kurz von *Eros* zu *Philia*, dann manchmal, zumindest ein wenig, zumindest in der Ferne, von *Philia* zu *Agape*.[165] Die Nächstenliebe ist nicht völlig ohne Beziehung zum Mangel (man könnte sagen, daß sie der Mangel an Gutem in uns ist, und das Gute selbst, insofern, als es uns anzieht), noch ohne Bezug zur Freundschaft (sie ist wie eine universale und selbstlose Freundschaft, die von der immer egoistischen Vorliebe, oder auf jeden Fall immer ich-bezogenen Vorliebe, die wir für diesen oder jenen hegen, frei ist). Dennoch näher, das versteht sich von selbst, an der *Philia* als am *Eros*. Da die Liebe in uns, würde der heilige Franz von Sales sagen, der es an Gott fehlt, nur eine berechnende Liebe ist, noch keine Nächstenliebe (da, wie Paulus sagt, die Nächstenliebe «nicht ihr Interesse sucht»[166]), ist sie nur Begierde, nur Hoffnung![167] Die Nächstenliebe beginnt wirklich mit der Liebe der Freundschaft, die wir zu Gott empfinden: sie ist diese Freundschaft selbst[168], insofern, als sie unser ganzes Leben erhellt und auf unsere Nächsten zurückfällt. Der entscheidende Übergang ist wohl von Thomas von Aquin bezeichnet worden. Die Nächstenliebe ist eine Liebe des Wohlwollens (eine

Freundschaft), die über die Freundschaft im eigentlichen Sinn hinausgeht, die ihre Grenzen überschreitet, die affektmäßige oder (im Sinne von Kant) pathologische (von *pathos*, Leidenschaft) Festlegung, die rein reaktive oder bevorzugende Spontaneität. Wie kommt sie zustande? Durch eine Art von Übertragung, wie wir heute sagen würden, eine Übertragbarkeit oder Verallgemeinerung der Liebe: «Ja, die Zuneigung zum Freunde kann sogar so groß sein, daß er um des Freundes willen auch die liebt, die zu ihm gehören, selbst wenn sie uns beleidigen oder hassen. Und so erstreckt sich die Freundschaft der Gottesliebe selbst auf die Feinde, die wir aus heiliger Liebe mit Rücksicht auf Gott lieben, mit dem uns die Freundschaft heiliger Liebe in erster Linie verbindet.»[169] Aber was bleibt davon übrig, wenn Gott nicht existiert?

Vielleicht eine bestimmte Vorstellung von der Menschheit, an die alle Menschen gebunden sind: das ist das, was die Griechen *Philanthropia* nannten, was sie als «eine natürliche Neigung, die Menschen zu lieben», bezeichneten, «eine Art zu sein, die zum Wohltun und zum Wohlwollen ihnen gegenüber führt»[170]. Die Nächstenliebe wäre dann nur eine sehr ausgedehnte Freundschaft, wie man sie vielleicht bei Epikur findet[171], sicherlich in ihrer Intensität abgeschwächt, aber auch verstärkt, was ihre Tragweite betrifft, bereichert, was ihre Gegenstände anlangt, gleichsam dem Universalen geöffnet, als ob sie «den Reigen um die Welt tanzte»[172], wie ein Licht von Freude und Schmerz, das sich über jeden Menschen, sei er bekannt oder unbekannt, nahe oder fern, im Namen einer gemeinsamen Menschheit, eines gemeinsamen Lebens, einer gemeinsamen Zerbrechlichkeit ergießt. Wie nicht, zumindest ein wenig, den lieben, der uns ähnelt, den, der wie wir lebt, der wie wir leidet, der sterben wird wie wir? Alle sind wir Brüder angesichts des Lebens, selbst wenn wir einander entgegengesetzt sind, selbst wenn wir Feinde sind, alle Brüder angesichts des Todes: die Nächstenliebe wäre wie eine Brüderlichkeit der Sterblichen, und sicherlich ist das nicht nichts.

Es bleibt vielleicht auch eine bestimmte Idee der Liebe bestehen, insofern, als sie nicht vom Wert dessen, den sie liebt, abhängt, da sie ihn erzeugt, da sie seine Quelle ist. «Spontane Liebe», sagte Nygren, «Liebe ohne Motiv, schöpferische Liebe ...» Es ist die Liebe selbst. Wir begehren eine Sache nicht, weil sie gut ist, erklärt Spinoza, sondern wir beurteilen sie als gut, weil wir sie begehren.[173] Macht des Begehrens, das, wie Nietzsche sagen wird, aus allen geschätzten Dingen Schätze und Juwelen macht.[174] Das gilt auch und vor allem für die Liebe. Wir lieben eine Sache nicht, weil sie liebenswert ist; sie wird liebenswert, weil wir sie lieben. So lieben die Eltern ihr Kind, bevor sie es kennen, bevor sie von ihm geliebt werden, wie es auch sei, und was auch aus ihm werden mag. Das geht über *Eros* hinaus, das geht über *Philia* hinaus, zumindest so wie wir sie leben oder wie wir gewöhnlich denken (gleichsam unterworfen und determiniert durch den voraufgehenden Wert ihres Gegenstandes). Die Liebe ist das Erste, nicht was das Sein (denn dann wäre sie Gott), sondern was den Wert betrifft: das, was wir lieben, ist wertvoll. Aufgrund dieser Tatsache ist sie zweifellos der höchste Wert: das Alpha und Omega des Lebens, sagte ich, der Ursprung und das Ende unserer Einschätzungen. Aber dann ist die Liebe, wenn wir sie lieben, auch wertvoll, und um so wertvoller, je mehr wir sie lieben. Man soll die Leute nicht lieben, weil sie liebenswert sind, vielmehr sind sie (für uns) liebenswert in dem Maße, wie wir sie lieben. Diese Liebe ist die Nächstenliebe, sie wartet nicht darauf, verdient zu werden, es ist in der Tat diese erste, grundlose, spontane Liebe, die die Wahrheit der Liebe und ihr Horizont ist.

Was bleibt, ist, daß insofern, als sie sich dem Egoismus, der Selbstliebe, dem *conatus* entgegensetzt, diese selbstlose Liebe uns geheimnisvoll erscheinen, daß man an ihrer Existenz zweifeln kann. Seinen Nächsten lieben wie sich selbst, ist das möglich? Zweifellos nicht. Aber das zeigt in eine Richtung, die die der Liebe ist. Nun, wenn diese Richtung in der Freundschaft die des Lebens, der Freude, des Vermögens ist, scheint sie sich hier in der Nächstenliebe umzukehren, als ob der Lebende auf sich selbst verzichten müßte, um den anderen existieren zu lassen. Das ist das wohlbekannte Thema des Absterbens bei den Mystikern, oder der *Entschaffung* bei Simone Weil: ebenso wie Gott in der Schöpfung darauf verzichtet, alles zu sein, «sollen wir darauf verzichten, etwas zu sein»[175]. Von neuem ist es das genaue Gegenteil des spinozistischen *conatus*:

> «Er [Gott] hat sich seiner Gottheit entleert. Wir sollen uns der falschen Gottheit entleeren, mit welcher wir geboren werden.
>
> Hat man einmal begriffen, daß man nichts ist, so ist das Ziel aller Anstrengungen, nichts zu werden. Um dessentwillen leidet man in Ergebung, *um dessentwillen handelt man*, um dessentwillen betet man.
>
> Mein Gott, gewähre mir, nichts zu werden!»[176]

Man kann darin den Triumph des Todestriebes sehen, den man mühelos mit dem verknüpfen wird, was es an möglichem Pathologischen (dieses Mal im gewöhnlichen Sinn des Wortes) in der Persönlichkeit von Simone Weil gab. Meinetwegen. Aber das einmal zugegeben, bleibt zu erfahren, was man selbst mit diesem Todestrieb anfängt oder, besser gesagt, mit der Aggressivität. Denn das, was Freud dargelegt oder angedeutet hat, und was man ein wenig zu schnell vergißt, ist, daß der Todestrieb notwendigerweise triumphiert, weil das Leben selbst ihm unterworfen ist[177], und daß man sich seiner auf jeden Fall nicht kurz und einfach entledigen kann. Welche Begierde, die nicht auch Begierde nach dem Tod wäre? Welches Leben, das nicht Gewalt wäre? Viele werden nur die Verleugnung dieses Begehrens, dieser Gewalt, dieser Aggressivität, die Leben heißt, *Liebe* nennen. Aber Simone Weil praktiziert die Selbstverleugnung wenig. Wir erleben bei ihr eher die Introvertiertheit des Todes, Gewalt, Negativität oder, um es mit Worten zu sagen, die nicht die ihren sind, die Zurückwendung des Todestriebes auf das Ich, was den Lebenstrieb befreit und disponibel für den Nächsten macht. Das Begehren bleibt (da «wir denn Begehren sind»[178]), die Freude bleibt (da «die Freude und das Gefühl des Wirklichen identisch sind»[179], die Liebe bleibt («an die Existenz anderer menschlicher Wesen als solcher zu glauben, ist *Liebe*»[180]), aber befreit von Egoismus, von Hoffnung[181], von Besitzergreifung – wie von uns selbst – befreit, vom «Kerker des Ich»[182], und um so leichter, um so freudiger, um so lichtvoller, als das Ego kein Hindernis mehr ist gegenüber dem Realen oder der Freude, da es aufgehört hat, in sich alle verfügbare Liebe und Aufmerksamkeit zu absorbieren. Diese Leichtigkeit, diese Freude, dieses Licht sind die der Weisheit, die der Heiligkeit, und das vereint sie. Es ist nicht sicher, ob Simone Weil eine Heilige war – sie hat es auch nie behauptet. Aber sie hilft uns, die Heiligkeit zu denken. «Die Sünde in mir sagt ‹ich›», schreibt sie.[183] Und an anderer Stelle: «Ich soll es lieben, nichts zu sein. Wie schrecklich wäre es, wenn ich etwas wäre! Mein Nichts lieben; lieben, Nichts zu sein.»[184] Ressentiment, asketisches Ideal, Selbsthaß? Das sagt sich so leicht. Das kann es sogar geben, und das gibt es zweifellos. Aber würde uns Simone Weil so berühren, wenn es der einzige Inhalt dieser Liebe wäre? Würde sie uns so viel helfen? Es ist möglich, daß auch etwas anderes darin liegt, das wie eine Verkehrung der Lebens- oder Todestriebe wäre oder, besser gesagt (da diese Triebe aller Wahrscheinlichkeit nach nur einer sind), so etwas wie ein Vertauschen ihrer Gegenstände an den beiden Polen ein und derselben Ambivalenz. «Sein Leben in Gott setzen», erklärt Simone Weil, heißt «sein Leben in das setzen, was man überhaupt nicht berühren kann». Und sie fügt hinzu: «Das ist unmöglich. Das ist ein Tod. Das ist es, was wir brauchen.»[185] Eros und Thanatos … Bei den meisten Menschen, oder bei allen, konzentriert sich Eros die meiste Zeit auf das Ich (und projiziert sich nicht auf die anderen, außer insofern, als sie uns fehlen oder uns erfreuen: insofern, als sie uns dienen können), während Thanatos sich eher auf die anderen konzentriert: es ist leichter, sich selbst zu lieben als den anderen, leichter, den anderen zu verabscheuen als sich selbst. Das, was Simone Weil die *Entschaffung* nennt, und was sich, wie sie sagt, in der Nächstenliebe ausdrückt, könnte vielleicht auch (in der Auffassung von Freud, wenn nicht in der ihren) als Introvertiertheit oder ein Überschneiden der beiden Kräfte und ihrer Objekte gedacht werden, wobei das Ich aufhört, den Lebenstrieb als Monopol zu beanspruchen, aufhört, die positive Energie zu absorbieren und im Gegenteil den ganzen Todestrieb und alle negative Energie auf sich konzentriert. Hier sollte, scheint mir, eine nichtreligiöse Lektüre von Simone Weil stattfinden, die etwas von dieser *Entschaffung* oder dieser «Verkehrung des Positiven und des Negativen» in eine materialistische Theorie (z. B. Freudscher Inspiration) integriert:

> «Wir werden als Verkehrte geboren. Die Ordnung wiederherzustellen, heißt das Geschöpf in uns auflösen.
>
> Verkehrung des Objektiven und des Subjektiven.
>
> Ebenso Verkehrung des Positiven und des Negativen. Dies ist auch der Sinn der Philosophie der Upanishaden.
>
> Wir werden als Verkehrte geboren, und wir leben in der Verkehrtheit, denn wir werden geboren und leben in der Sünde, die eine Verkehrung der Hierarchie ist. Die erste Operation ist die Umkehr. Die Bekehrung.
>
> Wenn das Korn nicht stirbt ... Es muß sterben, um die Kraft zu befreien, die es in sich trägt, damit andere Verbindungen daraus entstehen.
>
> Ebenso müssen wir sterben, um die *verhaftete* Energie freizusetzen, um eine freie Kraft zu besitzen, die fähig ist, dem wahren Verhältnis der Dinge entsprechend zu handeln.»[186]

Das wahre Verhältnis der Dinge untereinander? Ihre absolute Gleichheit: da nichts Geltung hat ohne die Liebe, da alles Geltung hat durch die Liebe. Damit ist die Nächstenliebe nichts anderes als die Gerechtigkeit («das Evangelium», bemerkt Simone Weil, «macht keinerlei Unterschied zwischen der Nächstenliebe und der Gerechtigkeit»[187]), unterscheidet sich von ihr nur durch die Liebe (man kann gerecht sein, ohne zu lieben, man kann nicht universal lieben, ohne gerecht zu sein), und gleicht einer von der Ungerechtigkeit des Begehrens (*Eros*) und der Freundschaft (*Philia*) befreiten Liebe, einer universalen Liebe ohne Vorliebe noch Wahl, einer Liebe ohne Vorliebe[188], einer Liebe ohne Grenzen und ohne egoistische und gefühlsmäßige Rechtfertigungen. Die Nächstenliebe beschränkt sich also nicht auf die Freundschaft, die immer eine Wahl, eine Vorliebe, eine privilegierte Beziehung voraussetzt, während die Nächstenliebe universell sein will [189] und sich besonders (da für die anderen die Freundschaft genügen kann) an die Feinde oder die Gleichgültigen richtet. Wie Ferdinand Prat bemerkt, «man würde nicht auf Lateinisch, und noch weniger auf Griechisch sagen: ‹Amate (phileite) inimicos vestros›, denn das würde bedeuten, daß man etwas Unmögliches verlangt; aber immer: ‹Diligete (agapate) inimicos vestros›» [190]. Wie könnte man der Freund seiner Feinde sein? Wie könnte man sich über ihre Existenz freuen, wenn sie uns verletzt, wenn sie uns tötet? Man muß sie also anders lieben. Was *Eros* betrifft, so findet weder er noch ein Wort desselben Ursprungs sich in irgendeinem Text des Neuen Testaments. [191] Wie könnte man auch seine Feinde entbehren? Wie könnte man von ihnen Gutes, Vergnügen, Glück erwarten? Das bestätigt, daß die *agapische* Liebe sehr sonderbar ist, und zwar gerade deswegen, weil sie universal sein will. In seinen Nächsten verliebt sein, mit anderen Worten, in jedermann und jeden beliebigen, *a fortiori* verliebt sein in seine Feinde, wäre eine offensichtliche Absurdität. Und der ist kein Freund, bemerkte Aristoteles, der der Freund aller ist. [192] Die Nächstenliebe ist also etwas anderes: «Es ist die in Tugend umgewandelte Liebe», wie Jankélévitch sagt [193], oder eher (wenn die Freundschaft, wie ich glaube, schon eine Tugend sein kann) die Liebe, «die dauernd und chronisch geworden ist, sich auf die Gesamtheit der Menschen und die Totalität der Person» [194] erstreckt, die sich sicherlich auch auf denjenigen oder diejenige beziehen kann, deren Liebhaber oder Freund man ist, die sich aber an alle Menschen, seien sie gut oder böse, Freunde oder Feinde, richtet, was übrigens nicht verhindert, daß man diese vorzieht (was die Freundschaft betrifft) noch jene bekämpft (wenn man sie ohne Haß bekämpfen kann: wenn der Haß nicht das einzige Motiv für den Kampf ist), die aber in die menschlichen Beziehungen, diesen Horizont von Universalität einführt, die das Mitleid oder die Gerechtigkeit zwar schon andeuteten, aber vor allem negativ oder formal, und die die Nächstenliebe, soweit sie möglich ist, mit einem positiven und konkreten Inhalt füllen will. Es ist die freudige Akzeptierung des anderen, und eines jeden anderen. So wie er ist und was er auch sein mag. Insofern als sie universal ist, bezieht sich die Nächstenliebe auch auf das Ich (wenn Pascal schreibt, daß man sich hassen soll[195], fehlt es ihm offensichtlich an Nächstenliebe sich selbst gegenüber: welcher Sinn sollte darin liegen, daß man seinen Nächsten wie sich selbst liebt, wenn man nicht sich selbst lieben soll?), aber ohne irgendein Privileg. «Einen Fremden lieben wie sich selbst», schreibt Simone Weil zutreffender, «schließt als Gegenstück ein: daß man sich selbst wie einen Fremden liebt.»[196] Darin findet man Pascal wieder: «In einem Wort, das Ich hat zwei Eigenschaften. Es ist in sich ungerecht darin, daß es sich zum Mittelpunkt von allem macht. Es ist für die anderen unbequem darin, daß es sie knechten möchte, denn jedes Ich ist der Feind und wäre gerne der Tyrann aller anderen.»[197] Die Nächstenliebe ist das Gegenmittel zu dieser Tyrannei und dieser Ungerechtigkeit, das sie durch eine *Dezentrierung* (oder, wie Simone Weil sagen würde, eine *Entschaffung*) des Ichs bekämpft. Das Ich ist nur hassenswert, weil es nicht zu lieben versteht – auch sich zu lieben –, wie es sollte. Da es nur sich selbst oder für sich liebt (aus Begierde oder Wollust). Da es egoistisch ist. Da es ungerecht ist. Da es tyrannisch ist. Da es – wie ein geistiges *schwarzes Loch* – jede Freude, jede Liebe, jedes Licht verschluckt. Die Nächstenliebe setzt sich, da sie mit der Liebe zu sich nicht unvereinbar ist (die sie im Gegenteil einschließt, indem sie sie reinigt: «sich selbst wie einen Fremden lieben»), eindeutig diesem Egoismus, dieser Ungerechtigkeit – dieser tyrannischen Sklaverei des Ichs – entgegen. Das definiert sie vielleicht am besten: sie ist eine vom Ego befreite Liebe, die zugleich vom Ego befreit.

Selbst wenn sie nicht gelebt werden könnte, wäre es doch notwendig, sie zu denken: um zu wissen, was uns fehlt, oder wer uns fehlt.

Denn diese Liebe ist zumindest Gegenstand des Begehrens, und dieser Mangel in uns genügt, daraus den Wert entstehen zu lassen, oder ihn als Wert entstehen zu lassen. Damit wäre die Liebe wohl «dieser Durst, der die Quellen erfindet»[198], und die Quelle selbst: wie

ein Mangel, der von jedem Mangel befreit, wie ein Vermögen, das
vom Vermögen befreit. Denn die Liebe fehlt uns, und die Liebe erfreut uns: *Agape* ist auch Gegenstand oder Horizont für *Eros* und
Philia, die dem einen und dem anderen untersagt, Gefangener seiner
selbst, von sich selbst befriedigt zu bleiben, die sie immer verpflichtet
– und das hatte Platon gesehen –, über jeden möglichen Gegenstand,
jeden möglichen Besitz, jede mögliche Vorliebe hinauszugehen, bis
zu jener Zone des Geistes oder des Seins, wo uns nichts mehr fehlt
und alles uns erfreut, die Platon das Gute nannte, die andere seit
zweitausend Jahren Gott genannt haben, und die vielleicht nichts anderes ist als die Liebe, die uns genau in dem Maß fordert – aber nur in
dem Maß –, in dem wir sie wollen, in dem wir sie lieben, in dem wir
manchmal, wenn nicht ihre Gegenwart, die nie erwiesen ist, so zumindest ihre Abwesenheit, zumindest ihre Forderung, zumindest
ihr Gebot leben. Liebe kann nicht befohlen werden, sagte ich, da sie
befiehlt. Aber sie befiehlt in der Tat, und deshalb ist sie das ganze
Gesetz, wie Paulus es gesehen hatte[199], und wertvoller sogar als das
Wissen, der Glaube oder die Hoffnung, die nur durch sie Geltung
haben, wenn sie überhaupt Geltung haben, und für sie. Hier ist der
Ort, den vielleicht schönsten Text, der über die Nächstenliebe geschrieben worden ist, zu zitieren, von der dieses lange Kapitel im
Grund nur eine Rechtfertigung sein wollte, aber eine ohne Gott, auch
wenn es denen, die das für unmöglich oder widersprüchlich halten,
nicht paßt:

«Wenn ich mit Menschen- und mit Engelszungen redete, und
hätte der Liebe nicht, so wäre ich ein tönend Erz oder eine klin-
gende Schelle.

Und wenn ich weissagen könnte und wüßte alle Geheimnisse
und alle Erkenntnis und hätte allen Glauben, also daß ich Berge
versetzte, und hätte der Liebe nicht, so wäre ich nichts.

Und wenn ich alle meine Habe den Armen gäbe und ließe
meinen Leib brennen, und hätte der Liebe nicht, so wäre mir's
nichts nütze.

336

Die Liebe ist langmütig und freundlich, die Liebe eifert nicht, die Liebe treibt nicht Mutwillen, sie blähet sich nicht,
sie stellet sich nicht ungebärdig, sie suchet nicht das Ihre, sie läßt sich nicht erbittern, sie rechnet das Böse nicht zu,
sie freuet sich nicht der Ungerechtigkeit, sie freuet sich aber der Wahrheit;
sie verträgt alles, sie glaubet alles, sie hoffet alles, sie duldet alles.

Die Liebe höret nimmer auf, so doch die Weissagungen aufhören werden und die Sprachen aufhören werden und die Erkenntnis aufhören wird.

Denn unser Wissen ist Stückwerk, und unser Weissagen ist Stückwerk.

Wenn aber kommen wird das Vollkommene, so wird das Stückwerk aufhören.

Da ich ein Kind war, da redete ich wie ein Kind und war klug wie ein Kind und hatte kindische Anschläge; da ich aber ein Mann ward, tat ich ab, was kindisch war.

Wir sehen jetzt durch einen Spiegel in einem dunkeln Wort; dann aber von Angesicht zu Angesicht. Jetzt erkenne ich's stückweise; dann aber werde ich erkennen, gleichwie ich erkannt bin.

Nun aber bleibt Glaube, Hoffnung, Liebe, diese drei: aber die Liebe ist die größte unter ihnen.»[200]

Diese «drei» sind das, was man traditionell (da sie Gott selbst als Gegenstand haben) die drei theologalen Tugenden nennt. Zwei unter ihnen, Glaube und Hoffnung, fehlen in diesem Traktat, da sie mir in der Tat keinen anderen plausiblen Gegenstand zu haben scheinen als Gott, an den ich nicht glaube. Man kann übrigens zwei dieser Tugenden entbehren: der Mut genügt angesichts der Zukunft oder der Gefahr, und die Aufrichtigkeit angesichts der Wahrheit oder des Unbekannten. Aber wie könnte man (zumindest als Idee oder Ideal) ohne die Nächstenliebe auskommen? Und wer würde es wagen zu behaupten, daß sie sich nur auf Gott beziehen kann, wenn jeder das Gegenteil fühlt (und wenn Paulus das ausdrücklich schreibt), d. h., daß sie nicht gänzlich existieren kann außer in der Liebe zum Nächsten?[201] Übrigens haben Augustinus und Thomas von Aquin, den Hymnus auf die Nächstenliebe kommentierend, wohl gezeigt, daß von den drei theologalen Tugenden die Nächstenliebe nicht nur «die größte der drei» war, wie Paulus sagte, sondern auch die einzige, die in Gott oder, wie sie sagen, im Reich Gottes einen Sinn hat. Der Glaube wird aufhören (wie an Gott glauben, wenn man in Gott *ist*?), die Hoffnung wird aufhören (im Reich Gottes braucht man nicht mehr hoffen), und deshalb ist gesagt, daß die Nächstenliebe allein «nimmer aufhören wird»: in dem Königreich Gottes wird es nur die Liebe ohne Hoffnung und ohne Glauben geben![202] Wir sind dort. Hoffnung und Glaube haben uns verlassen: es bleibt nur das Entbehren, es bleibt nur die Freude, es bleibt nur die Nächstenliebe. Das bedeutet nicht zwangsläufig, daß wir den Geist Christi verleugnen, noch in allem darauf verzichten, ihm zu folgen. Christus, so bemerkt Thomas von Aquin, hatte «weder Glaube noch Hoffnung» und dennoch hatte er in sich «eine vollkommene Nächstenliebe»[203]. Daß diese Vollkommenheit uns nicht zugänglich ist, ist ziemlich klar. Aber ist das ein Grund dafür, um auf das Wenige an reiner, grundloser oder selbstloser Liebe – auf das bißchen Nächstenliebe – zu verzichten, dessen wir vielleicht fähig sind?

Ich sage «vielleicht», da nichts garantiert, daß eine derartige Liebe auch nur möglich sei. Aber so verhält es sich, wie Kant zeigte, mit jeder Tugend[204], und das widerlegt die Nächstenliebe nicht überzeugender als die Pflicht. Ist eine derartige Liebe für uns erreichbar? Können wir sie leben? Können wir uns ihr nähern? Man kann es weder wissen noch beweisen. Es ist vielleicht «diese Liebe, die jeder Liebe fehlt», wie Christian Bobin[205] sagt, der es dennoch an nichts fehlt, und die uns deshalb fehlt und uns anzieht. Selbst wenn sie fehlt, erhellt sie uns: das Fehlen von Liebe ist auch noch eine Liebe.

«Lieben», sagte Alain, «bedeutet, seinen Reichtum außerhalb seiner selbst finden.»[206] Deshalb ist die Liebe immer arm, und der einzige Reichtum. Aber es gibt mehrere Arten, arm zu sein in der Liebe, durch die Liebe, oder eher an ihrer Armut reich zu sein: durch das Entbehren, das Leidenschaft ist, durch die empfangene oder geteilte Freude, die Freundschaft ist, schließlich durch die geschenkte Freude, die ohne Gegenleistung geschenkt ist, durch die geschenkte und aufgegebene Freude, die Nächstenliebe ist. Es gäbe also, um zusammenzufassen, um zu vereinfachen, drei Arten zu lieben, oder drei Typen der Liebe, oder drei Stufen der Liebe: das Entbehren (*Eros*), die Freude (*Philia*), die Nächstenliebe (*Agape*). Es ist möglich, daß diese letztere in Wahrheit nur eine Aura von Sanftmut, Mitleid und Gerechtigkeit ist, die die Gewalt des Mangels und der Freude lindert, die das, was die anderen Lieben an zu Brutalem und zuviel an Fülle haben können, mäßigt oder aushöhlt. Es gibt eine Liebe, die wie der Hunger ist, eine andere, die wie Lachen widerhallt. Die Nächstenliebe würde eher einem Lächeln gleichen, wenn nicht, wie es oft geschieht, einer Lust zu weinen. Ich sehe nicht, daß sie das verdammt. Unser Lachen ist häufiger schlecht als unser Weinen.[207] Mitleid? Es ist möglich, daß das in der Tat der Kern der Nächstenliebe ist, ihr wirksamster Affekt, sogar ihr wahrer Name. Auf jeden Fall ist es der Name, den ihr der buddhistische Orient gibt, der darin, wie ich es angedeutet habe, klarsichtiger und realistischer wäre als der christliche Okzident.[208] Es ist auch möglich, daß die Freundschaft – aber eine gereinigte Freundschaft, die gleichsam im Ausmaß ihrer Ausdehnung dünner wird – die einzige großherzige Liebe ist, zu der wir fähig sind: es ist das, was ein Epikureer zweifellos Paulus oder den ersten Christen entgegengehalten hätte. Nächstenliebe, soweit sie möglich ist, wäre dennoch daran zu erkennen (wodurch sie das Mitleid übersteigen würde), daß sie nicht des Leidens des anderen bedarf, um ihn zu lieben, daß sie sich nicht «im Schlepptau des Unglücks» befindet, wie Jankélévitch sagte, daß sie gleichsam ein ursprüngliches und nicht nur reaktives Mitleid ist.[209] Ebenso würde sie sich von der einfachen Freundschaft unterscheiden, und sie darin übersteigen, daß sie nicht geliebt zu werden braucht, um zu lieben, oder geliebt werden zu können, daß sie nichts anzufangen weiß mit Wechselseitigkeit oder Interesse[210], daß sie wie eine erste und nicht reaktive Freundschaft ist: das wäre wie ein Mitleid, das vom Leiden befreit ist, und wie eine Freundschaft, wiederholen wir es, die vom Ego befreit ist.

Ihre Abwesenheit ist, selbst wenn sie ausweglos wäre, das, was die Tugenden notwendig macht: die Liebe (die nicht egoistische Liebe) befreit vom Gesetz, wenn sie da ist, und schreibt es in den Grund der Herzen ein[211], wenn sie fehlt.

Daß sie meistens fehlt, und vielleicht immer, rechtfertigt diese Abhandlung: wozu sollte man von Moral sprechen, wenn es nicht an Liebe fehlte? «Die beste und die kürzeste Definition der Tugend», sagte Augustinus, «ist folgende: die Ordnung der Liebe.»[212] Aber die Liebe glänzt meist nur durch ihre Abwesenheit: von daher der Glanz der Tugenden und die Dunkelheit unseres Lebens. Abglanz, wesentliche aber keineswegs völlige Dunkelheit. Die Tugenden sind beinahe alle nur durch diesen Mangel an Liebe in uns gerechtfertigt und sind somit gerechtfertigt. Sie können dennoch diese Leere nicht ausfüllen, die sie erhellen: das, was sie notwendig macht, untersagt es zugleich, sie für ausreichend zu halten.

Deswegen weiht uns die Liebe der Moral und befreit zugleich davon. Deswegen weiht uns die Moral der Liebe, wäre sie auch abwesend, und unterwirft sich ihr.

ANMERKUNGEN

VORWORT

1 *Nikomachische Ethik*, I, 6, 1097 b 22–1098 a 20, auf der Grundlage der Übersetzung von Eugen Rolfes herausgegeben von Günther Bien, Philosophische Bibliothek Band 5, 5. Auflage, Meiner, Hamburg 1985, S. 11 f.

2 *Essais*, III, 13, Auswahl und Übertragung von Herbert Lüthy, Manesse Bibliothek der Weltliteratur, Zürich 1953, S. 877.

3 *Die Ethik*, übers. von Carl Vogl, hrsg. u. rev. von Friedrich Bülow, Kröner, Stuttgart 1966, IV. Teil, Begriffsbestimmung 8.

4 *Essais*, II, 36, nach der Ausgabe von Peter Coste, Neuausgabe Diogenes Verlag, Zürich 1992, S. 680; Spinoza, *Ethik*, IV, Erläuterung zu Lehrsatz 50.

5 Siehe insbesondere meinen *Traité du désespoir et de la béatitude*, Bd. 2, *Vivre*, PUF, Paris 1988, Kapitel 4 («Les labyrinthes de la morale»), sowie *Valeur et vérité*, PUF, Paris 1994.

6 Siehe natürlich Aristoteles, *Nikomachische Ethik*, II, 4–9, 1105 b, und *Eudemische Ethik*, II, 3, 1220 b–1221 b. Man spricht manchmal auch vom *Halten der Mitte* oder vom *Mittelweg*, was nicht Mittelmaß bedeutet, sondern das Gegenteil: «Deshalb ist die Tugend nach ihrer Substanz und ihrem Wesensbegriff Mitte; insofern sie aber das Beste ist und alles gut ausführt, ist sie Äußerstes und Ende.» (*Nikomachische Ethik*, II, 6, 1107 a 7–9, S. 37 der Felix-Meiner-Ausgabe.) Vgl. auch, was ich dazu in *Vivre* geschrieben habe (Kapitel 4, S. 116–118).

1 DIE HÖFLICHKEIT

1 Kant, *Über Pädagogik*, Einleitung, in: Immanuel Kant, *Werke in zwölf Bänden*, hrsg. von Wilhelm Weischedel, Frankfurt/M. 1968, Band XII, S. 699. (Im folgenden wird auf diese Ausgabe, die text- und seitengleich auch in der Reihe Suhrkamp Taschenbuch Wissenschaft vorliegt, mit *Werke* verwiesen. Anm. d. Übers.)

2 Ebd., S. 697.

3 Kant, *Anthropologie in pragmatischer Hinsicht*, § 12 (Akademie-Ausgabe § 14), *Werke XII*, S. 444.

4 Kant, *Tugendlehre* (Teil II der *Metaphysik der Sitten*), § 48 (*Werke VIII*, S. 613).

5 Aristoteles, *Nikomachische Ethik*, II, 1103 a 33, a. a. O., S. 26 f.
6 Ebd., 1103 b 1.
7 Kant, *Über Pädagogik*, a. a. O., S. 697.
8 La Bruyère, *Caractères*, «De la société et de la conversation», 32 (Hrsg. R. Garapon, Classiques Garnier, Paris 1990, S. 163).
9 Kant, *Über Pädagogik*, a. a. O., S. 744.
10 *Anthropologie in pragmatischer Hinsicht*, § 12 (Akad.-Ausg. § 14), a. a. O., S. 442 f.
11 *Kritik der reinen Vernunft*, II, 1. Hauptst., 2. Abschn., *Werke IV*, S. 637.
12 Ebd.
13 *Anthropologie*, § 12 (Akad.-Ausg. § 14), a. a. O., S. 445.
14 *Nikomachische Ethik*, II, 1, 1103 b 21, a. a. O., S. 27.
15 Alain, *Définitions*, Bibliothèque de la Pléiade, «Les arts et les dieux», S. 1080 (Definition der Höflichkeit).
16 Alain, *Quatre-vingt-un chapitres sur l'esprit et les passions*, Bibliothèque de la Pléiade («Les passions et la sagesse»), S. 1243.

2 Die Treue

1 Augustinus, *Bekenntnisse*, Buch XI, insbesondere Kapitel 20.
2 Nietzsche, *Unzeitgemäße Betrachtungen*, Zweites Stück.
3 Nach der treffenden Formulierung von François George bezüglich Nietzsche: «D'un critère nouveau en philosophie», in: *L'âme et le corps*, hrsg. von M.-P. Haroche, Plon, Paris 1990.
4 Vladimir Jankélévitch, *L'imprescriptible*, Seuil, Paris 1986, S. 55.
5 Vgl. Vorwort, S. 18.
6 *Eudemische Ethik*, VII, 2, 1237 b 37–40.
7 *Nikomachische Ethik*, IX, 3, 1165 b 37, a. a. O., S. 215.
8 V. Jankélévitch, *Traité des vertus*, Teil 2: Les vertus et l'amour, Band 1, 2. Kapitel, Flammarion, Paris 1986, S. 140.
9 V. Jankélévitch, ebd., S. 140 ff.
10 Ebd., S. 142 f. In der Treue «hätten die Stoiker die *Constantia sapientis*» (die Beständigkeit des Weisen) erkannt, sagt Jankélévitch an derselben Stelle.
11 Ebd., S. 141.
12 *Gedanken*, Schibli-Doppler, Birsfelden–Basel o. J.
13 M. Conche, *Montaigne et la philosophie*. Ed. de Mégare, 1987, S. 188 f. Vgl. auch Montaigne, *Apologie des Raimund Sebundus* (insbesondere die Passage über Epicharmos).
14 *Les vertus et l'amour*. Band 1, a. a. O., S. 154 (für Jankélévitch liegt darin die «Treue par excellence»).
15 V. Jankélévitch, *L'imprescriptible*, a. a. O., S. 60.

16 M. Conche, *Orientation philosophique*, Nachdruck PUF, Paris 1990, S. 106.

17 *Les deux sources de la morale et de la religion*, S. 86–90 (S. 1047–1050 der Jubiläumsausgabe), Nachdruck PUF, Paris 1970.

18 «Education morale et laïcité», in: *Foi et vie*, Nr. 2, Januar 1928, S. 8. Siehe dazu auch meinen Artikel «Jean Cavaillès ou l'héroïsme de la raison», in: *Une éducation philosophique*, PUF, Paris 1989, S. 287–308.

19 Siehe oben, Kapitel 1.

20 *Ethik* III, Erklärung zu Begriffsbestimmung 27 der Affekte, a. a. O., S. 181.

21 Nietzsche, *Der Wille zur Macht*, 3. Buch, § 498.

3 DIE KLUGHEIT

1 Die anderen sind: Tapferkeit (Mut), Mäßigung und Gerechtigkeit. Diese Einteilung (bei der manchmal für Klugheit auch «Besonnenheit» steht) scheint bis ins 6. vorchristliche Jahrhundert zurückzureichen. Man findet sie schon fast so bei Platon (*Staat*, IV, 427e und *Gesetze*, I, 631c), im Stoizismus wird sie klassisch (vgl. z. B. Diogenes Laertius, VII, 126), später (vor allem durch Cicero vermittelt) im christlichen Gedankengut, insbesondere bei Ambrosius, Augustinus und Thomas von Aquin. Siehe dazu P. Aubenque, *La prudence chez Aristote*, Presses Universitaires de France, Paris 1963, S. 35 f. ; G. Rodis-Lewis, *La morale stoïcienne*, Presses Universitaires de France, S. 72–86; Thomas von Aquin, *Summa theologica*, I a II ae, quaest. 61. Vgl. auch Alain, Propos du 19 janvier 1935 («Les quatre vertus», Bibliothèque de la Pléiade, *Propos*, I, S. 1245–1247), sowie die schöne Definition der Tugend (*Définitions*, in: *Les arts et les dieux*, Bibliothèque de la Pléiade, S. 1098).

2 Siehe etwa *Grundlegung zur Metaphysik der Sitten*, II, *Kritik der praktischen Vernunft*, I. Teil, I. Buch, 1. Hauptstück, Anmerkung zu § 1, *Werke VII*, S. 126, *Die Religion innerhalb der Grenzen der bloßen Vernunft*, II, *Werke VIII*, S. 710, sowie *Tugendlehre*, *Werke VIII*, S. 560 und 583. Vgl. auch P. Aubenque, «La prudence de Kant», in: *Revue de métaphysique et de morale*, 1975, S. 156–182.

3 Kant, *Über ein vermeintes Recht aus Menschenliebe zu lügen*, *Werke VIII*, S. 637–643.

4 Siehe Max Weber, *Politik als Beruf*.

5 *Nikomachische Ethik*, VI, 1140a–b. Vgl. auch die meisterhafte Studie von Pierre Aubenque, *La prudence chez Aristote*, Presses Universitaires de France, Paris 1963.

6 Thomas von Aquin, *Summa theologica*, I a II ae, Quaest. 57, Art. 5, und Quaest. 61, Art. 2. Siehe auch II a II ae, Quaest. 47–56 (speziell Quaest. 47, Art. 5–8). Vgl. auch E. Gilson, *Saint Thomas moraliste*, Vrin, Paris 1974, S. 266 f.

7 Wir entscheiden denn auch über die Mittel, nicht über die Ziele: *Nikomachische Ethik*, III, 5, 1112 b, 11 – 19. Vgl. auch Thomas von Aquin, *Summa theologica*, I a II ae, Quaest. 57, Art. 5

8 Aristoteles, *Nikomachische Ethik*, VI, 13, 1144 a: «Die Tugend macht, daß man sich das rechte Ziel setzt, die Klugheit, daß man die rechten Mittel dazu wählt.» Siehe auch X, 8, 1178 a 18: «Auch ist mit der ethischen Tugend die Klugheit verbunden und diese mit der Klugheit.»

9 Siehe zum Beispiel das Zeugnis des Stobaios, *Ecl.*, II, 59, 4, in: *Stoicorum veterum fragmenta*, III, 262 (zit. in: P. Aubenque, op. cit., S. 33 und Anm. 1). Siehe auch die Mitteilung von P. Aubenque über die *phronesis* bei den Stoikern, in: *Actes du VIIe Congrès de l'Association Guillaume Budé*, Les Belles Lettres, Paris 1964, S. 291 f.

10 *Nikomachische Ethik*, VI, 5 (vor allem S. 135 in der Übersetzung Rolfes / Bien). Wenn unsere Wissenschaften sich an den Zufall heranwagen, beispielsweise in der Form der Wahrscheinlichkeitsrechnung, so suchen sie das Notwendige darin. Nur gilt das (und das gibt nochmals Aristoteles recht) lediglich für die große Zahl, während jede Entscheidung und jedes Handeln sich mit der Einzahl konfrontiert sieht.

11 Vgl. P. Aubenque, a. a. O., S. 78.

12 Epikur, Brief an Menoikeus, in: *Philosophie der Freude*, übersetzt und erläutert von Johannes Mewaldt, Stuttgart 1973, S. 44.

13 Ebd., S. 46. Vgl. auch *Hauptlehrsätze* V bis X, ebd. S. 52 – 54, sowie *Spruchsammlung* 71, in: Epikur, *Von der Überwindung der Furcht*, übersetzt und erläutert von Olof Gigon, Zürich / München 1983, S. 113.

14 *Brief an Menoikeus*, a. a. O., S. 44.

15 *Über die Gesetze*, I. Buch, XXIII / 60.

16 Vgl. auch Cicero, *Staat*, VI, 1, *Über das Wesen der Götter*, II, 22, 58, und *Gesetze*, I. Buch, VII / 23. Siehe auch P. Aubenque, op. cit., S. 95.

17 P. Aubenque, a. a. O., S. 137.

18 *Kritik der praktischen Vernunft*. Erster Teil, I. Buch, 1. Hauptstück, § 8, *Werke VII*, S. 148.

19 *Nikomachische Ethik*, VI, 13, 1144 b 31, a. a. O., S. 149.

20 Zit. in: J.-L. Bruguès OP, *Dictionnaire de morale catholique*, éd. CLD, Chambray-lès-Tours 1991, Artikel «Prudence» (S. 346). Der Verfasser gibt keine Fundstelle an. Es ist möglicherweise eine sehr freie Übersetzung aus *De moribus catholicae Ecclesiae*, II, 1, § XV-25: «Prudentia, amor ea quibus adjuvatur ab eis quibus impeditur, sagaciter seligens» («die Klugheit ist die Liebe, die mit Scharfblick das ihr Nützliche von dem ihr Schädlichen scheidet»).

21 Vgl. Hans Jonas, *Das Prinzip Verantwortung*, Frankfurt / M. 1984. Vgl. auch J.-M. Besnier, *L'humanisme déchiré*, Descartes & Cie, Paris 1993, S. 111 – 121. Nebenbei bemerkt: J.-M. Besnier geht eindeutig fehl, wenn er

ANMERKUNGEN

(S. 111) hier einen Gegensatz zwischen mir und Hans Jonas aufbaut. Daß Ethik nur gegenwärtig sein kann, schließt nicht aus, daß sich jede Ethik, wie es die Klugheit gebietet, mit der Zukunft beschäftigen muß – also auch mit der Zukunft der kommenden Generationen (vor allem heute, wo uns die Technik solche Macht verleiht). Nur Lebende können Pflichten haben; aber sie haben auch, wie Jonas in seinem Buch zeigt, Pflichten gegenüber den noch nicht Lebenden: der zukünftigen Menschheit gegenüber, deren Existenz wir nicht schuldlos aufs Spiel setzen können. Was mich betrifft, so habe ich natürlich nie gedacht, daß wir uns alle Sorge um die Zukunft sparen sollten oder auch nur sparen könnten. Ich habe sogar sehr oft und deutlich das Gegenteil gesagt (siehe zum Beispiel *Le mythe d'Icare*, S. 149f.; *Vivre*, S. 214–224; *Une éducation philosophique*, S. 350ff.; *L'amour de la solitude*, S. 26; *Valeur et vérité*, S. 145f. und 158ff.). Ich wollte lediglich gegen die Verführungen der Hoffnung und die Gefahren der Utopie aufzeigen, daß der Bezug auf die Zukunft politisch und moralisch nur in dem Maße verantwortlich ist, als die Zukunft *von uns abhängt*: also nur insofern, als er nicht eine Sache der Hoffnung, sondern des Willens ist. Das ist Klugheit: Wille *jetzt* (wie aller Wille), die Zukunft vorzubereiten oder zu bewahren – die eigene, soweit man kann, und die der anderen, soweit man muß.

22 Dieser Wahlspruch zierte sein Siegel.

4 DIE MÄSSIGUNG

1 Spinoza, *Ethik*, IV, Erläuterung zu Lehrsatz 45, a. a. O., S. 235.

2 Ebd.

3 Vgl. *Nikomachische Ethik*, II, 7, 1107b 4–8, und III, 14, 1119a 5–20. Über die Tugend als Mittelweg (und Gipfelweg) zwischen den beiden entgegengesetzten Fehlern – der eine ist Übermaß, der andere Mangel – siehe auch *Nikomachische Ethik*, II, 5 und 6 (vor allem 1107a 1–7).

4 Epikur, *Brief an Menoikeus*, a. a. O., S. 44f. Man vergleiche dazu, was Aristoteles über die Mäßigung schreibt: *Nikomachische Ethik*, III, 13–15. Über die *autarkeia* bei Aristoteles vgl. *Nikomachische Ethik*, I, 5, 1097b 8f.

5 Über den Sinn dieser Unterscheidung vgl. meinen Artikel «Morale ou éthique?» in: *Valeur et vérité*, PUF, Paris 1994, S. 183–205. Über die «Sorge um sich» (*souci de soi*) siehe natürlich Michel Foucault, *Sexualität und Wahrheit*, Frankfurt/M. 1977, vor allem Bd. 2 und 3.

6 Über die natürlichen und notwendigen Bedürfnisse und über die, die es nicht sind, vgl. Epikur, *Brief an Menoikeus*, 127f., a. a. O., S. 43, und *Hauptlehrsätze* 29, a. a. O., S. 59f. Zur Einteilung der Wünsche bei den Epikureern siehe M. Conche, *Epicure, Lettres et maximes*, Nachdruck PUF, Paris 1987, Introduction, S. 63–69.

7 Lukrez über Epikur: «Et finem statuit cuppedinis atque timoris» (*De rerum natura*, IV, 25).

8 *Essais*, III, 13.

9 Epikur, *Brief an Menoikeus*, 130 f., a. a. O., S. 45.

10 Lukrez, *Über die Natur der Dinge*, Lat. u. Deutsch von Josef Martin, Akademie-Verlag, Berlin 1972, V, 1117–1119, S. 353.

11 *Summa theologica*, II a II ae, Quaest. 141, Art. 8.

12 Ebd., Art. 4.

13 Ebd., Quaest. 142, Art. 1. Vgl. auch Aristoteles, *Nikomachische Ethik*, II, 7, 1107 b, und III, 14, 1119 a.

14 Vgl. zum Beispiel *Ethik*, III, Erläuterung zu Lehrsatz 56, und *Ethik*, V, Lehrsatz 42 und Erläuterung.

15 Ebd., und *Ethik*, IV, Begriffsbestimmung 8.

16 Alain, *Définitions*, in: *Les arts et les dieux*, Bibliothèque de la Pléiade, Paris, S. 1094 (Definition der Mäßigung), und Kant, *Tugendlehre*, Einleitung, XVII, *Werke VIII*, S. 542 f.

17 Vgl. Montaigne, *Essais*, I, 30, und Kant, *Tugendlehre*, Einleitung, XVII, *Werke VIII*, S. 542 f.

5 Der Mut

1 «Ein ungezähmter Mut im Herzen der Sterblichen, / bringt große Helden und große Verbrecher hervor», *Rome sauvée, oder Catilina*, V, 3 (*Œuvres complètes*, Bd. 5, Garnier-Frères, Paris 1877, S. 264).

2 So sahen es Aristoteles (*Nikomachische Ethik*, III, 9, 1115 a und *Eudemische Ethik*, III, 1, 1229 b), Thomas von Aquin (*Summa theologica*, II a II ae, Quaest. 123, Art. 4 und 5) und Jankélévitch (*Traité des vertus*, II, 1, *Les vertus et l'amour*, Kap. 2, S. 134 f. der Ausgabe Champs-Flammarion, Paris 1986).

3 *Die Religion innerhalb der Grenzen der bloßen Vernunft*, Erstes Stück, allgemeine Anmerkung, *Werke VIII*, S. 695 und Fußnote 2, S. 695 ff. Vgl. auch *Kritik der praktischen Vernunft*, Erster Teil, I. Buch, 1. Haupts., Lehrsatz IV, Anm. II, *Werke VII*, S. 146 ff., und *Grundlegung zur Metaphysik der Sitten*, II, *Werke VII*, vor allem S. 35 und 52 f.

4 Descartes, *Les passions de l'âme* (Die Leidenschaften der Seele, oft als *Traité des passions* bezeichnet), Art. 59 und 171; Kant, *Tugendlehre*, Einleitung XII, *Werke VIII*, S. 530, und *Grundlegung zur Metaphysik der Sitten*, I, 18 f., 25 f. «Pathologisch» bedeutet bei Kant nicht anormal oder krankhaft, sondern, der etymologischen Wortbedeutung gemäß, die Leidenschaft (*pathos*) oder ganz allgemein die sinnlichen Eindrücke betreffend (vgl. *Kritik der reinen Vernunft*, *Werke IV*, S. 675).

5 *Summa theologica*, II a II ae, Quaest. 123, Art. 2.
6 Ebd. Die von Thomas zitierten Stellen finden sich in: Aristoteles, *Nikomachische Ethik*, II, 3, 1105 a 34–35, und in: Cicero, *Rhetorik, De inventione*, II, 54.
7 *Les Propos d'Alain*, NRF, 1920, S. 131.
8 Vgl. den ganzen *Laches*, außerdem *Protagoras*, 349 d–350 c und 358 d–360 e, *Der Staat*, IV, 429 a–430 c, und *Die Gesetze*, XII, 963 a–964 d. Über den Mut bei Platon (und überhaupt in der Geschichte der Philosophie) vgl. Jankélévitch, *Les vertus et l'amour (Traité des vertus*, II), Kapitel 2, sowie die Artikel von E. Smoes und S. Matton in der Nummer 6 der Reihe «Morales» der Zeitschrift *Autrement* («Le courage», Paris 1992).
9 A. a. O., Kapitel 2, speziell S. 90–103 der Ausgabe Champs-Flammarion (1986). Schon Aristoteles: «Sokrates hatte auch nicht recht zu sagen, daß der Mut Wissen sei» (*Magna moralia*, I, 20, 1190 b).
10 Ebd.
11 Vgl. meinen Artikel «Jean Cavaillès ou l'héroïsme de la raison», *Une éducation philosophique*, a. a. O., vor allem Seite 302–308.
12 Epikur, *Brief an Menoikeus*, 135, a. a. O., S. 47 f.; Spinoza, *Ethik*, V. Das besagt nicht (trotz Jankélévitch, op. cit., S. 98 f.), daß es bei Epikur oder Spinoza keinen Raum für den Mut gäbe, oder für einen anderen Mut als die reine *aphobia* (Furchtlosigkeit): Es besagt vielmehr, daß der Mut allen Raum einnimmt, den die unvollkommene Weisheit in uns nicht einzunehmen vermag.
13 *Ethik*, III, 59, a. a. O., S. 171. Vgl. auch *Ethik*, IV, Lehrsatz 63 und Erläuterung, ebd., S. 251.
14 *Ethik*, III, 9, a. a. O., S. 123. Vgl. auch *Ethik*, V, Erläuterung zu Lehrsatz 10 und Lehrsatz 41.
15 Im Gegensatz zu dem, was Jankélévitch zu Beginn seines Kapitels über den Mut schreibt (allerdings differenziert er danach seine Aussage), a. a. O., S. 89.
16 Jankélévitch, a. a. O., S. 96.
17 *Lettres au Docteur H. Mondor sur le sujet du cœur et de l'esprit*, Bibliothèque de la Pléiade, «Les arts et les dieux», S. 733.
18 *Ethik*, IV, Erläuterung zu Lehrsatz 73, a. a. O., S. 259.
19 *Magna moralia*, I, 20, 1191 a 33–36. Vgl. auch *Nikomachische Ethik*, III, 9, 1115 a und *Rhetorik*, II, 5, 1382 a 25–30. La Fontaine hat diesem Menschenschlag des *fanfaron* (Großmaul) eine Fabel, «Der Löwe und der Jäger», gewidmet: «Wahrhaftig: Mut wird erst dort probiert, / wo uns die Gefahr mit dem Finger berührt. / Wer sie sucht, wechselt oft die Sprache und flieht, / sobald er sie nur von ferne sieht.» (*Die Fabeln*, übers. von Rolf Mayr, Düsseldorf–Köln 1964, S. 137.)
20 Op. cit., S. 107.

21 Op. cit., S. 108.

22 Siehe natürlich Epiktet und Marc Aurel, aber auch Jankélévitch, *Le Je-ne-sais-quoi et le Presque-rien*, Points-Seuil, Paris 1980, Bd. 3: *La volonté de vouloir* (vor allem Kapitel 2), sowie *Traité des vertus*, II, I, S. 125.

23 *Les passions de l'âme*, III, Art. 173. Vgl. auch die *Die Prinzipien der Philosophie*, Widmung für Elisabeth, Pfalzgräfin bei Rhein: «Die Angst erzeugt Frömmigkeit, und die Verzweiflung Mut» (Philos. Bibl., Felix Meiner, Hamburg 1955).

24 Ebd.

25 *Nikomachische Ethik*, III, 11, 1116a 1–4.

26 Der griechische Text lautet: *to kalon prattousin*, wobei *to kalon* alle drei Bedeutungen hat: das Schöne, das Gute, das Edle. (*Nikomachische Ethik*, III, 11, 1116b 30. Vgl. auch III, 10, 1115b 12–13 und 23.)

27 Vgl. Aristoteles, *Nikomachische Ethik*, III, 11, 1116b–1117a und anderswo.

28 R. A. Gauthier und J. Y. Jolif, in: *L'Ethique à Nicomaque*, Einleitung, Übersetzung und Kommentar, Louvain, Paris 1970, II, 1, S. 233–234.

29 Sylvain Matton im zitierten Artikel, S. 34–35.

30 Ich will mich hier nicht bei Interpretationsproblemen aufhalten, die vor allem durch zwei schwer miteinander zu vereinbarende Stellen in der *Nikomachischen Ethik* aufgeworfen werden: die eine ist 1115b 33–1116a 3, die andere 1117a 10–27. Da steht: «Der Feige hofft also zu wenig, weil er vor allem zurückschreckt», er ist also ein Pessimist. Aber auch der Optimist ist nicht mutiger, auch wenn er dem Mutigen gleicht: «Von dem Mutigen gilt das Gegenteil. Denn die Zuversicht verrät den Mann der frohen Hoffnung.» Der Optimismus ist also dem Mut durch die Zuversicht ähnlich, unterscheidet sich von ihm aber durch die geringe Festigkeit. Gleichwohl sehe ich nicht, weshalb der Mut dadurch «antinomisch zur Hoffnung» stehen soll (wie S. Matton in seinem schönen Artikel sagt), außerdem weiß jeder, daß das nicht stimmt: Ein Optimist kann *auch* mutig sein. Dennoch besagen die Textstellen, und das ist ihre wichtige Aussage, daß Mut und Hoffnung nicht nur zwei verschiedene, sondern auch voneinander unabhängige Dinge sind, und zwar theoretisch wie faktisch (vgl. dazu die scharfsinnigen Überlegungen von Gauthier und Jolif in ihrem Kommentar zur *Nikomachischen Ethik*, a. a. O., S. 232–234). Wer hofft, kann sicherlich *zusätzlich* mutig sein; aber er ist dies nur dann wirklich, wenn sein Wagemut oder seine Kühnheit nicht *nur* von der Hoffnung getragen werden. Das ist sehr schön dargelegt in den *Magna moralia* (I, 20, 1191a 11–21): «Wenn einem Manne etwas genommen wird und dann sein Mut nicht bleibt, ist er kein mutiger Mann mehr»; wer nur Kühnheit zeigt, «weil er hofft und ein Gut erwartet», ist also nicht wirklich mutig, denn sein scheinbarer Mut würde den Verlust seiner Hoffnung nicht überstehen. Aristoteles hält sich hier, wie so oft, eng an die alltägliche Erfahrung: Nur der ist, für ihn

wie für uns, wirklich mutig, der es auch in der womöglich gar sicheren Niederlage ebenso ist wie in der sicheren Aussicht auf den Sieg. Die verzweifelte Hoffnung ist also nicht der *ganze* Mut; aber er ist sein Prüfstein, durch den sich der Mut von schlichter Zuversicht unterscheidet.

31 *Gargantua und Pantagruel*, hrsg. v. Horst und Edith Heintze (nach einer Übersetzung von Adolf Gelbcke 1880), Frankfurt/M. 1974, S. 150.

32 Alain (Emile-Auguste Chartier), *Souvenirs de guerre*, Bibliothèque de la Pléiade, «Les Passions et la sagesse», S. 441.

33 *Souvenirs concernant Jules Lagneau*, Kap. 2, Bibliothèque de la Pléiade, «Les passions et la sagesse», S. 751 und 758. Vgl. auch S. 738, 741 und 748.

34 *Nikomachische Ethik*, II, 7, 1107a 33–1107b 4, sowie III, 9–10 und 1115a–1116a 15; *Eudemische Ethik*, III, 1, 1228a 23–1229b 26.

35 *Ethik*, IV, 69. Lehrsatz und Folgesatz (der freie Mensch ist nach Spinoza der, der sich allein von der Vernunft leiten läßt).

6 DIE GERECHTIGKEIT

1 Propos du 2 décembre 1912 (*Propos*, II, Bibliothèque de la Pléiade, S. 280). Vgl. auch *81 chapitres*, IV, 7 und VI, 4 (Bibliothèque de la Pléiade, «Les passions et la sagesse», S. 1184 und 1228).

2 *Grundlegung zur Metaphysik der Sitten*, I, *Werke VII*, S. 18.

3 Ebd., S. 19.

4 Vgl. zum Beispiel *Metaphysik der Sitten, Rechtslehre*, Einleitung, III und IV (*Werke VIII*, S. 323–335).

5 *Nikomachische Ethik*, V, 3, 1129b 25–31, a. a. O., S. 102.

6 Kant, *Rechtslehre*, II, 1, Allgemeine Anmerkung E (*Werke VIII*, S. 453). Siehe auch Dostojewski, *Die Brüder Karamasow*, II, 5. Buch, 4. Kapitel; Bergson, *Die beiden Quellen der Moral und der Religion*; Camus, *Der Mensch in der Revolte*, sowie Jankélévitch, *Traité des vertus*, II, 2, Kapitel 5, S. 47.

7 *Hauptlehrsätze 31–38*.

8 Bentham, *An introduction to the principles of morals and legislation* (dt. *Prinzipien der Gesetzgebung*, übers. von E. Dumont, Köln 1883); Mill, *Utilitarianism*, bes. Kapitel 5 (dt. *Das Nützlichkeitsprinzip*, übers. von A. Wahrmund. Nachdr. Aalen 1968). Dieselbe Stoßrichtung bei Hume: *Eine Untersuchung über die Prinzipien der Moral*, III, übers. von Gerhard Streminger, Reclam, Stuttgart 1984; vgl. auch die *Abhandlung über die menschliche Natur*, 3. Buch, 2. Teil.

9 John Rawls, *Eine Theorie der Gerechtigkeit*, übersetzt von Hermann Vetter, Suhrkamp Taschenbuch Wissenschaft 271, Frankfurt/M. 1975 (insbesondere die Abschnitte 1, 5 und 87). Dieses bedeutende Werk ist ein Klassiker der modernen politischen Theorie. Es wurde vor allem in der angelsächsischen

Welt stark beachtet und regte dort zahlreiche Untersuchungen an. Vgl. dazu die sehr gut dokumentierte Arbeit von Ph. Van Parijs, *Qu'est-ce qu'une société juste?*, Seuil, Paris 1991.

10 *Nikomachische Ethik*, V, 2 und V, 9, a. a. O., S. 101f. bzw. 114f.

11 Ebd., V, 2, 1129a 34. Vgl. auch *Magna moralia*, I, 23, 1193b.

12 Ebd., V, 3, 1129b 12.

13 *Gedanken*, 319, nach der endgültigen Ausgabe übertragen von Wolfgang Rüttenauer, Schibli-Doppler, Birsfelden–Basel, S. 158. Vgl. auch mein Vorwort zu: *Pascal, Pensées sur la politique*, Rivages Poche, Paris 1992.

14 Im lateinischen Text des *Leviathan*, II, Kapitel 26.

15 Vgl. Hobbes (*Leviathan*, II, Kapitel 26), Spinoza (*Politischer Traktat*, Kapitel 3 und 4) und Rousseau (*Gesellschaftsvertrag*, II, 6). Hier konvergieren Positivismus und Voluntarismus: siehe dazu H. Batiffol, *La philosophie du droit*, PUF, Collection «Que sais-je?», Neuauflage 1981, S. 11–15 und 22–24.

16 *Gedanken*, 255, a. a. O., S. 112.

17 *Staat*, IV. Eine allgemeine Einführung in die verschiedenen Gerechtigkeitstheorien von Platon bis Rawls gibt das kleine, sehr pädagogische Buch von Gérard Potdevin, *La justice*, Quintette, Paris 1993.

18 Pascal, *Gedanken*, 255, a. a. O., S. 112.

19 Ebd., 274, S. 118.

20 Platon, *Kriton*, insbesondere 48–54.

21 *Rechtslehre*, II, 1, Allgemeine Anmerkung E, *Werke VIII*, S. 455.

22 Pascal, *Gedanken*, 760, S. 356

23 *81 chapitres sur l'esprit et les passions*, VI, 4 (Pléiade, «Les passions et la sagesse», S. 1229–1230).

24 Ebd., VI, 5, S. 1230f. Derselbe Gedanke bei Simone Weil (die Alains Schülerin war): «Ist man bei ungleichem Kräfteverhältnis der Überlegene, so besteht die übernatürliche Tugend der Gerechtigkeit darin, daß man sich genau so verhält, als wären die Kräfte gleichmäßig verteilt.» In: *Das Unglück und die Gottesliebe*, Kösel, München 1953, S. 142.

25 *81 chapitres*, VI, 4, S. 1230.

26 *Rechtslehre*, Einleitung in die Rechtslehre, C, *Werke VIII*, S. 337. Vgl. auch *Über den Gemeinspruch: Das mag in der Theorie richtig sein, taugt aber nicht für die Praxis*, II, *Werke XI*, S. 144: «*Recht* ist die Einschränkung der Freiheit eines jeden auf die Bedingung ihrer Zusammenstimmung mit der Freiheit von jedermann, in so fern diese nach einem allgemeinen Gesetze möglich ist.»

27 Vgl. Alain, a. a. O., S. 1228.

28 *Über den Gemeinspruch: Das mag in der Theorie richtig ...*, II, Folgerung, *Werke XI*, S. 153f. Vgl. auch *Rechtslehre*, Allgemeine Anmerkung A, *Werke VIII*, S. 437f. Kant folgt hier Rousseau, für den die Idee des Gesellschaftsvertrags nicht eine Tatsache erklären, sondern eine Legitimität begründen soll:

Gesellschaftsvertrag, I, 1. Bei Spinoza ist die Fragestellung anders, er kommt auch mehr und mehr von der Referenz auf einen historischen Urvertrag ab: Siehe dazu A. Matheron, *Individu et communauté chez Spinoza*, Editions de Minuit, Paris 1969, S. 307–330.

29 Zitiert von Guillermit, Anmerkung 59 in seiner Ausgabe *Théorie et pratique*, S. 86–87.

30 Ebd.

31 Vgl. *Eine Theorie der Gerechtigkeit*, vor allem die Abschnitte 3 und 4 sowie 20 bis 30. Rawls' Analyse bezieht sich ausdrücklich auf Kant, vgl. zum Beispiel Vorwort, a. a. O., S. 12, sowie seine (bisweilen anfechtbare, aber immer anregende) Kant-Interpretation in Abschnitt 40.

32 Rawls, *Theorie der Gerechtigkeit*, Abschnitt 24, a. a. O., S. 160.

33 Das steht schon bei Pascal, *Gedanken*, 587, a. a. O., S. 290.

34 *Theorie der Gerechtigkeit*, Abschnitt 24, a. a. O., S. 163.

35 Rawls spricht von «gegenseitiger Desinteressiertheit» (*Theorie der Gerechtigkeit*, Abschnitt 3, S. 31, und Abschnitt 22, S. 152), was genügt, um die Gerechtigkeit sehr deutlich von der Nächstenliebe abzugrenzen.

36 Vgl. *Gesellschaftsvertrag*, I, 6 (zum Urvertrag) und II, 6 (zur Allgemeinheit des Gesetzes).

37 *Gedanken*, 587, a. a. O., S. 290.

38 *Die Brüder Karamasow*, V, IV, «Empörung», Piper, München 1977/1980, S. 384.

39 *Nikomachische Ethik*, V, 7, 1131 b 16–20, a. a. O., S. 108.

40 *Theologisch-politischer Traktat*, Kapitel 16, Philos. Bibl. Bd. 93, Felix Meiner, Hamburg 1994, S. 284.

41 *Politischer Traktat*, Kapitel 2, § 23, Philos. Bibl. Bd. 52, Felix Meiner, Hamburg 1994, S. 35.

42 Vgl. den Artikel «Justice» in: *Encyclopédie philosophique universelle*, II, *Les notions philosophiques*, PUF, Paris 1990, Bd. 1, S. 1406 f. Siehe auch Thomas von Aquin, *Summa theologica*, II a II ae, Quaest. 58, Art. 1. Thomas geht von der «Definition der Rechtsgelehrten aus: ‹Die Gerechtigkeit ist ein ewiger und beständiger Wille, jedem sein Recht zu gewähren›», eine Definition, die «richtig verstanden zutrifft». Im weiteren Text zeigt er, gestützt auf Ambrosius, auf, daß «die Gerechtigkeit die Tugend ist, die jedem das ihm Geschuldete gibt» (ebd., Art. 11).

43 *Ethik*, IV, Erläuterung 2 zu Lehrsatz 37, a. a. O., S. 228; vgl. auch *Politischer Traktat*, II, 23.

44 Ebd., S. 229.

45 Hobbes, *Leviathan*, I, Kapitel 13, übers. von Walter Euchner, Suhrkamp Taschenbuch Wissenschaft 462, Frankfurt/M. 1984, S. 98.

46 «... woraus folgt, daß Menschen, die von der Vernunft geleitet werden, d. h.

Menschen, die nach Anleitung der Vernunft ihren Nutzen suchen, nichts für sich verlangen, was sie nicht auch für die übrigen Menschen fordern, d. h. also: gerecht, treu und ehrenhaft zu sein.» (*Ethik*, IV, Erläuterung zu Lehrsatz 18, a. a. O., S. 210.)

47 Seit Aristoteles unterscheidet man traditionell eine *distributive* (austeilende) und eine *kommutative* (ausgleichende, vom lateinischen *commutatio*, Austausch, Umschlag; Aristoteles sagte «korrektive» oder «synallagmatische») Gerechtigkeit. Die distributive Gerechtigkeit ist jene, die unter den Mitgliedern einer Gemeinschaft Güter und Ehren verteilt: Sie ist nicht der Gleichheit, sondern der Verhältnismäßigkeit unterworfen (es kann legitim sein, daß eine Person mehr hat als eine andere, wenn sie zum Beispiel mehr für das Gemeinwohl tut). Die kommutative Gerechtigkeit hingegen regelt den Warenaustausch: Sie muß die Gleichheit der ausgetauschten Gegenstände einhalten, ungeachtet der Unterschiede zwischen den Personen (vgl. Aristoteles, *Nikomachische Ethik*, V, 5–7, 1130b–1132b). Derselbe Gedanke findet sich bei Thomas von Aquin: Die kommutative Gerechtigkeit betrifft die gegenseitigen Tauschgeschäfte zwischen zwei Personen, wogegen die distributive Gerechtigkeit den gemeinsamen Besitz der Gesellschaft verhältnisgerecht verteilen soll (*Summa theologica*, II a II ae, Quaest. 61, a. a. O.).

48 *Eine Untersuchung über die Prinzipien der Moral*, Abschnitt III, 2, Reclam, Stuttgart 1984, S. 125.

49 Op. cit., Abschnitt III, 1, a. a. O., S. 101. Ich folge hier der Argumentation der *Untersuchung*, weil sie gedrängter und eleganter ist; dieselben Thesen finden sich aber auch grosso modo in der *Abhandlung über die menschliche Natur*, III, 2.

50 *Untersuchung über die Prinzipien der Moral*, Abschnitt III, 1, a. a. O., S. 101–112.

51 *Nikomachische Ethik*, VIII, 1155a, 26–27, a. a. O., S. 182.

52 Op. cit., III, 1, S. 101/102.

53 Vgl. ebd., III, 2.

54 *Theorie der Gerechtigkeit*, Abschnitt 22, a. a. O., S. 149 und 150.

55 Op. cit., III, 1, S. 104. Auch hier scheint Rawls auf Humes Linie zu liegen: *Theorie der Gerechtigkeit*, Abschnitt 22, a. a. O., S. 149 und 150.

56 T. Todorov, *Face à l'extrême*, Le Seuil, Paris 1991 (Zitate S. 218 und 330).

57 Siehe zum Beispiel das schöne Buch, in dem Robert Antelme die Erfahrungen aus seiner Deportation reflektiert (*Das Menschengeschlecht*, Hanser, München 1987). In den Lagern, schreibt er, «haben wir erlebt und erfahren, was vollste Hochschätzung und tiefste Verachtung bedeuten, haben die Liebe zum Menschen und die Abscheu vor ihm in einer totaleren Gewißheit erfahren als jemals sonstwo. [...] je mehr die SS glaubt, uns zu einer unterschiedslosen und verantwortungslosen Masse zu machen, was wir dem Anschein nach auch

unbestreitbar sind, um so schärfer werden die Unterschiede. Der Mensch der Lager ist nicht die Aufhebung dieser Unterschiede. Im Gegenteil, er ist ihre tatsächliche Verwirklichung.» S. 122

58 *Das Menschengeschlecht*, S. 122/123. Siehe auch den Text von Primo Levi über seinen Freund Alberto in: *Ist das ein Mensch*, übers. von Heinz Riedt, München 1988, S. 58 und passim.

59 Ebd.

60 Op. cit., Teil IV, S. 132: «... können wir bemerken, daß es für Menschen nicht einmal möglich ist, einander ohne Satzungen, Maximen und eine Idee von Gerechtigkeit und Ehre zu ermorden. Krieg hat ebenso seine Gesetze wie Frieden. (...) Gemeinsames Interesse und Nützlichkeit schaffen unfehlbar einen Maßstab für Recht und Unrecht unter den beteiligten Parteien.»

61 Op. cit., Teil III, 1, S. 109/110.

62 Ebd., S. 110.

63 Was nicht heißt, daß sie überhaupt keine Rechte hätten: Vgl. dazu meinen Artikel «Sur les droits des animaux» in *Esprit*.

64 Ebd., S. 110.

65 *Essais*, III, 6 und folgende. Freilich sind bei Montaigne, ebenso wie bei Pascal, die Werte vor allem negativ definiert. Wir wissen wenig darüber, wie eine ideale und vollkommene Gerechtigkeit aussehen würde, aber wir erkennen klar und deutlich die Ungerechtigkeit, wenn sie geschieht: Auch wenn man nicht festlegen kann, was gerecht ist, schreibt Pascal, so sieht man gut, was es nicht ist

66 *Essais*, II, 12.

67 Ebd.

68 Op. cit., S. 110.

69 *Über die Natur der Dinge*, V, 1011–1023, a. a. O., S. 347. Vielleicht unterscheidet sich Lukrez vom strikteren Utilitarismus Epikurs durch die Bedeutung, die er dem Schutz der Schwachen und dem Gefühlsleben bei der Herausbildung der Gerechtigkeit beimißt. Vgl. dazu den Kommentar von Léon Robin, *Commentaire du De rerum natura* (in Zusammenarbeit mit A. Ernout), Les Belles Lettres, Paris 1962, Bd. 3, S. 138 ff.

70 Gedanken III, IV, a. a. O., S. 112. Was ich unter Zynismus, im philosophischen Sinne des Ausdrucks, verstehe, habe ich in *Valeur et vérité (Etudes cyniques)* dargestellt (PUF 1994). Zur politischen Philosophie Pascals vgl. mein Vorwort zu seinen *Pensées sur la politique* (Rivages-Poche, 1992).

71 Ebd.

72 Vgl. *Nikomachische Ethik*, V, 14, 1137 a 31–1138 a 3.

73 *Rhetorik*, I, 13.

74 *Nikomachische Ethik*, V, 14, 1137 b 35–1138 a 3.

75 Zitiert und so übersetzt von Jankélévitch in *Traité des vertus*, II, 2, Neuaufl.

1986, S. 79. Jankélévitch verweist in der Fußnote auf *Magna Moralia*, II, 2, doch ich finde diese Formulierung in meiner Ausgabe nicht (übs. v. C. Dalimier, Arléa 1992); eine ähnliche hingegen finde ich in *Rhetorik*, I, 13, 17, 1347b: «Billigkeit ist auch, die menschlichen Handlungen zu verzeihen.»

76 Siehe Aristoteles, *Nikomachische Ethik*, V, 2–5, 1129a–1131a.

77 Ebd., speziell V, 3, 1129b 11–1130a 13.

78 Ebd., V, 3, 1129b 27–29; der hervorgehobene Text ist ein Euripides-Zitat.

7 DIE GROSSHERZIGKEIT

1 Vgl. oben, Kapitel 6, S. 92.

2 *Maximes et pensées*, Kapitel 2, § 160.

3 *Dictionnaire historique de la langue française*, sous la direction d'A. Rey, Dictionnaires Le Robert, 1992, Artikel «Solidaire».

4 Ebd.

5 Pascal, *Gedanken*.

6 *Traité des vertus*, II, 2, Kapitel 6, Nachdruck, Champs-Flammarion, Paris 1986, S. 314.

7 Ebd., S. 327.

8 Vgl. Aristoteles, *Nikomachische Ethik*, IV, 1–3, 1119b 22–1122a 16 (über die Freigebigkeit) und 7–9, 1123a 34–1125a 33 (über Seelengröße oder «Hochsinn»). Vgl. auch *Eudemische Ethik*, III, 4 und 5, sowie *Magna Moralia*, I, 23–25.

9 *Les passions de l'âme* (auch als *Traité des Passions* bezeichnet, deutsch *Über die Leidenschaften der Seele*, übers. von A. Buchenau, Leipzig 1911) III, Artikel 153 («En quoi consiste la générosité»). Zur Doppelnatur der *générosité* – Leidenschaft und Tugend zugleich – vgl. Artikel 161.

10 Ebd., Artikel 156. Vgl. auch Artikel 187 («es ist ein Teil der Großherzigkeit, daß man jedermann gegenüber guten Willens ist ...»).

11 Ebd., Artikel 161.

12 Descartes, *Brief vom 20. November 1647 an Christine von Schweden* (hrsg. von Alquié, Garnier, 1973, Bd. 3, S. 746).

13 Ebd.

14 Vgl. meinen *Traité du désespoir et de la béatitude*, Bd. 2 (PUF 1988), Kapitel 4, speziell die Seiten 67–93 und 142–149.

15 Vgl. Kant, *Kritik der praktischen Vernunft*. I, 3. Hauptstück. Von den Triebfedern der reinen praktischen Vernunft. *Werke VII*, S. 205. Vgl. auch unten, Kapitel 18 unseres Buches.

16 *Essais*, I, 28 («Über die Freundschaft»), a. a. O., S. 227.

17 Ebd.

18 Zur Moralauffassung, die hier am Werk ist, s. meinen Artikel «Morale ou

éthique?», in: *Valeur et vérité (Etudes cyniques)*, PUF, Paris 1994, S. 183–205.

19 In einem anderen Sinn: vgl. *Ethik*, III, Lehrsatz 27, Beweis, Erläuterung und Folgesatz 1.

20 Vgl. oben, Kapitel 1 unseres Buches.

21 «Ich liebte noch nicht, und ich liebte es zu lieben» (Augustinus, *Bekenntnisse*, III, 1).

22 *Ethik*, IV, Erläuterung zu Lehrsatz 18.

23 *Ethik*, III und IV, passim. Vgl. auch die ersten Seiten der *Abhandlung über die Verbesserung des Verstandes* sowie die *Kurze Abhandlung von Gott, dem Menschen und dessen Glück*, II, 5.

24 *Ethik*, III, Erläuterung zu Lehrsatz 59.

25 Ebd. Über die Willensstärke vgl. oben, Kapitel 5 unseres Buches.

26 *Ethik*, IV, Lehrsatz 21. Vgl. auch Lehrsatz 20 mit Erläuterung.

27 *Ethik*, IV, Lehrsätze 20–25 und passim.

28 Siehe z. B. *Theologisch-politischer Traktat*, Kap. 1, und die *Briefe* Nr. 73, 75 und 78 an Oldenburg. Vgl. auch S. Zac, *Spinoza et l'interprétation de l'écriture*, PUF 1965 (S. 190-199) und besonders A. Matheron, *Le Christ et le salut des ignorants chez Spinoza*, Aubier-Montaigne 1971. Es sei daran erinnert, daß Spinoza nie an die Gottheit Christi oder an seine Auferstehung geglaubt hat (vgl. z. B. die *Briefe* Nr. 73 und 78).

29 *Ethik*, III, Lehrsätze 19, 21, 25, 28 und 39 mit den zugehörigen Beweisen.

30 Vgl. *Ethik* III, Erläuterung zum Lehrsatz 22, und Lehrsatz 27, Erläuterungen und Folgesätze (vor allem die Erläuterung zu Folgesatz 3), sowie Begriffsbestimmung 35 der Affekte, Lehrsatz 59. Siehe auch Kapitel 8 unseres Buches.

31 *Ethik*, IV, Erläuterung zu Lehrsatz 18.

32 *Ethik*, IV, Lehrsätze 41 und 45. Vgl. auch *Ethik*, III, Erläuterungen zu den Lehrsätzen 11, 13 und 39, sowie die Begriffsbestimmungen 3 und 7 der Affekte, im Lehrsatz 59.

33 *Ethik*, IV, Erläuterung zu Lehrsatz 18, Lehrsatz 37 und Erläuterung zu Lehrsatz 73.

34 *Ethik*, IV, Lehrsatz 46, Beweis und Erläuterung. Siehe auch Folgesatz 1 zu Lehrsatz 45.

35 Er lautet: «Wer nach Anleitung der Vernunft lebt, der sucht, soviel er kann, des anderen Haß, Zorn, Verachtung und dgl. gegen sich durch Liebe oder Edelsinn zu vergelten.» (*Ethik*, IV, Lehrsatz 46; vgl. auch V, Erläuterung zu Lehrsatz 10). Was bedeutet hier dieses «*amore contra, sive generositate compensare*» genau? Man könnte meinen, das *sive* bezeichne eine Identität, wie im bekannten Ausdruck «*Deus sive natura*», selbst wenn man weiß, daß *sive* im Lateinischen auch Trennung oder Alternative bedeuten kann. Ebenso oder noch problematischer ist es beim Beweis, wo Spinoza schreibt, «*amore contra*

compensare conabitur, hoc est generositate», was alle Übersetzer mit «durch Liebe ..., das heißt durch Edelsinn» wiedergeben. Aber was ist denn mit dem Unterschied zwischen den beiden Wörtern oder vielmehr Begriffen? Es muß einen geben, denn Spinoza, der sonst kaum redundant ist, benützt beide und gibt übrigens ausdrücklich zwei verschiedene Definitionen (*Ethik*, III, Begriffsbestimmung 6 der Affekte und Erläuterung zu Lehrsatz 59). Und das *hoc est* des Beweises (das man in der Tat mit «das heißt» übersetzen kann) kann ich nur so verstehen: Die Großherzigkeit ist zwar nicht identisch mit der Liebe, aber mit dem *Bestreben zu lieben oder, in Ermangelung von Liebe, so zu handeln, als würde man lieben.* Das ist auch der Sinn der Begriffsbestimmung der Großherzigkeit («Edelsinn»), wie wir sie weiter oben zitiert haben: sie ist nicht Freude oder Liebe, sondern «ein Wunsch, durch den sich jemand bemüht», seinem Mitmenschen zu helfen und zu ihm eine freundschaftliche Beziehung herzustellen (was voraussetzt, daß sie noch nicht existiert). Kurz, und damit sind wir wieder beim Beweis zu Lehrsatz 46, «wer also nach Anleitung der Vernunft lebt, wird des anderen Haß usw. durch Liebe zu vergelten suchen, d. h. *[hoc est]* durch Edelsinn», nicht weil die Liebe dasselbe wäre wie der Edelsinn («dessen Begriffsbestimmung man in der Erläuterung zu Lehrsatz 59 des 3. Teils nachsehen möge», schreibt Spinoza), sondern weil der Edelsinn dasselbe ist wie dieses Streben.

36 *Ethik*, IV, Erläuterung zu Lehrsatz 73 (die auf die Lehrsätze 37 und 46 verweist).

37 *Ethik*, III, Begriffsbestimmung 6 der Affekte, Lehrsatz 59.

38 «Der Mensch wird durch das Vorstellungsbild eines vergangenen oder zukünftigen Dinges mit dem gleichen Affekte der Freude und Traurigkeit erregt, wie durch das Vorstellungsbild eines gegenwärtigen Dinges» (*Ethik*, III, Lehrsatz 18). Denn, so Spinozas Beweis, «solange der Mensch durch das Vorstellungsbild eines Dinges erregt ist, wird er das Ding, auch wenn *[tametsi]* es nicht existiert, als vorhanden betrachten».

39 Weil «einer, der liebt, notwendig bestrebt ist, das Ding, welches er liebt, gegenwärtig zu haben und zu erhalten» (*Ethik*, III, Erläuterung zum Folgesatz zu Lehrsatz 13).

40 Vgl. *Ethik*, III, Erläuterung zu Lehrsatz 59, und V, Erläuterungen zu den Lehrsätzen 10 und 42.

41 *Ethik*, V, Lehrsatz 41.

42 *Ethik*, V, Erläuterung zu Lehrsatz 10.

43 Ebd.

44 Ebd.

45 *Ethik*, IV, Erläuterung 1 zu Lehrsatz 37, und V, Lehrsatz 41. Baensch übersetzt in der Meiner-Ausgabe das Wort mit «Pflichtgefühl». *Pietas* bedeutete bei den Römern Erfüllung der Pflichten sowohl den Göttern (insofern könnte

man es auch mit «Frömmigkeit» übersetzen, wie Bülow es in der Kröner-Ausgabe tut) als auch den Menschen gegenüber (insofern könnte man es mit «Sittlichkeit» übersetzen, die meisten französischen Übersetzer geben es deshalb mit *moralité* wieder). Spinozas Definition nimmt keinerlei Bezug auf die Religion oder auf Gefühle der Frömmigkeit: «Die Begierde aber, gut zu handeln, die daraus entsteht, daß wir nach Anleitung der Vernunft leben, nenne ich *pietas.*»

46 *Ethik*, IV, Vorrede sowie Erläuterungen zu den Lehrsätzen 50 und 58; vgl. V, Erläuterung zu Lehrsatz 10 und Lehrsatz 41 mit Beweis und Erläuterung. Über das Verhältnis Spinoza–Nietzsche siehe meinen Beitrag «Nietzsche et Spinoza» im Sammelband *De Sils-Maria à Jérusalem*, hrsg. von D. Bourel und J. Le Rider, Cerf 1991; außerdem die sehr zutreffenden Beobachtungen von Sylvain Zac in *La morale de Spinoza*, PUF 1972, S. 45 f.

47 *Ethik*, III, Vorrede, und IV, Lehrsatz 18 mit Erläuterung.

48 Um mit A. Negri zu reden. Siehe *L'anomalie sauvage, Puissance et pouvoir chez Spinoza*, PUF 1982, S. 262.

49 *Ethik*, IV, Erläuterungen zu den Lehrsätzen 50 und 73.

50 Hume, *Untersuchung über die Prinzipien der Moral*, III, 1. Vgl. auch Kapitel 6 unseres Buches.

51 Hume, *Untersuchung über die Prinzipien der Moral*, V, 1; Spinoza, *Ethik*, III, Lehrsatz 27 mit Erläuterung (über diese Art von *mimetischer Funktion* bei Spinoza vgl. meinen *Traité du désespoir et de la béatitude*); Freud, *Das Unbehagen in der Kultur*, und passim.

8 Das Mitleid

1 Max Scheler, *Wesen und Formen der Sympathie*, A I «Die sogenannte Sympathieethik», A. Francke, Bern 1973, S. 17.

2 Ebd., S. 17/18.

3 Ebd., A I, S. 9.

4 Ebd., A I, S. 17.

5 Vgl. den Artikel «Karuna» (Mitleid) in der *Encyclopédie philosophique universelle*, PUF 1990, Bd. II, 2, S. 2848. Zur Einführung vgl. auch W. Rahula, *L'enseignement du Bouddha*, Seuil, «Points-sagesses», Nachdruck 1978, S. 69 f. und 104, sowie L. Silburn, *Le bouddhisme*, Fayard 1977 (zahlreiche Hinweise im Index unter «Karuna»).

6 Siehe z. B. Diogenes Laertius, *Leben und Meinungen berühmter Philosophen*, VII, 123, und Cicero, *Tusculanes*, III, 10, 21. Trotz dieser im Stoizismus durchgängigen Verurteilung des Mitleids verwenden Epiktet oder Marc Aurel das Wort auch im positiven Sinne (vgl. *Unterhaltungen*, I, 18, *Gedanken*, II, 13 und VII, 26). So, wie sie das Mitleid verstehen (Freiheit von Haß

und Zorn gegen die Bösen und Unwissenden), nähert es sich allerdings dem, was ich als *Barmherzigkeit* bezeichne (siehe unten, Kapitel 9; über das Mitleid bei Marc Aurel siehe auch P. Hadot, *La citadelle intérieure, Introduction aux Pensées de Marc Aurèle*, Fayard 1992, S. 240).

7 Cicero, *Tusculanes*, IV, 26. Derselbe Gedanke bei Epikur: «Nicht durch Mitklagen, sondern durch mitsorgende Hilfe beweist man dem Freunde seine Teilnahme» (*Spruchsammlung*, a. a. O., S. 71).

8 *Ethik*, IV, Lehrsatz 50. Spionza definiert das Mitleid folgendermaßen: «Diese Nachahmung der Affekte heißt, wenn sie die Traurigkeit betrifft, Mitleid» (*Ethik*, III, Erläuterung zu Lehrsatz 27). An anderer Stelle: «Mitleid ist Traurigkeit, begleitet von der Idee eines Übels, das einem anderen, den wir uns als unseresgleichen vorstellen, begegnet ist» (*Ethik*, III, Begriffsbestimmung 18 der Affekte, Lehrsatz 59).

9 *Ethik*, IV, Folgesatz zu Lehrsatz 50.

10 *Ethik*, III, Erläuterungen zu den Lehrsätzen 22 und 27.

11 *Ethik*, IV, Lehrsätze 37, 46 und passim.

12 *Ethik*, IV, Erläuterung zu Lehrsatz 50. Vgl. auch A. Matheron, der stets bemerkenswert präzise und klar ist: *Individu et communauté chez Spinoza*, Editions de Minuit, Paris 1969, S. 145–148 und besonders S. 156–159.

13 *Ethik*, IV, Erläuterung zu Lehrsatz 58 (wo steht: «*Wie das Mitleid*, so [ist] auch die Scham, wenngleich keine Tugend, so doch gut»).

14 Ebd. Vgl. auch S. Zac, *La morale de Spinoza*, PUF, Paris 1959, Nachdruck 1972, S. 76 f. sowie (über die Reue) A. Matheron, *Le Christ et le salut des ignorants*, S. 111–113.

15 *Ethik*, III, Begriffsbestimmungen 35 und 43 der Affekte, Lehrsatz 59.

16 Im Gegensatz natürlich zu dem, was Nietzsche ständig verkündet hat: Vgl. zum Beispiel *Zur Genealogie der Moral*, I, 11, sowie meinen Kommentar dazu in: *Pourquoi nous ne sommes pas nietzschéens*, Sammelband hrsg. von L. Ferry und A. Renaut, Grasset, Paris 1991, speziell S. 66–68. Über Nietzsches Verhältnis zu Spinoza (den Nietzsche immer als Vorläufer, aber auch als von Angst und Vorurteilen beherrschten Gegner betrachtete) siehe auch meinen Beitrag «Nietzsche et Spinoza» in: *De Sils-Maria à Jérusalem (Nietzsche et le judaïsme: les intellectuels juifs et Nietzsche)*, hrsg. von D. Bourel und J. Le Rider, Cerf, Paris 1991, S. 47–66.

17 Propos du 5 octobre 1909, *Propos*, I, S. 60 der Pléiade-Ausgabe (sofern nichts anderes vermerkt, verweisen meine Seitenangaben auf diese vierbändige Ausgabe). Über Alain und Spinoza siehe meinen Beitrag «Le dieu et l'idole (Alain et Simone Weil face à Spinoza)», in: *Spinoza au XXe siécle*, hrsg. von O. Bloch, PUF, Paris 1993, S. 13–39.

18 Propos du 3 février 1910, *Propos*, II, S. 161.

19 Propos du 5 novembre 1927, *Propos*, I, S. 750.

20 Um eine Unterscheidung aufzugreifen, die Sylvain Zac vorgeschlagen hat,
vgl. *La morale de Spinoza*, Kap. 5. Siehe auch S. 116 f., wo S. Zac zu Recht
bemerkt, daß Spinoza dieser Jedermann-Moral (und speziell ihrer jüdisch-
christlichen Form) «nie den Wert abstreitet».

21 Spinoza, *Theologisch-politischer Traktat*, Kapitel 4, a. a. O., S. 74.

22 Ebd., Kapitel 14. Vgl. auch A. Matheron, *Le Christ et le salut des ignorants*,
Kapitel 2 und 3, sowie S. Zac, *La morale de Spinoza*, Schlußbemerkungen.

23 *Ethik*, III, Lehrsatz 59, Begriffsbestimmung 24 der Affekte. Hier der lateinische Text: «*Misericordia est Amor, quatenus hominem ita afficit, ut ex bono
alterius gaudeat, et contra ut ex alterius malo contristetur.*»

24 *Ethik*, III, Erklärung zu Begriffsbestimmung 18 der Affekte, Lehrsatz 59.

25 *Ethik*, III, Begriffsbestimmungen 6, 18 und 24 der Affekte, Lehrsatz 59.

26 *Ethik*, III, Lehrsatz 21 und Erläuterung zu Lehrsatz 22.

27 *Ethik*, III, Begriffsbestimmung 6 der Affekte, Lehrsatz 59.

28 *Ethik*, III, Folgesatz 2 zu Lehrsatz 27.

29 Ebd., Folgesatz 3: «Wir sind bestrebt, ein Ding, das wir bemitleiden, von
seinem Leide zu befreien, soviel wir können.»

30 V. Jankélévitch, *Traité des vertus*, II, 2, Kapitel 6, Champs-Flammarion, Paris
1986, S. 168 f.

31 Siehe zum Beispiel *Der Antichrist*, § 7: «Man nennt das Christentum die Religion des *Mitleidens*. – Das Mitleiden steht im Gegensatz zu den tonischen
Affekten, welche die Energie des Lebensgefühls erhöhn: es wirkt depressiv.
(...) Es erhält, was zum Untergange reif ist, es wehrt sich zugunsten der
Enterbten und Verurteilten des Lebens, es gibt durch die Fülle des Mißratenen
aller Art, das es im Leben *festhält*, dem Leben selbst einen düsteren und frag-
würdigen Aspekt. Man hat gewagt, das Mitleiden eine Tugend zu nennen (– in
jeder *vornehmen* Moral gilt es als Schwäche –).» Vgl. auch *Jenseits von Gut
und Böse*, § 260, und *Der Wille zur Macht*, III, 227.

32 *Introduction à la connaissance de l'esprit humain*, Refléxions et maximes, 82,
Garnier-Flammarion, Paris 1982, S. 189.

33 *Die beiden Grundprobleme der Ethik*, II, *Über die Grundlage der Moral*, vor
allem Kapitel III und IV, insbesondere § 16–19 und 22. Siehe auch *Die Welt
als Wille und Vorstellung*, IV, 67.

34 Vgl. meinen Artikel «Sur les droits des animaux», in: *Esprit*.

35 *Strukturale Anthropologie zwei*.

36 Vgl. zum Beispiel den sehr schönen Essay «Über die Grausamkeit» (*Essai*,
II, 11; vgl. auch I, 1, a. a. O., S. 56: «Ich habe eine wunderliche Neigung
zur Barmherzigkeit und zur Sanftmut – so sehr, daß ich mich nach meinem
Empfinden williger vom Mitgefühl überwältigen ließe als von der Hochschät-
zung...»). Zum Verhältnis von Lévi-Strauss zum Buddhismus siehe *Traurige
Tropen*, übers. von Eva Moldenhauer, Suhrkamp Taschenbuch Wissenschaft

1978, S. 401–413; zu seinem Verhältnis zu Montaigne: *Die Luchsgeschichte,* München 1993.

37 *Die beiden Grundprobleme der Ethik,* III, 19. Es sind Zitate aus dem *Diskurs über die Ungleichheit* und aus dem *Emile.*

38 Op. cit. Vgl. auch *Traurige Tropen,* S. 385–388.

39 *Diskurs über die Ungleichheit – Discours sur l'inégalité,* zweisprachige kritische Ausgabe, hrsg. und übersetzt von Heinrich Meier, Schöningh (UTB), Paderborn 1984, S. 151 ff.

40 Ebd., S. 141 (Zur Identifikation S. 147 f.). Zum Thema Mitleid bei Rousseau lese man die schönen Untersuchungen von Jacques Derrida in *De la grammatologie,* Ed. de Minuit, Paris 1967, II, Kap. 3, S. 243–272.

41 Rousseau, *Diskurs,* a. a. O., S. 151.

42 Ebd., S. 147. Der in Holland geborene und in England lebende Bernard Mandeville (1670–1733) ist der Verfasser der *Bienenfabel,* die die Zeitgenossen durch eine subversive Darstellung der moralischen Werte schockierte, indem er alle Moral auf Eigennutz und Eigenliebe zurückführte. Vgl. Paulette Carrive, *Bernard Mandeville,* Vrin, Paris 1980.

43 Aristoteles, *Rhetorik,* II, 8, 1385 b. Dadurch ist das Mitleid (neben der Furcht) auch eine der Triebfedern der Tragödie: Vgl. Aristoteles, *Poetik,* 1449 b 27–28, 1452 a, 1453 b . . .

44 Ebd., 1386 a. Dieser Gedanke findet viele Anhänger, vor allem im 17. und 18. Jahrhundert. Zum Beispiel La Rochefoucauld, Maxime 264: «Das Mitleid ist oftmals ein Spüren unserer eigenen Übel in den Übeln des anderen; es ist eine geschickte Vorsorge gegen das Unglück, das uns selbst zustoßen kann . . .» Oder Chamfort, *Sur l'art dramatique,* Maxime 36: «Das Mitleid ist nur ein insgeheimer Rückzug auf uns selbst, indem wir das Unglück des anderen sehen, das uns selbst ereilen kann.» La Bruyère bewegt sich zwar auf demselben Gleis, scheint aber die Grenzen besser zu sehen: «Wenn es zutrifft, daß Erbarmen oder Mitleid Selbstbesinnung ist, durch die wir uns an die Stelle der Unglücklichen setzen, warum beziehen diese von uns so wenig Erleichterung in ihrem Elend?» (*Caractères,* Du cœur, 48). Vauvenargues lehnt den Gedanken rundheraus ab. «Das Mitleid ist nur ein Gefühl von Traurigkeit und Liebe; ich glaube nicht, daß es, wie man meint, durch Selbstbesinnung erst erweckt werden muß. Warum kann das Elend auf unser Herz nicht dieselbe Wirkung haben wie der Anblick einer Wunde auf unsere Sinne? Gibt es nicht Dinge, die den Geist unmittelbar ansprechen? Ist der Sinneneindruck von Neuigkeiten nicht immer früher als unser Nachdenken? Ist unsere Seele unfähig zu einem uneigennützigen Gefühl?» (*Introduction à la connaissance de l'esprit humain,* II, «De la pitié», Garnier-Flammarion, S. 96; vgl. auch S. 259.) Dieselbe Ablehnung im 20. Jahrhundert durch Alain: «Man beschreibt das Mitleid sehr schlecht, wenn man sagt, daß der, der es empfindet, an sich denkt und sich an

der Stelle des anderen sieht. Dieser Gedanke kommt, so er überhaupt kommt, erst nach dem Mitleid; durch die Nachahmung des Ähnlichen stellt sich der Körper auf das Leiden ein, was zunächst zu einer namenlosen Ängstlichkeit führt; der Mensch will sich über diese Bewegung im Herzen Rechenschaft geben, die ihn überkommt wie eine Krankheit ...» (Propos du 20 février 1923, *Propos*, Pléiade-Ausgabe Bd. I, S. 469.)

45 *Über die Revolution*, Piper, München 1963, S. 91–120 f. Zitat auf S. 114.

46 Ebd., S. 108.

47 Ebd.

48 Ebd. (H. Arendt setzt hier auch «das stumme, wirkliche Mitleiden Jesu» dem «Schwall von Reden und Worten» des Inquisitors in Dostojewskis *Großinquisitor* gegenüber, in dem sich «ein bloßes mitleidiges Bedauern kundgibt».)

49 Vgl. Lukrez, *De rerum natura*, II, 1–19.

50 Das ist vor allem bei Descartes der Fall (es steht sehr hoch): Vgl. *Les passions de l'âme*, Artikel 187.

51 Propos du 22 juillet 1922. *Propos*, II, S. 496.

52 Ebd.

53 *Ethik*, IV, Anhang, Hauptsatz 17. Vgl. A. Matheron, *Individu et communauté*, S. 157.

54 *Ethik*, III, Begriffsbestimmung 35 der Affekte, Lehrsatz 59: «*Wohlwollen* ist die Begierde, demjenigen wohlzutun, den wir bemitleiden.»

55 *Tugendlehre*, § 34 und 35, *Werke VIII*, S. 593 ff.

56 Ebd., § 35: «Ob zwar aber Mitleid (und so auch Mitfreude) mit anderen zu haben an sich selbst nicht Pflicht ist, so ist es doch tätige Teilnehmung an ihrem Schicksale und zu dem Ende also indirekte Pflicht, die mitleidige natürliche (ästhetische) Gefühle in uns zu kultivieren (...) So ist es Pflicht: nicht die Stellen, wo sich Arme befinden, denen das Notwendigste abgeht, umzugehen, sondern sie aufzusuchen, die Krankenstuben, oder die Gefängnisse der Schuldener u. dergl. zu fliehen, um dem schmerzhaften Mitgefühl, dessen man sich nicht erwehren könne, auszuweichen; weil dieses doch einer der in uns von der Natur gelegten Antriebe ist, dasjenige zu tun, was die Pflichtvorstellung für sich allein nicht ausrichten würde.» (*Werke VIII*, S. 595.)

57 Das zweite Begriffspaar ist selbst für Spinoza kein Widerspruch: siehe *Ethik*, III, Lehrsatz 37 und Beweis («... je größer nun aber die Traurigkeit ist, [...] mit um so stärkerer Begierde [...] wird der Mensch bestrebt sein, die Traurigkeit zu entfernen»). Vgl. auch den schönen Aufsatz von Laurent Bove, «Spinoza et la question de la résistance», in: *L'enseignement philosophique*, Nr. 5, Mai–Juni 1993, S. 3 f.

58 Um einmal mehr diesen schönen Satz von Augustinus zu zitieren, der den Geist der Evangelien so gut zusammenfaßt (*Kommentar zum ersten Johannes-Brief*, Abhandlung 7, Kap. 8).

9 Die Barmherzigkeit

1 Brief an Morus vom 5. Februar 1649. Derselbe Gedanke bei Aristoteles, *Nikomachische Ethik*, VI, 2, 1139b 6–11.

2 Vgl. oben, Kapitel 3, Anmerkung 22, S. 345.

3 Vgl. J. Colerus, *Vie de Spinoza*, Bibliothèque de la Pléiade, S. 1510.

4 Johannesevangelium, 8,1–11.

5 Maxime 330.

6 Das sagte im Februar 1944 einer der dreiundzwanzig Todeskandidaten der *affiche rouge* vor dem Nazi-Erschießungskommando, zumindest nach Aragons dichterischer Rekonstruktion (die sich aber auf Briefe der Hingerichteten stützt) in «Strophes pour se souvenir», einem Gedicht der Treue – geschrieben 1955 – und der Barmherzigkeit (*Le roman inachevé*, Gallimard, Paris 1956, Nachdr. 1975, S. 227 f.).

7 *Unterhaltungen*, I, 18 (9). Vgl. auch I, 28 (9) und II, 22 (36).

8 *Die Bücher der Gedanken über sich selbst*, VIII, 59. Vgl. auch II, 13; V, 28; VI, 27; VII, 63; VIII, 17; IX, 42; XI, 18 . . .

9 Lukasevangelium, 23,34.

10 V. Jankélévitch, *Le Pardon*, Aubier, Paris 1967, S. 98 f.

11 Siehe z. B. Platon, *Protagoras*, 358 c–d, *Menon*, 77 b–78 b, *Timaios*, 86 d–e, *Gesetze*, V, 731 c und 734 b; IX, 860 d . . . Diese berühmte These, die ein Gemeinplatz der griechischen Weisheit ist, wird vor allem von den Stoikern aufgegriffen.

12 V. Jankélévitch, *Traité des vertus*, III (*L'innocence et la méchanceté*), Champs-Flammarion, Paris 1986, S. 167. Vgl. auch *Le Pardon*, Kapitel 2.

13 Spinoza, *Ethik*, III, Begriffsbestimmung 7 der Affekte: «*Haß* ist Traurigkeit, begleitet von der Idee einer äußeren Ursache.» Vgl. auch Descartes, *Traité des passions*, II, Art. 140.

14 Zu dieser Unterscheidung vgl. Kant, *Die Religion innerhalb der Grenzen der bloßen Vernunft*, I, 3, Werke VIII, S. 686.

15 *Le Pardon*, S. 209.

16 Siehe vor allem *Vivre*, Kapitel 4, besonders S. 67–89 und 142–149. Vgl. auch meinen Beitrag «L'âme machine, ou ce que peut le corps», in: *Valeur et vérité*, vor allem S. 124–127.

17 Vgl. z. B. *Ethik*, III, Lehrsatz 49, Beweis und Erläuterung, sowie IV, Erläuterungen zu den Lehrsätzen 50 und 73.

18 Vgl. *Politischer Traktat*, I, 4. Ich übersetze die Stelle frei.

19 So, wie ich das Wort verstehe. Spinoza versteht es, wie gesagt, meist etwas anders, es entspricht bei ihm eher dem, was wir als Mitleid bezeichnet haben (vgl. oben, Kapitel 8 des vorliegenden Buches). Allerdings benützt auch Spinoza das Wort *misericordia* gelegentlich in dem von mir verwendeten Sinn:

Vgl. z. B. *Theologisch-politischer Traktat*, Kapitel 14. An anderen Stellen ist *misericordia* vor allem das Gegenteil der Rachsucht: *Politischer Traktat*, I, 5, sowie *Ethik*, IV, Hauptsatz 13 des Anhangs.

20 Zumindest wenn man die etwas anthropomorphe Sprache des *Theologisch-politischen Traktats* benützt (vgl. Kapitel 14).

21 *Ethik*, I, Anhang, und IV, Lehrsatz 64 mit Beweis und Erläuterung. Vgl. auch B. Rousset, «La possibilitée philosophique du pardon (Spinoza, Kant, Hegel)», in den Protokollen über das Symposion über *Le Pardon*, hrsg. von M. Perrin, Beauchesne, «Le Point théologique» Nr. 45, S. 188 ff.

22 Spinoza, *Briefwechsel*, Felix Meiner Verlag, Hamburg 1977, Brief 23 an Blyenbergh, S. 125.

23 Auf diese Dinge bin ich anderswo eingegangen: Vgl. *Vivre*, Kapitel 4, besonders S. 84–93.

24 *Ethik*, IV, Lehrsatz 45 und Folgesatz 1; *Theologisch-politischer Traktat*, Kapitel 7, a. a. O.

25 V. Jankélévitch, *Le Pardon*, S. 92, wo in der Fußnote auf R. Misrahi verwiesen wird, und zwar auf: *La conscience juive face à l'Histoire: le Pardon* (jüdischer Weltkongreß 1965), S. 286, außerdem auf Spinozas *Politischen Traktat*, I, 4 (wo sich der von mir zitierte Satz befindet, der von Wolfgang Bartuschat in der Felix-Meiner-Ausgabe folgendermaßen übersetzt wird: «... menschliche Tätigkeiten nicht zu verlachen, nicht zu beklagen und auch nicht zu verdammen, sondern zu begreifen.» Hamburg 1994, S. 11).

26 V. Jankélévitch, *Le Pardon*, S. 203.

27 Vgl. *Le Pardon*, S. 204 f., und *L'Imprescriptible*, Seuil, Paris 1986.

28 Vgl. *L'Imprescriptible*, S. 14 f.

29 *Le Pardon*, S. 204 f. (der Kontext handelt natürlich von den Nazi-Verbrechern). Vgl. auch *L'Imprescriptible*, S. 50, sowie *Traité des vertus*, III, S. 172.

30 «Wer Beleidigungen durch Haß erwidern und rächen will, verbittert sicherlich sein Leben. Wer dagegen bemüht ist, den Haß durch Liebe zu bekämpfen, der kämpft zweifellos freudig und sicher ...» (Spinoza, *Ethik*, IV, Erläuterung zu Lehrsatz 46).

31 *Ethik*, IV, Lehrsatz 46 mit Beweis und Erläuterung.

32 Lukasevangelium, 23,34; Apostelgeschichte 7,60. Vgl. auch die schöne Gestalt des Monsignore Bienvenu in *Les misérables (Die Elenden)*, vor allem I, 2, 12.

33 Man vergleiche aus dieser Sicht im Matthäusevangelium die Verse 5,39 und 10,34.

10 Die Dankbarkeit

1 Geben wir zum wiederholten Mal die Quelle an: *Ethik*, III, Lehrsatz 59, Begriffsbestimmung 6 der Affekte («Liebe ist Freude, begleitet von der Idee einer äußeren Ursache.»).

2 Wörtlich *Ruhe* (aber angenehme und zuversichtliche) *in sich selbst*, für Spinoza «daraus entsprungen, daß der Mensch sich selbst und sein Tätigkeitsvermögen betrachtet» (*Ethik*, III, Lehrsatz 59, Begriffsbestimmung 25 der Affekte). Sie wird übersetzt mit «Selbstzufriedenheit» (Baensch) oder «Zufriedenheit mit sich selbst» (Vogl/Bülow). Sie ist gewissermaßen Dankbarkeit sich selbst gegenüber. Ich möchte fast sagen: Das Vergnügen in der Ruhe sich selbst gegenüber. Mögliche Übersetzungen wären meines Erachtens auch «Selbstvertrauen» oder einfach «Selbstliebe» (nicht zu verwechseln mit Eigenliebe, *philautia*). Vgl. auch *Ethik*, IV, Lehrsatz 52, Beweis und Erläuterung, sowie (zur Eigenliebe) die Erläuterung zu Lehrsatz 55 von Teil III.

3 Vgl. *Ethik*, V, Lehrsatz 24.

4 Vgl. zum Beispiel *Wille zur Macht*, IV, 462, 463 und 464.

5 *Diskurs über die Ungleichheit*, II, a. a. O., S. 233 f. («die Dankbarkeit ist wohl eine Pflicht, der man nachkommen muß, nicht aber ein Recht, das man fordern kann»).

6 *Ethik*, IV, Erläuterung zu Lehrsatz 71.

7 *Ethik*, III, Lehrsatz 59, Begriffsbestimmung 34 der Affekte. Vgl. auch ebd., Lehrsätze 39 und 41, sowie die Erläuterung zu Lehrsatz 41 (wo sich der Ausdruck «gegenseitige Liebe» findet).

8 *Tugendlehre*, II. Teil, 1. Hauptstück, 1. Abschnitt, B: «Von der Pflicht der Dankbarkeit», *Werke VIII*, S. 591.

9 *Ethik*, III, Erläuterung zu Lehrsatz 41.

10 *Ethik*, IV, Erläuterung zu Lehrsatz 71.

11 *Ethik*, V, letzter Satz.

12 *Ethik*, III, Erläuterung zu Lehrsatz 41. Es erhellt hieraus, «daß die Menschen weit bereitwilliger sind zur Rache, als zur Vergeltung von Wohltaten» (ebd.).

13 Maxime 228.

14 C. Bruaire, *L'être et l'esprit*, PUF, Collection «Epiméthée», Paris 1983, S. 60; vgl. auch S. 198.

15 Zitiert von Seneca, *Briefe an Lucilius*, 15, 9. Vgl. auch Nr. 69 der vatikanischen Spruchsammlung: «Die Undankbarkeit der Seele macht das Lebewesen begehrlich nach unbegrenzten Raffinements der Nahrung». Außerdem die sehr hilfreichen Anmerkungen von M. Conche in seiner Epikur-Ausgabe (Epicure, *Lettres et maximes*, Nachdruck PUF, Paris 1987, S. 52 f.).

16 *Briefe an Lucilius*, 45, 13 («*non vivunt, sed victuri sunt*»).

17 Pascal, *Gedanken*.

18 *Brief an Menoikeus*, 122. Diese Wendung scheint zu bedeuten (sie wäre sonst ein Pleonasmus), daß sich die Dankbarkeit für Epikur, ebenso wie für uns, auch auf die Gegenwart beziehen kann – auch wenn sie bei Epikur sonst, zumindest in den erhaltenen Texten, wesentlich mit dem Gedächtnis zusammenhängt. Aber was ist das Bewußtsein anderes als ein Gedächtnis der Gegenwart und in der Gegenwart?

19 *Brief an Menoikeus*, 135.

20 Epikur, Vatikanische Spruchsammlung, 55. Über den Begriff der Trauer vgl. auch meinen Beitrag «Vivre, c'est perdre» in: *Autrement* Nr. 128, Collection «Mutations» (*Deuils*).

21 Zitiert von Plutarch, *Gegen Epikur*.

22 Rousseau: s. o., Fußnote 5; Kant: *Tugendlehre*, § 32, *Werke VIII*, S. 592.

23 *Tugendlehre*, § 36, *Werke VIII*, S. 596 f.

24 Wenigstens bei «der Mehrzahl der Menschen», für die es «nur eine insgeheime Lust ist, größere Wohltaten zu empfangen» (Maxime 298). Vgl. auch die Maximen 223–226.

25 Maxime 564.

26 *Ethik*, IV, Erläuterung zu Lehrsatz 71. Siehe auch Lehrsatz 70 mit 6eweis und Erläuterung.

27 V. Jankélévitch, *Traité des vertus*, II, 2, S. 250. Siehe auch I, S. 112 f.

28 Vatikanische Spruchsammlung, 52. Meine Übersetzung stützt sich insbesondere auf Jean Bollack, «Les maximes de l'amitié», in: *Actes du VIIIᵉ Congrès de l'Association Guillaume-Budé*, Les Belles Lettres 1969, S. 232. Übliche andere Übersetzungen sind: «... aufzuwachen zum Preise des glückseligen Lebens» (Gigon, deutsch, dtv/Artemis); «... daß wir erwachen sollen zur Seligkeit» (Mewaldt, Kröner); «... aufzuwachen für das glückliche Leben» (Solovine, französisch); «... aufzuwachen, um uns glücklich zu schätzen» (Conche, französisch); «... aufzuwachen zur gemeinsamen Beglückwünschung» (Rodis-Lewis, französisch). Die Schwierigkeit liegt im griechischen Wort *makarismos* (verwandt mit *makarios*, glücklich, glückselig), das bedeuten kann, jemand seines Glückes wegen zu schätzen, zu rühmen oder zu beneiden, aber eben auch, da Freundschaft Gegenseitigkeit ist, eine gemeinsame und gegenseitige Danksagung.

11 DIE DEMUT

1 Montaigne, *Essais*, II, 2, a. a. O., S. 334.

2 *Essais*, II, 12, vgl. auch III, 13 (es sind die Schlußsätze des längsten, beziehungsweise des letzten Essais: Montaignes letzte Worte sind von einer milden und fröhlichen Demut).

3 *Ethik*, III, Lehrsatz 59, Begriffsbestimmung 26 der Affekte.

4 *Ethik*, III, Lehrsatz 55.

5 *Ethik*, IV, Lehrsatz 53.

6 *Ethik*, IV, Erläuterung zu Lehrsatz 54.

7 Ebd.

8 *Ethik*, IV, Lehrsatz 53, Beweis. Zum Unterschied zwischen «tugendhafter Demut» und «lasterhafter Demut» vgl. auch Descartes, *Traité des passions*, III, Artikel 155 und 159.

9 *Nikomachische Ethik*, IV, 9.

10 *Ethik*, III, Lehrsatz 59, Begriffsbestimmung 29 der Affekte. (Die französische Übersetzung der *Ethik* von Bernard Pautrat erschien 1988 bei Seuil. Anm. des Übersetzers.)

11 *Ethik*, III, Lehrsatz 59, Erläuterung zur Begriffsbestimmung 28 der Affekte.

12 Man könnte wahrscheinlich *mutatis mutandis* über die Demut sagen, was Alexandre Matheron über die Reue schreibt: «diese wahre Kenntnis des Bösen macht uns empfänglich für die befreiende Wahrheit» (*Le Christ et le salut des ignorants chez Spinoza*, Paris 1971, S. 113). Selbst als Traurigkeit kann die Demut jedem helfen, sich von sich zu lösen: Sie ist ein Gegenmittel gegen den Narzißmus. Übrigens ist sie, mindestens so sehr wie die Reue, Teil der Botschaft der Propheten (Spinoza erinnert daran: *Ethik*, IV, 54, Erl.) und der Evangelien (Christus: «denn ich bin sanftmütig und von Herzen demütig», Mt. 11,29), auf die sich Spinoza bekanntlich ausdrücklich beruft.

13 «Je größer nun aber die Traurigkeit ist, einem um so größeren Teil des menschlichen Tätigkeitsvermögens steht sie notwendig entgegen; je größer sie also ist, mit desto größerem Tätigkeitsvermögen wird der Mensch bestrebt sein, die Traurigkeit zu entfernen» (*Ethik*, III, Beweis zu Lehrsatz 37). Darin kann man eine ganze «Dynamik des Widerstandes» finden: Vgl. dazu den schönen Artikel von Laurant Bove, «Spinoza et la question de la résistance», in: *L'enseignement philosophique*, Nr. 5, Mai–Juni 1993, S. 3–20.

14 *Ethik*, IV, Erläuterung zu Lehrsatz 52.

15 *Tugendlehre*, § 4, *Werke VIII*, S. 552 f. («Ehrliebe» ist, wie Kant ausdrücklich betont, nicht mit «Ehrbegierde» zu verwechseln. Anm. des Übersetzers.)

16 Ebd., § 11, *Werke VIII*, S. 569 f.

17 Ebd., § 12, S. 571.

18 Wie Kant es tut: ebd.

19 Ebd., S. 571 f.

20 Ebd., § 11, S. 569.

21 Ebd., S. 570.

22 Ebd., S. 572.

23 *Ethik*, III, Lehrsatz 59, Begriffsbestimmung 29 der Affekte, Erklärung. Vgl. auch IV, Anhang, Hauptsatz 22 (und Descartes, *Traité des passions*, Artikel 159).

24 *Götzen-Dämmerung*, «Sprüche und Pfeile», Nr. 31.
25 *Traité des passions*, III, Artikel 155; vgl. auch die Verurteilung des Stolzes im Artikel 157. Über die Demut in der christlichen Tradition lese man den schönen Artikel von Jean-Louis Chrétien, in: *Autrement (L'humilité)*, Nr. 8 der Reihe «Morales», S. 37–52.
26 *Ethik*, IV, Erläuterung zu Lehrsatz 58.
27 *Jenseits von Gut und Böse*, 260.
28 Ebd.
29 *Traité des vertus*, II, 1, Kapitel 4 («L'humilité et la modestie»), S. 286.
30 Ebd., S. 285.
31 Zitiert in: *Vocabulaire de théologie biblique*, Artikel «Humilité», Paris 1971, S. 555 (hier übersetzt aus dem Französischen, J. W.).
32 Op. cit., z. B. S. 287 und 401.
33 Ebd., S. 308 f.

12 DIE EINFACHHEIT

1 Angelus Silesius, *Der cherubinische Wandersmann*, 289.
2 *Maximen und Reflexionen*, 1209 (Artemis-Gedenkausgabe, Zürich und Stuttgart 1984, Band 9, S. 651).
3 *Le philosophe et les sortilèges*, Editions de Minuit, Paris 1985, S. 52. Vgl. auch *Le réel et son double*, Gallimard, Paris 1976, Nachdruck 1984.
4 Wie Michel Dupuy richtig festgestellt hat; siehe seinen Artikel «Simplicité» im monumentalen *Dictionnaire de spiritualité ascétique et mystique*, hrsg. von M. Viller SJ, Band 14, Beauchesne, Paris 1990, S. 921.
5 *L'éloignement du monde*, Lettres vives, 1993, S. 12.
6 *Essais*, I, 26, S. 208. Dasselbe gilt noch mehr für die Ausdrucksweise: «Die Rede, die ich liebe, ist eine einfache und unbefangene Rede, auf dem Papier wie auf den Lippen, eine saftige und kraftvolle Sprache, kurz und bündig, nicht zart und verblümt, sondern eindringlich und herzhaft . . .» (ebd.)
7 Ebd.
8 *Discours de la méthode*, VI, AT, 70–71.
9 *Lettres et opuscules spirituels*, XXVI, «Sur la simplicité», Bibliothèque de la Pléiade, Band 1, Paris 1983, S. 677.
10 Ebd., S. 683.
11 Ebd., S. 677.
12 Ebd., S. 677 und 679.
13 Ebd., S. 686.
14 *Traité des vertus*, III (*L'innocence et la méchanceté*), S. 404 f. in der Ausgabe Champs-Flammarion 1986.
15 *Maximes et réflexions*, 289.

16 Matthäus, 6,26–28 (vgl. auch Lukas, 12,22–27).
17 Christian Bobin, *L'éloignement du monde*, S. 37.
18 Matthäus, 6,34.
19 *Eloge du rien*, Fata Morgana, 1990, S. 15.

13 Die Toleranz

1 Was nicht besagt, daß sie wahr ist, sondern nur, daß es, sollte sie falsch sein, möglich ist, das aufzuzeigen (vgl. K. Popper, *Logik der Forschung*); es besagt auch nicht, daß sie ausschließlich und vollkommen wissenschaftlich sei (vgl. K. Popper, *Ausgangspunkte*, Hamburg 1979, Kap. 37), sondern nur, daß sich ein Teil von ihr dem Meinen – und damit der Toleranz – entzieht.

2 *Maximes et réflexions*, 19.

3 V. Jankélévitch, *Traité des vertus*, II, 2, S. 92 der Ausgabe Champs-Flammarion 1986.

4 *Die offene Gesellschaft und ihre Feinde*, München 1975, S. 359.

5 J. Rawls, *Eine Theorie der Gerechtigkeit*, Abschnitt 35, a. a. O., S. 250.

6 Op. cit., S. 93.

7 Op. cit., S. 359. Vgl. auch die zitierte Schrift von Rawls, vor allem S. 248 ff.

8 V. Jankélévitch, op. cit., S. 93.

9 Montesquieu, *Über den Geist der Gesetze*, III, 1–9; Hannah Arendt, *Elemente und Ursprünge totaler Herrschaft*, Band 3: *Das totalitäre System*, 4. Kapitel. Zum Sonderfall des Stalinismus siehe auch *Der Ikarus-Mythos*, 2. Kapitel.

10 *Définitions*, Pléiade, *Les arts et les dieux*, S. 1095 (Definition der Toleranz).

11 Op. cit.

12 Zu diesen Fragen, die ich hier nur anreißen kann, vgl. *Valeur et vérité (études cyniques)*, PUF, Paris 1994.

13 Montaigne, *Essais*, II, 11; Pierre Bayle, *De la tolérance (Commentaire philosophique sur ces paroles de Jésus-Christ «Contrains-les d'entrer»)*, Presses Pocket, Paris 1992, S. 189; Voltaire, *Philosophisches Taschenwörterbuch*, Artikel «Toleranz» (vgl. auch vom selben Autor *Traité sur la tolérance*, besonders die Kapitel 21, 22 und 25, Garnier-Flammarion, Paris 1989, S. 132 ff.).

14 *Philosophisches Taschenwörterbuch*, Artikel «Toleranz». Zum Toleranzgedanken im 18. Jahrhundert siehe E. Cassirer, *Die Philosophie der Aufklärung*, IV, 2.

15 Spinoza, *Theologisch-politischer Traktat* (vor allem Kapitel 20); Locke, *Brief über die Toleranz (Epistola de tolerantia)*, übers. von J. Ebbinghaus, Hamburg 1957.

16 *Theologisch-politischer Traktat*, 20. Kapitel (hier der besseren Lesbarkeit we-

gen zitiert nach: Wilhelm Weischedel, *Die philosophische Hintertreppe*, dtv 1975, S. 136; in der Felix-Meiner-Ausgabe findet sich die Stelle auf S. 304. Anm. d. Übers.).

17 Ebd., Felix-Meiner-Ausgabe, S. 309.

18 Johannes-Paul II., Enzyklika *Veritas splendor*.

19 Ebd.

20 Ebd.

21 Ebd.

22 Ebd., vor allem die Abschnitte 35–37 (gegen die Selbstbestimmtheit) und 53 (gegen den kulturellen und historischen Relativismus).

23 Ebd.

24 Ebd.

25 Ebd.

26 Ebd.

27 Ebd.

28 Ebd.

29 *Esquisse d'un tableau historique des progrès de l'esprit humain*, VIII, Vrin, Paris 1970, S. 129.

30 Alle diese Zitate stammen aus dem nach wie vor wertvollen *Vocabulaire technique et critique de la philosophie* von Lalande, in: *Bulletin de la Société française de philosophie*, 1902–1923, Nachdruck PUF, Paris 1968, S. 1133–1136 (Artikel «Tolérance»). Vorbehalte derselben Art gegen das Wort findet man auch im bereits zitierten Kapitel von Jankélévitch (S. 86 f.).

31 Op. cit., S. 86 und 94.

32 F. Abauzit in einer Diskussion der Société française de philosophie, in: Lalande, *Vocabulaire* ..., S. 1134. Siehe auch Jankélévitch, op. cit., S. 87.

33 Op. cit., S. 101 f.

34 Den Ausdruck «Tugend von zweifelhaftem Ruf» (*petite vertu*), den ich auf die Höflichkeit bezog (vgl. oben, Kapitel 1), wendet Jankélévitch auf die Toleranz an (op. cit., S. 86).

14 Die Reinheit

1 Vgl. *Bekenntnisse*, XI, 4.

2 *De rerum natura*, IV, Verse 1075 und 1081.

3 *Schwerkraft und Gnade*, übers. von F. Kemp, Piper, München 1989, S. 89.

4 *Also sprach Zarathustra*, Teil I.

5 *Schwerkraft und Gnade*, S. 93.

6 Ebd.

7 *Die Religion innerhalb der Grenzen der bloßen Vernunft*, Erstes Stück, allgemeine Anmerkung, *Werke VIII*, S. 695.

8 Vgl. ebd., dieselbe Anmerkung, S. 695 f., sowie S. 686 ff.; außerdem *Grundlegung zur Metaphysik der Sitten*, passim.

9 Vgl. Spinoza, *Ethik*, III, Lehrsatz 59, Begriffsbestimmung 6 der Affekte: «Liebe ist Freude, begleitet von der Idee einer äußeren Ursache.» Wer sich nur freut, weil er den anderen besitzt, liebt ihn also nicht: Er liebt nur den *Besitz* des anderen (er freut sich nicht darüber, daß es den anderen gibt, sondern darüber, daß er ihm gehört!), er liebt nur den Genuß, den er daraus bezieht, und liebt sich also nur selbst. Daraus ergibt sich natürlich keinerlei Verurteilung der Sexualität als solcher: Siehe dazu die schöne Richtigstellung von Alexandre Matheron, «Spinoza et la sexualité», in: *Anthropologie et politique au XVIIe siècle (Etudes sur Spinoza)*, Vrin, Paris 1986, S. 201–230.

10 Über *eros, philia* und *agape* vgl. unten, Kapitel 18. Erinnern wir daran, daß alle diese drei Wörter im Griechischen *Liebe* bedeuten, aber in dreifachem Sinne: *eros* ist das Begehren oder die Leidenschaft der Liebe, *philia* ist die Freundschaft und *agape* ist die selbstlose Liebe zum Nächsten.

11 Alle Zitate aus: *Lettres et opuscules spirituels*, XXIII, «Sur le pur amour», S. 656–671 der Pléiade-Ausgabe, Band I, Paris 1983.

12 *De diligendo Deo (Über die Liebe zu Gott)*, XIV, 28.

13 *De rerum natura*, IV, 1058 ff. Für die Epikureer ist die Lust rein, wenn sie nicht mit Leid, Enttäuschung oder Angst verbunden ist – was die Leidenschaft verunmöglicht.

14 Ebd., 1071 *(volgivaga – que vagus venere)*.

15 Wie Montaigne sagte *(Essais*, III, 5), aber es ist eine Formulierung, gegen die Lukrez wohl nichts gehabt hätte: Vgl. *De rerum natura*, IV, 1278 ff. Bei Montaigne (III, 9) findet sich auch der Ausdruck «eheliche Freundschaft», über den sich jeder Epikur-Jünger nur hätte freuen können.

16 Vgl. Spinoza, *Ethik*, III, Lehrsatz 35 mit Beweis und Erläuterung.

17 *Phaidros*, erste Rede des Sokrates, 237 a–241 d.

18 *Schwerkraft und Gnade*, a. a. O., S. 94.

19 Ebd.

20 Op. cit., S. 168.

21 Apostel Paulus, Brief an die Römer 14,14.

22 Apostel Paulus, Brief an Titus, 1,15.

23 Op. cit., S. 168.

24 Fénelon, a. a. O., S. 672.

25 Fénelon, a. a. O., S. 662.

26 Fénelon, a. a. O., S. 663.

27 Ebenfalls ein Gedanke, der sich bei Simone Weil findet und alle anderen zusammenfaßt: Vgl. dazu die Beiträge von Aimé Forest («Simone Weil et l'idée de purification») und Georges Charot («Simone Weil ou la rencontre de la pureté et de l'amour») in der Nummer VI, 3 der *Cahiers Simone Weil* (Sep-

tember 1983). Vgl. auch *Das Unglück und die Gottesliebe*, übers. von
F. Kemp, München 1953.
28 *Ethik*, V, Lehrsatz 42.

15 DIE SANFTMUT

1 Brief an Falconet vom Juli 1767, zit. in: Ch. Guyot, *Diderot par lui-même*,
Seuil, Paris 1957, S. 37.
2 So sieht es Tzvetan Todorov, der von der Erfahrung der Konzentrationslager
aus über Moral nachdenkt. Vgl. *Angesichts des Äußersten*, München 1993.
3 Ebd.
4 *Une vie bouleversée, Journal 1941–1943*, Seuil, Paris 1985, S. 185, siehe auch
S. 186.
5 Camus sagt diesen schönen Satz über seine Mutter (*Der erste Mensch*, Rowohlt. Reinbek 1995. Vgl. auch im Anhang der französischen Ausgabe, Paris
1994, S. 283: «Seine Mutter *ist* Christus»).
6 Op. cit.: «Muß ich eigens vermerken», fügt Todorov hinzu, «daß das Paar,
von dem ich rede, von zwei Männern oder zwei Frauen gebildet sein kann und
daß andererseits seine Stabilität hier nicht zur Debatte steht?» Die Menschheit ist geschlechtlich und zweigeschlechtlich; doch dieser Unterschied geht
bekanntlich durch jeden von uns durch und bedingt natürlich keinerlei ge-
schlechtsspezifisches Verhalten.
7 *Traurige Tropen*, a. a. O., S. 403.
8 Über Swami Prajnanpad (1891–1974), einer der spirituellen Meister unserer
Zeit, siehe insbesondere S. Prakash, *L'expérience de l'unité*, L'originel, Paris
1986. Vgl. auch mein Vorwort zu Band 2 seines Briefwechsels (*Les yeux ou-
verts*, L'originel, 1989), sowie (über die Passivität) S. 177–179 von Band 1
(*L'art de voir*, L'originel, 1988).
9 Vgl. z. B. *Das Unglück und die Gottesliebe* sowie *Schwerkraft und Gnade*.
10 *Ethik*, IV, Erläuterung 1 zu Lehrsatz 37.
11 *Essais*, II, 11.
12 *Diskurs über die Ungleichheit*, a. a. O., S. 151. Wie J. Starobinski vermerkt,
nimmt die Maxime indirekt Bezug auf die Evangelien nach Matthäus (7,12)
und Lukas (6,31).
13 Rousseau, ebd. Diese Maxime ist nach Rousseau vom Mitleid abgeleitet, was
gut möglich ist; aber sie kann nicht absolut mit ihm zusammenfallen: Das
Mitleid setzt beim anderen Leid voraus, während die Sanftmut, sofern sie
antizipiert, eher bedacht ist, es zu vermeiden. Sie ist ein Mitleid ohne Gegenstand und dadurch frei von Leid (ein nicht reaktives Mitleid).
14 Vgl. das schöne, sehr kompetente Buch von Jacqueline de Romilly, *La douceur
dans la pensée grecque*, Les Belles Lettres, Paris 1979.

15 Ebd., S. 38.

16 Ebd., S. 1.

17 Trotz der Vorbehalte Platons, der Gerechtigkeit und Erkenntnis der Sanftmut vorzieht: Vgl. die reichhaltigen und differenzierten Untersuchungen von J. de Romilly, op. cit., S. 176 f. Epikur steht wie gewöhnlich auf Aristoteles' Seite: Zur legendären «Sanftmut Epikurs» vgl. A.-J. Voelke, *Les rapports avec autrui dans la philosophie grecque d'Aristote à Panétius*, Vrin, Paris 1961, S. 98–101, sowie *Vatikanische Spruchsammlung*, 36 (Hermarchos zugeschrieben).

18 *Eudemische Ethik*, II, 3, 1220b 35 ff. und III, 3, 1231b 5–27. Siehe natürlich auch *Nikomachische Ethik*, IV, 11, 1125b 26–1126b 9, sowie die Erläuterungen von J. de Romilly, op. cit., S. 189–196.

19 Wie J. de Romilly sagt (op. cit., S. 195) und Aristoteles zugibt (*Nikomachische Ethik*, IV, 1125b 31–1126a 2).

20 *Nikomachische Ethik*, IV, 11, 1125b 32–34.

21 Ebd., 1126a 7–8.

22 Im Gegensatz zur Lehre der Evangelien, deren extreme Radikalität man zu oft vergißt: «Ihr habt gehört, daß gesagt ist: ‹Auge um Auge, Zahn um Zahn.› Ich aber sage euch, daß ihr nicht widerstreben sollt dem Übel, sondern: wenn dich jemand auf deine rechte Backe schlägt, dem biete die andere auch dar. Und wenn jemand mit dir rechten will und dir deinen Rock nehmen, dem laß auch deinen Mantel . . .» (Matthäusevangelium 5,38–40).

23 *Schwerkraft und Gnade*, a. a. O., S. 122.

24 Ebd., S. 123.

25 Ebd.

26 Nicht die *Abschaffung* der Todesstrafe, sondern ihre *Aussetzung*, die «aufgehoben werden könnte, wenn man es zum Beispiel wieder mit Feinden der Menschheit von der Art zu tun hätte, wie sie in Nürnberg verurteilt wurden»: *Le fondement de la morale*, Kap. 29 und 30, S. 124–130, Zitat S. 130, Anm. 1 (Ed. de Mégare, Paris 1982 und Nachdr. PUF 1993; beide Ausgaben sind seitengleich).

27 Op. cit., S. 123/124.

28 Wie die dritte Seligpreisung lautet: Matthäus 5,5.

16 Die Aufrichtigkeit

1 Von *aletheia* (griechisch: *Wahrheit*), und im Gegensatz zur *theologalen* Tugend, die sich auf Gott bezieht und den Glauben im christlichen Sinne bezeichnet.

2 So lautet der erste Satz der Vorbemerkung zu den *Essais* («An den Leser»), a. a. O., S. 51.

3 «Réflexions diverses», 5 (De la confiance), *Maximes et réflexions*, Le livre de poche, 1965, S. 141.

4 Maxime 62.

5 *Essais*, a. a. O., II, 17, S. 523.

6 Ebd.

7 Ebd.

8 Ebd.

9 Aristoteles, *Die Nikomachische Ethik*, IV, 13, 1127 a 13–1127 b 32.

10 Ebd., siehe auch II, 7, 1108 a 19–22, und *Eudemische Ethik*, III, 7, 1233 b 38–1234 a 4.

11 *Nikomachische Ethik*, IV, 1, 1127 a 23–25.

12 Ebd., 1127 a 29–30.

13 Ebd., vor allem 1127 b 23–33.

14 Über die Liebe des Tugendhaften zu sich selbst (im Gegensatz zum Egoismus des Schlechten), s. *Nikomachische Ethik*, IX, 4 (1166a–1166b), und IX, 8 (1168a–1169b).

15 *Nikomachische Ethik*, IV, 8 (1124b 28–31). Begriffe wie Edelmut oder Seelenadel sind aus unserem heutigen ethischen Vokabular fast verschwunden. Abgesehen von dem, was Aristoteles darüber sagt (IV, 7–9), gibt es einige etwas neuere literarische Beispiele. So könnte man sagen, daß Edelmut die Tugend von Athos in den *Drei Musketieren* (und mehr noch in den Folgebänden *Vingt ans après* und *Le Vicomte de Bragelonne*) ist, Klugheit diejenige d'Artagnans, Höflichkeit diejenige von Aramis, und daß Mut die Tugend von Porthos wäre, wenn sie ihn nicht so offensichtlich alle besäßen.

16 S. *Nikomachische Ethik*, IV, 7 (1123b 15–1124a 19).

17 Spinoza, *Die Ethik*, IV, Lehrsatz 72, a. a. O., S. 257.

18 Ebd., Beweis, S. 258.

19 Ebd., Erläuterung, S. 258.

20 Ebd., S. 213.

21 *Ethik*, III, Begriffsbestimmungen der Affekte, a. a. O., S. 173 ff.

22 S. *Ethik*, IV, Lehrs. 2–4 (insbes. den Folgesatz zu Lehrs. 4), a. a. O., S. 197 ff.

23 *Ethik*, IV, Beweis zu Lehrsatz 72, a. a. O., S. 258.

24 Spinoza, *Politischer Traktat*, Meiner, Hamburg 1994, II, § 12, S. 25.

25 *Ethik*, III, Erläuterung zu Lehrsatz 9, a. a. O., S. 123.

26 *Ethik*, III, Begriffsbestimmungen der Affekte 1. und Erklärung, a. a. O., S. 173 f.

27 Erinnern wir uns daran, daß ich so die *misericordia* Spinozas übersetzt habe: s. *Ethik*, III, Begriffsbestimmungen der Affekte 24., a. a. O., S. 180 und oben Kap. 8, S. 130 f.

28 Spinoza, *Theologisch-politischer Traktat*, Meiner, Hamburg 1965, Kap. 14, S. 249 ff.

29 S. *Ethik*, IV, Lehrsatz 20, Beweis und Erläuterung, a. a. O., S. 211 f.
30 *Ethik*, IV, Lehrsatz 66, Beweis, Folgesatz u. Erläuterung, a. a. O., S. 253 f.
31 Kant, *Metaphysik der Sitten, Tugendlehre*, I, 1. Buch, 2. Hauptstück, § 9, *Werke VIII*, S. 562 ff.; *Über ein vermeintes Recht aus Menschenliebe zu lügen*, ebd. S. 637–643.
32 *Über ein vermeintes Recht . . .*, a. a. O., S. 641.
33 Benjamin Constant, zitiert von Kant, ebd., S. 637.
34 Ebd., S. 639; s. auch *Tugendlehre*, § 9, a. a. O., S. 562 f.
35 *Tugendlehre*, § 9, a. a. O., S. 563.
36 Jankélévitch, *Traité des vertus*, II, 1, Kap. 3 («La sincérité»), Flammarion, Paris 1986, S. 283.
37 Ebd., S. 249–250.
38 Ebd.
39 Ebd., S. 249.
40 Ebd., S. 251.
41 Jean-Paul Sartre, *Das Sein und das Nichts*, Rowohlt, Hamburg 1991, I. Teil, 2. Kapitel, S. 119 ff.
42 Ebd., S. 159.
43 Ebd., S. 159.
44 So ähnlich bei Pascal.
45 *Ethik*, V, Lehrsatz 32 und Folgesatz, a. a. O., S. 295.
46 Ebd., Lehrsatz 24, S. 290.
47 Sigmund Freud, Brief an James J. Putnam vom 30. März 1914.
48 Sigmund Freud, *Die endliche und die unendliche Analyse*, in: Studienausgabe, Schriften zur Behandlungstechnik, Ergänzungsband, Fischer, Frankfurt 1975, S. 388.
49 Alain, *Définitions* (Definition des Geistes), *Les arts et les dieux* (Pléiade), S. 1056.
50 Vgl. *Ethik*, III, Erläuterungen zu den Lehrsätzen 9 u. 39, a. a. O., S. 123 u. 150.

17 DER HUMOR

1 *Traité des vertus*, II, Kap. 4, «L'humilité et la modestie» («Die Demut und die Bescheidenheit»), Flammarion, Paris 1986, S. 338.
2 Siehe Kap. 16, S. 246, Anm. 49.
3 Michel de Montaigne (der sich hier auf Juvenal stützt), *Essais*, Auswahl und Übertragung von Herbert Lüthy, Manesse Bibliothek der Weltliteratur, Zürich 1953, I. Buch, Bd. 1, S. 291/292; s. a. die Anmerkung von Villey in der französischen Ausgabe von Villey-Saulnier, a. a. O., Bd. 2, S. 1261.
4 Montaigne, *Essais*, a. a. O., S. 292.
5 Ebd., S. 292.

6 Ebd., S. 293.
7 *Politischer Traktat*, I, 4, «nicht zu verlachen, nicht zu beklagen und auch nicht zu verdammen, sondern zu begreifen» (Meiner, Hamburg 1994, S. 11). In der *Ethik* dagegen werden das Lachen wie auch der Scherz als «reine Freude» begrüßt; aber hier handelt es sich um ein anderes Lachen, das ausdrücklich vom Spott unterschieden wird (IV, Erläuterung zu Lehrs. 45, a. a. O., S. 235; s. a. *Kurze Abhandlung von Gott, dem Menschen und dessen Glück*, Meiner, Hamburg 1991, Teil II, 11. Kap., Abschnitt 1 u. 2), S. 79 f.
8 S. Kierkegaard, *Abschließende unwissenschaftliche Nachschrift zu den Philosophischen Brocken*, in: *Werke*, Diederichs, Jena 1925, Bd. 7.8, S. 128. Zu Humor und Ironie s. a. Kap. 5 in meinem Buch *Vivre*, Paris 1988, S. 193–198.
9 Rainer Maria Rilke, *Briefe an einen jungen Dichter*, Leipzig 1944, S. 15.
10 Kierkegaard, *Unwissenschaftliche Nachschrift ...*, a. a. O., S. 128.
11 Wie Theodor Lipps anmerkt. Zitiert bei Luigi Pirandello, *L'humour et autres essais*, Paris 1988, S. 31.
12 Vgl. L. Pirandello, a. a. O., vor allem S. 13: «Die Ironie als rhetorische Figur setzt eine Täuschung voraus, die der Natur des authentischen Humors vollkommen entgegengesetzt ist. Diese rhetorische Figur beinhaltet einen – allerdings fiktiven – Widerspruch zwischen dem, was man sagt und dem, was man zu verstehen geben will. Der Widerspruch des Humors dagegen ist niemals fiktiv, sondern wesentlich ...»
13 Vgl. «L'illusion, la vérité et la moquete de Woody Allen», in: *Valeur et vérité*, Paris 1994, S. 16.
14 *Politischer Traktat*, I, 4, a. a. O., S. 11.
15 Sigmund Freud, «Der Humor», in: *Psychologische Schriften*, Studienausgabe Bd. IV, Fischer, Frankfurt a. M. 1970, S. 278.
16 Vgl. ebd., S. 280 f.
17 Ebd., S. 278.
18 Ebd., S. 282.
19 Ebd., S. 279.
20 Dieses Beispiel führt Freud an, ebd., S. 277, s. a. «Der Witz und seine Beziehung zum Unbewußten», in: Studienausgabe Bd. IV, a. a. O., S. 213.
21 Ebd., S. 278.
22 Ebd.
23 Bobin, *L'éloignement du monde* (Lettres vives), Paris 1993, S. 50–51.
24 So D. Noguez in seinem ausgezeichneten Artikel über die Struktur der humoristischen Sprache, in: *Revue esthétique*, 1969, Bd. 22, S. 37–54 (die zitierte Stelle findet sich auf S. 51 f.). S. a. R. Escarpit, *L'humour*, coll. «Que sais-je?», Neuaufl. PUF, Paris 1972, S. 114–117 sowie V. Jankélévitch, *L'ironie*, Kap. III, § 4, Neuaufl. Champs-Flammarion, Paris 1991, S. 171–172. Der Sprachgebrauch, stellt Jankélévitch fest, «verleiht dem Wort ‹Humor› einen

Anklang von Freundlichkeit und liebevoller Gutmütigkeit, den er dem Ironiker zuweilen verweigert. In der schneidenden Ironie liegen eine gewisse Boshaftigkeit und eine Art bitterer Gemeinheit, die jede Milde ausschließen; die Ironie ist manchmal gehässig, verächtlich und aggressiv. Der Humor dagegen beinhaltet Sympathie. Er ist wirklich das ‹Lächeln der Vernunft›, nicht Vorwurf oder harter Sarkasmus. Während die misanthropische Ironie den Menschen gegenüber eine feindselige Haltung bewahrt, nimmt der Humor Anteil an dem, worüber er scherzt; er ist heimlicher Komplize des Lächerlichen, hat das Gefühl, mit ihm unter einer Decke zu stecken ...» Ein und derselbe Mensch, wir betonen es noch einmal, kann natürlich Humor und Ironie miteinander verbinden, aber dennoch bleiben es zwei verschiedene Dinge. Das unterstreicht auch L. Pirandello, a. a. O., S. 15: «Selbst wenn die Ironie zu guten Zwecken eingesetzt wird, verbindet man sie immer mit der Vorstellung von Spott und Schärfe. Zwar können ausgesprochen humoristische Schriftsteller durchaus spöttisch oder scharfzüngig sein, doch erschöpft sich ihr Humor nicht in diesem scharfen Spott.»

25 Kierkegaard, *Unwissenschaftliche Nachschrift*, a. a. O., S. 264.
26 S. Freud, Brief an Marie Bonaparte vom 13. August 1937 (*Why live, if you can be buried for ten Dollars?*»), in: S. Freud, *Briefe*, Fischer, Frankfurt/M. 1960, S. 429. Die Zitate von Woody Allen sind entnommen aus *Opus 1 und 2*, frz. Übersetzung, Neuaufl. Paris (Seuil, Reihe «Point Virgule»), 1985 und 1986.
27 Ebd.
28 Kierkegaard, a. a. O.
29 Ebd.
30 Ebd.
31 Ebd.
32 Ebd.

18 Die Liebe

1 S. Immanuel Kant, *Kritik der praktischen Vernunft*, «Von den Triebfedern der reinen praktischen Vernunft», *Werke VII*, S. 205, und vor allem *Metaphysische Anfangsgründe der Tugendlehre*, Einleitung XII c, «Von der Menschenliebe», *Werke VIII*, S. 532 f.: «*Liebe* ist eine Sache der *Empfindung*, nicht des Wollens, und ich kann nicht lieben, weil ich *will*, noch weniger aber, weil ich *soll* (zur Liebe genötigt werden); mithin ist eine *Pflicht zu lieben* ein Unding.» (Hervorhebungen von Kant)
2 Über die Pflicht als Zwang, s. Kant, *Kritik der praktischen Vernunft*, Analytik (vor allem Hauptstück 1 und 3) sowie *Tugendlehre*, a. a. O., Einleitung, I. In letzterem Text zeigt Kant, daß das moralische Gesetz die Form einer Pflicht nur annimmt für vernünftige Wesen, die «unheilig genug sind, daß sie die

ANMERKUNGEN

Lust wohl anwandeln kann, das moralische Gesetz, ob sie gleich dessen Ansehen selbst anerkennen, doch zu übertreten und, selbst wenn sie es befolgen, es
dennoch *ungern* (mit Widerstand ihrer Neigung) zu tun, als worin der *Zwang*
eigentlich besteht» (S. 508 f., Hervorhebungen von Kant). Derselbe Gedanke
ein paar Seiten weiter: Die Pflicht «ist eine *Nötigung* zu einem ungern ge-
nommenen Zweck» (Einleitung IV, S. 515). Wenn man (im Gegensatz zu
Kant, aber im Einvernehmen mit Aristoteles und allen Philosophen der Antike) annimmt, daß die Tugend im Gegenteil voraussetzt, daß man *gern* handelt, so folgt daraus, daß Pflicht und Tugend – voll guten Willens – dazu
neigen, sich umgekehrt proportional zueinander zu entwickeln: zum Beispiel
ist einer, der nur *aus Pflicht* gibt, also sozusagen *guten Willens, aber ungern*,
deswegen nicht großzügig (er ist nur ein Geizhals, der sich überwindet, ein
moralischer Geizhals, was allerdings immer noch besser ist als ein Geizhals,
der sich nicht überwindet); umgekehrt ist für den wirklich großzügigen Menschen eine Gabe oder Wohltätigkeit kein Zwang und damit (weil er *gern* gibt)
keine Pflicht mehr. Diese beiden Extreme sind natürlich theoretisch. Aller
Wahrscheinlichkeit nach hat es jemals weder reine Tugend ohne Zwang gegeben (das wäre Heiligkeit) noch reine Pflichterfüllung ohne jede Tugend (das
wäre herzlose, freudlose, lieblose Moral, vollkommen widerwillige Moral –
eine traurige Moral!). Tatsächlich gibt es lauter Zwischenstufen – allerdings
nur im Verhältnis zu den beiden Extremen, die, so theoretisch sie auch sein
mögen, dennoch aufschlußreich sind. Man könnte im übrigen das gleiche
auch anders und besser zum Ausdruck bringen, wenn man zwei verschiedene
Arten von Tugend unterscheidet: eine rein moralische Tugend (die Tugend
bei Kant: handeln aus Pflichtgefühl) und eine ethische Tugend (die Tugend
bei Aristoteles oder Spinoza: gern und freudig Gutes tun). Natürlich brauchen wir beides, und leider um so mehr von der ersten, als wir unfähiger sind
zur zweiten. S. zu diesem Thema auch meine Ausführungen in *Vivre*, a. a. O.,
S. 115–133 und in *Valeur et vérité*, a. a. O., S. 183–205.

3 Friedrich Nietzsche, *Jenseits von Gut und Böse*, Nr. 153, in: Werke, Bd. IV,
München (Hanser) 1980, S. 637.
4 I. Kant, *Kritik der praktischen Vernunft*, a. a. O., S. 207.
5 I. Kant, *Tugendlehre*, Einleitung XIIc, a. a. O., S. 532.
6 I. Kant, *Kritik der praktischen Vernunft*, a. a. O., S. 205.
7 Ebd.
8 Siehe oben, Kap. 1.
9 Wie Augustinus so trefflich sagte, wobei seine Formulierung natürlich nichts
mit Permissivität zu tun hat, sondern im Gegenteil höchste Anforderungen
stellt und zugleich im höchsten Maße Freiheit läßt (*Kommentar zum ersten
Brief des Johannes*, VII, 8).
10 Matthäusevangelium 5,17.

11 Spinoza, *Theologisch-politischer Traktat*, a. a. O., 4. Kap., S. 87 («befreite er sie von der Knechtschaft des Gesetzes, und nichtsdestoweniger bestätigte und befestigte er dadurch das Gesetz noch mehr und schrieb es tief in ihre Herzen ein»). Über die unterschiedliche Auffassung dieses Punktes bei Nietzsche und Spinoza s. meinen Beitrag zu *Pourquoi nous ne sommes pas nietzschéens*, hrsg. v. L. Ferry u. A. Renaut, Paris (Grasset, coll. «Le collège de philosophie») 1991, insbes. S. 65–68, sowie meine Stellungnahme beim Kolloquium über Nietzsche und das Judentum *De Sils-Maria à Jérusalem*, hrsg. v. D. Bourel u. J. Le Rider, (Cerf) 1991 («Nietzsche et Spinoza», S. 47–66).

12 Über den Unterschied zwischen Moral und Ethik (und über die Moral als *Anschein von Liebe*) s. meinen Aufsatz «Morale ou éthique?», in: *Valeur et vérité*, Paris (PUF) 1994, S. 183–205.

13 Siehe Pascal, *Gedanken*, 702, a. a. O., S. 340. Hume, *Traktat über die menschliche Natur*, 2 Bände, Hamburg (Meiner) 1978, Bd. II, 3. Buch, 1. Teil, Abschnitt 1 u. 2; s. a. *Eine Untersuchung über die Prinzipien der Moral*, insbesondere Anhang I. Bergson, *Les deux sources de la morale et de la religion*, S. 85–99 (S. 1046–1057 der Neuaufl. Paris [PUF] 1970). Aristoteles hatte vor ihnen allen bereits festgestellt, daß «es nur eine einzige Antriebsfeder gibt, die Fähigkeit zu begehren», und daß «der Intellekt sich eindeutig ohne die Begierde nicht bewegt» (*De anima*, III, 10, 433a, 21–24; s. a. II, 3, 414b, 1–5). Dies ist einer der vielen Punkte, in denen Epikur und Lukrez Aristoteles zustimmen würden.

14 Platon, *Das Gastmahl*, Hamburg (Meiner), 1960, 198c–199b, S. 73f.

15 S. z. B. *Das Gastmahl*, 177d, S. 19 («ich, dessen ganze Weisheit sich um die Liebe dreht»), 198d, S. 73 («wo Sokrates erklärt, er sei «stark in Sachen der Liebe»), 212b, S. 113 («befleißige mich der Liebeskunst aufs angelegentlichste...»); s. a. *Lysis*, 204b–c.

16 *Das Gastmahl*, a. a. O., 183e, S. 33.

17 Ebd., 188d, S. 47.

18 Ebd., 178a–197e, S. 19ff. Eine Analyse und ein Kommentar zu diesen verschiedenen Reden finden sich in der sehr ausführlichen Einleitung von L. Robin zu *Le Banquet*, Paris (Les Belles Lettres), Neuaufl. 1992, sowie in ganz anderer Art *Séminaire* (unglaublich geschwätzig, aber anregend) von Jacques Lacan, *Le transfert (Séminaire VIII)*, Paris (Seuil) 1991, v. a. S. 29–195. Über die kosmologische Rolle der Liebe bei Hesiod, Parmenides und Empedokles s. Aristoteles, *Metaphysik*, Hamburg (Meiner) 1989 u. 1991, A, 4, 984b 23–985a 10. Schließlich möchte ich noch auf ein erstaunliches *Remake* des *Gastmahls* hinweisen (das sich zum Teil auf die Thesen von Francesco Alberoni, Boris Cyrulnik, Eric Fuchs und Jacques Lacan stützt) in dem schwer einzuordnenden und anregenden Buch von Hubert Aupetit und Catherine Tobin, *L'amour déboussolé*, Paris (Ed. François Bourin) 1993.

19 Platon, *Das Gastmahl*, a. a. O., 189 a–193 e, S. 47 ff. (alle nicht weiter ausgewiesenen Zitate entstammen dieser Passage).

20 L. Robin, a. a. O., S. LIX–LXIII.

21 David Hume, *Eine Untersuchung über den menschlichen Verstand*, Hamburg (Meiner) 1993, Abschnitt X.

22 Lukrez, *De rerum natura*, IV, 1105–1112.

23 Ebd., 1133–1134.

24 *Das Gastmahl*, a. a. O., 199 b, S. 75.

25 Ebd., 199 d–200 b, S. 75 f. Das gilt Platon zufolge auch für die Freundschaft (*philia*), s. *Lysis*, 221 d–e.

26 Ebd., 201 b, S. 81.

27 Ebd., 200 e, S. 79.

28 Ebd., 203 d–e, S. 87 f.

29 Plotin, *Schrift 50* (*Enneade*, III, 5), §7. Über Plotins Theorie der Liebe in ihrem Bezug zur platonischen s. auch: Pierre Hadot, *Plotin ou la simplicité du regard*, Etudes augustiniennes, 1989, Kap. 4, sowie die schöne Meditation von J.-L. Chrétien über die Liebe des Neutralen, *La voix nue*, Paris (Ed. de Minuit) 1990, S. 329 f.

30 Vgl. *Gastmahl*, 206 e, S. 97.

31 Platon, *Phaidros*, 251 d.

32 S. *Gastmahl*, 200 a–210 c und 204 a–206 a, S. 77 f. und 89 f.

33 *Le Transfert*, a. a. O.

34 *Gastmahl*, 206 b–207 a, S. 97 f.

35 Ebd., 207 a–d, S. 99 f.

36 Ebd., 207 d–208 e, S. 99 f.

37 Ebd., 208 e–209 e, S. 103 f.

38 Ebd., 210 a, S. 105 f.

39 Zur Liebe als Todessehnsucht s. L. Robin, *La théorie platonicienne de l'amour*, Paris (PUF) Neuaufl. 1964, S. 182. Über das Schöne als Manifestation des Guten s. ebd., S. 188.

40 S. die erste Rede des Sokrates im *Phaidros* (237–241). Seine zweite Rede findet auf anderen Wegen (mehr durch die Sehnsucht als durch die Hoffnung) wieder zu dem religiösen oder idealistischen Geist des *Gastmahls* zurück. Zum Vergleich dieser beiden Dialoge (und des *Lysis*) s. L. Robin, *La théorie platonicienne de l'amour*, Kap. 1.

41 *Phaidros*, 240 e–241 d.

42 Eine Übertragung im Sinne Freuds stellt insbesondere dem Sinn nach die Rede des Alkibiades (212–222) dar, bzw. die «Interpretation», die Sokrates davon gibt, welche wiederum von Lacan interpretiert wird: *Le transfert*, a. a. O., S. 179–213 u. 460.

43 *Gastmahl*, a. a. O., 200 e, S. 79.

44 D. de Rougemont, *L'amour et l'Occident*, I, 9, Paris (10–18), Neuaufl. 1974, S. 36.

45 R. Allendy, *L'amour*, Paris (Denoël) Neuaufl. 1962, S. 144.

46 Stendhal, *De l'amour*, Paris (Garnier Flammarion) Neuaufl. 1965, vor allem die Kap. 2–12 und die Anmerkung zu Kap. 15; André Breton, *L'amour fou*, Paris (Gallimard) 1937, Neuaufl. 1971.

47 D. de Rougemont, *L'amour et l'Occident*, a. a. O., I, 11, S. 42: «Ich würde den abendländischen Romantiker ohne weiteres als einen Menschen definieren, für den der Schmerz, vor allem der Liebesschmerz, der bevorzugte Weg zur Erkenntnis ist.»

48 Ebd., S. 36 f.

49 Richard Wagner, *Tristan und Isolde*, Reclam, Stuttgart 1976, S. 68.

50 Platon, *Phaidon*, 64. Über die Abwesenheit des Seins und über die Todessehnsucht bei Platon s. *Vivre*, a. a. O., Kap. 4, S. 21–29.

51 M. Proust, *Auf der Suche nach der verlorenen Zeit*, Frankfurt/M. 1979.

52 Ebd. S. a. Stendhal, *De l'amour*, a. a. O., Kap. 6, S. 43: «Wird man verlassen, setzt die Kristallisation wieder ein.»

53 D. de Rougemont, *L'amour et l'Occident*, a. a. O., I, 8, S. 33.

54 Ebd., I, 11, S. 43.

55 Ebd., S. 37. Ebenso ist bei Platon «die Liebe eine Art Tod», oder neigt dazu, in «Todessehnsucht überzugehen» (L. Robin, *La theorie platonicienne de l'amour*, a. a. O., S. 182).

56 In der wunderbaren Rekonstruierung von Joseph Bédier, Paris (Editio d'art H. Piazza) 1926 (dies war bereits die 231ste Auflage!).

57 C. Rosset, *Le principe de cruauté*, Paris (Ed. de Minuit), 1988, S. 54.

58 Spinoza, *Ethik*, a. a. O., Vierter Teil, Lehrs. 21, S. 212.

59 Glücklich sein bedeutet für Platon, wie für jeden anderen auch, zu haben, was man begehrt, s. *Gastmahl*, a. a. O., 204e–205a, S. 91 f.

60 Ebd., 200e, S. 79.

61 Ebd., 200 b–e, S. 77 f.

62 Sartre, *Das Sein und das Nichts*, a. a. O., S. 970.

63 Ebd.

64 Vgl. *Une education philosophique*, Paris (PUF) 1989, S. 350–353.

65 Spinoza, *Ethik*, a. a. O., III, Begriffsbest. 12 der Affekte (sowie Erklärung zu Begriffsbest. 13), S. 177 f., und vor allem IV, Lehrs. 47, einschl. Beweis u. Erläuterung, S. 236 f.

66 Platon, *Gastmahl*, a. a. O., 199d–e, S. 75.

67 Ebd., 200d, S. 79.

68 Ebd., 200d–e, S. 79.

69 S. Aristoteles, *Nikomachische Ethik*, a. a. O., 8. u. 9. Buch. Die Zitate entstammen dem 8. Buch, Abschn. 9 u. 10, 1159a 25–34, S. 243 f. S. a. *Eudemi-*

sche Ethik, 7. Buch und *Große Ethik*, 2. Buch, Kap. / Abschn. 11 bis 16. Zur Freundschaft in der Antike s. die Dissertation von Jean-Claude Fraisse, *Philia, La notion d'amitié dans la philosophie antique*, Paris (Vrin) 1984 (mit einem langen Kapitel über Aristoteles, S. 189–286), sowie André-Jean Voelke, *Les rapports avec autrui dans la philosophie grecque d'Aristote à Panétius*, Paris (Vrin) 1961. Abschließend möchte ich noch auf die leider wenigen, aber anregenden Seiten hinweisen, die Pierre Aubenque der «Freundschaft bei Aristoteles» widmet, in: *La prudence chez Aristote*, Paris (PUF) 1963 (vor kurzem ist eine Neuauflage in der Reihe «Quadrige» erschienen).

70 Spinoza, *Ethik*, a. a. O., III, Erläuterung zu Lehrs. 9, S. 123 u. Begriffsbest. d. Affekte 1, S. 173.

71 Ebd., III, Lehrs. 6–13, einschl. Beweise u. Erläuterungen, S. 121 f., sowie die Allgem. Begriffsbest. d. Affekte u. Erklärung, S. 188 f. Ich will hier nicht weiter auf dieses Thema eingehen, über das ich an anderer Stelle geschrieben habe: «Spinoza contre les herméneutes», in: *Une éducation philosophique*, a. a. O., S. 245 f.

72 Ebd., sowie Begriffsbest. 6 der Affekte einschl. Erklärung, S. 176.

73 Ebd., III, Allgem. Begriffsbest. d. Affekte, S. 189.

74 Ebd., III, Erläuterung zu Lehrs. 59, S. 171 ff.

75 Denis de Rougemont zufolge vor allem in den europäischen Sprachen: s. *Les mythes de l'amour*, Paris (Albin Michel) 1961, Neuaufl. NRF «Idées» 1978, Einleitung S. 15 f. Da wir hier schon einmal bei linguistischen Betrachtungen sind, wollen wir nebenbei für die Puristen daran erinnern, daß *amour* im Plural gleicherweise maskulin und feminin sein kann («der Gebrauch ist nicht festgelegt», hält Grevisse fest, «das Maskulinum ist immer erlaubt», sagt Hanse), ist aber normalerweise «im Singular wie im Plural in seiner allgemeinen Bedeutung maskulin» (s. Thomas, *Dictionnaire des difficultés de la langue française*, Paris [Larousse] 1956, Neuaufl. 1976). Der Plural Femininum wirkt immer ein wenig gekünstelt, oft emphatisch, und wird heute fast nur noch verwendet, um Liebschaften zu bezeichnen.

76 Stendhal, *Von der Liebe*, a. a. O., S. 34.

77 Spinoza, *Ethik*, a. a. O., 3. Teil, Begriffsbest. 6 der Affekte, S. 176.

78 Platon, *Gastmahl*, a. a. O., 204 d–e, S. 91.

79 Spinoza, *Ethik*, a. a. O., III, Lehrs. 41 u. Erläuterung, S. 152.

80 Ebd., Lehrs. 58 u. 59 mit Beweis u. Erläuterung, S. 170 f. S. a. Lehrs. 40 des V. Teils, S. 301 f.

81 Siehe oben, Kap. 10 über die Dankbarkeit.

82 Spinoza, *Ethik*, a. a. O., III, Erklärung zu Begriffsbest. 6 d. Affekte, S. 176. Die Hinzufügungen in eckigen Klammern sind von mir. Vgl. auch Descartes, *Traité des passions*, II, Art. 79 u. 80 (AT, 387).

83 Ebd., III, Lehrs. 19 u. Beweis, S. 132 f. S. a. Lehrs. 21, S. 133 f.

84 Ebd., I, Grundsatz 3, S. 2 und Lehrsatz 28, S. 29.
85 Ebd., I, Grundsatz 4, S. 2.
86 Aristoteles, *Nikomachische Ethik*, a. a. O., VIII, 9, 1159 a 27–33, S. 243. S. a.
   VIII, 14, 1161 b 26, S. 250 und vor allem IX, 4, 1166 a 7–9, S. 263: «Man
   bezeichnet als Freund den, [...] der das Dasein und das Leben des Freundes
   wünscht um seinetwillen, so wie sich die Mütter zu den Kindern verhalten,
   [...] oder den, der mit dem Freunde Lust und Schmerz teilt; auch dieses gilt
   am allermeisten von den Müttern.»
87 Ebd., VIII, 14, 1162 a 15–33, S. 251 f.
88 Ebd., VIII, 14, 1161 b 16–1162 a 15, S. 250 f. S. a. *Eudemische Ethik*, VII, 10,
   1242 a 23–b1, wo Aristoteles zeigt, daß «die Familie eine Freundschaft ist», ja
   sogar, daß im Schoße der Familie «die ersten Anfänge und Quellen der
   Freundschaft, des Staates und der Gerechtigkeit liegen».
89 Aristoteles, *Nikomachische Ethik*, a. a. O., VIII, 5, 1157 a 6–15, S. 236 f. u.
   IX, 1, 1164 a 2–13, S. 257.
90 Ebd., VIII, 4, 1156 b 6–35, S. 235.
91 Ebd., VIII, 2, 1155 b 27–31, S. 233: «[...] so kann die Zuneigung zu leblosen
   Dingen als Freundschaft bezeichnet werden. Denn bei ihnen gibt es
   keine Gegenliebe und kein Wohlwollen (es wäre wohl lächerlich, für den Wein
   Gutes zu wollen, man will ihn höchstens erhalten, damit man ihn selbst genießen kann). Dagegen soll man, wie man sagt, dem Freunde das Gute wünschen
   um des Freundes willen.» Aristoteles zufolge gibt es auch keine Freundschaft
   mit Tieren (ebd., VIII, 13, 1161 b 2–3, S. 249) oder mit Göttern (ebd., VIII, 9,
   S. 242). S. a. *Magna moralia*, II, 11, 1208 b 23–32: «Zu Unrecht stellt man
   sich vor, daß eine Gottheit oder unbelebte Dinge Gegenstand der Freundschaft
   sein können. Unserer Meinung nach, kann man von Freundschaft nur sprechen, wenn sie erwidert wird. Nun kann aber die Freundschaft für einen Gott
   nicht erwidert werden, und ganz allgemein ist es ausgeschlossen, Freundschaft für einen Gott zu empfinden: es wäre absurd zu sagen, man hege
   Freundschaft für Zeus!» Thomas von Aquin folgt Aristoteles in diesem Punkt
   allerdings nicht: «Die Nächstenliebe», ist in der *Summa theologica* zu lesen,
   «ist eine Freundschaft des Menschen zu Gott» (II a II ae, Fr. 23, art. 1). Denn
   natürlich ist mit diesem Gott eine, wie Thomas sagt, «gegenseitige Liebe»
   möglich – anders als bei Zeus. Diese Forderung nach Gegenseitigkeit ist wohlgemerkt selbst bei Aristoteles keine absolute Bedingung für die Freundschaft.
   Dies zeigt sich am Beispiel der Mütter, die ihr Neugeborenes lieben, ohne von
   ihm wiedergeliebt zu werden, und selbst wenn sie es ganz einer Amme oder
   Adoptivmutter überlassen müssen, lieben sie es weiter, ohne daß es sie liebt
   oder kennt. Das bestätigt laut Aristoteles, daß die Freundschaft «mehr im
   Lieben als im Geliebtwerden beruht» (*Nikomachische Ethik*, VIII, 9, 1159 a
   28–32, S. 243; s. a. *Eudemische Ethik*, VII, 5, 1239 a 34–40).

92 So z. B. *Nikomachische Ethik*, a. a. O., VIII, 1159 a 25–28, S. 243.

93 Ebd.. VIII, 2, 1155 b 31–1156 a 5, S. 233 f. Die Wohlgesinntheit kann allerdings auch einseitig sein (zum Beispiel der Mutter gegenüber ihrem Neugeborenen) und dennoch *Philia* bleiben (ebd., VIII, 9, 1159 a 27–33, S. 243 f.).

94 Ebd., IX, 12, 1171 b 29–1172 a 8, S. 279 f. S. a. *Politik*, III, 9, 1280 b 39: «aus freien Stücken zusammen leben zu wollen ist nichts anderes als Freundschaft».

95 S. z. B. *Eudemische Ethik*, VII, 2, 127 a 30–b 27: «Die tätige Freundschaft ist eine wechselseitige Wahl, begleitet von gegenseitiger erwiderter Lust und Kennen. [...] Die Freundschaft wird als etwas Stabiles betrachtet [...] Nun gibt es aber keine standhafte Freundschaft ohne Vertrauen, und kein Vertrauen ohne Zeit...»

96 Ich übernehme diesen Ausdruck von Denis de Rougemont (der ihn natürlich ebenso wie ich der Liebe als Passion gegenüberstellt; in: *L'amour et l'Occident*, VII), übe aber damit keinen Verrat an Aristoteles: «Lieben ist besser als geliebt werden, denn lieben ist eine lustvolle Art sich zu betätigen und ein Gut, wohingegen von der Tatsache, geliebt zu werden, keinerlei Aktivität bei dem Geliebten ausgelöst wird» (*Große Ethik*, II, 11, 1210 b 6–8). Zur Liebe als Tätigkeit bei Aristoteles s. a. A.-J. Voelke, *Les rapports avec autrui* ..., a. a. O., S. 33.

97 *Nikomachische Ethik*, VIII, 14, 1162 a 16–33, S. 251. R. Flacelière zufolge hat Aristoteles, «der zweimal verheiratet war und sich dabei sehr wohl fühlte», dadurch «die eheliche Liebe in den Augen der Philosophen rehabilitiert, daß er sie explizit der *Philia*, dem Weg der Tugend (*arete*), zurechnet». In: *L'amour en Grèce*, Paris (Hachette) 1960 (Neuaufl. «Le Club du meilleur livre», 1961, S. 198 f.). Für Thomas von Aquin ist die Ehe gleichfalls «eine Freundschaft, und sogar die innigste von allen», in: E. Gilson, *Le thomisme*, S. 347.

98 Aristoteles, *Eudemische Ethik*, a. a. O., VII, 2, 1237 a 37–38.

99 F. Nietzsche, *Also sprach Zarathustra*, in: Werke in 6 Bänden, a. a. O., Bd. 3, S. 332 f.

100 Symposion «Paroles d'amour», veranstaltet vom Planning familial del 'Isère in Grenoble, 16. u. 17. März 1990. Die Protokolle des Symposion (ich war gebeten worden, den Abschlußbericht zu erstellen, in dem ich bereits einige der hier ausgeführten Thesen skizziert habe) wurden 1991 veröffentlicht: *Paroles d'amour*, Paris (Ed. Syros, «Alternatives»).

101 D. de Rougemont, *L'amour et l'Occident*, a. a. O., VII, 4, S. 262.

102 Montaigne, *Essays*, III, 9, nach der Ausgabe bei Friedrich Lankichens Erben, Leipzig 1753/54, Zürich, Diogenes 1992, S. 156. Über die Liebe und die Freundschaft bei Montaigne s. a. und vor allem das berühmte 27. Hauptstück aus dem 1. Buch («Von der Freundschaft»), S. 320 ff.

103 D. de Rougemont, *L'amour et l'Occident*, a. a. O., I, 11, S. 41. Das lateinische Zitat ist den *Bekenntnissen*, III, 1 entnommen («*Nondum amabam et amare amabam*: noch liebte ich nicht, aber liebte zu lieben»), München (dtv) 1982, S. 69.

104 D. de Rougemont, *L'amour et l'Occident*, a. a. O., S. 41 f.

105 So heißt es bei Gide in den *Nourritures terrestres*: «Familien, ich hasse euch! geschlossenes Heim; verschlossene Türen; Besitz, der eifersüchtig auf das Glück ist.» Buch IV, Neuaufl. (Livre de Poche) 1966, S. 69–70.

106 Alain, *Les sentiments familiaux* (Bibl. de la Pléiade), «Les passions et la sagesse», S. 335.

107 S. Claude Lévi-Strauss, «Die Familie», in: *Der Blick aus der Ferne*, Fink, München 1985, S. 103: «In allen diesen Fällen aber bildet das Wort der Heiligen Schrift – ‹Darum wird ein Mann seinen Vater und seine Mutter verlassen, und an seinem Weibe hangen› – die Goldene Regel (oder wenn man es vorzieht, das Eherne Gesetz) für den Zustand der Gesellschaft.» Man weiß ja, daß das Inzestverbot die Familien verpflichtet, sich nur gegenseitig, nicht untereinander zu verbinden und dadurch zur universellen Regel wird. «Nur da kann man den Übergang von der Natur zur Kultur, vom Tierwesen zum Wesen des Menschen ansiedeln ...» (S. 94) (ebd.; s. a. *Die elementaren Strukturen der Verwandtschaft*, Frankf./M. 1981, insbes. die Einleitung und Kapitel 1 u. 2).

108 Thomas von Aquin, *Summa theologica*, a. a. O., Ia IIae, Frage 26, Art. 4. S. a. E. Gilson, *Le thomisme*, Neuauflage Paris (Vrin), 1979, S. 335–344.

109 Ebd., S. 340.

110 Thomas von Aquin, *Summa theologica*, a. a. O. Vgl. Aristoteles, *Rhetorik*, II, Kap. 4, § 2: «Lieben heißt für jemanden etwas wollen, von dem man denkt, daß es gut für ihn ist, in seinem Interesse und nicht in unserem, und die Tatsache, sich in die Lage zu versetzen, dieses Gute in die Tat umzusetzen». S. a. *Nikomachische Ethik*, a. a. O., IX, 4, S. 263: «Man bezeichnet als Freund den, der das Gute oder gut Erscheinende um des andern selbst willen wünscht oder tut.»

111 Thomas von Aquin, *Summa theologica*, a. a. O., Lösungen, 1. Dieselbe Unterscheidung finden wir im XVII. Jh. bei dem heiligen Franz von Sales: «Man teilt die Liebe in zwei Arten ein, von denen man die eine die Liebe des Wohlwollens nennt und die andere die Liebe der Begehrlichkeit. Die begehrliche Liebe ist die, aufgrund derer wir etwas um des Nutzens willen, den wir uns davon versprechen, lieben; die wohlwollende Liebe ist die, aufgrund derer wir etwas um seiner selbst willen lieben, denn was ist es anderes als wohlwollende Liebe zu einer Person, wenn wir ihr Gutes wollen?» (*Traité de l'amour de Dieu*, I, 13, Bibl. de la Pléiade, S. 392) Und die freundschaftliche Liebe könnte man als gegenseitige, innige Liebe des Wohlwollens bezeich-

nen: «Wenn die wohlwollende Liebe ohne Entsprechung bei dem geliebten Dinge ausgeübt wird, heißt sie schlicht Liebe des Wohlwollens; wenn dies mit gegenseitiger Verbindung geschieht, nennt man sie freundschaftliche Liebe. Die gegenseitige Verbindung besteht in drei Punkten: denn die Freunde müssen sich gegenseitig lieben, wissen, daß sie sich gegenseitig lieben und Kommunikation, Privatsphäre und Vertrautheit miteinander teilen.» (Ebd.)

112 Thomas v. Aquin, *Summa theologica*, a. a. O., Lösungen 3.

113 Aristoteles, *Nikomachische Ethik*, a. a. O., VIII, 9, 1159a 27–33, S. 243f.

114 Ebd., VIII, 15, 1162b 35, S. 254.

115 Zu dieser *philautia* (Liebe zu sich selbst, nicht im Sinne des Egoismus, sondern in dem Sinne, wie der Weise sich selbst Freund ist) vgl. ebd., IX, 4 u. 8, S. 263f. u. 269f.

116 *Traité de l'amour de Dieu*, Kap. VIII, in: Œuvres mystiques de saint Bernard, übers. von A. Béguin, Paris (Seuil) 1953, Neuaufl. 1992, S. 60. Zu den Stufen der Liebe bei Bernhard v. Clairvaux s. a. E. Gilson, *La théologie mystique de saint Bernard*, Neuaufl. Paris (Vrin) 1986, insbes. S. 53–61 u. 108–112.

117 *Traité de l'amour de Dieu*, Kap. IX u. X (S. 63–68). S. a. Kap. XII.

118 Aristoteles, *Nikomachische Ethik*, a. a. O., VIII, vor allem 1, 4, 7 und 10. S. 231ff.; s. a. J.-C. Fraisse, a. a. O., S. 257f. sowie A.-J. Voelke, a. a. O., S. 59–61 (er zeigt, daß «die Freundschaft nicht nur eine Tugend unter anderen ist, sondern ihrer aller Krönung»). Thomas von Aquin, *Summa theologica*, Ia IIae, Frage 26, art. 2–4, und IIa IIae, quest. 23; s. a. E. Gilson, *Le Thomisme*, a. a. O., S. 335f. (vor allem Fn. 5 auf S. 338: «Die Freundschaft ist keine Leidenschaft, sondern eine Tugend»).

119 Alain, *Les dieux*, IV, 10, in: Bibl. de la Pléiade, «Les arts et les dieux», S. 1352.

120 Aristoteles, *Nikomachische Ethik*, VIII, 1, 1155a 28–29.

121 Epikur, Spruchsammlung 23, in: Epikur, *Von der Überwindung der Furcht*, dtv/Artemis, S. 107, S. 59. Über die Beziehung zwischen Moral und Freundschaft bei Epikur vgl. Sponville: *Traité du désespoir et de la béatitude*, Bd. 2, Kap. 4, S. 124 bis 131. Vgl. auch Jean Bollack, *Epicure et son école*, Gallimard «Idées», 1975, S. 364, und *Les Actes du VIIIᵉ Congrès de l'Association Guillaume-Budé*, Belles Lettres, 1969, S. 223–226.

122 S. oben, Vorwort, S. 14.

123 Aristoteles, *Nikomachische Ethik*, IX, Kap. 4–8. Bernhard von Clairvaux, *Abhandlung über die Liebe Gottes*, Kap. VIII. Zu den Grenzen dieser *Philautia*, siehe auch V. Jankélévitch, *Traité des vertus*, II, 2 (*Les vertus et l'amour*), Kap. VI, § 3 und 4, S. 179 bis 206.

124 Z. B. Spinoza, *Briefe 43* (an J. Ostens) und *76* (an Albert Burgh), S. 196f.

und 283 f. in Bd. III der Sämtlichen Werke, Briefwechsel – Die Lebensbeschr., übertr. u. hrsg. v. Carl Gerhardt, Verlag Felix Meiner, Leipzig 1969. Siehe auch den *Theologisch-politischen Traktat*, K. XIV, über die Beziehung Spinozas zu Christus (der für ihn weder Gott noch Sohn Gottes ist, sondern der größte der geistigen Meister), siehe Sylvain Zac, *Spinoza et l'interprétation de l'Ecriture*, PUF, 1965 (besonders S. 190 bis 199), und vor allem Alexandre Matheron, *Le Christ et le salut des ignorants chez Spinoza*, Aubier, 1971.

125 Matthäusevangelium, 5, 43–44. Siehe auch Lukasevangelium, 6, 27.

126 Im Zusammenhang mit dem gekreuzigten Christus, der das Bild dieser Liebe ist: Erster Korintherbrief, I, 23.

127 Erster Johannesbrief, 4, 8 und 16. Bezüglich der Fragen des Wortgebrauchs und des Lehrinhalts, der damit verbunden ist, vgl. den bedeutenden Artikel «Charité» des *Dictionnaire de spiritualité ascétique et mystique*, unter der Leitung von M. Viller, SJ, Bd. 2, Beauchesne, 1953, S. 507–691, oder unter einer gerafften Form und von einem offensichtlich thomistischen Standpunkt aus die Einleitung von A.-M. Henry in der Abhandlung über die Nächstenliebe von Thomas von Aquin (*Summa theologica*, II a II ae, Frage 23 bis 46), S. 153 bis 157 von Bd. 17 A, 17 B der vollständigen, ungekürzten, deutsch-lateinischen Ausgabe der *Summa theologica*, übers. v. Dominikanern und Benediktinern Deutschlands und Österreichs, Verlag Anton Pustet, Salzburg, Leipzig 1959, 1966. Dieser letztere Autor bemerkt, daß «das Substantiv *Agape*, außerordentlich selten in der profanen Literatur, beinahe eine Schöpfung des Neuen Testamentes ist», wo es «117 Mal vorkommt, darunter 75 Mal bei Paulus und 25 bei Johannes» (S. 153). Über *Agape* bleibt das wichtigste Werk (obwohl manchmal einseitig oder zu systematisch) *Eros und Agape* von Anders Nygren, übers. von Imgard Nygren, Carl Bertelsmann Verlag, Gütersloh 1957. Zahlreiche Angaben auch in den beiden schon zitierten Büchern von Denis de Rougemont. Für eine Gegenüberstellung mit der griechischen Tradition (die eher von *philanthropia* oder *philoxénia* sprach: Liebe zur Menschheit, Liebe zum Fremden) vgl. einige anregende Seiten von Marcel Conche, in: *Vivre et philosopher*, PUF, 1992, S. 195 bis 202, ebenso die Bemerkungen von A.-J. Voelke, *Les rapports avec autrui . . .*, op. cit., S. 185 bis 188 («Antike Weisheit und christliche Nächstenliebe»). Für eine Konfrontation mit der jüdischen Tradition vgl. den Artikel von Catherine Chalier, «Equité et bonté», in Nr. 11 der Reihe «Morales» der Zeitschrift *Autrement* (*La charité*, April 1993, S. 20 ff.).

128 Descartes, *Méditations Métaphysiques*, III und V; Leibniz, *Rede über die Metaphysik*, § 1, *Monadologie*, § 41. Erwähnt sei auch eine gute Darstellung des Problems durch Bernard Sève: *La question philosophique de l'existence de Dieu*, PUF, 1994 (besonders für Descartes und Leibniz, Kap. I).

129 Aristoteles, *Metaphysik*, 7, besonders 1072 b 3, übers. v. Herrmann Bonitz, Rowohlts Klassiker der Lit., Reinbek bei Hamburg 1968 [2].

130 Aristoteles, ebd., 7–9. S. auch A. Nygren, *Eros und Agape*, Bd. 1, S. 123 f. («Das Erosmotiv bei Aristoteles»).

131 Vgl. oben, Anm. 27.

132 Aristoteles, *Magna Moralia* II, 11, 1208 b 30–32.

133 *Nikomachische Ethik*, IX, 4–9.

134 Spinoza, *Ethik*, III, Lehrsatz 11, Erläuterung. Siehe auch Lehrsatz 59, 2. Begriffsbestimmung der Affekte.

135 *Ethik*, III, Lehrsatz 6. Vgl. auch *Ethik*, I, Erläuterung zu Lehrsatz 11.

136 *Ethik*, V, Lehrsatz 17, Beweis und Folgesatz.

137 *Ethik*, I, Lehrsatz 6 und Lehrsatz 11 (mit Beweisen und Erläuterung), und Lehrsatz 20 mit Beweis und Folgesätzen.

138 *Ethik*, I, Lehrsatz 15 und 18, und *Ethik*, V, Lehrsatz 35.

139 Simone Weil, *Schwerkraft und Gnade*, übers. v. Friedh. Kemp, München, Kösel, 1952, S. 200.

140 Simone Weil, *Das Unglück und die Gottesliebe*, übers. v. Friedh. Kemp, München, Kösel, 1953, S. 236.

141 Ebd., S. 235.

142 Alain, *Les Dieux*, IV, 2. Bibl. de la Pléiade, S. 1324. Über die Beziehung von Simone Weil zu Alain, der ihr Lehrer war, und über die ihnen gemeinsame Ablehnung des Pantheismus und der Allmacht Gottes vgl. meine Darlegung «Le Dieu et l'idole (Alain et Simone Weil face à Spinoza)», in: *Spinoza au XXe siècle*, von O. Bloch, PUF, 1993, S. 13 bis 39 (derselbe Artikel ist in den *Cahiers Simone Weil*, Bd. XIV, Nr. 3, September 1991, S. 213 ff. erschienen).

143 *Schwerkraft und Gnade*, a. a. O., S. 200 f.

144 Ebd., S. 140.

145 *Das Unglück und die Gottesliebe*, a. a. O., S. 118.

146 Ebd.

147 Ebd., S. 145/146. Das Thema der «Schöpfung im Rückzug», also der Welt als Abwesenheit Gottes, findet sich schon in der jüdischen mystischen Tradition: vgl. in diesem Zusammenhang den Artikel von Richard A. Freund, «La tradition mystique juive et Simone Weil» in den *Cahiers Simone Weil*, Bd. X, Nr. 3, September 1987. Es handelt sich aller Wahrscheinlichkeit nach eher um eine Begegnung als um einen Einfluß: wir wissen, daß Simone Weil, deren Eltern laizistische und agnostische Juden waren, sich dem Judaismus gegenüber sehr ungerecht gezeigt hat.

148 *Schwerkraft und Gnade*, a. a. O., S. 70, oder *Das Unglück und die Gottesliebe*, a. a. O., S. 140. «... daß einer natürlichen Notwendigkeit zufolge immer jeder überall dort gebietet, wo er die Macht dazu hat!» Das Zitat von

Thukydides ist der *Geschichte des Peloponnesischen Krieges*, V, 105, entnommen.

149 *Das Unglück und die Gottesliebe*, a. a. O., S. 144.

150 *Schwerkraft und Gnade*, S. 148. Es ist hierin eine Anspielung auf Paulus' *Brief an die Philipper*, II, 7, enthalten («sondern entäußert sich selbst, er nahm Knechtsgestalt an»).

151 *Das Unglück und die Gottesliebe*, a. a. O., S. 144.

152 Simone Weil, *La connaissance surnaturelle*, Gallimard, 1950, S. 267.

153 *Schwerkraft und Gnade*, a. a. O., S. 203.

154 Alain, *Cahier de Lorient*, Bd. 2, Gallimard, 1964, S. 313. Vgl. auch meinen Artikel über «Alain et Simone Weil face à Spinoza» (vgl. oben, Nr. 142) sowie meinen Vortrag vor der Association des Amis d'Alain, «L'existence et l'esprit selon Alain», *Bulletin de l'association*, Nr. 77, Les Vésinet, Juni 1994.

155 Alain, *Entretiens au bord de la mer*, Bibl. de la Pléiade, *Les passions et la sagesse*, S. 1369–1370.

156 Siehe das Kapitel, das diesen Namen trägt, in *Schwerkraft und Gnade*.

157 Alain, *Préliminaires à la mythologie*, Bibl. de la Pléiade, *Les arts et les dieux*, S. 1178–1179.

158 Siehe Alain, *Entretiens au bord de la mer*, S. 1368; und *Les dieux*, S. 1352.

159 Vgl. zum Beispiel *Lettres et opuscules spirituels*, XXIII und XXIV (Bibl. de la Pléiade, Bd. 1, S. 656 ff.). Siehe auch Kap. 14 dieses Buches.

160 Op. cit., z. B. S. 73–80 von Bd. 1. Siehe auch als Gegensatz zu *Eros* die Tafel von S. 235 (wie in Bd. 3, die Seiten 299 ff.).

161 Ebd., Bd. 1, S. 74.

162 Ebd., S. 75.

163 Ebd., S. 77.

164 Siehe zum Beispiel *L'amour et l'Occident*, VII, 4–5 (besonders S. 262 der Neuauflage 10–18).

165 Über diese drei Autoren und die Kritik, die Nygren an ihnen (aus lutherischer Perspektive) übt, vgl. *Eros und Agape*, Bd. 3, Kap. II (über Augustinus) und IV (über Thomas von Aquin und Bernhard von Clairvaux), ebenso wie die Schlußbemerkung, S. 580 ff., in der Nygren die katholische *caritas* (die «dem hellenistischen *Eros* einen größeren Platz einräumen würde als der *Agape* des ursprünglichen Christentums») der lutherischen Konzeption der Liebe entgegensetzt, die «durchweg vom christlichen Agapemotiv bestimmt» ist und in der man vergeblich «nach einem einzigen Eroszug sucht». Für eine positivere Darlegung der drei Kirchenväter vgl. die drei Bücher, die ihnen Etienne Gilson gewidmet hat: *Introduction à l'étude de saint Augustin*, Vrin, 1982, *La théologie mystique de saint Bernard*, Vrin, 1986, *Le thomisme, Introduction à la philosophie de saint Thomas d'Aquin*, Vrin, 1979.

166 Erster Korintherbrief, 13, 5.

167 «Die Liebe, die wir in der Hoffnung hegen, zielt wohl auf Gott hin, kehrt aber wieder zu uns zurück / . . . / ; sie ist wohl Liebe, aber Liebe des Begehrens, Liebe, die etwas für sich haben will» (Franz von Sales, *Abhandlung über die Gottesliebe*, II, 17, Franz Sales Verlag, Eichstätt und Wien 1957, S. 143).

168 Vgl. z. B. Franz von Sales, op. cit., II, 22, S. 158. Die Nächstenliebe «ist Freundschaft mit Gott. Es ist keine Liebe, die etwas haben will, denn durch die Gottesliebe lieben wir Gott um der Liebe seiner selbst willen . . .» (und nicht, wie in der Hoffnung, um des Nutzens willen, den wir von ihr erwarten: vgl. S. 143). Deshalb, sagte Franz von Sales, «liegt die Tugend der höchsten Liebe nur in der göttlichen Liebe, in der ‹caritas›. In der Tugend der Hoffnung ist die Liebe noch unvollkommen.» (S. 145) Deswegen kann man, nach Meinung von Franz von Sales wie von Bernhard von Clairvaux, nichtsdestoweniger von der einen zur anderen übergehen: «wie Gott die Seele nach und nach mit unaussprechlicher Zartheit aus dem Ägypterland der Sünde herausführt, sie von Liebe zu Liebe geleitet, gleichsam von einer Wohnstätte zur anderen, bis er sie hineingeführt in das Land der Verheißung, das heißt in die hochheilige Gottesliebe.» (S. 158)

169 Thomas von Aquin, *Summa theologica*, II a II ae, quest. 23, art. 1, S. 7 von Bd. 17 A, *Summa Theologica*, F. H. Kerle, Heidelberg, Verlag Styria, Graz, Wien, Köln, 1959.

170 Pseudo-Platon, *Définitions*, 412 e, trad. Robin (Pléiade, Bd. 2, S. 1395). S. auch M. Conche, *Vivre et philosopher*, S. 199–201.

171 Es scheint in der Tat (aber die erhaltenen Texte liefern keinen sicheren Beleg), daß es bei Epikur einen Willen zur Universalisierung der Freundschaft gegeben hat, der ihre Natur veränderte und sie der *Philanthropia* annäherte: vgl. in diesem Zusammenhang G. Rodis-Lewis, *Epicure et son école*, Gallimard, «Idées», 1975, S. 362 ff., wie auch J. Salem, *Tel un dieu parmi les hommes, L'éthique d'Epicure*, Vrin, 1989, S. 152 bis 159.

172 Epikur, Spruchsammlung 52, a. a. O., S. 111.

173 Spinoza, *Ethik*, III, Lehrsatz 9, Erläuterung.

174 Friedrich Nietzsche, *Also sprach Zarathustra*, I, «Von Tausend und einem Ziele.» Stuttgart, Alfred Kröner, 1975, S. 61.

175 Simone Weil, *Schwerkraft und Gnade*, a. a. O., S. 98.

176 Ebd., S. 100. Zu all dem vgl. auch das schöne kleine Buch von Gaston Kempfner (das zweifellos die beste Einführung in das Denken von Simone Weil darstellt), *La philosophie mystique de Simone Weil*, La Colombe, Ed. du Vieux Colombier, 1960; oder, auf einer universitäreren Ebene, das sehr reiche Werk von Miklos Vetö, *La métaphysique religieuse de Simone Weil*, Vrin, 1971.

177 Wie Freud es in «Jenseits des Lustprinzips» erklärt – zweifelsohne sein größter Text. Essays der Psychoanalyse, Freud, Gesammelte Werke, Bd. 13, Imago Publishing, London 1940.

178 Simone Weil, *Das Unglück und die Gottesliebe*, a. a. O., S. 236.

179 Simone Weil, *Schwerkraft und Gnade*, a. a. O., S. 141.

180 Ebd., S. 140.

181 Vgl. z. B. *Schwerkraft und Gnade*, a. a. O., S. 80 f. («Verzicht auf die Zeit»), wo Simone Weil sehr nahe an dem ist, was ich die Verzweiflung genannt habe. Vgl. auch *Das Unglück und die Gottesliebe*, a. a. O., S. 89, und *Les Pensées sans ordre concernant l'amour de Dieu*, Gallimard, 1962, S. 13–14.

182 *Das Unglück und die Gottesliebe*, a. a. O., S. 236.

183 *Schwerkraft und Gnade*, a. a. O., S. 95.

184 *Schwerkraft und Gnade*, a. a. O., S. 204.

185 *Schwerkraft und Gnade*, a. a. O., S. 201.

186 *Schwerkraft und Gnade*, a. a. O., S. 101.

187 *Das Unglück und die Gottesliebe*, a. a. O., S. 138.

188 *Diligere* ist das lateinische Äquivalent von *agapan*, wie *amare* das Äquivalent von *philein* ist. Von daher das französische *dilection*, das heute veraltet ist (aber bis ins 18. Jahrhundert in religiösen und mystischen Texten häufig auftaucht, und das sicherlich auf lateinisch *dilectio* zurückzuführen ist, das manchmal in der Vulgata steht, um *agape* zu übersetzen (dennoch kommt es weniger häufig vor als *caritas*, das 90mal gegenüber 24mal *dilectio* steht: vgl. den Artikel «Charité» im *Dictionnaire de spiritualité*, Bd. 2, Beauchesne, 1953, S. 508–510).

189 Vgl. Simone Weil, *Das Unglück und die Gottesliebe*, a. a. O., S. 215: «Jede Vorliebe für ein menschliches Wesen ist notwendigerweise etwas anderes als die Nächstenliebe. Die Nächstenliebe macht keine Unterschiede.» Vgl. Alain, *Quatre-vingt-un chapitres sur l'esprit et les passions*, IV, 8, Bibl. de la Pléiade, *Les passions et la sagesse*, S. 1187.

190 *Dictionnaire de spiritualité*, Art. «Charité», S. 509, der hier die berühmte Formel des Matthäusevangeliums (5,44) und des Lukasevangeliums (6,27) zitiert, die übersetzt wird mit «Liebet eure Feinde».

191 Wie Jean Prat noch bemerkt, a. a. O., S. 510.

192 Aristoteles, *Nikomachische Ethik*, IX, 10, 1171 a 15–20.

193 Jankélévitch, *Traité des vertus*, II, 2, Kap. 6 («L'amour»), S. 171.

194 Ebd.

195 Pascal, *Gedanken*, 220–468, 271–545 und 297–455 ...

196 *Schwerkraft und Gnade*, a. a. O., S. 139. Vgl. auch Alain Vinson, L'ordre de la charité chez Pascal, chez Péguy et chez Simone Weil, *Cahiers Simone Weil*, Bd. XIV, Nr. 3, September 1991, S. 234 bis 254.

197 *Gedanken*, 597-455.

198 Um eine schöne Formulierung von Jean-Louis Chrétien, *La voix nue*, S. 329, aufzugreifen.

199 Galaterbrief 5,14: «Denn das ganze Gesetz ist in *einem* Wort erfüllt: *Liebe Deinen Nächsten wie Dich selbst.*» Derselbe Gedanke im Römerbrief: «Wer den andern liebt, der hat das Gesetz erfüllt», da alle Gebote in der Formel zusammengefaßt sind: *«Du sollst Deinen Nächsten lieben wie Dich selbst. Die Liebe tut dem Nächsten nichts Böses. So ist nun die Liebe des Gesetzes Erfüllung.»* (13, 8–10) Für eine allgemeine Darlegung von Paulus vgl. das schöne kleine Buch von Stanislas Breton, *Paulus*, PUF, Samml. «Philosophies», 1988. Über die paulinische *Agape* vgl. das schon zitierte Buch von Anders Nygren, Bd. 1. Erinnern wir auch daran, daß Spinoza, der dem Geist Christi Treue bewahren wollte, sich besonders in der paulinischen Botschaft wiedererkannt hat (die er natürlich auf seine Weise interpretiert: in der Immanenz und durch sie). Vgl. in diesem Zusammenhang das Buch von Sylvain Zac, *Spinoza et l'interpretation de l'Ecriture*, PUF, 1965, S. 170–171.

200 Paulus: Erster Brief an die Korinther, 13 (das, was die «Hymne an die Liebe» genannt wird»). *Charité* übersetzt hier (erinnern wir uns, daß ich die Bibel auf der Grundlage der *Bibel von Jerusalem*, Cerf, 1973, zitiere) das griechische *Agape*, das andere Übersetzer (z. B. L. Segond, in der Genfer Ausgabe, oder M. Carrez in seiner zweisprachigen Ausgabe des Neuen Testamentes) durch *Liebe* übersetzen. Man wäre in Versuchung, diese letzte Übersetzung vorzuziehen, um der Berührung mit Almosen und Herablassung, die für uns im modernen Wortsinn, der beinahe pejorativ geworden ist, mit *Charité* verbunden sind, zu entgehen. Aber das liefe Gefahr, andere Sinnwidrigkeiten, die weniger offensichtlich und deshalb um so gefährlicher sind, entstehen zu lassen. Stanislas Breton, katholischer Priester, bemerkt (op. cit., S. 115), daß diese Hymne «oft im Menu der Trauungsmessen vorkommt», wo man, wie ich mir vorstelle, *Agape* vornehmlich durch *Liebe* übersetzt ... Diese Übersetzung ist zwar nicht unmöglich, aber sie ist zweideutig: sie suggeriert (vor allem im Trauungskontext!), daß es genüge, verliebt zu sein, um in Harmonie mit dem höchsten Ethos zu leben, was die Erfahrung, und das ist das Mindeste, was man sagen kann, kaum bestätigt: es genügt nicht, verliebt zu sein, um christlich zu leben, ebensowenig wie es genügt, christlich zu sein, um verliebt zu bleiben ... Wenn die Übersetzung durch *charité*, auf die ich mich schließlich eingelassen habe, auch aus den Gründen, die ich genannt habe, Anlässe zu Mißverständnissen gibt, tut sie das doch in offensichtlicherer Form, die damit unverfänglicher ist. Niemand wird diese selbstlose Liebe mit dem verwechseln, was Paulus im Gegenteil «lächerlich» macht, wie Stanislas Breton bemerkt, und dessen Nichtigkeit er auf alle Fälle feststellt, das heißt «die Geste des almosenspendenden Mitleids, das denen, die nichts haben, die Krümel, die manchmal vom Tisch der Mächtigen herab-

fallen, hinstreut». (S. Breton, op. cit., S. 115). Das nennt man «faire la charité». Doch das ist eine Karikatur des Begriffs «charité».
(Das französische «charité» wurde mit dem Wort «Nächstenliebe» ins Deutsche übersetzt, das weniger mißverständlich ist. Allerdings steht in der zitierten Fassung des Korintherbriefes statt «Nächstenliebe» nur «Liebe», was in diesem Kontext nicht mißverständlich ist, aber in der Übersetzung des Textes von Sponville nicht übernommen werden konnte, da sonst eine Abgrenzung von französisch «amour», dem allgemeineren Begriff für Liebe, nicht möglich wäre. Anm. d. Ü.)

201 Siehe die oben zitierten Texte, Anm. 197.

202 Augustinus, *Soliloques*, I, 7, und *Predigten*, 158, 9. Thomas von Aquin, *Summa theologica*, II a II ae, quest. 18, art. 2 (Bd. 16 der vollständigen, ungekürzten, deutsch-lateinischen Ausgabe der *Summa theologica*, Verlag Anton Pustet).

203 *Summa theologica*, I a II ae, quest. 65, art. 5, Bd. 2. Umgekehrt wird Franz von Sales bemerken, ist jede Liebe der Hoffnung immer unvollkommen: *Abhandlung über die Gottesliebe*, II, 17, op. cit., S. 145.

204 Siehe z. B. Kant, *Grundlegung der Metaphysik der Sitten*, Anfang des zweiten Abschnitts, *Werke VII*, S. 33 ff. und *Die Religion in den Grenzen der einfachen Vernunft*, I, 3, *Werke VIII*, S. 680–688 (wo übrigens Paulus zitiert wird). Über die Liebe als Ideal vgl. auch *Kritik der praktischen Vernunft*, «Von den Grundsätzen der reinen praktischen Vernunft», *Werke VII*, S. 125 ff.

205 Christian Bobin, *La part manquante*, Gallimard, 1989, S. 24.

206 Alain, *Quatre-vingt-un chapitres sur l'esprit et les passions*, V, 4, Bibl. de la Pléiade, *Les passions et la sagesse*, S. 1199.

207 Über die beiden Typen des Lachens vgl. oben Kap. 17, S. 279, und N. 7.

208 Vgl. oben das Ende von Kapitel 8.

209 Jankélévitch, *Traité des vertus*, II, 2, S. 168.

210 Im Gegensatz zur epikuräischen Freundschaft: Spruchsammlung 23 und 39; vgl. auch Diogenes Laertius, X, 120.

211 Um von einem anderen Standpunkt aus einen Ausdruck von Spinoza aufzugreifen (der sich übrigens auf Paulus' Brief an die Römer, 3,28, und 7,6 unserer Ausgabe stützt), *Theologisch-politischer Traktat*, Kap. 4, Meiner-Ausgabe, S. 74.

212 Augustinus: *Gottesstaat*, XV, 22, *De civitate dei*, Lib. XV, Prag, Wien, Leipzig, F. Tempsky, 1940, S. 109: «Unde mihi videtur, quod definitio brevis et vera virtutis ordo est amoris.»

Jean-Paul Sartre
Philosophische Schriften

Philosophische Schriften I
Die Transzendenz des Ego. Das Imaginäre.
Das Sein und das Nichts. Der Existentialismus
ist ein Humanismus. Materialismus und Revolution.
Selbstbewußtsein und Selbsterkenntnis
und andere philosophische Essays 1943–1948.
Beiheft. Kassette mit 4 Bänden.
rororo 34013

Das Sein und das Nichts
Versuch einer phänomenologischen Ontologie.
Neuübersetzung.
Deutsch von Hans Schöneberg und Traugott König
1168 Seiten. Gebunden und als rororo 13316

«Wir können nach *Das Sein und das Nichts* noch alle möglichen Erleuchtungen und Ergänzungen erwarten. Aber man kann nicht leugnen, daß die Gedankengänge Sartres das Zentralproblem der Philosophie, wie es sich nach den Erkenntnissen der vorigen Jahrhunderte ergibt, in einer durchdringenden Weise und mit einer neuen Tiefe erfassen.» (Maurice Merleau-Ponty in «Les Temps Modernes»)

Kritik der dialektischen Vernunft
Theorie der gesellschaftlichen Praxis.
Deutsch von Traugott König
880 Seiten. Gebunden

Rowohlt

Simone de Beauvoir

Kriegstagebuch

September 1939 – Januar 1941
Herausgegeben von
Sylvie Le Bon de Beauvoir
Deutsch von Judith Klein
480 Seiten. Gebunden

«Alles, was ich erlebe, erlebe ich, um es Ihnen zu erzählen»,
schrieb Simone de Beauvoir an Sartre, der bei Kriegsaus-
bruch im September 1939 eingezogen worden war. Für den
abwesenden Geliebten zeichnete sie die alltäglichen Ereignisse, die Begegnungen, die Gespräche auf, versuchte sie,
den Mikrokosmos ihres Pariser Lebens während des Krieges einzufangen – Sartre hatte sie darum gebeten.

Hierarchien und Intrigen, Lügen und narzißtische
Selbstbezogenheit finden wir – aber auch all die Verletzun-
gen, Brüche und das fast heroische Festhalten der Beauvoir
an dem «Pakt», den sie mit Sartre geschlossen hatte. Er
erlaubte jede amouröse Freiheit und stellte nur eine Bedingung, die der «vérité» – sich alles zu sagen.

Simone de Beauvoir ist nach der Veröffentlichung des
«Kriegstagebuchs» für ihre Leser nicht mehr dieselbe. Zu
genau ist der Einblick in die dunklen Bereiche, die sich
hinter der glänzenden Fassade des Philosophen-Paars ver-
bargen.

Aber ist die Tatsache, daß ihr Leben nicht so perfekt war,
wie sie selbst es zu gestalten wünschte, ein Argument gegen ihr kompromißloses Denken und Schreiben? Ein Kritiker in «Le Monde» schrieb: «Wer das Leben liebt, kann das
Tagebuch nicht anders als köstlich finden.»

Rowohlt